寻味 河南

王颖 著

北京出版集团公司
北京出版社

图书在版编目（CIP）数据

寻味河南 / 王颖著. — 北京：北京出版社，2019.9
ISBN 978-7-200-15078-0

Ⅰ. ①寻… Ⅱ. ①王… Ⅲ. ①旅游指南—河南②饮食—文化—河南 Ⅳ. ①K928.961②TS971.202.61

中国版本图书馆CIP数据核字（2019）第151172号

寻味河南
XUNWEI HENAN

王颖 著

*

北京出版集团公司
北京出版社　　出版
（北京北三环中路6号）
邮政编码：100120

网　　址：www.bph.com.cn
北京出版集团公司总发行
新　华　书　店　经　销
三河市嘉科万达彩色印刷有限公司印刷

*

880毫米×1230毫米　32开本　6印张　196千字
2019年9月第1版　2019年9月第1次印刷
ISBN 978-7-200-15078-0

定价：49.80元

如有印装质量问题，由本社负责调换
质量监督电话：010-58572393

谈起美食，多数人都会想到八大菜系，在谈论甜咸酸辣的口味时，人们往往会忽略九州之中的豫菜。豫菜是河南省地方菜品的统称。河南古称中原，是中华民族和华夏文明的发源地之一，也是自古以来兵家必争之地，有悠久的历史和丰富的文物古迹。

豫菜，又名豫宴，属于中原菜系，是在古代宫廷菜、官府菜、市肆菜和民间菜的基础上，根据河南的物质资源条件，逐步演变发展起来的。在中国历史上有"烹饪鼻祖"和"中华厨祖"之称的伊尹，便出生于河南。据说早在商朝，伊尹就开创了"五味调和"等烹饪理论，足见豫菜的历史之悠久。

很多外省人不熟悉豫菜，常常对豫菜产生误解，以为豫菜只有面条之类的家常饭菜，别无特色。事实上，豫菜的体系极为庞大，烹调方法有50余种，常见的有扒、烧、炸、熘、爆、炒、炝等，别具特色，独树一帜。其中的"扒"更为独到，素有"扒菜不勾芡，汤汁自来黏"的美誉。

豫菜以省会郑州为中心，由四个不同的口味区组成。豫东以开封为代表，恪守传统，口味居中，以扒制类菜肴为典型；豫西以洛阳为代表，水席大宴是典型风味，口味偏酸；豫南以信阳为代表，多为炖菜，口味偏辣；豫北以新乡、安阳、焦作为代表，善用土特产入菜，口味偏重。

豫菜五味调和、质味适中，延传了中国古代美食的基本原则。在南宋以后，豫菜的"中和"特色愈加凸显出来。由于地处九州之中，因而豫菜始终坚守着"中"的特色，即不东、不西、不南、不北，在东南西北之间稳立居中，于甜咸酸辣之间求中求平。

寻味河南，就是沿着古老的中原文化寻找"中和"的美味佳肴。豫菜从商朝、周朝宫廷的三羹、五齑、周八珍开始，到隋唐洛阳东西两市的大宴和素席，再到北宋开封汴京的宫廷市肆的美食，数千年来，河南名菜可谓遍地锦绣。对于一个喜爱美食、执着于追寻美味境界的人来说，若无缘品尝豫菜，实在是此生一大遗憾。

就这样，我踏上中原大地，在这里寻觅美食中的商周古韵、汉唐遗风、汴京绝唱，品味豫菜不失传统又不断创新的中和五味。从十大名菜到十大面点，再到十大风味小吃和十大卤味……豫菜给我的印象，不仅是兼容并蓄、古老质朴，还有在远古与现代之间穿梭徜徉的浪漫。一道道豫菜美食，犹如在慢生活中闪现的一道霞光，绚烂璀璨，久久不散。

目录 CONTENTS

行前必知/10
必游景点 TOP10/12
人气美食 TOP10/14

蔡记蒸饺、鸡丝馄饨　令人拍案叫绝/28
炒凉粉　冰火两重天/30
三厂烩羊肉　重温历史的余香/32
羊肉汤　古文化的味道/34

开封
古城第一都，灶火在开封的纸醉金迷里飘荡/37

行住玩购样样通/39

行在开封/40
住在开封/40
玩在开封/41
购在开封/41

郑州
黄河之畔，氤氲在郑州的南北味道/17

行住玩购样样通/19

行在郑州/20
住在郑州/20
玩在郑州/21
购在郑州/21

开启开封美食之旅/43

灌汤包　面肉汤三者俱全/44
桶子鸡　穿越岁月的浓香美味/47
汴京烤鸭　江北水城的名肴/50
花生糕　八朝古都的甜蜜蜜/53
锅贴豆腐　美味与颜值并存/55

开启郑州美食之旅/23

烩面　豫剧的腔，烩面的汤/24
坛子肉焖饼　吃的是情怀/26

羊双肠　流连街边的美味 /58
三鲜莲花酥　清风送幽香 /60
套四宝　吃的就是原汁原味 /62
双麻火烧　尝一口时间的味道 /64
鲤鱼焙面　五味调和的开封味儿 /66
炸八块　一只鸡子剁八瓣 /68

洛阳
牡丹甲天下，细品洛阳饮食里的汤汤水水 /71

行住玩购样样通 /73

行在洛阳 /74
住在洛阳 /74
玩在洛阳 /75
购在洛阳 /75

开启洛阳美食之旅 /77

牡丹燕菜　历史悠久，名扬四海 /78
不翻汤　醒酒开胃的九府门不翻汤 /80
浆面条　寻常人家的寻常味道 /82
洛阳水席　汤汤水水中的万般情意 /84
连汤肉片　汤汤水水，酸辣爽口 /86
洛阳豆腐汤　珍珠翡翠白玉汤 /88
马蹄街馄饨　寻常百姓的奢侈美食 /90
烫面角　名扬陇海三千里 /92

周口
老子故里，千年周口饮食里的绝佳美味 /95

行住玩购样样通 /97

行在周口 /98
住在周口 /98
玩在周口 /99
购在周口 /99

开启周口美食之旅 /101

逍遥镇胡辣汤　醒酒提神，色香味俱佳 /102
烧蒲菜　穷人与富人的百搭风味 /104
白吉馍　发酵的艺术 /106
关记烧鸡　骨肉分离的绝佳美味 /108
糟鱼　热吃不腻，凉吃不腥 /110

商丘
豫东门户，从商丘敲开中原美食的大门 /113

行住玩购样样通 /115

行在商丘 /116
住在商丘 /116
玩在商丘 /117
购在商丘 /117

开启商丘美食之旅 /119

白糖豆腐乳　表里如一 /120
安平焖炒鸡　配料里的"大观园" /122
水激馍　馍馍中的异类 /124
哨子汤　余味久绵长 /126

焦作
太行山麓，流连焦作传承千年的古城风味 /129

行住玩购样样通 /131

行在焦作 /132
住在焦作 /132
玩在焦作 /133
购在焦作 /133

开启焦作美食之旅 /135

闹汤驴肉　焦作一绝 /136

孟州炒面　貌似寻常不寻常 /138
西沃卤肉　就好那口浓香 /140
武陟油茶　经久不衰的甘缪膏汤 /142
糊涂面　难得糊涂 /144

南阳
汉水之畔，让南阳的火辣在舌尖起舞 /147

行住玩购样样通 /149

行在南阳 /150
住在南阳 /150
玩在南阳 /151
购在南阳 /151

开启南阳美食之旅 /153

新野板面　辣酥酥、香喷喷 /154
方城烩面　豫南的本色味道 /156
穰东鹅腿　肥瘦相宜味香浓 /158
窝子面　舌尖上的香辣味道 /160
蜜汁江米藕　不见一丝的藕中奇葩 /162
绿豆凉粉　让童心飞扬 /164
南阳蒸菜　果腹菜变抢手菜 /166
郭滩烧鸡　香飘万里 /168

信阳
山清水秀，陶醉于信阳这个鱼米之乡 /171

行住玩购样样通 /173

行在信阳 /174
住在信阳 /174
玩在信阳 /175
购在信阳 /175

开启信阳美食之旅 /177

罗山大肠汤　爱上肥而不腻的大肠汤 /178
焖罐肉　肉紧有质，香而不腻 /181
固始汗鹅　肉质鲜嫩，香味浓郁 /183
商城筒鲜鱼　平淡中的乡情 /185
腊肉焖鳝鱼　席上佳肴 /188
清炖牛肚绷　不失筋道的滋补佳品 /190

行前必知

【河南印象】

河南,古称中原、中州、豫州,简称"豫",因在历史上大部分时期都位于黄河以南,故名河南。河南省内有众多的文物古迹和风景名胜,其中少林寺、龙门石窟、云台山等景点世界闻名。

【地理】

河南位于中国中东部、黄河中下游地区,横跨黄河、淮河、长江、海河四大水系,总面积为16.7万平方千米,东连山东、安徽,西连陕西,北接山西、河北,南邻湖北。

【气候】

河南四季分明,属北亚热带向暖温带过渡的大陆性季风气候。春季干旱风沙多,夏季炎热雨水丰沛,秋季暖晴日照足。全省年平均气温一般在12～16摄氏度,山地与平原间温度差异明显。年平均降水量为500～1200毫米,南部及西部山地降水量较多,全年降水的50%集中在夏季。

【历史】

河南历史悠久，是华夏文明和中华民族的发源地之一，也是中国古都数量最多的省份，中国八大古都河南就有4个，即洛阳、开封、安阳以及郑州，历史上是兵家必争之地。其中原文化、武术文化、圣贤文化、三商文化、河洛文化等源远流长。

【民族与宗教】

河南省少数民族众多，有回族、维吾尔族、满族、蒙古族、土家族和壮族等，其中回族人口数量最多。截至2018年年底，全省少数民族人口约151万。

河南省的主要宗教有佛教、道教、伊斯兰教、基督教等4种宗教。被国务院列为全国汉族地区第一批重点寺观的有白马寺、少林寺、中岳庙3处。

【文化与艺术】

河南历史文化悠久。在这里也产生了很多历史名人，如古代哲学家、思想家老子、庄子等，军事家商鞅、张良等，文学家杜甫、韩愈等，科学家张衡、一行，医学家张仲景等。

河南的豫剧更是世界闻名，是中国五大戏曲剧种之一，也是中国第一大地方剧种。2006年，豫剧被国务院列入第一批国家级非物质文化遗产名录。

【美食偏好】

豫菜的烹调方法众多，据说有50多种，其中扒、烧、熘、爆、炒、炸、炝别有特色，独树一帜。豫菜的特色是选料严谨、刀工精细、讲究制汤、质味适中。

必游景点 TOP 10

【嵩山少林寺】

少林寺是包括常住院、初祖庵和塔林在内的历史建筑群。少林寺是汉传佛教的禅宗祖庭,是世界著名的佛教寺院,被誉为"天下第一名刹",在中国佛教史上占有重要地位。

【龙门石窟】

龙门石窟是国家AAAAA级旅游景区,与莫高窟、云冈石窟、麦积山石窟并称中国四大石窟,现为世界文化遗产、全国重点文物保护单位。

龙门石窟南北长达1千米,今存有造像10万余尊,窟龛2300余座,碑刻题记2800余块。

【白马寺】

白马寺历史悠久,创建于公元68年,为中国第一古刹。寺内保存了大量元代的夹纻干漆造像,如三世佛、十八罗汉、二天将等,非常珍贵。

【殷墟】

殷墟是中国商朝晚期都城遗址,为国家AAAAA级旅游景区,出土了大量都城建筑遗址和以甲骨文、青铜器为代表的文化遗存,被评为"中国20世纪100项考古大发现"之首。

【清明上河园】

清明上河园是以《清明上河图》为蓝本按1:1比例复原再现的大型宋代历史文化主题公园,为国家AAAAA级旅游景区。

【白云山】

白云山是世界地质公园、国家AAAAA级旅游景区,总面积168平方千米,被专家誉为"自然博物馆"。

白云山融山、石、水、洞、林、花、草、鸟、兽于一体,景色雄奇幽美,堪称"人间仙境"。

【云台山风景区】

云台山为国家AAAAA级旅游景区,奇花异草和各种珍稀树种繁多,有落差310多米的云台天瀑,还有红石峡、青龙峡、潭瀑峡、猕猴谷、叠彩洞等11大景点,被称为"北方的九寨沟"。

【中原大佛】

中原大佛位于河南省平顶山市鲁山县尧山佛泉寺,总高208米,是目前世界上最高的佛教造像。大佛周围九层山峰环绕,佛前沙河圣水四季长流,环境秀美。

【开封府】

开封府为北宋时期天下首府,是国家AAAA级旅游景区,距今已有1000多年的历史。

【国家牡丹园】

国家牡丹园是目前全国唯一的国家级牡丹基因库,园中有著名的隋朝西苑遗物"千年牡丹王",是洛阳牡丹的"活化石"。洛阳牡丹的花期大致在每年4月,所以一般在4月左右前往牡丹园观赏最佳。

人气美食 TOP10

【烩面】

烩面，是河南人日常生活离不开的一种面食，是一种以优质高筋面粉为原料，辅以高汤以及多种配菜制成的美食，味道鲜美。

【灌汤包子】

灌汤包子，是开封地区最为传统的特色小吃，已有上百年的历史，皮薄馅多，汤汁浓郁，油而不腻。

【胡辣汤】

胡辣汤，为河南及陕西等地的知名小吃，主要制作材料有胡辣汤料、胡椒、辣椒、熟羊（牛）肉、面筋、粉条、黄花菜、木耳等，汤汁黏稠，香辣可口。

【浆面条】

浆面条，也叫酸面条，是河南省的汉族传统名吃。

浆面条是以绿豆浆发酵制作面浆，经特殊工艺制作而成的面条，在洛阳、新郑、汝州等地非常流行。其制作简单，味道鲜美，易于消化。

【洛阳水席】

水席起源于洛阳，历史悠久，是用淀粉、山药、萝卜、莲藕、白菜等食材制作而成的汤水丰盛的宴席，酸辣味殊，清爽利口。

【桶子鸡】

桶子鸡是开封乃至整个河南省的特色名吃,用当地的优质老母鸡,采用百年老汤煨制而成。其色泽鲜亮,咸香嫩脆,肥而不腻。

【洛阳豆腐汤】

洛阳豆腐汤味鲜价廉,在洛阳,几乎每个饭店都有这道菜。豆腐极具营养价值,有"软黄金"之称。冬天的早晨,要上一碗刚出锅的豆腐汤,撒上香葱、香菜,滴入麻油,香气四溢,令人顿时倦意全消。

【花生糕】

花生糕是古代宫廷膳食,源于宋朝,是开封地区汉族传统小吃。花生糕成品层次多,呈片状,疏松度强,入口即化,令人回味无穷。

【三鲜莲花酥】

三鲜莲花酥是开封市汉族传统名点之一,是以白面为主料制作而成的一种点心,点心的馅一般由三种不同的馅配合制成,糕形如含苞初绽的莲花,味道芳香,酥松可口。

【武陟油茶】

武陟油茶是河南周口的一道传统名点,因产自武陟县而得名,历史悠久。武陟油茶一般选用精粉、淀粉、花生、芝麻等多种原料制作而成,芳香浓郁、浓而不腻、营养丰富、食用方便。

郑州

黄河之畔,氤氲在郑州的南北味道

　　历史悠久的烩面,浓香四溢的葛记焖饼,广泛流传的烩羊肉……在光阴的流转中,舌尖上究竟有几种家乡的味道,恐怕就连郑州人自己也说不清,道不明。

行住玩购样样通 >>>>>

寻味河南

行在郑州

如何到达

飞机

郑州新郑国际机场位于郑州市郑州航空港区,别称"轩辕机场"。

火车

郑州站位于郑州市二七区。

郑州东站位于郑州市郑东新区,是亚洲规模最大的高铁站之一。

汽车

郑州市有多个长途汽车站,其中郑州长途汽车中心站是换乘最方便的汽车客运站。

市内交通

公交

郑州一般5:00—22:00都可以坐到公交车。

出租车

郑州交通发达,出租车众多,在路边很容易就能招手上车。

地铁

截至2019年1月,郑州地铁有3条运营线路(1号线、2号线、9号线)。

住在郑州

恒泰睿德酒店
（郑州二七广场地铁站店）

地址 郑州市二七区南下街
电话 0371-66534567
价格 105元起

恒泰睿德酒店地处繁华地段,步行300米即可到达地铁1号线二七广场站。酒店内拥有梦幻大床房、榻榻米等多种房型,温馨舒适,布局合理,设施齐全。

郑州粤海酒店

地址 郑州市二七区德化步行街39号
电话 0371-60309173
价格 306元起

粤海酒店紧邻郑州市中心繁华

的商业区二七广场，东邻地铁1号线，西邻郑州火车站，交通便利。其内部的璇宫西餐厅是郑州首家旋转餐厅，也是郑州市最佳观景地。

玩在郑州

少林寺

地址　郑州市登封市207国道旁
门票　80元

少林寺是中国久负盛名的佛教寺院，也是汉传佛教禅宗祖庭，更是少林武术的发祥地。当今的少林寺不仅因其悠久的佛教文化名扬天下，更因其精湛实用的少林功夫和不断涌现的少林功夫名人而驰名中外。

河南博物院

地址　郑州市金水区农业路8号
门票　凭有效证件免费领取门票

河南博物院是国家级重点博物馆，是中国建立较早的博物馆之一，现有藏品17万余件（套），大多数为珍贵文物，以青铜器、陶瓷器、玉石器、石刻造像等最具特色。

购在郑州

开花馍

店铺　大地烙馍村（宝龙店）
地址　郑州市金水区农业东路与天泽街交叉口东南角
电话　0371-69351799
价格　1元/个

开花馍历史可以追溯到晋代，是在面团充分发酵后加入适量白糖，醒到一定程度后下剂、成形、蒸制而成的。蒸熟后的馍顶均匀绽放如花朵，故称开花馍，口感暄甜。

芝麻焦盖烧饼

店铺　正宗登封芝麻盖烧饼
地址　郑州市二七区新兴街与永安东街交叉口南50米路西

芝麻焦盖烧饼色泽金黄、味鲜、香脆。

开启郑州美食之旅 >>>>

寻味河南

合记（人民路店）

地址　郑州市二七区人民路3号

电话　0371-66228026

烩面
豫剧的腔，烩面的汤

烩面是河南特色美食，历史悠久，郑州老百姓从小吃到大，味道鲜美，经济实惠。

来到郑州，首先要品尝的美食就是烩面，据说20世纪50年代郑州有一位回民厨师，特别喜欢吃面条。有一次工作太忙错过了饭点，他回到家，看见蒸馒头用的发面，就把面团揪下来一块蘸了油，拽成长条放进汤锅里，加入盐、葱花、黄花菜、木耳烩到一起煮，煮好的面别有一番风味，鲜香好吃。这种面很快风靡河南各地，并且成为郑州的特色美食。

在郑州的大街小巷，到处都能看见烩面馆，无论门脸大小，都别具个性和特色，引来不少食客。尤其在寒冷的冬季，大小烩面馆在饭点时更是人头攒动。人们点一碗心爱的羊肉烩面，殷切盼望烩面端上来的那一刻。来烩面馆吃面的人，有的默默品尝美味，生怕惊扰到这一碗鲜汤的味道；有的与友人谈笑风生，在热乎乎的肉汤面条的香气中升华着感情。吃下一碗烩面，便能深深体会到老郑州人"听着豫剧的腔，喝着烩面的汤"的美好滋味。

郑州著名的烩面馆有合记烩面、萧记烩面、白记滋补烩面、裕丰源滋补烩面、尉氏烩面、76人老烩面等，口味和特色各不相同，能满足食客的多种需求。无论是喜欢喝滋补面汤的，还是喜爱面条筋道的，都能找到自己心仪的烩面馆。

对于我个人而言，比较偏爱合记烩面。合记是河南第一家烩面馆，1967年由老乡亲饭店改建而成。合记烩面是郑州最传统地道的烩面，1997年摘取了"中华名小吃"的桂冠。它传承了郑州一代人的口味，是老郑州人的经典记忆，也是这座城市的独特味道。

中午时分，我约上两三个好友，去合记品味久久难忘的烩面滋味。冬季的合记烩面馆，四处弥漫着浓郁的羊肉的香气，让人有一种温暖幸福的感觉。正好赶上饭点，面馆里人山人海，无比热闹，门口坐满了等位子的人。我们闻到肉汤的香味，脸上都流露出一副垂涎三尺的表情。

等到位子之后，我们一坐下来就迫不及待地点了经典的羊肉烩面。朋友介绍说，一碗烩面做得好不好，主要看汤头是否熬得久，是不是真材实料。据说合记烩面馆的羊肉烩面选用上好鲜羊肉，反复浸泡下锅水煮，撇净血沫之后，放入全大料，用文火将肉煮烂；面条用精白面粉加入盐碱揉成软面，反复揉搓拍打，面条煮出来根根筋韧。

一碗碗热气腾腾的烩面端上来，原汁肉汤的面条，融汇了荤、素、汤、菜，色香味俱全。在烩面中加一点香菜和辣椒油，剥几瓣糖蒜做辅料，吃一口面条，喝一口烩面汤，顿觉口齿留香，真是寒冷冬日里一种无与伦比的享受。

看着身边的食客川流不息，吃完面的人抹着嘴心满意足地离开，而等待吃面的人急匆匆占住座位，这大概就是郑州烩面的魅力，吃在肚里，暖在心里，带给人们一种幸福享受。

寻味河南

葛记焖饼（经一路店）

地址 郑州市金水区农业路与经一路交叉口向北

电话 0371-66305359

坛子肉焖饼

吃的是情怀

都说郑州是古老与现代融合的城市，美食也是博采众长，以其融合性吸引了八方来客。葛记焖饼是传统老字号，也是入选河南省非物质文化遗产名录的老馆子，历经几十年的岁月沉浮，如今已传至第四代。

据说葛记焖饼馆的创始人葛明惠先生，是清朝满族镶黄旗人，生于1882年，他10岁进北京珂王府做事，曾给王爷赶过车，因为勤快好学，颇得王爷赏识。葛明惠闲时常到王府膳食房帮厨，慢慢地跟大厨们学了很多东西，熟谙烹调技艺。

有一天，王爷回到府中，感到腹中饥饿，当时，王府中的大厨们刚好不在，葛明惠便越俎代庖，在厨房里找到千层饼和坛子肉当作食材，用坛子肉为王爷焖了一盘饼，又用榨菜、芫荽煮了一碗汤，端到王爷面前。这一道菜肴饼软肉香，清汤爽口，令王爷大加赞赏，以后经常指名让他做这道菜。到了民国初年，战乱频繁，葛明惠携两子逃难到河南。因为找不到工作，葛明惠突然想起被王爷大加赞赏的坛子肉焖饼，于是，在朋友的帮助下，他在郑州火车站附近开了一家"坛子肉焖饼馆",由他亲自站灶,两个儿子负责打下手。

1926年,葛记焖饼的名号正式确立,葛家先后在郑州乔家门、敦睦路、德化街、西太康路等处迁徙开店。1949年以后,葛明惠和他的次子先后去世,长子葛去祥继续经营,继承发扬父亲的烹调技术,使烹制的坛子肉一开坛便香气四溢,经多年苦心经营,使葛记焖饼的坛子肉焖饼成为闻名遐迩的风味小吃。1997年,葛记焖饼荣获"中华名小吃"称号,2009年,被列入河南省非物质文化遗产名录。

如今的葛记焖饼更是郑州名吃"老三记"之一,外地人来郑州不品尝"老三记",那就等于白来一趟。距离店铺几十米,就能看到葛记焖饼老北京宫殿风格的门头,在这充满现代化喧嚣的城市中,那一抹古朴显得十分醒目。走近一看,整体环境比较古朴,但又给人一种厚重的感觉,就像一位历尽繁华之后的老者,有一种莫名的亲近感。而门口用来迎客的古代画像也是一抹亮色,仿佛两位满腹诗书的老儒在行礼邀请路人前来用餐。

走进店内,虽未到饭点,却已然座无虚席。店内伙计热情地招呼:"您要吃点什么?""老规矩,一份坛子肉焖饼,一碗红豆粥。""好嘞,您先坐。"对话虽简短,却能感受到双方的热情,少了客套,多了淳朴自然。

"您的菜来了!"正在遐想当中,伙计的一声呼喊把我拉回了现实。看着金黄松软的焖饼、诱人的坛子肉,还有浓浓的、颗粒分明的红豆粥,使人食指大动。据说这葛记焖饼的坛子肉十分诱人,打开坛子,顿时浓香四溢。过往的行人只要闻到这种香味,就会情不自禁地停下脚步,循着香味往店里看,所以人称"开坛香"!

葛记焖饼的坛子肉之所以如此出众,是因为他们选用上好的带皮五花肉,切成大小整齐的方块,下足八大料,外加香腐乳,将肉煮过之后倒入肉汤,封进坛子里,用大火烧开后,改用文火慢炖,一直煨至烂熟。所以,开坛时香气四溢。而坛子肉焖饼的做法也不难,先用软面烙成千层饼,然后锅内用一些配菜铺底,放上饼丝和坛子肉,加高汤稍焖即成。坛子肉香味醇厚,肥而不腻,焖饼柔软适口,老少皆宜。焖饼用的肉汤,有猪肉汤、鸡汤、鸭骨汤,工序十分复杂精细。

坛子肉焖饼是店里的招牌菜,进来吃饭的顾客几乎都点这道菜。一坛肉,一份软嫩的饼丝,再加几个小凉菜,简单却美味的一餐就齐活了。

京都老蔡记

地址 郑州市金水区纬五路与经六路交叉口西20米路南

电话 0371-65771350

蔡记蒸饺、鸡丝馄饨
令人拍案叫绝

许多老一辈郑州人提起"老三记",就有说不完的话,那么"老三记"究竟是哪三记呢?询问老者得知它们分别是:合记烩面、葛记焖饼和京都老蔡记。而在这"老三记"中,京都老蔡记以其近百年的历史位列首位。凡吃过蔡记蒸饺和鸡丝馄饨的人,没有一个不拍案叫绝的。

寒冷的冬日里,我起了个大早,一边哆嗦着,一边呵着手大老远跑过来就是为了能来这里吃一笼蒸饺和一碗热气腾腾的鸡丝馄饨。来到这里我才发现,比我还早的人不在少数。天那么冷,起那么早就为了一碗馄饨、一笼蒸饺,它们究竟有多么美味呢?

蔡记蒸饺的创始人是河南长垣县的蔡士俊。蔡老先生早年在北京皇宫里帮厨，辛亥革命之后，流落于北京街头。为了养家糊口，他在北京前门外开了一家小饭店，专门经营蒸饺、馄饨，没想到生意十分红火。几年后，蔡士俊携家眷辗转来到郑州，在西二街开店重操旧业，定名为"京都老蔡记馄饨馆"。蔡士俊去世后，其子蔡永泉继承父业，他不但完全掌握了父亲传下来的技艺，而且坚持质量第一，薄利多销。1960年毛泽东主席到河南视察，专程到京都老蔡记馄饨馆品尝蔡家第二代传人蔡永泉制作的蒸饺和馄饨，并且大赞道："味道不错，很好！"之后朱德委员长、刘少奇主席、陈毅元帅等首长都先后来郑州，品尝过老蔡记蒸饺、馄饨，并给予了很高的评价。从此，京都老蔡记的美食名扬四海，吸引了无数知名人士前来品尝。比如豫剧大师常香玉、香港美食家蔡澜，还有许多外国友人专程到店，食后均赞不绝口。

看着店里人头攒动，我知道今天没有白白早起。京都老蔡记之所以兴旺发达，原因主要有两个：一个是菜肴质量上乘，另一个是服务周到。店里制作蒸饺、馄饨的面料、馅料考究，从不偷工减料，如果哪天采购不到上好的原料，宁肯歇业不做生意也不糊弄顾客。

我要了一份经典的蔡记蒸饺和鸡丝馄饨，盘子端上来的时候，我的目光一下子被蒸饺的造型吸引住了，柳叶褶，弯如月，色泽油亮，每一个都极为精致，整整齐齐地摆在蒸屉里。我忍不住夹起一个咬上一口，只觉得皮薄筋道、馅嫩鲜香。据说老蔡记的蒸饺都选三成肥七成瘦的五花肉，加上作料和水拌成汤馅，叫作"肥三瘦七水打馅"。蒸饺皮用烫面和死面混合，反复揉搓后再擀皮，使蒸饺的外皮筋道透亮。而包蒸饺时更有讲究，每个蒸饺捏13褶，大小均匀，褶皱清晰。然后用松针垫底，上笼蒸制，所以被叫作"草饺子"。

我对于这一烹制过程很好奇，专门问伙计为什么用松针垫底。伙计告诉我，松针垫底可以让蒸饺有一种松脂的芳香，吃起来可以解腻。我不禁恍然大悟，暗赞老蔡记蒸饺制作的独到精巧。吃着蒸饺，再喝一口鸡丝馄饨汤，一股热腾腾的幸福感油然而生。老蔡记的鸡丝馄饨分量不算大，但胜在汤头很赞，里面虾皮、紫菜、豆皮、鸡丝、香菜，一样都不少，汤味浓香，口感清淡，搭配蒸饺刚刚好。

近百年历史的小店，经历无数风云变幻后不仅屹立不倒，而且成为郑州人的口碑美食，除了口味独到，更有一种传承不息的热情与精神。

胖子炒凉粉

地址 郑州市管城回族区商城路与城东路交叉口东北角

电话 13939056623

炒凉粉

冰火两重天

美食无论在什么时候都是人类的一大追求,哪怕是不重视口腹之欲的人也不免选择那些味道更为鲜美的食物,更何况是对食物怀着理解与热爱,对食物的味道有些执念的美食家们。

我虽算不上是美食家,但一心想要寻找隐藏在大街小巷深处的美食,带着新奇的心情,犹如挖掘一份珍贵难得的宝藏,让某种美食的印象久久铭刻在我的心底。早晨,终于补足了睡眠的我在汽车的轰鸣声和小贩的叫卖声中醒来,出门开始我周末的悠闲时光。我乘车来到一家名为胖子炒凉粉的小店,坐下来点了一碗炒凉粉,作为我的早餐。

据说在中原电影院旁的夜市小摊上,炒凉粉一度无比火爆,摊位前排的长队在夜市上几乎绕了一圈。作为一个外地人,无法捕捉到当年的美食味道。而今天来到这家炒凉粉店品尝,也是因为朋友推荐。

在我的家乡,炒凉粉一般是块状的,颜色清亮,撒上蒜泥之后,喷香无比。回忆起第一次吃炒凉粉,还是小学的时候。我小时候酷爱甜食,以致吃坏了牙,整天牙疼,什么都吃不进去,于是妈妈给我做了炒凉粉。本来我是咬紧牙关拒绝吃任何食物的,但是,第一次看到这么晶莹剔透的东西我就松了口,心里想:要不要尝一尝?在强烈好奇心的驱使下,我终于大胆地尝试了一下。好香啊!而且入口即化。

后来我得知这种食物叫炒凉粉,印象中一直是晶莹剔透的美食。而来到郑州才知道,原来炒凉粉还能这样子,颜色很深,放了一些酱料,凉粉稀稀的还有很多汤,看起来几乎要融化。另外送了一盘炒凉粉皮,看起来这两盘东西似乎要搭配起来品尝才行。

这家的炒凉粉是招牌菜,味道自然不会差,据说他家的炒凉粉有秘制酱料,因此火了十几年人气依然不减。对此我有点疑惑,不过尝试着吃了一口之后,才发觉味道的确美妙。凉粉炒得热香鲜嫩,焦而不煳,凉粉皮酥脆喷香无比,有一股独特的酱汁香气,让人吃起来赞不绝口。

吃完炒凉粉,美好的上午已过去大半,唇齿间似乎仍然存留着炒凉粉的香味,久久地挥散不去。这道炒凉粉不仅是郑州人喜欢的美食,也成为我的挚爱,让我感受到人间百味中极为独特的一种滋味。我经常想,不管我去往何方,归于何处,这些曾经令我留恋不已的美食,总会萦绕在我的心头,成为我人生中一份美好的回忆。

寻味河南

三厂（老胡家）烩羊肉

地址　郑州市中原区五龙口南路与电厂路交会处（向东300米路北）

电话　15515832333

三厂烩羊肉
重温历史的余香

羊肉是郑州人日常生活中不可或缺的食材，郑州人爱吃羊肉，也会吃羊肉。鲜嫩多汁的羊肉，煎、炖、煮、煸、炝，饮食的十八般武艺全都百搭，最终都会成为一道美食。其中，烩羊肉是郑州的特色名吃，经过特殊的烹饪加工，辅以特制的配料，以其"肉味鲜美，不腻不膻"的特色而深受当地人喜爱。

说起来，烩羊肉的来头可不小。相传唐朝初年，李世民率兵前去平息郑王王世充叛乱，却身受重伤。危急关头，少林十三棍出手相救。为了帮助李世民疗伤，少林和尚买来几只小山羊，铁锅里盛满嵩山清泉水，辅以大葱、粉皮和花菜来炖羊肉。这样用文火和清泉水烩制而成的羊肉味道鲜美、肥而不腻，营养价值极高。李世民继位后，还惦记着烩羊肉的美味，甚至让嵩山的名厨日夜兼程赶赴长安，好让他一解对烩羊肉的"相思之苦"。

来到郑州，如果错过了烩羊肉这道当地名吃，作为食客的我们恐怕会抱憾而归了。古语有云：大隐隐于市。每个城市里都会有那么几家历经岁月的洗礼而经久不衰的小店，在深巷里演绎着美食的传说。作为郑州名吃的烩羊肉，也是酒香不怕巷子深，其中最有名的当数"三厂烩羊肉"了。

我握着手里的地图，穿过闹市，不知走过了几条街，终于找到了这家大名鼎鼎的三厂（老胡家）烩羊肉。这家店位于中原区五龙口南路附近，他家不仅是郑州最受人们喜欢的烩羊肉店，还是一家烙有历史印记的店。三厂烩羊肉的老板名为韩坤，原本是国棉三厂的工人，2001年离开了工厂，开始在餐饮界打拼。而现在遍布郑州的三厂烩羊肉连锁品牌便是由韩坤原来的小店发展而来的。每天从早上10点开始，就陆陆续续有人来吃饭了。在郑州食客中流行着一句口头禅，那就是"吃烩羊肉来三厂"。

据说，初开店时，为了适应郑州人的口味，韩坤不断改进和调整羊肉汤的味道。他曾经有将近一个月的时间足不出户，待在家里研制秘方，不断增减羊肉汤里的各种辅料，寻找独属于自己的烩羊肉的味道。生意好的时候，三厂烩羊肉一天能卖出700多碗汤、1000多个饼子。三厂烩羊肉之所以大受人们欢迎，除了独特的秘方外，还因为采用的食材货真价实。所有的羊都是本地羊，肉绝不掺假，汤底里的菌类和粉皮也都选用市面上最好的。

看着眼前这盘汤汁鲜浓、羊肉肥美的烩羊肉，我仿佛置身于美食的殿堂。也许，当你怀着一颗虔诚之心来品尝美食的味道时，更能体会出凝结在美食上的良苦用心和辛勤汗水。伴着微风，品味着鲜嫩多汁的烩羊肉，我如此真切地感受到生活的美好。

寻味河南

虢国羊肉汤馆（政一街店）

地址　郑州市金水区政一街与政三街交会处

电话　0371-65949337

羊肉汤
古文化的味道

　　羊肉汤是郑州的特色美食，郑州遍地都是羊肉汤馆子，而来郑州的人都绕不过这一道经典好汤。一碗羊肉老汤，香气四溢。

　　虢国羊肉汤在郑州特别有名，它除了羊肉汤做得美味，更多地传扬出一种黄河流域独有的古老文化。

　　古代的虢国，本是豫西边陲的一块封地，在西周初年封"虢国"，这里空气干燥，气候苦寒，在饮食上少不了汤汤水水的滋润。当地人取羊肉、羊杂等物，在灶上文火慢炖，炖上一夜，一锅奶白营养的好汤就做好了。

　　传统的虢国羊肉汤工艺传到郑州之后，被赋予了更浓厚的文化气息。一走进虢国羊肉汤馆，感触最深的是它的店面装修，不仅十分古雅静谧，而且带有一种深幽的神秘感。找一个座位坐下，环顾四周，到处是古典韵味，古色古香的装潢，橱窗内整齐陈设的各色仿古器皿，让人仿佛置身一家古器博物馆，而不是一家羊肉汤店。

郑州 黄河之畔，氤氲在郑州的南北味道

这家虢国羊肉汤馆带有一种对文化传承的独特喜好，吸引了很多时尚的年轻人。每一家分店的装修风格各有特色，但都显示出对古代文化的青睐和追思，或是青砖墙、黑金匾、长条板凳、榆木桌的搭配，或是古壁画、古器皿的摆设，加上地道的羊肉汤和素烧饼，这家店不知不觉就火起来了。

店内羊肉飘香，"三两肉，多放粉条，要辣子"，食客们络绎不绝地进来，冲着点菜的服务员说道。紧接着坐到各自的座位上，有低声闲聊的，有四处观望的，也可以陶醉在自己的世界中，不用担心有人打扰。等菜的食客们都沉浸在一种悠闲惬意的感觉中，安静中伴着轻缓的音乐，让人既舒适又放松。

后厨的师傅将羊肉、羊骨和羊油一起放入锅中，不加任何的调料，也不放葱姜等，这样煮出的汤颜色洁白、滋味醇厚。前厅的师傅在碗底放上葱花，熟羊肉切成小片后铺在上面，放入少许味精和一把香菜碎，浇上一大勺热腾腾的羊肉汤，一碗地道的虢国羊肉汤就做好了，扑鼻的香味让人欲罢不能。

服务员将羊肉汤端到我面前，只见汤质乳白，闻起来醇浓鲜香，一碗下肚暖意就涌上了心头。羊肉质地鲜嫩，入口软烂，汤中葱花提味，咸淡适中，非常美味。

周围的食客每人捧了一个大碗，对着碗沿吸溜几口，然后拿起脆香的烧饼咬一口，嚼得"嘎嘣"响，吃得起劲时赞声连连。正所谓一锅老汤香四季，虢国羊肉汤馆里，冬去春来，食客盈门，无不赞叹羊肉汤的美味。

古城第一都，灶火在开封的纸醉金迷里飘荡

　　开封，古称大梁、陈留、汴州、东京、汴梁等，是我国著名的八朝古都，中国八大古都之一。在开封人的理念中，吃从来没有一成不变的法则。怀着对食物的理解与热爱，美食的守与变在这座古城里激烈地碰撞着。

行住玩购样样通 >>>>>

行在开封

如何到达

火车

开封站位于开封市中山路南段,广场上设有公交车停靠站和出租车停靠站,交通十分便利。开封北站位于开封市龙亭区四大街1号,为高铁站。

汽车

开封市有多个长途汽车客运站,其中邻近开封火车站的长途汽车客运站是全市最大的旅客发送站。

市内交通

公交

开封市内公交线路比较多,公交车均为无人售票车。

出租车

开封交通发达,出租车众多。但晚上10点以后出租车很少,建议用车提前预约。

住在开封

如家快捷酒店（开封包公祠店）

地址　开封市鼓楼区丁角街88号
电话　0371-23236666
价格　107元起

酒店位于市中心,地理位置非常优越,紧邻开封最著名的小吃街——西司夜市。周边景区环绕,有包公祠、清明上河园、开封府、大相国寺、龙亭公园等景点。

最佳西方财富大酒店

地址　开封市鼓楼区解放路和自由路交叉口向南200米路东
电话　0371-22880000
价格　242元起

酒店与著名的鼓楼夜市小吃一条街毗邻,距离鼓楼街商业圈约500米,周围有大相国寺、包公祠、清明上河园等景点。酒店房间宽敞舒适,均设有豪华双人温泉泡池。

玩在开封

清明上河园

地址　开封市龙亭区龙亭西路5号
门票　120元

清明上河园景区是国家AAAAA级旅游景区，是一座以宋文化为主题的大型历史文化公园。园内南苑再现了北宋东京的市井百态、民俗风情，北苑展现的是宋代皇家园林和宫廷娱乐，经常有精彩的场景演出和民俗表演。

包公湖

地址　开封市鼓楼区向阳路1号包公祠内
门票　免费

包公湖位于宋朝古城墙内，处于古城的西南角，整个湖泊如同一个斜躺的葫芦，湖泊周围有包公祠、延庆观等名胜古迹。

购在开封

朱记五香烧饼

地址　开封市龙亭区徐府新街天地陕甘会馆对面
电话　18236547717
价格　2元/个

在开封市区吃烧饼首选朱记五香烧饼，其口感咸香可口，价格公道。

福州福桔

地址　开封市鼓楼区迎宾路长途汽车西站向南100米路东
电话　0371-23213666
价格　25元/份

锅贴豆腐色泽微黄而酥焦，入口即化，再佐以花椒和盐，食之别有风味。

开封　古城第一都，灶火在开封的纸醉金迷里飘荡

开启开封美食之旅 >>>>>

黄家老店

地址　开封市鼓楼区西司门街西司桥下

电话　0371-25662988

灌汤包
面肉汤三者俱全

来到开封，穿梭在大街小巷，到处可以感受到历史给予的古城气息。清晨时分，万物在阳光的照耀下渐渐从沉睡中苏醒，路边的早餐店开始忙碌起来，一切都是那么悠闲惬意。我穿过熙熙攘攘的人群，来到黄家老店，点上一份灌汤包，小巧精致的造型，扑鼻而来的香气，还没开吃，便已经让我垂涎三尺了。

灌汤包是开封的传统美食，早在北宋时期就已经出现，也称灌浆馒头或灌汤包子。古时候东京72家正店之一的"王楼"，曾经制售的"山洞梅花包子"，号称"东京第一包"。北宋之后，灌汤包子在开封流传下来。到了20世纪20年代，名厨黄继善创办"第一点心馆"，主营灌汤包子。30年代，他适应市场需求，对包子的制作方式加以革新，即为灌汤小笼包子。1949年以后，灌汤小笼包子得以发扬光大，遍及全国。经过多年的不断发展，现在的开封灌汤包，皮薄馅大，灌汤流油，软嫩鲜香，洁白光润，深受众食客的喜爱。

开封灌汤包号称"肉馅与鲜汤同居一室",只要一入口,便将吃面、吃肉、喝汤三种感受结合在一起。正如人们常说的"每一种味道的背后,都有一段故事",开封灌汤包的背后也有不一样的历史故事。

相传600多年前,朱元璋率领农民起义军争夺天下。到金华城下时,攻打了九天九夜,还是破不了城,只得在城外安营。一天深夜,常遇春大将军发现城门开了,只见元兵押着一批民夫偷偷地到江边挑水。他连忙呼唤众人,冲向城门,拼力攻城。战斗的时间长了,常遇春肚子饿得慌。他就叫士兵抽身给他喂包子和菜汤。在喂的过程中,常遇春叫一声"汤",士兵就给他喝汤,常遇春叫一声"包",士兵就给他吃包子。为了节约时间,一名副将将菜汤灌进包子,再把包子喂到他嘴里。后来,金华城被攻破,常大将军问副将:"你那天给我喂的什么好吃的?"副将想了一下,笑着说:"就是你叫的'汤包'呀!"后来,人们也就借着这个传说做出了灌汤包。

细细品味灌汤包,入口便是醇香鲜美的汤汁,油而不腻,充斥在唇舌之间,带给我第一层美妙的口感体验。然后,入口的便是精选的肉馅,瘦而不柴,碎而一体,和汤汁一起,带给我第二层满足的口感体验。最后,咀嚼之间,汤的浓厚、肉的鲜美、皮的筋道融合在一起,令人唇齿留香,回味无穷,这是第三层口感体验。尤其是汤包咽下去之后,口中那股醇香迟迟无法散去。我意犹未尽,忍不住再次拿起筷子,大快朵颐。这便是开封灌汤包独特的魅力。

据黄家老店的师傅介绍,他们在做包子馅的时候,会用纯香油加大量的水来打制,包好后上笼一蒸,肉就会缩成一团,而油和水分被挤压出来,就

是所谓的"汤"。也正是因为包中有汤,所以在吃灌汤包的时候,要"先开窗",即先咬个小口,把汤倒在汤匙里(正宗的汤水刚好一勺)喝掉,再吃包子,不然一不小心就会烫到舌头。

  此时此刻的我,坐在开封市的黄家老店里,品尝着浓郁可口的灌汤包,眼前仿佛浮现出遥远的历史画面,又好似看到了老师傅们为了调制出最好的口感,一次又一次地尝试着、努力着,只为了带给顾客最棒的味觉体验。阳光和煦,微风依旧,只见每一个食客的脸上都挂着心满意足的微笑,一切都是那样的美好。

清真马豫兴桶子鸡

地址　开封市金明东街214号

电话　0371-25989965

桶子鸡
穿越岁月的浓香美味

开封　古城第一都,灶火在开封的纸醉金迷里飘荡

深秋的傍晚,走在开封满眼飞檐、石瓦、雕梁、红木的大街小巷,饥饿感不经意间袭来。朋友们都说,开封小吃美味得很,桶子鸡尤甚。我当然也想尝尝这个让人赞不绝口的桶子鸡。

穿过几条大街,转过几个巷子,终于找到这家叫"清真马豫兴桶子鸡"的店铺。店铺门面很简朴,却很有开封特有的韵味。推开玻璃门走进店铺,一股鸡肉的浓香扑面而来。食客们坐在餐桌前,操着抑扬顿挫的开封话,就着鸡肉喝着小酒,十分闲适。

老板是个热情的人,我告诉他这一趟是专门过来品尝桶子鸡的,他听后十分高兴,过来招呼我坐下。我选择一个靠着窗户的位置,放下背包,向老板询问马豫兴是谁。

老板说,开封的百年老店"马豫兴",全称"金陵教门——马豫兴",它的创始人是马永岑。马氏家族原本是云南一带的回民,曾经家势十分显赫。在清朝顺治年间,吴三桂入滇封平西王,对云南当地的富户造成极大影

47

响,于是马家迁到了金陵(今南京),并且开商号"春辉堂"。一直到了咸丰年间,金陵地区多次经历战乱,太平军和清廷之间屡次征战,百姓处于水深火热之中,马家人为了避难,在马永岑的带领下来到开封,开了一家商号叫"豫盛永",经营南北食货。马永岑观察到中原地区盛产鸡肉,于是借鉴南京鸭制品的加工方法,苦心研究,以母鸡为原料,不开膛破肚,使鸡成为一个桶状,最后研究出一道新菜品——桶子鸡。桶子鸡一经推出,就受到当地人的欢迎。到了同治初年,马永岑开了一家新店,名叫"金陵教门——马豫兴"。教门,表示他信奉的是伊斯兰教,"马豫兴"则是店面的名号。从此以后,马豫兴的桶子鸡在开封声名大噪。

说话间,服务员端上来一盘色泽金黄的桶子鸡,老板让我赶紧尝尝。我用筷子夹起切成片状的鸡肉,放入口中轻轻咀嚼,咸香嫩脆又肥而不腻,越嚼越香。

桶子鸡的主要食材是老母鸡,主要烹饪工艺是采用百年老汤煨制。桶子鸡最好的部位是鸡大腿,味道香,口感好,将鸡大腿切成细片,是凉菜中的上品。由于桶子鸡本身的特点就有一个脆字,注定了桶子鸡并非用刀剁成几块,啃来啃去地吃,也不是撕成几瓣,大口咬着吃。吃桶子鸡讲究的是要先

剔骨，再切片，吃的时候夹起无骨的肉片，细细咀嚼，越嚼越香。从这一点来看，桶子鸡是一个可以让人细细品味的佳肴。

月渐明，照窗棂。老板回到了每日工作的厨房，我从座位旁伸过头看去，厨房灶上的瓦罐里煨着的都是祖传百年的秘方和精挑细选的鸡。征得老板同意后，我也跟着走进了厨房。老板兴致盎然，现场演示了如何料理桶子鸡。他将新鲜的鸡剁去爪，去掉翅膀下半截的大骨节，又从膀下开个小口，手指向里推断三根肋骨，取出内脏。再从鸡脖子后开口，取出嗉囊，然后冲洗干净。两只鸡大腿从根部折断，用绳缚住。整只鸡用香料腌制，将部分花椒和盐放在鸡肚内晃一晃，使盐、花椒的味道充分浸透。然后将洗净的荷叶叠成块，从刀口处塞入，把鸡尾部撑起。再用秫秸秆一头顶着荷叶，一头顶着鸡脊背处，把鸡撑圆。将白卤汤锅放在火上，烧开撇沫，先将桶子鸡下入涮一下，紧住鸡皮后再下入锅内，放入全大料、料酒、葱、姜。汤沸后，移至小火焖上半小时左右，这才成就了食客面前的那盘精华。

我感慨如此复杂的工艺，老板竟然掌握得无比娴熟，动作如行云流水，干脆利落，就如同艺术家挥毫泼墨一般。老板说："祖先传下来的秘方，多少年都不会忘记，而且要继续传承下去。"

我回到座位上，靠着窗，看向街上，华灯初上，夜未央。开封的夜，被微风熏着，品尝着桶子鸡的香嫩，陶醉在永恒的东京梦华里。穿越岁月的桶子鸡，仿佛是先人留下的珍宝，传承着每一代人都不会忘记的在味蕾绽放的滋味。

> **梅利烤鸭店（迎宾路店）**
>
> 地址　开封市鼓楼区迎宾路11号
>
> 电话　0371-23961696

汴京烤鸭

江北水城的名肴

到了开封，当然要转转清明上河园和包公祠，逛逛朱仙镇和天波府。直到日落西山，人影散乱，再去品味一下开封的美食。

当黑暗把最后一点阳光吞噬，整个汴京城就变成了另一个世界，大红灯笼高高挂，一股浓郁的宋代之风让你陶醉其间，仿佛真的穿越到了1000年前的大宋王朝。

当肚子的咕咕声把我拉回现实，眼睛更是被开封夜市琳琅满目的美食所充斥，但是平常的那些街边小吃已经无法引起我的兴趣。既然到了开封，当然要吃一点有特色的东西。

汴京烤鸭，这可是一道历史悠久的开封特产。汴京烤鸭，顾名思义就是指开封烤鸭。当时的开封水系发达，素有江北水城之称。因此，各类的家禽中，鸭子占了一定的数量。那么，鸭子一多，人们就开始想着怎么吃了。最初只是炖着吃、炒着吃，慢慢地有人发现还可以有一种吃法——烤着吃。

早在北宋时期，烤鸭已是汴京酒楼、市肆中的名肴。金攻克汴京之后，汴京的大批厨师、工匠、艺人和商人，随着康王赵构迁于建康（今南京）和临安（今杭州）一带，烤鸭这种美食又成为南宋民间和官宦之家的珍品。南宋文人洪迈，在《夷坚志》中就记载了擅长制作烤鸭的名厨、烤鸭高手王立，这也是我国第一位见诸书籍的烤鸭名师。

元灭南宋后，元将伯颜曾将临安的能工巧匠迁至大都（今北京），就这样，烤鸭的制作技术传到了北京，很快成为北京宫廷和市肆的佳肴。从延传演变来说，北京烤鸭也就是汴京烤鸭的一个分支，著名的全聚德烤鸭曾经到开封寻找传统的汴京烤鸭制作工艺。可惜如今人们只知道北京烤鸭风靡全球，却不知道汴京烤鸭曾经风行千年。

汴京烤鸭的工艺讲究一个"稳"字，不急不躁，外熏内烤，在烹饪方法上跟如今的北京烤鸭有些区别。先把鸭子杀了放尽血，然后用60~70℃热的水浸泡，用手从鸭子脯部向后推，将粗糙的毛全部煺掉后，放到冷水盆中清洗干净，仔细去除细毛，切去爪子以及膀的双骨，从左膀下顺肋骨开一个小口，掏出鸭子内脏。从鸭脖上开口取出嗉囊，用开水内外洗净。将烤鸭用的配菜香料团成一团，放入鸭腹内。鸭皮先用盐水抹匀，再用蜂蜜抹一遍，用秫秸节堵住鸭子肛门。在鸭腿骨下边插入气管，打上气，放在空气流通处晾

干。炉中用秫秸烧热，再用秫秸灰将旺火压匀，用长钩钩住鸭子喉管。另一头用铁棍穿起来，将鸭子挂在炉内慢烤。鸭子入火烤的时候要封住炉门，上边的炉口也要盖住。烤至鸭子全身呈柿黄色即可出炉。汴京烤鸭所用的并非煤炭的火，而是用果木燃烧的明火慢慢烤炙，火候稳而不急，清而不灭，把握火苗的大小也是重中之重。

想吃汴京烤鸭的人，如果觉得到店里太麻烦，想要打包一份带回去，这种念头还是趁早打消。因为汴京烤鸭毕竟跟北京烤鸭不同，只能现做现吃，趁着它的热度，皮酥肉嫩，以荷叶饼、甜面酱、菊花葱、蝴蝶萝卜佐食，以骨架汤、绿豆面条添味，可以说是一道绝美大餐。要是打包回去，就丧失了烤鸭自身的鲜美，味道已经大打折扣了。

所以说，要想吃到真正的、原汁原味的汴京烤鸭，还是要亲自到开封体验一把。只有亲自到店里面品尝，才能体会到汴京烤鸭的历史厚重感，也会觉得更加美味。

我来到位于鼓楼区迎宾路11号的梅利烤鸭店，里面已经排起了长队，要想吃到正宗的汴京烤鸭可是要经得起等待的煎熬。但是我宁愿耐心等待，只为了品尝一口当年繁华汴京的烤鸭味道。

在一阵苦苦等待之后，我点的烤鸭终于好了，金黄色的脆鸭皮，油而不腻。鸭皮里面包裹着嫩嫩的鸭肉，香料完全浸入其中。把葱丝、黄瓜与鸭肉用荷叶饼包起来，均匀地涂上酱，卷起来吃的时候，配上一口鸭汤喝。那种鲜美的味道在嘴里面蔓延开来，葱丝与黄瓜冲淡了鸭肉的油腻，各种精致的味道融合在一起，使味蕾得到最佳的享受。

一只烤鸭吃完，我却意犹未尽，望着店外古色古香的街道和熙熙攘攘的排队的食客，我顿时觉得有一种幸福感。此时坐在店内喝一口热腾腾的鸭汤，仿佛穿越了千年，回到曾经无比繁华的大宋汴京。想当年能吃得起汴京烤鸭的多是达官贵人，家道殷实的富人也只是偶尔才能品尝到这等美味。如今我也有幸品尝到这一绝佳美味。同样的工艺，同样的滋味，从未改变。

> **白记花生糕**
> 地址　开封市鼓楼区马道步行街南口路东
> 电话　15890381555

花生糕
八朝古都的甜蜜蜜

开封　古城第一都，灶火在开封的纸醉金迷里飘荡

　　开封花生糕有600余年的历史，久负盛名。说起花生糕，如今全国到处都有，但还是以开封的为最。可不要小看这一块花生糕，它虽然其貌不扬，但是却大有来头。它源于北宋时期，是古代著名的宫廷膳食，经元、明、清三个朝代的改良，一直流传至今。相传在清朝初期，康熙皇帝南巡回宫时路过开封，当地官员特地捧着花生糕让康熙皇帝品尝。康熙皇帝品尝过后赞不绝口，从此将花生糕特定为宫廷的贡品，要求开封每年都要向朝廷进贡花生糕。这样一来，原本就名扬四海的开封花生糕就更加有名了，各地的达官贵人都以吃到正宗开封花生糕为荣。

　　清代末期，八国联军入侵北京，慈禧太后西行到西安避难，等她回銮时途经开封，专门命人给她奉上最正宗的花生糕，慈禧轻轻尝一口花生糕，只觉口酥松脆、香甜软绵、入口即化，一连吃了几块都不舍得放下。开封的花生糕之所以美味香甜，是因为它在制作上最讲究功夫与力道，以精选的花生为主料，辅以白糖、饴糖等，再经过一步步的熬糖、拔糖、捻花生面、刀切

53

成形等工序,每一道工序都需要师傅全神贯注,丝毫不能懈怠,这样才能做出精美绝伦的花生糕。浓浓的花生香配上沙沙的口感,让慈禧极为喜欢,当场就奖赏了做花生糕的老师傅,并定制了几盒带回北京细细品尝。

开封的花生糕,说起来品目众多,如今品牌老店也很多,如果非要选出一个喜欢的,我认为白记花生糕为最佳。白记花生糕位于开封马道步行街南口,第一家门店就是。

我独自一人来到开封开始美食之旅。一路上我品尝了许多特色花生糕,可是总感觉似乎少了点什么。待我来到白记,花生糕初尝入口,满口浓浓的花生香。继而香甜的口感也随之散发,那种香甜,不会让你感到腻味,而是一分不多,一分不少。

这家店是祖传的手艺,老板一边招待顾客,一边滔滔不绝地说:"我从很小的时候,父亲就让我看着他做花生糕,十岁时父亲就开始教我。可是我笨啊,一点都不细心。后来,父亲让我把自己做的花生糕全都吃下去。哎呀,那味道,不是太腻就是太脆,根本受不了。后来,吃着吃着,我就开始琢磨它的工序和比例,慢慢地,我的手艺上来了。后来,我又根据不同人的口味,把花生糕分成几个品类。一类是给那些特别爱吃甜食的人,这类花生糕,里面的糖浆比较多,非常受女孩子的欢迎。另一类是我们按照传统的比例,制作甜味恰到好处的花生糕,这类花生糕适合大多数人的口味。还有一类就是少糖的了,这类花生糕对于老年人和不爱吃甜食的人来说,是一个不错的选择。所以说,我们白记花生糕之所以有名,就是因为工艺好、制作精,又有传统的老味道,这才在开封屹立不倒。"

我对老板制作花生糕产生了兴趣,所以就在一旁细心地看,只见墩子上是早已准备好的细细的精选花生面,而老板在一旁熬糖,笑呵呵地说:"这糖和花生的比例啊,一定要认真琢磨。花生多,则太脆。糖多,则又太腻。"我很欣赏老板的朴实与认真,正因为他对美味孜孜不倦的追求,才成就了如今的白记花生糕。

大宋福饺园（劳动路店）

地址　开封市顺河回族区劳动路与汴京路交叉口

电话　0371-23250808

锅贴豆腐
美味与颜值并存

开封 古城第一都，灶火在开封的纸醉金迷里飘荡

探访历史名城，寻找民间美食，我在开封的美食之旅还在继续。

我时常觉得，一个食客的幸福无疑是生活在一个充满美食的世界里。寻找美食，既是一种乐趣，也是一种探求未知的体验。所以我这次有机会游历开封，当然要咨询一下开封的朋友有什么好吃的可以推荐。朋友一脸自信地回答："开封的美食太多了，你最好自己去寻找。不过，锅贴豆腐非常不错，那种味道是我满满的回忆啊……"

说起开封锅贴豆腐，据称是民乐亭饭庄的镇店名菜，早在20世纪30年代便已经享誉全国。关于锅贴豆腐还有一段历史。1928年，冯玉祥在开封把相国寺改名为中山市场，把相国寺钟楼改为茶社书场，取名"民乐亭"。1929年，高云桥在民乐亭开设餐馆，取名民乐亭饭庄，主要以来相国寺游玩的客人为服务对象。1932年，饭庄迁到了马道街南头路西，经营中档宴席及面点。高云桥的儿子高寿椿学艺多年，在烹饪界颇为知名，他在民乐亭饭庄做的锅贴豆腐广受欢迎，最后成为一道镇店名菜，享誉中原大地。可惜的是，民乐亭饭店在历史的长河中逐渐被湮灭,现在已经无处可寻,然而它的味道并没有因此消失。在今天的开封,人们仍然能吃到地地道道的锅贴豆腐,或许是在一家知名饭店里,或许是在夜市街的某一个小摊上,又或许是在胡同深处的一个小店里。

对于我来说,锅贴豆腐并不陌生,小时候唱着童谣,围着正在磨豆腐的奶奶乱跑,就为等待喝上一碗热腾腾的豆浆,吃上奶奶做的锅贴豆腐。长大后,知道豆腐被誉为"植物肉",营养十分丰富,就更加喜欢这种美食了。但是,开封的锅贴豆腐我从来没吃过,因此感到特别好奇,风靡大江南北的开封锅贴豆腐究竟与我小时候吃的有什么不同?

夜幕降临,忙活了一天的人们忙里偷闲,都来光顾夜市中的美食。早就期待着开封名菜锅贴豆腐,我出门打车,去寻找今晚的美食。车窗外吹来暖暖的风,霓虹灯下微亮的夜色,掩盖不住我兴奋激动的心情。街上车来车往,人流如织,夜市中的人们在唠嗑,分享这一天中经历的喜怒哀乐,享受品味美食的愉悦心情。下车之后我走在街上,耳边是嘈杂热闹的声音,很快在一家饭店门口站定脚步,我想,我要找的美食就在这里了。

餐桌上白色的浅瓷碟子里,锅贴豆腐整齐地摆放着,飘散出一股淡淡的豆腐清香。仔细看去,锅贴豆腐色泽微黄,表面看起来又酥又脆。拿起筷子接触豆腐表面,能感受到那种酥脆易碎的触觉。放在口中品尝味道,不仅有清香的豆腐味道,还有浓郁的肉香味。这锅贴豆腐的确跟我小时候吃的味道不一样,特点是外焦里嫩,鲜香可口,完全看不见豆腐,也说不出来是用什么肉做成的,当我以花椒面为佐料而食,更是别有一番风味。外表的形状看上去好像锅贴,而事实上是豆腐和肉类的融合,真是一种新奇的搭配。

开封锅贴豆腐的制作方法独具特色,味道跟其他地方略有不同。我问了一下饭店的服务人员,才知道他们以鱼肉、鸡脯肉、豆腐做主料,然后辅以猪肉、青菜叶,先将蛋清、粉芡、盐、姜汁、大油、味精打成糊,将豆腐碾成泥,掺到糊内搅拌,再把猪肉膘切成方形薄片,将打好的糊抹在上面,菜叶铺整齐,抖上干粉芡面,挂上蛋清糊,入热油锅炸成微黄色,捞出切成长条装盘即可。

我顿时恍然大悟,怪不得这锅贴豆腐吃起来这么美味,原来里面大有乾坤。经过几十年来的改良,据说如今开封的锅贴豆腐做法多是蘸着蛋清糊半煎半炸,味道变得更能激发味蕾的享受。

其实很多事物都一样，每当想起来就是一种回忆。体验了一番久经岁月磨炼的开封锅贴豆腐，承载的满是中国传统滋味和历史故事。出生在开封的人们，提起锅贴豆腐，就是一脸的遐思，它显然已经成为这个历史名城中很多人的记忆。我虽然不是本地人，但是我那位开封的朋友对锅贴豆腐的印象，就是古老而温暖的回忆。

我漫步在充满人文古迹的开封街道上，满是历史情怀。看着周围古色古香的建筑，心里也觉得暖暖的。

开封 古城第一都，灶火在开封的纸醉金迷里飘荡

西门郑羊双肠

地址　开封市鼓楼区大梁路1号

电话　13353811330

羊双肠
流连街边的美味

羊双肠又名"羊双肠汤",属于豫宴名菜之一,是用羊的大肠和小肠熬制而成的。据老开封人讲,过去卖羊双肠的大都没有固定的摊位,而是担着挑儿沿街叫卖,担子的前边挑着燃着劈柴的小炉子,炉子上面放着熬汤的小深兜锅,担子的后边挑着事先熬好的老汤、羊肠和碗筷。直到1949年以后,卖羊双肠的小贩才有了固定的摊位。

羊双肠首创于何时,众说不一。据说在明代时期,开封集市上已经出现售卖羊双肠的小贩,当年有一位牛羊屠宰场的帮工,他起早贪黑,为场主抬牛背羊,劳碌了一天,得到的工钱只是一盆牛羊下水。这个穷帮工没办法,只得把这盆东西带回家,然后把羊大肠里翻外,羊小肠剪开,用水不停冲洗,直到把肠子里的脏东西清洗干净。再把大肠小肠灌入羊血煮熟,捞出来切成半寸长,与羊腰子、羊鞭、胎胞羊一起下锅,煮到汤色红润,完全熟透之后,他就挑起汤锅和碗筷,沿街叫卖,指望赚一点钱养家糊口。当时一大碗羊双肠卖一两个铜钱,佐料有盐、辣椒面,熬煮过的羊汤可以随意添加,他的顾客全是起早干活的穷人。因为羊双肠卖得便宜，而且原汤肥而不腻，薄而味厚，所以受到很多人的欢迎。

开封的羊双肠店并不多，原因是羊双肠工序复杂麻烦，而且利润也不大，现在愿意经营这种生意的人越来越少。但是开封人始终怀念羊双肠的老味道，有几家店一直在经营，比较著名的有"西门郑羊双肠"等。西门郑羊双肠选料考究，汤鲜味美，最让人放心的是食材拾掇得极为干净，煮出来的羊汤味道香浓，没有什么怪味。

这次跟朋友一起去开封吃羊双肠，好不容易找到这家店面，开封人吃东西多半认地儿，喝汤认汤锅，来这店吃羊双肠的多数都是回头客。

我们连忙要了两份羊双肠。吃的时候，切好的羊肠子码在碗底，然后浇上老火久炖的滚烫的羊肉鲜汤，撒上香菜，还没喝到嘴里，那股香味就扑鼻而来。

我们吃完一碗满满的羊双肠，有一种心满意足之感，不仅有初尝神奇美味的惊喜，也有汤足饭饱的惬意。开封羊双肠给我们留下深刻的印象，令人久久回味。

鼓楼夜市

地址 开封市鼓楼区鼓楼街鼓楼南广场

电话 无

三鲜莲花酥
清风送幽香

说起古都开封,大多数人会想到《清明上河图》,却很少有外地人知晓一个跟莲花有关的传说。在古都开封,有一种无法被历史遗忘的美食,叫作三鲜莲花酥,它是开封传统名点之一,也是古汴京独一无二的"绝代佳人"。

相传北宋仁宗皇帝在位期间,宦官郭槐与刘妃勾结,用狸猫换太子之计陷害李妃,害她被打入冷宫,后来李妃含冤投身莲花池而死。汉钟离、铁拐李、吕洞宾三仙知道这件事后,感慨万分,于是他们在汴京施展仙法,以芙蓉花还原李妃形体,使其飞仙升天。顷刻间,汴京所有莲池内凋谢的莲花都重新开放,荷叶清翠,花香芬芳,引来众人的惊叹。当时汴京有一位糕点师傅看见了莲花绽放的一幕,突发灵感,于是就用香蕉、枣泥、山楂三种食材,仿莲花的形状,制成了一道精美的点心,称为三仙莲花酥。后来,这种点心的名字慢慢流传,逐渐演变成了"三鲜莲花酥"。

三鲜莲花酥的传说故事令人神往,而这种点心的模样确实很精致,其外形很像莲花，莲瓣绽放，色调淡雅，惟妙惟肖。

如今开封流行的三鲜莲花酥，多由"老宝泰""三阳观"老字号的糕点技师制作，形象逼真，令人赏心悦目。但相较于这些老字号名店，我更喜欢鼓楼夜市里的三鲜莲花酥。

当太阳渐渐敛去光芒，华灯初上，喧闹一天的开封城渐渐升起一种古意的繁华。在开封游玩的我，踏着夜色前去寻找人间美味，很想去品尝一下三鲜莲花酥，探究它是否像传说中那样美味诱人。

步入灯火辉煌、人声鼎沸的鼓楼夜市，宛如回到了历史上的汴京，进入了《清明上河图》的画面中。我穿过一个个小吃摊，最后驻足于"三鲜莲花酥"的摊位前。据卖莲花酥的人说，鼓楼夜市的三鲜莲花酥虽没有体面的店面，但味道芳香酸甜，酥软可口。他们家卖的莲花酥是祖传的手艺，他在很小的时候就开始跟家里的老人学习，他还告诉我莲花酥要想做得好吃，每一道工序都不可马虎。

听他讲了这么多，我不禁拿起一块三鲜莲花酥放在了嘴里。果然食之酥松可口，香甜适度，有一种枣泥、蜂蜜和山楂混合的香气。在那一瞬间，我全然忘记了周围的喧哗，脑海中仿佛有千万朵的含苞莲花悄无声息地绽放，思绪回来之时，清香仍留在味蕾，久久不能散去。

对于古城开封来说，我只是万千游人中的一个；对于鼓楼夜市的摊主而言，我也只是他万千食客中的一个。也许在以后的人生里，开封的风景只在脑海中残留一段时间的记忆。但我相信，三鲜莲花酥一定会在我的记忆中留下深刻的印记，不仅是它形如含苞初绽莲花般的模样，还有它那淡淡的清香以及萦绕舌尖的味道。

长垣食府

地址 开封市龙亭区蔡屯B区1排009号
电话 0371-22960111

套四宝
吃的就是原汁原味

套四宝是开封的名菜之一。曾经在历史中风雨飘摇的汴京,对于美食的开创总是彰显出一种独特超凡的工艺,套四宝这道名菜就是最好的例子。

据说发明套四宝的人名叫陈永祥,是开封人,在清末时期曾经为慈禧太后做过御膳。当年慈禧对各种美食佳肴吃得腻了,认为那些御膳过于普通,没有什么新奇的创意,因此对御厨的烹饪技术大为不满。这样一来,御膳房里人心惶惶,御厨们绞尽脑汁开发新菜肴,却总也无法令慈禧满意。

有一个名叫陈永祥的御厨,尝试开创新菜肴。他知道慈禧不喜欢油腻的菜,而且让太后啃肉骨头也很不雅观,于是他将去骨的整只鸭子经过小火慢熬,让油脂通过表皮流出来,然后熬成色泽鲜亮的纯正汤底色。接着再将鸭腹中套入鸡,鸡腹中套入鸽子,鸽子腹中套入鹌鹑,鹌鹑腹内辅以扇贝、海参丝、玉兰片等食材,层层相套。鹌鹑、鸽子、鸡、鸭,体形由小到大,均是完整去骨的,在互相套入之前,都用水焯一下,为了紧实皮肉,防止肉质松散、口感不佳。然后将由四样禽类组成的绝品加水蒸煮,小火慢熬,直至皮酥肉烂，才装盘上桌，端到慈禧太后面前。

最初慈禧以为这新菜仅是一只炖全鸭，没想到一口口吃下去，才发现其中另有乾坤，而且味道极为美妙。于是慈禧褒奖了陈永祥，他开创套四宝的名声很快从御膳房传扬出去，套四宝的做法后来被陈永祥带回家乡开封，很快成为河南十大美食之一。

套四宝的做法非常吸引我，我在开封当地人的指引下，兜兜转转一大圈，找到了长垣食府。进了酒楼，我迫不及待地点了一份套四宝。

当套四宝上桌时，任何赞美的话都不足以表达我对这道菜的感觉，筷子夹下去，肉成片剥落，肉嫩味鲜，再品尝一口汤，丝丝入味，所有的美味食材都融入汤中肉中，一点也没浪费。这道菜不油不腻，鲜美中不失清爽，四种禽类的肉完美地融合在了一起。我从上方开始夹起，让鸭肉、鸡肉、鸽子肉、鹌鹑肉，全部显现在我眼前，那一刻真觉得这道菜很令人惊艳。四种肉各有独特的滋味，对于一个喜欢肉食的人来说，每一口下去都是醇香浓郁，唇齿留香。再加上扇贝、海参、玉兰等辅料一起下肚，真是处处皆惊喜，每口都有不同的味道。

我细细地品尝着，吃完之后不禁惊叹，这么一大盆菜，居然被我吃得干干净净，连汤都没留一口。虽然撑得直不起腰来，但那种对美味的留恋仍然让我欲罢不能。以后每当我稍有饥饿感的时候，总会想起套四宝中满满的美味，忍不住垂涎欲滴。

开封 古城第一都，灶火在开封的纸醉金迷里飘荡

仁香斋双麻火烧

地址　开封市顺河回族区清平南北街20号

电话　15890362422

双麻火烧

尝一口时间的味道

都说"民以食为天",食物在人们生活中的重要性可见一斑。

初到开封的游客不仅会被这里的盛景吸引,还会被眼前的各种美食所诱惑。有一种看似平实的美味不得不品尝,那就是开封的古老名吃——双麻火烧。双麻火烧是当地人喜爱的一种日常食品,外地人对它可能不太熟悉。

双麻火烧的外形是圆的,直径大约有10厘米,厚度约1.5厘米,焦黄的双面布满烤得金灿灿的芝麻,因此得名。火烧闻起来香气袭人,吃起来皮焦里酥,让人回味无穷,而且便宜实惠,深受大众的青睐。

说起双麻火烧的来源,可谓是历史悠久。它早在2000多年前就已经出现,本名叫"胡麻饼",据说是从西北的少数民族地区传入中原的。由于西北少数民族生活方式的特殊性,他们为了方便长期保存面制食品,就在地上挖坑生火,待坑壁烤热之后,将和好的面团拍成饼状,在坑壁上用火烤熟,于是火烧因此而得名。火烧由于水分少,不易发霉变质,便于保存,就成了他们生活和迁徙中的主食。随着人口的流动,这种制作方法逐渐传到内地。

在开封街上售卖双麻火烧的人家是比较多的,但是最好的当数开封城东的清真寺"东大寺"周围的"沙家""丁家""海记""李记"等回民做的双麻火烧。他们做的最受欢迎,几乎供不应求,这也难怪,这本来就是他们的传统食品。

说到吃,我是停不下来的,走在古都悠长的街道上,清晨的薄雾刚刚消散,街道两旁的小吃早餐店就开门营业了,哪怕是隔了老远也能够清楚地闻到美食的味道。

双麻火烧的香味随着我走近越来越浓烈,我走进一家挂着"仁香斋"招牌的双麻火烧店铺,感觉不算太大,可顾客还不算少,可能都是慕名而来的吧!他们做的火烧外表黄灿灿的,又香又脆。据说双麻火烧最关键的工序就是处理芝麻以及令外皮香脆。

做火烧的师傅都是手艺娴熟,动作麻利,先把芝麻用凉水浸泡,去除外边的薄皮,剥成芝麻仁备用,然后把适量的油倒入锅内,烧到八成热再离开火口,再把面粉倒进去用铁铲翻匀,摊到案板上晾干,加入各色作料就成酥面团了。后面的工序更是复杂,我坐在靠近师傅制作火烧的餐桌旁,看着他们运作自如的神态,真是不得不佩服,做一个双麻火烧居然要如此多的工序。等待一个火烧出炉,也需要一点耐心,但是为了美食,我还是坚持等下来。

不一会儿我的香喷喷的双麻火烧烤好了,看着金黄的双面芝麻面饼,顿时激起了我的食欲,还没等品尝,我就忍不住流口水了。听说火烧配油茶是最好的吃法,可惜这家店里没有,我也只能用一碗粥来代替油茶了。

我拿着火烧,轻轻咬下第一口,满口的焦脆感觉,这火烧虽然不是什么大鱼大肉之类,但却是实实在在的美味,给我留下了深刻的印象。每道美食的背后都有各自的故事,古老的、有趣的、悲伤的,吃着双麻火烧,能感受到来自古老少数民族的智慧,口感香喷、用料实在的火烧,就如同他们诚挚朴实的心灵。

又一新饭店

地址　开封市鼓楼区寺后街23号

电话　0371-22282999

鲤鱼焙面
五味调和的开封味儿

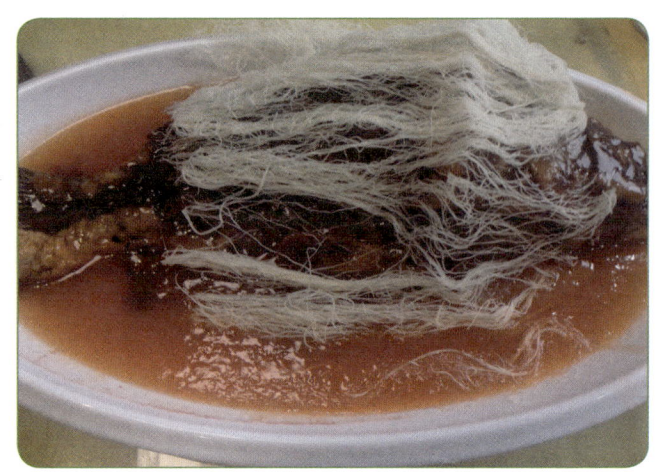

　　鲤鱼焙面是一道地地道道的开封名菜。菜由两部分组成，一是糖醋熘鱼，用黄河鲤鱼做成；一是油炸拉面，用龙须面做成。糖醋熘鱼做好后，再用炸好的拉面盖上去，也就是人们说的"盖被"，拉面细如发丝，均匀地覆盖在黄河鲤鱼上。

　　首先来讲糖醋熘鱼，这道菜历史悠久，据宋代《东京梦华录》中记载：在北宋时期，东京（开封）的市场上已经流行糖醋鱼，菜肴的特点是色泽呈枣红，鲜香软嫩，品起来回味无穷，受到东京城达官贵人的喜爱。1900年，清代光绪帝和慈禧太后为避八国联军之难，曾到开封停驿。当时开封府衙命长垣的名厨备膳，奉上一道"糖醋熘鱼"，光绪帝和慈禧太后品尝后，都称赞美味。光绪帝因而称"糖醋熘鱼"为"古都一佳肴"。而慈禧太后则高兴地表示："膳后忘返。"并且命随身太监题写一联："熘鱼出何处？中原古汴梁！"当即赏赐给开封府，以示嘉奖。

　　其次说到"焙面"，此面又称龙须面，据《如梦录》载：明代开封每逢农历二月初二,所谓"龙抬头"之日,"筵客吃龙须面,节礼送面",为呈吉祥,官府和民间都以细面相赠,称为"龙须面"。最初,面用水煮,后来不断改进,面条过油炸焦,细如发丝,蓬松酥脆,面条吸汁后配其他菜肴同食,滋味妙不可言,称之为"焙面"。

鲤鱼焙面这道菜的历史可追溯到北宋时期。当年赵匡胤"陈桥兵变"时举棋不定,家中的一个厨子看出了他的心思,经过深思熟虑,烹制出一道鲤鱼焙面。古人多以鲤鱼喻龙,而俗语又有"鲤鱼跃龙门"一说,厨子以炸成金黄色的焙面比喻龙袍,寓意一跃龙门,黄袍加身。赵匡胤品过这道菜之后,明白家厨用心良苦,随即下决心黄袍加身做皇帝。在登基大典上,赵匡胤钦点这道菜为国宴的头菜。鲤鱼焙面之所以深受人们青睐,其妙处在于既可食鱼,又可蘸汁吃面,所谓一菜两吃,滋味丰富,妙趣横生,因此有"先食龙肉,后食龙须"之美誉。后来,拉面传入开封,人们开始喜欢上拉面,尝试用不零不乱、细如发丝的拉面取代原来的龙须面,使鲤鱼焙面锦上添花,该菜逐渐流传得更广。改革开放之后,中国对外交往不断加深,鲤鱼焙面逐渐为外国游客所喜爱,不仅享誉国内,在国外也声名鹊起。

目前,此菜为豫菜十大名菜之一,是开封百年老店"又一新"饭店的传统菜。

黄河丰富的矿物元素使得黄河鲤鱼营养丰富,湍急的水流、艰难的生存环境提高了黄河鲤鱼的肉质。如今去"又一新"老店品尝黄河鲤鱼,更多的是品味一种精神,再尝一尝焙面,很接地气儿。这道菜带着一股汴京味儿,如此美味,让人欲罢不能。

又一新饭店

地址　开封市鼓楼区寺后街23号

电话　0371-22282999

炸八块
一只鸡子剁八瓣

　　开封有一道中原名菜，唤作炸八块。炸八块，又名八块鸡，是河南省汉族传统名菜。相传清乾隆皇帝曾经巡视河道，驻跸开封时品尝过这道菜，觉得它风味特别，口感上乘，因而龙颜大悦，炸八块由此闻名于世，各地的达官贵人来开封，纷纷要品尝一番炸八块的滋味。清代时，开封的饭馆有两句颇有韵味的"干搂炸酱不要芡，一只鸡子剁八瓣"的报菜语，后半句说的就是炸八块。这道名菜至今已有200多年的历史，到了19世纪20年代，经开封又一新饭店厨师刘庚莲等人改进，风味更加独特。

　　炸八块这一名菜由童子鸡、鸡肫、鸡肝、淀粉（蚕豆）等食材烹制而成。食材相当讲究，据说炸八块所用的童子鸡都是特选出来的，专挑鸡肉里含弹性结缔组织极少的仔鸡，经特殊手法蒸煮之后，让鸡纤维分离，变得更加细嫩、松软适口。如果用普通的老鸡肉，那是不适合的，因为老鸡肉有太多脂肪和弹性结缔组织，做出的炸八块没有鲜嫩感。另外，炸八块中的鸡肫是为了让菜肴韧脆适中，口感好。

那么炸八块究竟是哪八块，为什么称为炸八块？原来是指将作为原材料的童子鸡切成八块：将初加工后的仔鸡洗净，去头颈和内脏，将鸡一破两开，将两个鸡腿和鸡翅膀（连脯肉）加工成八块。据说炸八块的烹饪过程有一个关键步骤，就是"顿火"，也称"浆透"。一般来说，油炸的食物容易出现外焦、里生、硬心，或温度过高导致原料过老的状况。为了达到菜肴外焦里嫩的口感要求，在加热到一定温度时，要将油锅端离火口，停一会儿待温度降低后再端到火上，如此反复加热，能使鸡肉熟透但不老，这道工序叫作"顿火"，说起来十分简单，但做到却并不容易。毕竟是"纸上得来终觉浅"，如果没有多年积累的功夫实践，一般的厨师很难恰到好处地掌握炸八块的窍门。

我坐在桌边等候上菜，看着一盘盘炸八块被服务人员端到旁边的桌上，只好咽一咽不争气的口水，继续等待。终于等来了属于自己的那份，几乎有喜出望外的感觉，菜一上桌，一股浓郁的香味儿迎面扑来。色泽红亮的鸡块摆在眼前，我哪里还能忍得住！我夹起一块蘸上花椒盐，因为喜欢吃辣，所以又蘸了一点辣椒油，咬下一口，嗬！绝了！外酥里嫩，干湿得当，香而不腻，极大地满足了我这个肉食者的味蕾。

吃完鸡肉，我擦一擦嘴，喝一口茶水，顿时感觉到生活美好，异常惬意。

牡丹甲天下,细品洛阳饮食里的汤汤水水

洛阳是千年帝都、文化圣城,是华夏文明发源地之一。洛阳古城里,人们将天地间的灵气灌注于汤汤水水中,以想象力来打造风味,升华美食,并将其转化为可以代代相传的饮食文化。

行住玩购样样通 >>>>

行在洛阳

如何到达

飞机

洛阳机场位于洛阳市北郊邙山之上，距市中心10千米。

火车

洛阳现在有洛阳站、洛阳龙门站、洛阳东站、关林站4个火车站。

市内交通

公交

洛阳市内公共汽车非常多，票价1元。

出租车

洛阳交通发达，出租车众多，在路边很容易就能招手上车。

住在洛阳

维也纳酒店（洛阳九都路店）

地址　洛阳市涧西区九都路与珠江路交会处中成九都城10号楼
电话　0379-65055666
价格　170元起

　　酒店交通便利，距离洛阳火车站仅有4千米左右，周边商圈密集，离万达广场、牡丹广场都非常近。

锦江之星（洛阳王城公园店）

地址　洛阳市涧西区中州西路68号
电话　0379-60600000
价格　189元起

　　火车站有多辆公交车直达酒店门口。酒店步行至王城公园约2分钟，距离王府井百货和家乐福都很近。

玩在洛阳

中国国花园

地址　洛阳市洛龙区龙门大道1号
门票　早开期40元，盛花期50元，败落期40元

洛阳中国国花园是目前国内最大的牡丹专类观赏园。园内现种植牡丹1000多个品种，一般每年的4—5月是牡丹花开的时间，届时会有牡丹花会。

洛阳黄河小浪底风景区

地址　洛阳市孟津县小浪底镇
门票　40元

黄河小浪底水利风景区由小浪底大坝、荆紫山、八里峡、三门峡大坝4个片区组成，是以小浪底工程为依托，以山、水、林、草为特色的生态园林。

购在洛阳

唐三彩

地址　洛阳市老城区丽景门瓷城内（近西门口街）
电话　0379-63980979

古代陶瓷烧制工艺中的珍品，也是盛行于唐代的一种低温釉陶器。釉彩有黄、绿、白、褐、蓝、黑等色，而以黄、绿、白三色为主，所以人们习惯称之为"唐三彩"。因唐三彩最早在洛阳出土，洛阳也是发现唐三彩最多的地方，亦有"洛阳唐三彩"之称。

开启洛阳美食之旅 >>>>

真不同饭店

地址　洛阳市老城区中州东路393号

电话　0379-63952609

牡丹燕菜
历史悠久，名扬四海

牡丹燕菜又称"洛阳燕菜""假燕菜"，是河南洛阳独具特色的汉族传统名菜。从古至今，牡丹燕菜作为洛阳水席中的首菜，名气传扬四海。"洛阳水席"起源于唐代，至今已有1000多年的历史，全席共24道菜，全部含汤，吃完一道菜再上一道，好像流水一样不断更新，所以名曰"水席"。牡丹燕菜作为水席首菜，犹如娇艳美丽的佳人，一出场便吸引了全场人的目光。一朵色泽艳黄的牡丹花浮于汤面上，富贵大方，醇香扑鼻，汤味鲜美可口。

牡丹燕菜大有来历，据说在武则天称帝的武周年间，她曾亲临洛阳仙居宫，城东关下园村长出一棵长达3尺、重达30多斤的白萝卜，百姓们视为百年难遇的"祥瑞"之物，因而敬献给女皇。女皇龙颜大悦，下令御厨们以萝卜做出佳肴。但御厨们都知道，用一棵大白萝卜很难做出什么好菜，但皇命不可违抗，他们只得反复琢磨。最后，终于用萝卜搭配山珍海味，烹制出一道独具风味的汤菜。武则天品尝之后，大赞清醇爽口，沁人心脾，又见汤菜的形态颇似燕窝，乃赐名"假燕菜"。从此以后，大批王公贵族都跟随女皇的喜好,将这道菜作为宴席首菜。即使没有萝卜的季节,也要用其他蔬菜代替,做出一道燕菜,以保证宴席的华贵富丽。后来,这道菜风靡洛阳城,酒楼也竞相效仿,渐渐"假燕菜"流行起来,后来被改名为"燕菜"。

据说,当年加拿大总理特鲁多到洛阳访问,周恩来总理在当时的友谊宾馆接待外宾,并宴请加拿大客人品尝洛阳水席,"燕菜"自然在其中。当周总理看到用蛋黄蒸糕精心雕琢的牡丹花时,不由得打趣道:"洛阳牡丹怎么飞到桌子上来了?"在服务员介绍完燕菜之后,总理笑道:"洛阳牡丹甲天下,菜中也能生出牡丹花,这道菜应该叫'牡丹燕菜'。"从此以后,"燕菜"就改名为"牡丹燕菜"。

这次有幸来到洛阳旅游,其间品尝了许多美食,让我印象最深刻的就是这道牡丹燕菜。不仅仅是因为它的美味,还因为它的外形的确华美富丽,让人在品尝美食的时候也能大饱眼福,怡情冶性。牡丹燕菜在洛阳许多饭店都是经典菜肴,但真不同饭店的燕菜比较有特色。这家饭店是中华老字号,传承了100多年的历史,以洛阳水席为主,民间有"不进真不同,未到洛阳城"的说法。

走在洛阳老城历经千年的石板路上,仰头看见真不同饭店恢宏大气的仿古建筑,夜晚的灯光把整个饭店照耀得富丽堂皇,大有盛唐雍容华贵的气派。来真不同饭店的客人都是品尝洛阳水席的,我跟朋友坐下来,也点了一道牡丹燕菜和其他几个菜,一边喝茶闲聊,一边等待菜肴端上来。

牡丹燕菜端上来以后,我用勺子舀了一汤匙,想看看这道佳肴里到底有什么秘籍。只见白萝卜丝外面铺着一层绿豆面、鸡丝、火腿丝、海参丝、香菇丝、竹笋丝,最上面是一朵用蛋黄蒸糕切片拼接成的牡丹花,食材无比丰富。朋友说牡丹燕菜的工序并不烦琐,但想做得好吃又好看,必须刀功到家,摆盘细致。

将众多食材切成丝的工序,听起来已经很不简单,况且这燕菜又蒸又煮又配汤,确实不是一道家常菜色。这道菜里大有乾坤,不仅好吃好看,而且富有营养。尤其是以白萝卜做主料,在各地名菜中极为少见,而且这么多食材一齐入菜,营养全面又互不相克,这其中包含了多少用心良苦的智慧,难怪古人称牡丹燕菜是"菜中凤凰",绝非虚言。

> **高记清香苑绝味不翻汤**
> 地址　洛阳市老城区井胡同
> 　　　与西大街交叉口
> 电话　13938864255

不翻汤

醒酒开胃的九府门不翻汤

不翻汤，也被洛阳人称为"九府门不翻汤"，至今已有120多年的历史了。

清晨，走在洛阳老城区里，随处可见各式各样的早餐铺子，晃得人眼花缭乱，倒是让人不知道该吃什么好了。早听友人说过，来洛阳，不能不看牡丹花，不能不吃不翻汤。打定了主意，便直奔目前洛阳口碑最好、人气最旺的"高记清香苑绝味不翻汤"汤馆而去，传闻中，这间店在洛阳的众多不翻汤店里是最正宗、最地道的。

走进这间店，正是最热闹的时候。人太多，只好与人拼桌，店铺四周张贴着不翻汤的传奇故事：清康熙皇帝微服私访，途经此地，饥肠辘辘，突然闻到一阵奇香，走近一看，是一位老婆婆正在烙饼，便和下人一起走了过去，着急食用。婆婆说这饼没翻，不熟呢。下人说不用翻，救命要紧。于是康熙皇帝拿起就吃，品尝了小饼后觉得美味异常，便问这饼的名字，婆婆回答他说这饼是往汤里放的，没有名字，于是就给小饼赐名"不翻"。后来人们把两张"不翻"叠着放在碗里,再浇上骨汤,加上一些辅料,就成了今天的"不翻汤"。

不一会儿,我的不翻汤来了。大碗中有金针菇、粉丝、韭菜、海带、香菜、虾皮、木耳、紫菜等食材,可真是丰富。我学着旁人的样子加了胡椒,又滴了几滴香醋等调料,端起不翻汤尝上一口,味道鲜美浓郁,带着胡椒的刺激,又飘着若有若无的醋香。喝一口吸收了众多食材香味的鲜美的不翻汤,再泡上韧劲十足的薄烙馍,全部的味蕾瞬间被打开。汤里面各式各样的食材融合在一起,舌头也感知不出来了,只能凭着口感去判断吃下去的是哪一种食材,在又吃又喝中,肚子不知不觉饱了。

酸辣咸香,醒酒开胃,这便是洛阳城里家喻户晓的美味——不翻汤,它是一道颇具洛阳地方特色的民间小吃。就连外国游客都对不翻汤赞不绝口,好评如潮。今天,我终究是尝到了。

老洛阳浆面条

地址 洛阳市洛龙区李村镇政府西南

电话 13523626978

浆面条

寻常人家的寻常味道

浆面条是洛阳民间的传统面食，也叫"浆饭"，因酸味独特而受到洛阳人的喜爱。相传东汉年间，光武帝刘秀为躲避王莽追杀，日夜奔走逃亡，数日水米未进。一天深夜来到洛阳附近，见到一户人家就想讨些饭食，但主人家里很贫穷，只有几把干面条和一碗已经放酸的绿豆浆水。刘秀饥饿难耐也顾不了许多，就请求主人把酸浆、面条、杂豆下入锅内，搅拌到一起烧熟。煮熟之后，刘秀狼吞虎咽把一大碗都吃完了，竟然觉得香气诱人，津津有味。后来刘秀当了皇帝，每天吃山珍海味，却依然对当年落难中吃的面条念念不忘，因为那碗面条用浆水做成，所以取名为"浆面条"，并且把这道浆面条放入御宴中，想吃的时候就来一碗解解馋。

浆面条流传了上千年，到清末时期有所改良。据说清末洛阳有一户穷苦人家，好容易得来一包绿豆，磨成了豆浆，隔了数日发现豆浆发馊变酸，他舍不得倒掉，就找了一些菜叶放入豆浆中，熬成糊状，没想到吃起来味道鲜美，后来家家效仿，成了以菜为主的"浆饭"。因为旧社会穷人多，一般的人家买不起面粉，所以常常以菜代面，花三五分钱上街买两瓢酸浆，回家做浆饭，切一些萝卜丝或白菜叶下锅，等浆起沫后勾点面粉，变得稠稠的，称作"挑浆饭"。至于小康人家做浆饭就讲究多了，用白面条、芹菜、大绿豆佐以韭菜花或辣椒油，绿白红颜色搭配，味道酸中带辣，吃一口能把人的馋虫勾出来。

据说洛阳浆面条还有一个奇特之处，就是放凉后重新加热食用更有味道。因此民间有"浆饭热三遍，拿肉也不换""浆饭热三遍，给个县官也不干"等多种说法。凡是喝了洛阳浆面条的人，提起这味小吃，立时会觉得余香满口，回味无穷。此外，浆面条有开胃的作用，吃完以后便觉得食欲大开，想要再吃上一碗。浆面条虽然是中原面条饭食中的一种，但它特殊的原料和做法，使它与普通面条的味道截然不同。

北方的食物永远那么大份，来到洛阳，印象最深的就是那一碗大份的浆面条。有人说因为一个人爱上一座城，而我因为一道美食爱上一座城，这道美食的名字就叫浆面条。

去年元旦的时候，我一人独自来到洛阳，寻遍洛阳城的美味，这是我与浆面条的第一次不期而遇。当我走进老洛阳浆面条这家店时，我仅抱着填饱肚子的心态，去尝一尝这个洛阳城的名小吃。当时我很疲惫，肚子也很饿，在狼吞虎咽的情况下，浆面条入口的酸朗爽口让我记忆深刻。

这家店店面不大，却更让我觉得真正的美食在民间，真正的美味在小店。虽然没有富丽堂皇的装饰做门面，但它让顾客流连忘返的，正是那独特诱人的味道。

寻味河南

九府水席

地址　洛阳市老城区仙果市街18号

电话　15838586909

洛阳水席
汤汤水水中的万般情意

　　洛阳本地人天生喜爱喝汤，对各种汤食有着特殊的偏爱。无论城里还是乡间，人们早晨起来如果不做早点，就去各种热气腾腾的汤馆就餐，开始一天的生活。洛阳因为汤多，因而有"十大汤"之说：杂肝汤、丸子汤、骨头汤、豆腐汤、粉条汤、鸡蛋汤、驴肉汤、牛肉汤、羊肉汤、不翻汤。

　　在洛阳历史上，喜爱喝汤的人要数女皇武则天，据说她不仅早晚喝汤，还将宫廷里的宴会办成了"喝汤大会"，后来，这种宴会便被唐代的礼部定为国宴。虽然历经千年，这种喝汤的习俗却被流传了下来，它就是洛阳三绝（洛阳牡丹、洛阳水席和洛阳龙门大佛）中的一绝——洛阳水席。洛阳水席是迄今为止我国保留下来的历史最为久远的名宴之一，被誉为"中国宫廷筵席的活化石"。

　　洛阳水席最初不叫洛阳水席，而叫武后宴席。因源于洛阳，后人即称之为洛阳水席。洛阳水席的菜序是前八品（凉盘）、四镇桌、八大件、四扫尾，共二十四道菜，据说这是为了迎合武则天从永隆元年（680年）总揽朝政大权,到神龙元年(705年)病逝于洛阳上阳宫的二十四年。

洛阳水席因历史久远,其间发生流变也在所难免。它最初是个整体的大筵席,源于宫廷国宴,供多人享用。在宋代以后,洛阳水席才真正流入了市井和民间,因老百姓也知道这样的筵席来自宫廷官场,本不是他们这些普通人可以享用的,所以就叫洛阳水席为"官场儿"。直到今天,在洛阳民间仍把洛阳水席称为"官场儿"。

如今全套的洛阳水席,颇为讲究,尤其是前八品,在洛阳水席上颇有讲究。八品象征武则天的"服""礼""韬""欲""艺""文""禅""政"的八大喜好,亦为八大善(膳)绩。

"服"菜旨在通过服饰的服,显示武周的荣耀。"礼"菜指大道之礼,菜的外形洁白晶莹,在盘中置放有序,体现出彬彬之礼。"韬"菜是用五香腐张卷起香馅,有韬略的意思。"欲"菜意指人欲之道,取三岁狗外腰花切成片,嵌公鸡内腰,用枸杞子和冬虫夏草点缀,食之壮阳补虚。"艺"菜用脆莲雀舌成菜,有歌舞升平的意思。"文"菜用青笋和鲤须制成,喻示武则天文才卓著。"禅"菜是清素不沾油荤的,武则天曾是出家之人,用这道菜表示她与佛禅有缘。"政"菜用雁脯、鹅掌做成,是指武则天勤事朝政,且功绩卓著。

如今洛阳水席在大街小巷随处可见,如果想去品尝规模盛大的全席,倒可以光顾一次九府水席,品味一下当年武则天钟情的汤汤水水,遥想大唐风韵的神都盛况。

> **杨记食府连汤肉片**
>
> 地址　洛阳市洛龙区龙门大道与古城路交叉口南50米
>
> 电话　13633799989

连汤肉片

汤汤水水，酸辣爽口

洛阳城的人们早已习惯了汤汤水水的百色生活，当一年中的盛大宴会开始，人们常用水席招待亲朋好友和远方来客。二十几道菜连绵不绝，汤汤水水下来，让人目不暇接，连呼过瘾。连汤肉片是水席中必不可少的名菜，肉片滑嫩，酸辣味殊，清爽利口。

对于老洛阳人来说，连汤肉片是家的味道，也是每一个洛阳人的骄傲。记得听朋友说过，在他小时候，每到早晨，懒洋洋的人们还没醒，他的母亲便开始新一天的劳作。将晒干了的黄花菜和干木耳用温热的水泡发，用水冲净沥干，蒜薹切段，西红柿切片，里脊肉混上一勺淀粉与蛋清，轻轻地用手抓匀。锅中放油，大火烧开后，将里脊肉微滑轻翻，片刻间捞出沥干热油，将蒜薹、西红柿倒入锅中翻炒，然后加入滚烫的汤水，水开后加入黄花菜、木耳和油滑的肉片，撒上一勺薄薄的淀粉，再加上点香菜末，连汤肉片就出锅了。听得我直流口水。

洛阳古城中卖连汤肉片的店家有许多,最为地道的还要数洛阳杨记食府。杨记从一家小吃店做起,到如今两层楼的店面,以一道菜闻名洛阳,杨记连汤肉片有"牡丹文化节名优小吃"的美名。

历史悠久的杨记连汤肉片在人们的记忆中经久不衰。1986年,退伍老军人杨登科带着儿子儿媳在东花坛附近开了一家小饭馆。当时的小饭馆里只能摆下大概10张桌子,主要卖水饺、烩面、连汤肉片。在卖了一段时间后,他们发现连汤肉片这道菜卖得最火,来的食客几乎都要点这道菜。据说当时的一碗连汤肉片售价3.5元,每天能卖出四五百碗。上午10点半饭馆刚开门,食客便络绎不绝。后来,他们就专门经营连汤肉片。每一碗连汤肉片都是精心烹制,他们在不断探索中改良连汤肉片的口感,生意也越来越好。杨师傅的儿子说道:"这么多年来,从父亲到我们,再到我们的孩子,不管厨师怎么更换,连汤肉片的品质都始终没有变。"

我进入杨记食府的店中,在来来往往的人群里,找到安静的一隅,忙碌的服务员将一碗刚出锅的连汤肉片送来,所有拥挤与等待的煎熬瞬间灰飞烟灭。我轻轻舀起一勺连汤肉片,入口的一刹那它就征服了我的味蕾,味道真是绝了。

寻味河南

老字号老洛阳豆腐汤

地址　洛阳市涧西区中州西路与黄河路交叉口袁记串串香对面

电话　15036773838

洛阳豆腐汤

珍珠翡翠白玉汤

中国人对吃极为讲究，每个地方都有属于当地的特色美食，洛阳更不例外。洛阳的特色之一就是清晨喝汤，更有"不喝豆腐汤，不算到洛阳"的说法。

清晨，我带着一丝倦意从睡梦中醒来，略微收拾，便起身出门寻早餐。这几日气温骤然下降，呼吸时还带着一丝白气，透过朦朦胧胧的白气，我隐约看见小巷里面忙碌的身影，还时不时传来一两声小贩们的吆喝声，洛阳新的一天的生活开始了。

小巷里充斥着食物的香味，一直飘到了我身边。我循着香气，走到老字号老洛阳豆腐汤的店铺前，店面不大，人站在门口，一眼就能望进厨房。

"怎么不进来，也不嫌冷。"老板娘一边说话一边把我请进店里，就如同多日不见的好友般亲切。我点头同她笑笑便坐下来点餐，这时旁边来了一位青年人，朝老板娘打招呼，老板娘娴熟地对他说道："老样子，不要香菜，多放辣,外加一份饼丝。对吧?"

我惊讶地看着她,每天小店人来人往,人们又是行色匆匆的,她怎会记得这样清楚?老板娘记下我点的菜色,转身进了厨房。她将白嫩嫩的豆腐切成小方块后沥干水分放进锅里,一边配着佐料一边掌控着火候。等到满屋飘出豆腐的香味时,再撒上香葱末,滴入麻油。接着,她将锅里的豆腐捞出放在一个大碗里,同时在碗里放上粉条、青菜等,再用热汤涮两下,然后装满大碗,爱吃辣的还可以让老板娘加上一大勺红彤彤的辣椒油。老板娘动作熟练,制作的虽是普通的粗茶淡饭,却不失美感,短短两分钟我却像是观看了一场酣畅淋漓的表演,直想拍手叫好。

眼前刚出锅的豆腐汤,简直就是一件完美的艺术品,它的美是朴实无华的。低头微嗅,香气便氤氲开来,我顿时倦意全消,垂涎欲滴。色香味俱全用在这样一份早餐上,实在不为过。

早有耳闻,朱元璋佳话里的"珍珠翡翠白玉汤"就是豆腐汤。豆腐因富含蛋白质,营养价值堪比肉类,有"素肉"之美称。老板娘做的这一碗豆腐汤,鲜豆腐方方正正,不破不损,入口即化,满口留香。慢慢品尝,越品越有味道,让人回味无穷,吃得浑身都暖暖的。这小店空间有限,却布置合理,安排得当,也干净舒适,一踏进这家店就有种游子归家的感觉,不是喜悦,不是激动,是一份踏实和温馨。

马蹄街馄饨（武汉路店）

地址 洛阳市涧西区景华路武汉路东南角美食城内

电话 0379-64897906

马蹄街馄饨
寻常百姓的奢侈美食

马蹄街馄饨距今已有约150年的历史。据说，早在20世纪40年代，马蹄街张家馄饨就被公认为洛阳四大名吃之一，名震整个洛阳城。

如今在洛阳市涧西区武汉路东南角的美食城内，还有一家地道正宗的马蹄街馄饨店，门上悬着一块招牌，墨底烫金字木板悬挂于两边，上面写着"河南百年老字号，非物质文化遗产"。

正宗的马蹄街馄饨，从里到外的食材都与众不同，用鸡蛋清和面做皮，新鲜五花肉拌馅，再用猪骨汤熬底，加上鸡丝、紫菜、粉丝和虾皮。冬天配上香葱，一出锅香气扑鼻；春天配上韭菜或香椿，鲜香可口；夏天是各种时蔬混杂在一起，勾人胃口。

谭建立是马蹄街馄饨的第四代传人。他把馄饨中的粉丝替换成水粉，在熬煮的过程中，水粉吸收了骨汤的鲜香，口感鲜滑香软，口感上更上了一个层次，非常有嚼头。谭建立通常早上四五点就到店里开始熬汤了，为一天的生意做准备。客人还没来的时候,他就把馄饨一个个包好,等客人来了,就可以直接把馄饨放入滚着鸡汤的大锅里,现下现吃,保持着馄饨鲜美的滋味,就这么忙忙碌碌直到晚上九点左右才关门。

现在的马蹄街馄饨,小料还是原先的那几种,只是胡椒换成了比普通胡椒更辣上一分的越南胡椒,整个汤水也更加让人垂涎三尺。我对洛阳特色美食慕名已久,对马蹄街馄饨尤其渴望。循着馄饨的香味,我走进了这家拥有着百年传承历史的老店。街巷里人声嘈杂,我静静地坐在小店的一角,打算全身心去品尝这惊艳绝伦的美味。

服务员端来一碗馄饨,还未走到我身边,我便已经被勾起了食欲。一个个饱满的水晶皮馄饨漂在碗中,散发着浓浓的香气,只是闻着便令人忍不住流口水了,再撒上些许的香菜和葱花,整碗馄饨就一下变得无比清新爽口。

我舀起一个馄饨,和汤送入口中,当肉馅在嘴里散开,再混上胡椒的辣与陈醋的酸,顿觉爽滑无比,每一口都是享受。不一会儿碗里就空了,我只感觉浑身舒畅。就这样,这家老店用一碗满含历史风情的馄饨俘获了我的味蕾。

这种味道是如此的鲜明,每一个馄饨、每一口汤都令人回味无穷。这传承下来的经典美味,让人禁不住沉醉其中,感觉一辈子也吃不腻这一口。

老王烫面角

地址　洛阳市新安县新城上海路91号

电话　0379-67281169

烫面角
名扬陇海三千里

烫面角是洛阳市新安县的著名传统风味小吃。烫面角，精选鲜猪肉的胛臀处，将肥瘦适量的肉剁成碎末，加上调料和原汁肉汤搅成肉馅，然后用开水烫面，擀皮包成面角，外侧捏出8个褶，形成花边，内凹外凸，造型别致，上笼蒸10分钟即成。由于烫面角制作工艺讲究，角软皮紧，外观状如新月，色润如玉，吃起来鲜美润口，香而不腻，故而东都漫士《洛阳赋》中写道："不翻汤百年名吃，烫面角四海名扬。"

在洛阳众多烫面角店中最有名的莫过于老王烫面角，它又称新安烫面角，是借鉴小笼包子和水饺二者的特点而成，已有百余年历史，入选洛阳市非物质文化遗产名录，2007年被确定为河南省首批"老字号"，曾获誉"名扬陇海三千里，味压河洛第一家"。因此，我带着一份对烫面角的期待特意来到新安县，来这老字号大快朵颐一番。

七拐八拐之后，我终于找到了这家店面。经过了历史的变迁，老王烫面角已经发展了数家加盟店，店内装修雅致，走进去让人感到温馨而舒适。虽然还没有到午饭时间,但店内已经人来人往,而店外排队打包的食客也已经排起了长龙,足见这烫面角在当地的受欢迎程度。

我很好奇这烫面角背后的故事,和旁边等位的食客攀谈起来,才知道原来这烫面角果真有些历史。民国时期,新安县东街人王金斗在火车站附近开了一个小饭馆,他在经过多次试验后,研制出一道名小吃烫面角。在当时火车站附近云集了十几家餐饮店铺,王金斗经营的新安县烫面角一枝独秀,深受众人喜爱。就这样一传十,十传百,新安县烫面角很快闻名遐迩。如今历经四代人的传承发展,老王烫面角的制作工序更趋规范,技艺更臻完美,已成为豫菜餐饮文化的一道名菜。

老王烫面角在传统的大肉烫面角基础之上,研发了羊肉烫面角、野菜烫面角、杂粮烫面角、三鲜烫面角、牛肉烫面角、豆面酸菜烫面角等9个品种,种类多样,营养丰富,使食客在品尝美食的同时,也能吃得健康。

烫面角外皮精薄如纸,香、鲜、咸,丝丝缕缕直钻味蕾。

看着一个个美味的烫面角,我仿佛看到了百年前在小店里辛勤忙碌制作烫面角的王金斗,以及蕴含在这烫面角中一代又一代人的辛勤努力,这不正是河南精神的最好体现吗?

洛阳 牡丹甲天下,细品洛阳饮食里的汤汤水水

老子故里，千年周口饮食里的绝佳美味

伏羲故都，老子故里，中华民族文明的重要发祥地之一，"杂技之乡"。一团面，一口豆腐，一抹豆香，带你品尝这片神圣、神奇土地上的绝佳美味。

行住玩购样样通 >>>>>

行在周口

如何到达

火车

周口火车站位于周口市川汇区开元大道和工农路交叉口。

汽车

周口市有周口客运中心站和汽车东站等长途汽车站,一般的车都在中心站停靠。

市内交通

公交

洛阳市内公共汽车非常多,票价1元。

出租车

洛阳交通发达,出租车众多,在路边很容易就能招手上车。

住在周口

羲皇宾馆

地址　周口市淮阳县商城东路万正龙湖城小区南
电话　0394-7783333/7786688
价格　268元起

淮阳羲皇宾馆地段优越,交通便利,整体装饰别致典雅,外观采用仿古建筑结构。客房布置优雅大气,中式风格,惬意舒适。

福尔豪泰时尚酒店

地址　周口市川汇区工农北路中心医院南50米
电话　0394-8513333
价格　98元起

福尔豪泰时尚酒店位于周口市繁华地段,距中心客运站1千米,交通便利,性价比高。

玩在周口

叶氏庄园

地址　周口市商水县邓城镇
门票　免费

　　叶氏庄园占地面积2万平方米，宅南100间群楼，系叶氏粮库；宅西100间群楼，系叶氏当铺院。总共有房间600多间，均系灰瓦硬山式建筑。整个庄园建筑气势磅礴，用材讲究，雕刻精美，布局合理。

老子故里旅游区

地址　周口市鹿邑县太清宫镇
门票　40元

　　老子故里旅游区由太清宫、明道宫等风景区组成。这里发掘出商周大墓、楚汉相争的垓下古战场、陈抟故园、武平封侯处（武平城）等遗迹。每年的"国际老子文化节"也在此举办。

购在周口

逍遥镇胡辣汤

店铺　各大超市和特产专卖店
价格　5~15元

　　逍遥镇胡辣汤全国闻名，还有真空成品包装，是赠送亲朋的好选择。

太康肘子

店铺　太康肘子卤肉老店
地址　周口市川汇区大庆路淇林小区内
价格　30~40元/500克

　　太康肘子是享誉中原的风味名吃，它是用上等猪肘辅以各种中药材，经独特工序制作而成，其特点是色泽鲜亮、酥烂可口、肥而不腻。

周口　老子故里，千年周口饮食里的绝佳美味

开启周口美食之旅 >>>>>

寻味河南

高群生胡辣汤总店

地址　周口市西华县交通路与沙颍中路交叉口

电话　0394-2581488

逍遥镇胡辣汤

醒酒提神，色香味俱佳

　　说到逍遥镇，人们首先想到的可能就是当地有名的胡辣汤。胡辣汤历史悠久，最早可以追溯到北宋末年。当时的皇帝宋徽宗雅好风月，琴棋书画、吃喝玩乐等无所不通。正所谓"上有所好，下必甚焉"，因此淫侈奢靡的风气遍及国中，尤以汴京为最。当时，宫中有个小太监是宋徽宗的近侍，有一次他奉命出宫，到了嵩山少林寺，寺中方丈对他热情款待。当他看到小太监面红耳赤、口唇干渴时，便奉上一碗少林寺的"醒酒汤"，小太监饮后只觉神清气爽，临行时向方丈讨要了"醒酒汤"的方子。之后小太监又来到武当山，因为一路吃得过多，身体不适，武当山掌门人就为他准备了"消食茶"，小太监又将这个方子讨来。

　　小太监回宫后，找来御膳房的厨子及御医，以此二方为基础，配制出一种色香味俱佳的汤来。这种汤既能醒酒提神、开胃健脾，又让人精神矍铄，奉给皇帝享用，令宋徽宗喜不自禁。从此这种汤被命名为"延年益寿汤"，很快从宫中传出来，并成为军中良方。

后来"靖康之难",金兵掳走徽宗、钦宗二帝,小太监随逃难人群向南逃去,一直逃到逍遥镇。为谋生计,小太监把"延年益寿汤"加以变化,将汤中加入胡椒粉,胡辣汤就这样诞生了。

一大早我就来到这家胡辣汤名店,打开店门,空气中弥漫着浓郁的胡辣汤的香气。我找到一个靠墙的位置坐下,望了望周围的食客,看见他们脸上满足的表情,对胡辣汤的期待又加深了几分。没多久,一位满脸笑容的服务员端来了一碗热腾腾的胡辣汤,汤里不仅有粉条、豆腐皮,还有黄豆、花生、牛肉等,配料很是丰富。我贪婪地嗅了两下,便忍不住动起手,初尝其味,汤浓稠细腻,有一股爽快的辛辣感,配上一个油饼,美味极了。

不知不觉碗中的胡辣汤便见了底,意犹未尽的我舔了舔嘴唇,感觉胃里暖烘烘的。我跟店里的老板闲聊,请教了一下胡辣汤的做法。老板说道:"其实做胡辣汤没有什么秘诀,除了选好料,就是要把握好火候。现在很多胡辣汤店嫌麻烦,偷工减料不说,熬的火候也不到,这样做出来的味道就不醇正。"我这趟真是不虚此行,这家的胡辣汤浓稠细腻,牛肉味道也好,辣味恰到好处,让人回味无穷。

我走出店门,虽然入冬的空气有些寒意,但却无法侵入我被胡辣汤暖热的身子,美味的胡辣汤为这个小镇增添了人气,也把这个小镇的文化带去了更远的地方……

东湖鱼餐馆

地址 周口市淮阳县民生街与吉庆街交叉口东10米路南

电话 0394-2664530

烧蒲菜
穷人与富人的百搭风味

蒲菜,俗称草芽,为香蒲的嫩茎。蒲菜有许多种做法,可以凉拌、热炒,还可以炖汤,最妙的是搭配鱼、虾之类的河鲜烧制,那滋味真是好。

蒲菜入馔在我国已有2000多年历史,《诗经》里就有"其嫩为何,维笋及蒲"的诗句。据史料记载,蒲菜在历史上曾被称为"抗金菜",这源于南宋时期一个动人的传说。南宋初期,巾帼英雄梁红玉镇守淮安城,当时城中军民被金人围困,内无粮草、外无援军,状况十分危急。这时有人偶然发现马匹食蒲茎,因而梁红玉取蒲菜代替粮食,不仅解决了军中粮食尽绝的困境,而且蒲菜味道鲜美,营养丰富。最后城中军民同心协力打败了金兵,渡过了难关,故淮安民间称蒲菜为"抗金菜"。

食用蒲菜在淮阳一带广泛流行,由于蒲菜的生长对水质要求很高,人工无法种植,因而堪称真正的原生态绿色食品。蒲菜多生长于沼泽河湖及浅水中,在江苏、浙江、四川、湖南、陕西、河北、河南、云南等地都有分布,以南方水乡最多。由于蒲菜很难保存,多是现摘现吃,所以过去除了产区的人们喜好吃蒲菜,其他区域的人对它所知甚少。

烧蒲菜是淮阳地区独有的传统菜肴,为河南省地方名菜之一。它以龙湖特产香蒲的嫩芯为原料,加配作料烧制。烧蒲菜可单独做菜,也可与肉、鱼、蛋一起烧制,菜品种类有虾仁烧蒲菜、蛋黄烧蒲菜、鱼片烧蒲菜等。不论哪种烧蒲菜,均鲜嫩清香,别具风味。

在淮阳有许多做蒲菜的餐馆,兜兜转转,我来到了淮阳荷花大观园附近的一家名叫东湖鱼餐馆的饭店。这家店十分朴素、简洁、干净。

我进店后选好位置坐下,由于还不是饭点,店里有些冷清,但是服务仍然热情满满。我拿起餐单翻阅的同时,也向店家询问了烧蒲菜,店家连连点头说是他们这里特有的菜,说现在的烧蒲菜,很少有人点了,说这话时老板脸上略带怀念的神情,似乎有点感伤。随后老板又说,虽然没多少人知道,但是他们通常都在鱼之类的汤中加上一些蒲菜,这也是变了花样的烧蒲菜。听了老板的介绍后,我不禁想尝尝这名品蒲菜究竟是什么味道。

此时后厨的师傅正在择洗蒲菜,灶台上的锅里还烧着水,师傅将蒲菜去根去梢,剥去外皮洗净,入沸水焯一下捞出,放冷水中淘凉,据说这是为了使口感更好。等到蒲菜做好端上来,我迫不及待地夹了一块儿尝了尝,不得不说这蒲菜又鲜又嫩,脆脆的,味道淡淡的,吃起来和笋的感觉很像。师傅说,家常的话还可以做鸡蛋烧蒲菜,简单方便,同样好吃。

美美地吃了一顿,我告别好心的老板,向淮阳荷花大观园走去。品尝了美味后再去欣赏一番美景,更是悠然自得。

黄家白吉馍馄饨丸子汤

地址　周口市郸城县府东路与福后街交叉口北

电话　15039480688

白吉馍
发酵的艺术

关于白吉馍的名字，其来历还有一段历史典故。古代的时候，白骥地区是陕甘通衢要道，常年设有驿站，因驿马全是白色而得名"白骥驿"。明清时期，当地百姓将"白骥"改为"白吉"，并沿用至今。清中期之前，这里原是回汉杂居，后来回民把这种白吉馍的制作技术带到了全国各地，成为至今仍然深受人们欢迎的著名小吃。这种馍发源于"白吉"，因此被称作"白吉馍"。

如今白吉馍已成为周口颇具特色的美食，来此地旅游的人，少不了要去品尝一番。我找到的这家店名叫"黄家白吉馍馄饨丸子汤"，生意极好，让我感觉好奇，想知道这家的白吉馍跟其他家究竟有何不同。我跟老板闲聊起来，老板人很好，很热心地跟我解释，他家的白吉馍之所以口感好，重要原因是其中的发酵艺术，在制作白吉馍时把酵母和糖放到水中搅拌均匀，一定要让酵母充分溶解，而放糖是为了让酵母更好地发酵。酵母充分溶解后再静置十分钟左右，然后将酵母溶液倒入面粉中，一直搅拌成雪花状，然后把面粉揉成光滑的面团。等到面团发好，排出里面的气体，这样的面团才能做出口感好的白吉馍。

老板一边说一边用手边的面团给我演示，他的脸上洋溢着笑容，操着一口地地道道的河南话。这时过来的几个熟客都说，这家白吉馍从不偷工减料，工序讲究，大家都觉得好吃。

我坐在小店里，享受着外焦里嫩的白吉馍，配着腊汁肉和一杯热豆浆，吃得津津有味，而老板那一副执着认真的神情也深深地感染了我。他手中做的每一个白吉馍，一定是带着对食物、对食客的敬意去完成的吧。或许这就是那种珍贵的"专注执着，追求极致"的匠人精神。

在瑟瑟寒风中的早晨，吃着热腾腾的美食，看到店外匆匆忙忙上学、上班的人们，如此惬意的市井生活着实令人向往。此时我心里更多的感受是幸福，而这种被幸福笼罩的感觉，其实只是源于一个简简单单的白吉馍。

我吃完后离开小店，带着依依不舍之情，继续探寻着这座城市的美食。这时候心里更加觉得，无论怎样，人不能没有对生活里美好事物的追求，美食也好，美事也好，都是人生的小幸福。

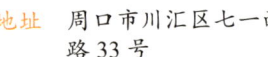

关德功烧鸡

地址　周口市川汇区七一西路33号

电话　无

关记烧鸡

骨肉分离的绝佳美味

　　在中原美食中，周口美食占据了一席之地，而周口关记烧鸡更是享誉全国。

　　关记烧鸡，又称关德功烧鸡，是周口市的汉族传统名食。据说关记烧鸡是清代光绪年间，由关德功的祖父关洪斌创制的，至今已有100多年的历史，在清末民初已经誉满周口、漯河一带。关记烧鸡鲜香不腻，色佳味美。烧鸡不论热的还是凉的，只要提着鸡腿一抖，即可骨肉分离。对于周口人来说，烧鸡已成为他们日常生活不可缺少的美食。每逢佳节周口人都会买上一只烧鸡与家人分享，烧鸡对于周口人来说不仅是美食，更多的是一种情感符号。

　　我早就听闻关记烧鸡的美名，因此来到周口，一定要尝尝传说中风味独特的关记烧鸡，才不枉此行。

　　浓郁的生活感是我对周口的第一印象，周口的街道人声鼎沸，到处充满着热闹的氛围，街道上有很多售卖美食小吃的摊贩。在路人的指引帮助下，我到了七一西路上的关德功烧鸡店。这家店店面不大，店内干净整洁，在玻璃板前，一只只肥美的烧鸡外皮焦黄，泛着油光，热气顺着焦黄的外皮一股股上升，一看就是刚烤出来的。不停飘来的关记烧鸡独有的香味，让我不禁咽了咽口水。

老板告诉我，他每天早上6点就开始做烧鸡了，每天至少要做60只。关记烧鸡之所以与众不同，是因为材料上乘，而且工序讲究。首先要选择口感优良的鸡种，以保证肉质的鲜美。而为了达到关记烧鸡骨肉分离的特色，在宰杀过程中要将鸡腿插入鸡腹中，将鸡头盘于翅下，在秘制的热油中炸至金黄，捞出备用。然后用带盖大锅，放入所有调料和水烧开，将炸好的鸡下锅烧煮，做出正宗骨肉分离的关记烧鸡。不一会儿的工夫，来来往往的食客已经将刚出炉的烧鸡买得差不多了。老板又要为下一批出锅的烧鸡做准备，而我也开吃让我垂涎已久的烧鸡。

看着摆在我眼前的烧鸡，幸福感油然而生。按照老板的说法，我先抓起鸡腿轻轻一抖，很快一根骨头抖了出来。骨头完整度很高，鸡肉最大程度地保留了完整，吃烧鸡不用再麻烦地啃骨头了，也不会弄得满手油渍。我不禁感叹，骨肉分离的关记烧鸡果真名不虚传。一口咬下去，鸡皮的香味在口中蔓延开来，使味蕾得到最大程度的满足。光是鸡皮就如此美味，令我对它的肉质更加期待。紧接着咬得再深一点儿，满口都是鸡汁的香味，以前吃过的烧鸡没有哪一种像关记烧鸡这样好吃，连最难入味的鸡胸脯肉也是满满的汁水。最难得的是，吃完后一点儿都不会觉得油腻，反而是唇齿留香、回味无穷。

坐在店里吃着烧鸡，看着来来往往的买烧鸡的人群，他们或匆忙或悠闲，但拿到烧鸡的那一刻脸上都浮起微笑，他们对美食的喜爱是那么的确切。这一刻，我开始羡慕幸福的周口人，只要守在家门口，每天都可以开心地吃到关记烧鸡。

贾滩糟鱼

地址　周口市鹿邑县仙台路中段
电话　18538643891

糟鱼
热吃不腻，凉吃不腥

　　这次，我有幸来到周口这座历史悠久充满魅力的城市，沐浴着秋日柔和的日光，漫步在古色古香的街道上，不仅沉醉于它浓厚的文化底蕴，而且还流连于它各式各样的特色美食中。当然，超级爱吃鱼的我，来到这里，怎么能不尝一下远近闻名的"贾滩糟鱼"呢？

　　据说糟鱼出现于宋朝年间，早期的糟鱼制作工序简单，只是为了让鱼不腐烂用一些酱料腌制的，根本没有鱼的鲜味，吃完还略带一股苦腥味。

　　后来有人在制作糟鱼的酱料上下了功夫，在锅中加入盐、料酒、姜片、葱段、酱油、醋、花椒、茴香、大料、桂皮、陈皮、毛汤等，烧开后将鱼放入锅中文火慢炖4个小时左右，蘸黑面酱、黑酱。糟鱼出锅即吃，味香肉醇，凉凉后吃也是极其鲜美，成为"热吃不腻，凉吃不腥"的绝佳美食。

　　糟鱼一经改良，很快受到达官贵人的喜爱，并成为皇家特供的宫廷御菜，后传至民间，由陈氏家族将手艺传到现在。如今陈家老店做的糟鱼采用纯天然的食材和酱料，用了十几种材料和多道工序制作而成，烹制好的糟鱼,具有鱼体完整、肉质松软、骨烂如泥的特点,可谓是色香味俱全。

糟鱼在周口市的鹿邑县非常有名,也只有在鹿邑县才能吃到最地道的糟鱼。我慕名来到贾滩糟鱼,隔得老远就看见很多人在店门口排长队。这家店可外卖可堂吃。外面排长队的都是购买真空包装的糟鱼,准备带回去给自己的家人朋友的。看着不断售空的箱子,我赶紧上前去排队。

终于排到了我,糟鱼刚到手中,我就迫不及待地吃了一块,嚼在嘴里细细地品尝,有一股油而不腻、满口余香的滋味,令人叫绝。

糟鱼,不仅鱼肉软烂,而且连鱼刺也可以食用。我忍不住自言自语道:"这糟鱼不仅美味,还能补钙。"店老板听见我的话,也跟着笑道:"不仅能补钙,而且含有镁、磷、铁等多种营养成分,健脾开胃,消积化滞,老少皆宜,周口人没有不喜爱这道美味佳肴的!"

周围的人都被老板的话逗乐了,纷纷点头应和,看到这样热闹的场面,我心中不禁升起一团暖意,周口的古老历史中沉淀着美食的精华,以及人们对传统的继承。我带着极大的满足感离开了贾滩糟鱼,心里想着,如果下次有机会,我还要重游周口,看一看历史名迹,品一品美味小吃,吃一吃贾滩糟鱼。

周口 老子故里,千年周口饮食里的绝佳美味

豫东门户,从商丘敲开中原美食的大门

　　商丘这座国家历史文化名城在时光的磨砺中洗尽铅华,最是平淡无奇的食物带给肠胃的却是最妥帖的慰藉。

行住玩购样样通 >>>>>

行在商丘

如何到达

火车

商丘火车站位于商丘市梁园区站前路59号。商丘南站位于商丘市梁园区南京东路。

汽车

商丘市有商丘中心汽车站和商丘万里汽车站两个长途汽车站。

市内交通

公交

商丘市公交线路众多，基本覆盖全市区。

出租车

商丘交通发达，出租车众多，在路边很容易就能招手上车。

住在商丘

东方明珠大酒店

地址　商丘市永城市欧亚路888号
电话　0370-5918888
价格　208元起

东方明珠大酒店交通便利，邻近新发汇购物中心、名牌步行街等。酒店设计独特，客房优雅华贵，房内设施完善。酒店设有自助餐厅，另有美容美发室、足疗按摩室、商务会议室等，可满足宾客的多层次生活需求。

如家快捷酒店（商丘神火大道火车站店）

地址　商丘市梁园区神火大道与团结路交叉口向北20米路东
电话　0370-3995666
价格　119元起

如家快捷酒店毗邻商丘市的主干道——神火大道，出行方便。酒店客房干净整洁，房内配套设施齐全。同时，酒店拥有可容纳60人左右的大型会议室及免费大型停车场。

玩在商丘

商丘古城

地址　商丘市睢阳区中山大街
门票　免门票，侯方域故居门票20元

现存的商丘古城建于明正德六年（1511年），距今已有500多年的历史。由砖城、城湖、城郭三部分构成。建筑十分独特，呈一巨大的古钱币造型，外圆内方。今商丘古城内街道仍保持着古代的建筑风貌。

芒砀山旅游区

地址　商丘市永城市芒山镇
门票　联票A 90元，联票B 100元

芒砀山旅游区为国家AAAAA级旅游景区，是集山水观光、文化观赏、生态休闲于一体的综合性旅游景区。

购在商丘

民权葡萄酒

店铺　民权五丰葡萄酒销售中心
地址　商丘市府后街中段26号
电话　0370-8522239
价格　100~400元

民权葡萄酒，是河南省商丘市民权县特产，是河南久负盛名的特产之一，也是全国名酒之一。尤其是民权白葡萄酒更是享誉海内外。民权白葡萄酒用雷司令、白丰、白羽等优质葡萄酿成，具有清爽舒顺、口感醇厚等特点，曾在法国巴黎第13届国际食品博览会上荣获国际金奖。

鸡爪麻花

店铺　周家麻花
地址　商丘市柘城县011乡道与206省道交叉口西南150米
电话　0370-7572968
价格　10~50元

鸡爪麻花是河南省商丘市柘城县的传统名点，至今已有百余年的历史，在清朝时期曾列为贡品。其因形似鸡爪而得名，风格独特、嫩黄透亮、香脆酥焦，存放半月仍酥脆如故。

开启商丘美食之旅 >>>>

大有丰酱园

地址　商丘市睢阳区中山西三街1号附近

电话　13193417589

白糖豆腐乳

表里如一

无论古今，中国人的餐桌上总少不了一碟豆腐乳，或许是充当小菜配粥食用，或许是配着二两小酒再加碟花生米，又或许是作为一种调味料入菜，不管怎样，味道都堪称一绝。

我是一名地地道道的美食爱好者，每当听到朋友们说起家乡美食的时候，都颇为神往，恨不得立刻插上翅膀飞过去品尝一番。一位商丘的朋友向我提起当地知名美食白糖豆腐乳，倒让我觉得有些意外。我笑着说豆腐乳有什么特别的，中国大江南北到处都是。朋友便说我孤陋寡闻，非要拉我去商丘一游，品尝一下这特别的白糖豆腐乳。

其实说到豆腐乳，还真避不开河南商丘的松月牌白糖豆腐乳。我在去往商丘的路上特地查了一下，许多人说它具有五香酥乳那种特别的浓郁香气，不仅味道鲜美，口感也是咸淡适合。我不禁对这即见到的美食有些期待。到了商丘，朋友带着我直奔睢阳区，果然在午时品尝到了这风味独特的白糖豆腐乳。

它看上去块形整齐，我轻轻咬一口，发现它无论是外表还是里面都是金黄微赤，真可称得上是表里如一。我慢慢用舌尖去感触这被朋友特别推荐的豆腐乳，感觉它质优细腻，味道微甜，片刻之后还有一丝微咸的感觉，咸甜适中，不多一分，也不少一毫。吃完之后朋友问我味道如何，我说挺不错，这个小吃在我心中的美食谱里已经占有一席之地了。

河南商丘的松月牌白糖豆腐乳，一直以来都是大有丰酱园的著名特产，创于明末清初，距今约有300多年历史。它不仅当作小吃时味道鲜美，而且还可以当作佐料，亦是别有一番风味。听朋友向我说起它的历史方才知道，原来河南商丘大有丰酱园在河南省调味品行业内赫赫有名，是河南调味品仅存的一家老字号，创始人是李大有，在他经营的那段时间里，酱园生意非常兴隆。到了18世纪，大有丰酱园里有一位师傅名叫孟春发，苦心钻研酱菜技术，在原有工艺的基础上，吸取南北特点与精华，不断改进，最终独创一格，"大有丰"从此名扬四海。

"大有丰酱园，在商丘不仅是历史文化遗产，也是美食界的'老古董'。"朋友颇为骄傲地说道。我听他说着话，又夹起一块白糖豆腐乳放进口中，不停地赞叹味道真是好。

朋友和我说制作白糖豆腐乳特别麻烦。先不说它的制作工艺如何烦琐，就连制作前期需要的各种原料也极为讲究。这里的白糖豆腐乳是选用当地特产的黄豆作为原料，采用酱曲醅制的传统工艺制作而成。用料异常讲究，火功必须适度，工艺严谨自不必说了。添加有酱曲、食盐、白糖、天然酱油、红曲米、白酒等对豆腐乳主味有较大影响的调料，而且大茴香、小茴香、桂皮、良姜、花椒、陈皮、丁香等调料也是一样都不可少。没想到一个小小的豆腐乳制作起来这么复杂，这一块小小的豆腐乳不知道凝结了多少先人的智慧呢！

下午，我起身返程，坐到车上时，情不自禁地咂了咂嘴巴。然后我拿出手机，给朋友发了一条信息："期待下次来商丘再品尝你们的白糖豆腐乳！"

寻味河南

慈美阁酒店

地址　商丘市柘城县和谐大街与未来大道交叉口路西

电话　0370-6018666

安平煸炒鸡
配料里的"大观园"

谈起爱吃的肉类，鸡肉是我必须提的，鸡肉肉质细嫩，脂肪含量低，做法多样，被很多人喜爱。而在众多用鸡肉作为主料的菜品中，我的心头之爱就是安平煸炒鸡。

安平煸炒鸡产于柘城县安平镇，是当地传统的汉族名小吃，为安平镇丁家所祖传，至今有百余年的历史。说起它的做法并不复杂，可它的配料却相当丰富。将炒锅烧热后倒入油，旺火上烧至六成热，放入鸡肉，转至小火，其间不停地煸炒，煸至鸡肉皱皮，依次加入辣椒、花椒、黄酒、酱油、白糖、味精、姜和葱，在鸡肉熟后再加红油、麻油、芝麻，一盘鲜嫩可口、麻辣清香的安平煸炒鸡就出锅了。

对于安平煸炒鸡，我记忆中是上次和朋友外出旅游，回来的途中经过邻县柘城吃到的。提到柘城，当地最有名的就是安平煸炒鸡了。来这里吃过几次的朋友打算去拜访记忆中最令他回味的一家，一旁的我也是兴致勃勃，期待着吃到这道名菜。

虽然此时已经过了吃午饭的时间,但是店内仍然热闹非凡,桌子上美食满满,客人们把酒言欢,由此可以看出这家店的受欢迎程度。

饭菜很快被端上桌,我最期待的当然就是在路上朋友提及的那道安平煸炒鸡。只见盘中一块块鸡肉色泽金黄,香味早早就飘了过来,使人垂涎欲滴。我迫不及待地夹起一块鸡肉,入嘴的一瞬间,香味、辣味、麻味在口中碰撞,又达到了和谐统一。鸡肉由外层的焦脆到内层的鲜嫩,仿佛每丝肉都沁着香味。这道安平煸炒鸡简直是配料的大观园,使用地锅,通过炒、煸、炖、焖等工序,将辣椒和花椒的辣味和麻味、葱和芝麻的香味等沁入肉中。

味道丰富的菜品我尝过不少,但很少有像安平煸炒鸡这样一道能将所有的味蕾刺激到,迸发出精彩口感的美味菜肴。听朋友说,做这道菜的师傅已经年过半百了,这道菜他做了四十年,却没有满足于此,依旧不断地改进,不断地创新。正是这份不断追求进步的心,使得他的安平煸炒鸡成为这家店经久不衰的菜品,也成了人人争相品尝,从不缺少回头客的一道经典菜。

如今每当想起安平煸炒鸡的美味,我就忍不住流口水。虽然已经时隔好久,但它的美妙绝伦的味道依旧时常萦绕在我的脑海中。

我一直认为美食与生活是等同的,不要吝啬对美食的细细品尝,因为同时你也在品味着生活。

正阳总店（文化路店）

地址　商丘市梁园区文化路与凯旋路交叉口东80米路北

电话　0370-3162222

水激馍
馍馍中的异类

十一期间，我和朋友出去旅游了一圈。因为她是商丘人，所以我们的第一站就是商丘古城。可能是因为我是一个不折不扣的甜食主义者，在到达商丘之前，她给我介绍得最多的当地小吃就是水激馍。水激馍原名水浸馍，长条的馍块中含有糖汁，而糖汁中有水，将馍炸好后要放在水里激一下，所以得名"水激馍"。水激馍是发源于商丘古城归德府的一种汉族传统名点，创作朝代已不可考。

关于水激馍，还有一个小小的历史故事。相传明朝时期，沈鲤家里雇了个穷人做厨工，这位厨工十分节俭，家里人吃剩下的馍，他总舍不得扔，直到馍片放干了，他就用水浸一浸，然后油炸再放在糖汁里浸拌，制成一道美味的点心给府里的用人们吃。沈鲤发现这件事后，就让厨工也给他送一份来，没想到吃了一口，就觉得味道好极了，于是让这个厨工经常给他做这种馍吃。从这以后，沈家宴会招待客人，水激馍成为必备的美味点心之一，客人们因为觉得好吃，便让家里的厨师到沈府学做水激馍，这样一来，商丘人开始流行吃水激馍。当沈鲤80岁告老还乡后，皇帝来商丘归德府看望他，席间提出要品尝当地的特色小吃。于是沈鲤就将水激馍奉上，皇帝吃后龙颜大悦，下旨归德府官府的宴席上，以后可以加上这道菜。

听当地朋友介绍，在商丘做得最地道的水激馍要数文化路上的正阳总店。第二天中午我就迫不及待地去了。刚进入饭店，一缕缕蜜甜的味道就飘了过来，让我食欲大动。而当它真正出现在我面前时，那嫩黄嫩黄的表皮，又香又甜的气味，令我忍不住直咽口水。

在店里的时候，我特意问了服务员水激馍的制作方法。其实很简单，就是将前一晚剩下的较干的馒头切成指头般粗细的条，然后放入温水中浸透，再放入滚油中炸成金黄色，捞出后迅速放入稀糖汁中，浸泡两三秒钟。就这样，一盘色泽鲜艳的水激馍就出锅了。水激馍吃起来外焦里嫩，香甜可口，只不过需要注意一点，就是食用前要放在水里面激一下，用水激后的馍酥焦香脆，味道妙不可言。

古代流传下来的水激馍有两种：一种是先在油锅里炸，炸成金黄色后捞出，然后浇上糖水。另一种是拔丝馍，要用稠糖汁做，这种馍做起来比较麻烦，并且火候难掌握。两种馍虽然好吃，但均存在不足，就是做好后要立即食用，20分钟之后就变了味道。正阳总店的老板反复琢磨如何避免这些不足，经过多次研究，终于做出了富有特色的水激馍。他家的水激馍不但继承了水激馍和拔丝馍的甜脆特点，而且放置一两天仍然可以保持原味，外酥里嫩，甘甜可口。经过改良的水激馍吸引了更多人前来品尝，每天饭店一开张，便顾客盈门，就连外地人也经常慕名而来。

这次去商丘只吃了无馅的水激馍，有馅的倒没品尝过。如果下次有机会重游商丘古城，一定将所有风味的水激馍通通尝一遍。

范家正宗老字号哨子汤

地址　商丘市宁陵县建设路68号

电话　13903703407

哨子汤

余味久绵长

哨子汤创于民国初年,是宁陵县东街范家的祖传技艺。哨子汤的主要原料是小米,将小米磨成浆以后,和鲜鸡汤、羊油、粉条、茴香、姜、花椒、味精、食盐等共同熬制而成。吃之前,在碗里浇上特制的牛肉精臊子和辣椒油。

我刚走进这家小店,就听见此起彼伏的"来碗哨子汤"的叫声。这家店店面不大,装修不豪华不精致,甚至可以说有点简陋。门口是一口大锅,里面是咕嘟咕嘟冒着热气的浓汤,白色的雾气带着香味徐徐上升。老板的腰间围了件围裙,手脚麻利、动作熟练地拿起一旁的碗,装汤、放料一气呵成。店内就只有几张简单的桌子靠墙放着,十来把凳子上也早已坐满了人,门口也有不少市民拿着袋子或自家的碗,准备打包带走。这家就是商丘市宁陵县最有名的范家正宗老字号哨子汤店。

在这古老的宁陵小城里,曾流传着这样一句歇后语:"'范猴子'的哨子汤——独门。""范猴子"名曰范训兰,是哨子汤的创始者之一。制作哨子汤的手艺经范训兰一代一代传了下来，如今已经传到第三代，范家在宁陵开了好几家哨子汤馆，这是其中的一家。

说话间，已经有了两个空位，我和另一位客人过去坐下，一人要了一碗哨子汤，那位客人多要了一个卤鸡蛋。他告诉我，哨子汤是宁陵人最爱的早餐，加上一个杠子馍或是卤鸡蛋，就会觉得一整个早上都充满精气神。哨子汤很快就端上来了，汤色很浓。因为是刚从锅里盛出来的，还非常烫。我迫不及待地尝了一口，舌头顿时一麻，烫！非常烫！旁边的人看见我被烫得直呼气，忍不住笑起来，说这汤之所以被叫作"哨子汤"，就是因为这浓汤太烫，喝时要放在嘴边吹一下，好像吹哨子一样。

我听了之后恍然大悟，然后舀了一勺，仔细地吹凉一些之后才敢再喝，汤刚进口，就觉得味道鲜美可口，不腥不膻，香而不腻，喝下之后更是余味绵长。我不禁点头感叹，这范家哨子汤果然名不虚传！

旁边的客人见我喜欢哨子汤，脸上露出自豪的神情，告诉我这哨子汤是宁陵县独有的美味。据说哨子汤不仅美味，而且长期喝能养胃开胃，甚至能治愈肠道疾病。如果喝醉酒了，喝上两碗哨子汤，还能很快解酒。

我听他这样一说，忍不住感叹，这么美味的哨子汤，只在宁陵县流传，岂不是可惜了，应该在全国各地开分店才对啊，顾客肯定络绎不绝。那位客人摇摇头说，哨子汤是范家的祖传手艺，做起来费工夫，如果全国开店，肯定照应不过来，不能保证哨子汤的原汁原味。如果砸了老招牌，那倒不如守住本地的老店。据说有人斥巨资买制作哨子汤的技术，范家人为守住老店经营传统，不为金钱所动，对所有花钱买技术的人都婉言谢绝。

我恍然大悟，原来这哨子汤不只是单纯的一碗汤，它更是宁陵人心里那一份最深最浓的乡情。不管时间过了多久，哨子汤的味道依旧。哨子汤在古老的宁陵大地上滋润了一代又一代的宁陵人，并仍将被智慧的宁陵人传承下去。

太行山麓，流连焦作传承千年的古城风味

焦作

吹着太行山上刮来的冷风，焦作人骨子里也多了些寒气。无论喝下多少烈酒，无论吃下多少美味佳肴，时光流转，面食永远是焦作人餐桌上的重头戏。

行住玩购样样通 >>>>>

行在焦作

如何到达

火车

焦作站位于焦作市解放区站前路。

汽车

焦作主要有汽车客运总站、汽车客运东站、旅游汽车中心站等长途客运站。

市内交通

公交

焦作市内公交大部分为无人售票车，票价一般为1元，不同线路运营时间不同。

出租车

焦作交通发达，出租车众多，在路边很容易就能招手上车。

住在焦作

云台山丽景精品酒店

地址　焦作市修武县云台山景区岸上服务区东11街4号
电话　0391-7709668
价格　98元起

云台山丽景精品酒店服务周到热情，开设有标间、家庭间，房间内设施齐全。酒店餐厅可提供闹汤驴肉、山鸡等当地最具特色的山珍野味。

浣溪沙精品酒店

地址　焦作市解放区车站街69号
电话　0391-2126666
价格　119元起

焦作浣溪沙精品酒店距东方红广场仅1千米，车行10分钟可至焦作火车站。酒店内部设施完善，拥有各类温馨客房，风格时尚大气。

玩在焦作

青龙峡

地址　焦作市修武县云台山风景名胜区
门票　含在云台山景区门票中

青龙峡是云台山风景名胜区的核心景点之一，有"中原大峡谷"的美称。这里瀑飞泉悬，潭幽溪清，一年四季风光秀美。

猕猴谷

地址　焦作市修武县云台山风景名胜区
门票　含在云台山景区门票中

云台山猕猴谷是云台山风景名胜区的一部分，在景区内有数量众多的野生猕猴群。

购在焦作

绞胎瓷

店铺　孟家瓷坊
地址　焦作市长青路当阳峪村东南角58号
电话　0391-6388010
价格　100~10000元

绞胎瓷是河南省焦作市修武县当阳峪村特产，曾经与五大官窑瓷器齐名，历史悠久。绞胎瓷又名"透花瓷"，其瓷器花纹由胎而生，内外相通，里外相透，一胎一面，不可复制，被称为"编出来的瓷器""瓷中君子"。

怀府闹汤驴肉

地址　焦作市沁阳市紫陵镇306省道神农山口双亚公司对面
电话　0391-5036584
价格　50~120元/500克

怀府闹汤驴肉是焦作市沁阳市的特产，是在秘制老汤中经过长时间焖煮而成，以其汤鲜肉嫩、回味悠长而闻名海内外，是老少皆宜之佳品。

焦作　太行山麓，流连焦作传承千年的古城风味

开启焦作美食之旅 >>>>>

怀庆老董家

地址　焦作市解放区和平西街西口

电话　0391-2680777

焦作一绝　闹汤驴肉

要谈起焦作当地的传统特色美食，必然要数驴肉最为知名。只要说起驴肉，绝对要提起一个响当当的牌子，就是怀庆老董家。老董家制作驴肉的历史很悠久，最早起源于沁阳城内一条很不出名的小巷。而追溯起来，老董家制作驴肉的历史至少要到清代初期，传说清朝顺治年间，董家有三个孩子，其中老大叫董文财，也是董氏驴肉的创始人。当年董家从山西洪洞县迁至怀庆府柏香南大董庄村，之后又迁到柏香南关。柏香在当时是一个比较繁华的小城镇，但环境恶劣，红沙遍野，寸草不生。按传统习惯，刚迁来的人家都要尽快杀一头毛驴，将驴血洒到四周镇宅辟邪，这样才能安居乐业。董家人杀了毛驴之后，用多种调料做成熟肉，拿到集市上去卖，没想到受到当地人欢迎，就这样一传十、十传百，镇上的人们争相购买，董家的驴肉由此成名。

赚了钱之后，董家人看到这是条发财的门路，从此干起了卖驴肉的营生。生意越做越红火，甚至怀庆府的人都到柏香南关来买驴肉。董家为了扩大生意，便到怀庆府一条小胡同安家，并支起了一个杀驴锅，由于董家驴肉的名气在当地很大，当地人就叫那条胡同为杀驴胡同。时间一长，胡同附近的人都干起了卖驴肉的买卖，商户也越来越多，相继出现了胡、靳、王、徐等各家驴肉生意，但董氏驴肉的生意始终最好，名气也最大，每天有各州县的客商云集此地，购买驴肉贩往各地。从此，怀庆府驴肉远近闻名，杀驴胡同的名声越传越广。

有关这段历史，可以从至今在柏香镇流传的一句顺口溜中得以印证："东关粮行、西关糖房、南关锅口、北关吹手。"其中，"南关锅口"指的就是董家在柏香镇南关支起的杀驴锅。对董家人来说，烹制驴肉这门技艺，最初只是为了养家糊口，当时的董家人也许没有意识到，这个技艺会成为后人执着于一种餐饮文化传承的事业，并在家族中延续了三百多年。如今的董家闹汤驴肉已经传到了第七代，延续着祖传的这门技艺，董家人将驴肉一袋袋地销往外地，同时在焦作开了几家驴肉店，成为焦作著名的驴肉美食地标。

我来到"怀庆老董家"，点了一份闹汤驴肉。一盘色泽诱人的闹汤驴肉端上来，驴肉量足，咬一口鲜鲜的、肉味浓浓的，让人吃了还想再吃，果真是"焦作一绝"啊。老董家的驴肉之所以好吃，据说是因为在选料上精益求精。怀庆府附近的地理环境独特，有丰茂的药草植被，可以培育出一种肉质细腻、营养丰富的豫北平原驴。烹饪一般的驴肉，都能做到汤鲜肉嫩、香味四溢。而董家选驴更是严格，不选年岁过大或过小的驴，不选过瘦或过肥的驴，煮肉时初用大火，煮沸后压火焖肉，这样不会使肉丝变粗，也不会破坏肉的营养及形状。煮肉的过程中，用独门秘方配上多种中草药作料，所以他家驴肉的味道无人能及。

不一会儿，我将一盘驴肉全都吃完，离开董家老店的时候，驴肉的香气仍然在口齿间萦回，让人回味无穷。焦作质朴无华的风土人情，滋养出一道道口味绝佳的美食，令人既感觉亲切，又回味无穷，有一种家的味道。

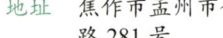

花园饭店

地址　焦作市孟州市会昌南路281号

电话　0391-8191560

孟州炒面
貌似寻常不寻常

　　孟州炒面，是河南省焦作市孟州市最具特色的小吃。

　　孟州炒面，面条金黄干爽，中间夹杂着白白嫩嫩、鲜鲜脆脆的豆芽，红红的肉丝，翠绿的大葱叶儿，伴着青红椒，让人看着就有食欲。面的香和菜的鲜时时在唇齿间萦绕，令曾吃过孟州炒面的人赞不绝口。

　　孟州炒面，听上去很寻常，然而它绝不同于我们所想象的一般的炒面。孟州炒面不像南方一些地方，把煮过的挂面进行二次加工，炒成炒面；也不是先把面炸熟再做成炒面。它是直接用生面条炒制而成的，并且现炒现吃。这是孟州炒面最具特色的地方。

　　我慕名找寻孟州炒面，驱车前往孟州市。数个小时的车程使我感到疲惫，然而心情还是十分喜悦的。我知道，美食在向我招手，我一向喜欢找寻美食，于我而言，找到美食是一件极大的幸事。

　　终于抵达孟州市的我，认认真真地看着地图寻找花园饭店。不知走了多远，穿过了几条街，经过了多少个闹市，我最终如愿以偿找到了花园饭店，站在饭店门前,兴奋之情写在脸上。我走进店里,迫不及待地点了一份孟州炒面。

我看见炒面师傅先把细的生面条放进炒锅,将油一点点淋在炒锅周围,小心地拌一拌,使油慢慢渗入面条。用大火炒,用手不停转动锅,使面在锅中转动,以使其受热均匀。锅里的面渐渐变成了金黄色。继而颠一下锅,使面条一下子翻个面儿,再用同样的方法煎好另一面。炒面的师傅动作十分娴熟,像是在耍杂技,而且不慌不忙,由此可见师傅的厨艺了得。

炒好面条后,师傅把事先准备好的肉和菜炒好,再把炒好的面条放在肉和菜的上面,将调好的调料高汤淋上去,盖上锅盖开始焖。加入水的多少和焖的时间的长短都很有讲究,直接决定炒面的口感。

端上桌的炒面金黄油亮,让我看着就馋。我凑上去闻一闻,香气扑鼻。我拿起筷子,狠狠地夹了一大筷子炒面放入口中,炒面外酥里嫩,口感极佳,香味萦绕齿间,脆里带软,油而不腻,吃一口就停不下来。

孟州炒面,低调而不奢华,味美而不张扬,漂亮而不花哨,普通之中带特色,平淡之中有真味,男女老少都十分喜欢,吃过一次便会念念不忘。

寻味河南

西沃刘光军卤肉店

地址　焦作市孟州市西虢镇西沃村

电话　13782751767

西沃卤肉

就好那口浓香

在吃货众多的当今，多少人流连忘返于各个街头小巷，到处寻觅着各种各样的佳肴。对于肉食主义者来说，遇到一种肉类美食，可谓是一个大大的福利了，焦作的西沃卤肉便是不能错过的一道必尝佳肴。

西沃卤肉又称西沃卤菜，是将焯水后的肉放在配制好的卤汁中煮制成的一道美味佳肴，在工艺上一般可分为红卤、黄卤、白卤三类。卤好之后的肉软烂色鲜，奇香无比，嫩滑可口，老少皆宜。在河南焦作，西沃卤肉尤以刘光军卤肉最为出名。

我在焦作游玩的时候，在当地朋友的带领下，吃到了这闻名河南的西沃卤肉。刘光军卤肉店开在西沃村里的一条街道上，如果不是有熟人带路，我一个外地人很难找到这么偏僻的一家店面。出人意料的是，明明是一家规模不大的店面，等我们进去的时候，才发现里面排队吃饭的人挤得满满的，没有一张空桌，我们排了半个多小时的队，才总算入座。

与往常初次来到的饭店一样，我先点了几个最火的招牌菜。没过多久，三盘荤菜端了上来，红卤猪蹄、红卤猪耳和卤肉丸子。首先不谈味道，这三道菜的卖相就十分诱人，色泽光鲜，泛起的油光不会多得让人感到油腻，加之扑鼻而来的卤汁酱料的香味儿，更是让人垂涎欲滴。我或许已经忘了别的细节，但我至今仍未忘记的菜当数那道卤肉丸子了。吃第一口的时候，我的味蕾已经感觉到了强大的冲击，肉块入口，意犹未尽的感觉简直无法用言语来形容。

一顿卤肉大餐吃下来，我对这家卤肉店的印象是大大加分。一家相貌平平的小店，散发着原始的市井气息，虽没有多么讲究的布置布局，但这旧旧的招牌和肉香却无比真实，它用店里的一道道美味满足着食客们挑剔的味蕾。那种来自于美食的自信，不是随随便便就能获得的，必定是经过了时间的沉淀与升华。

在我的字典里，好菜不在于有多大门面的饭店，只有美味才是最重要的。在吃的世界里，风味成了最重要的法则，而在一座城市里，舌尖上最为极致的体验，往往都是来自于不起眼的角落。就像正宗的西沃刘光军卤肉店，让多少人向往回味，又是多少美食家在探寻美食道路上，想要寻找的那颗"沧海遗珠"呢？

焦作　太行山麓，流连焦作传承千年的古城风味

寻味河南

北街李老大油茶手工面馆

地址　焦作市武陟县和平路104号附近

电话　15893059222

武陟油茶
经久不衰的甘缪膏汤

那曾经穿过小巷透过门窗，悠然飘进鼻孔挑动味蕾的油茶香味，走街串巷的小摊老板和黄灿灿的大铜壶，定格成了我儿时的美好记忆。

小时候，我有一次随家人到焦作游玩，正遇上当地人赶集。很多人赶集的一个目标就是喝一碗武陟油茶。一个古色古香的大铜壶，口小肚大，壶身用棉布一圈圈地紧紧裹束着，侧边伸出一个长长的龙形壶嘴。一碗油茶，只要两块钱。喝茶的人来了，卖油茶的老汉便微微倾斜壶身，把油茶倒向备好的粗瓷蓝边儿碗里，一边倒一边悠悠地喊："一碗油茶喝得香——"如果食客是三三两两或者成群结队来的，他就会连着喊："两碗油茶喝得香——""三碗油茶喝得香——"……

当时我手里有三块钱，我就要了一碗半。到了那半碗的时候，老汉接了那一块钱，却给我续了满满的一碗，边倒边喊："两碗油茶喝得香，孩子能吃长得胖——"

油茶名为茶,其实按现在的标准来看,并不是一种茶。武陟油茶的主料是小磨香油炒熟的面粉,又含有些许淀粉、花生、芝麻、核桃、怀山药,还有茴香、花椒、肉桂、丁香、砂仁等多种香料。油茶的制作过程我没有见过,但据说是先把面粉蒸一下,芝麻炒熟,花生用油炸好做成花生碎,核桃仁也碾成小颗粒,然后再把面粉、香料和配料一起炒制,要炒上三次才能做成香喷喷的油茶面。油茶面用开水冲拌一下,或者在锅内像粥一样煮熟,即可食用。

关于油茶,武陟坊间有这样一个传说。《天仙配》中七仙女的丈夫董永是武陟人,他也是油茶的创始人。据说在西汉末年,王莽篡位,刘秀被人一路追杀到武陟,逃到沁河滩时遇到董永,董永将刘秀救回家,但他厨艺十分生疏,胡乱用家中有的食材做了一锅咸粥给刘秀吃。刘秀当时饿极了,食之顿觉是一道绝顶美味,当即赐名油茶。后来刘秀当了皇帝,每天必喝油茶,这油茶就在当地流行起来,有民谣曰:"一天不喝心发慌,两天不喝没主张,三天不喝身子晃,不喝油茶没力量……"

其实,这都是神话传说,不必当真。武陟油茶是一道古老的美食,已经有2000多年的历史,在秦时称为甘缪膏汤,汉末称膏汤枳壳茶,到了唐代才始称油茶,一直沿用至今。

如今我再次来到焦作,在武陟县和平路附近寻到一家口碑极好的油茶店北街李老大油茶手工面馆,要了一碗武陟油茶,顿时有一股熟悉的味道涌上心头,浓浓的满足感无法言说。在我看来,焦作人就是那装油茶的大铜壶。在这大铜壶里,有古老浓香的执着味道,而油茶一直都在大铜壶里滚热着。只要有铜壶在,油茶就在。这比什么都重要。

糊涂王饭庄

地址　焦作市解放区建设西路电建家属院正对面

电话　13703899638

糊涂面
难得糊涂

　　一个雨夹雪的夜晚,窗外凛冽的风呼呼地拍打着窗户。我独自读着张爱玲《小团圆》中清冷的文字,瞬间想到,这时候如果有一碗温暖滚烫的糊涂面,面汤上再撒一把细细的花生碎,散着暖热的香气,捧在手里,暖在胃里,该有多好啊。

　　过了几天,刚好去焦作办事,忙完之后已是暮色微垂,饥肠辘辘。一个人在街上不停寻找着,街道两旁的烧烤店、火锅店冒着腾腾的热气,可烧烤和火锅虽暖,却不是我胃里想要的那个味道。一转眼,突然看到一个"糊涂王"的招牌,几个不大不小的字写着:糊涂面、炝锅面等。糊涂面三个字一下子勾起了我的回忆。我原地站住,心里像有什么东西在不停地撩拨着我,催促着我向前走近。

　　关于糊涂面,在焦作流行着一个历史典故。据说著名文人郑板桥曾经在焦作温县当过县令,他为官清正,体恤民情,经常微服私访。有一天他骑着骡子出门,中午看见一家小店门前蓝布旗高挂半空,写着一个大大的"粥"

字。于是郑板桥进店要吃饭,老板董兴旺并不认识郑板桥,以为只是普通的客人,就问客官要吃什么?郑板桥就要了两碗玉米粥,没几下就喝光了。

但是玉米粥不顶饥啊,他还是很饿,于是又说再下点儿面条吧。老板董兴旺就问郑板桥想吃什么面,店里有鸡蛋打卤面、黄瓜丝打卤面、茄子肉丝打卤面。郑板桥是南方人,吃面很少加卤,就对老板说只要面条,老板心里纳闷,但也没有办法。于是进厨房煮了面条,端给郑板桥,问:"客官,这面条下好了,您咋吃啊?"郑板桥想一想,说:"随便弄些调料,煮花生、青菜什么的,全放到面里,都煮到一起……"老板没做过这种面,只得硬着头皮去照办,把能想到的调料和配菜都放进面条里一起煮,弄好之后端到客人面前,心里忐忑不安,担心味道不好。

没想到郑板桥呼噜一阵,吃得酣畅淋漓,像是在吃一道绝佳美食。他吃完面后抹抹嘴,问这面条叫什么名字。董兴旺张口半天也说不出来,他第一次做这种面条,哪知道叫什么名字,于是灵机一动,说道:"托您的福,要不您给赐个名。"郑板桥兴致大发,要来笔墨纸砚,铺上案几,大笔一挥,写了"难得糊涂"四个大字,然后落款郑板桥。老板一见郑板桥三个字,才知道是县太爷微服私访了,激动得连忙叩头:"多谢大人赐墨。"

从此,这家店老板将这种面条称为"糊涂面",因为郑板桥的缘故,"糊涂面"流传开来,一直到今天。

我坐在面馆中等着我的那碗"糊涂面",整个大厅干净明亮,白色的墙面上有一幅黑白的油彩泼墨,搭配棕红色的实木桌椅,别有一种腔调。糊涂面很多地方都有,我小时候也经常吃,不知道有多少个冬夜,妈妈手里捧着一碗热腾腾的糊涂面,我吃得极为香甜,极为满足。记忆中的感觉实在太美好,生怕等会儿上来的糊涂面让我大失所望,因而心情有些紧张。

青白色的大碗放在桌上,热腾腾地冒着气,我看着泛着微黄的糊涂面汤,细细的花生碎,拿起筷子缓缓地挑起面,香味扑鼻。像是应了那句话,"念念不忘,必有回响"。一口糊涂面吃下去,熟悉的味道立刻席卷而来,面条夹着细碎的干菜,让我整日奔波的疲惫一扫而空。这一碗糊涂面下去,胃里被暖得热热的,格外舒坦。

糊涂面,是藏在胃里的记忆,在胃里生根发芽,一辈子不停地撩拨着你。

南阳

汉水之畔，让南阳的火辣在舌尖起舞

　　伏牛山之南，汉水之北，南阳是古今多少人物流连忘返之处，也是荆楚文化与中原文化的碰撞之处。比起中原饮食的质朴豪爽，南阳带给味蕾的诸多体验，又多了一丝火辣与灵动。

行住玩购样样通 >>>>

行在南阳

如何到达

飞机

南阳姜营机场位于南阳市宛城区姜营村，距市区10千米。

火车

南阳火车站位于南阳市卧龙区铁东街3号。

汽车

南阳汽车站位于南阳市卧龙区车站路189号。

市内交通

公交

南阳市内有多条公交线路，方便出行，一般为无人售票车，票价1元。

出租车

南阳交通便利，出租车众多，在路边很容易就能招手上车。

住在南阳

维也纳酒店（南阳人民路店）

地址　南阳市卧龙区人民北路1008号
电话　0377-63493333
价格　203元起

这是一家集客房、会议、餐饮于一体的三星级酒店。酒店地理位置得天独厚，距南阳著名景点卧龙岗20分钟车程，距火车站10分钟车程。

南阳梅溪国际大酒店

地址　南阳市卧龙区中州路109号
电话　0377-61655999
价格　168元起

梅溪国际大酒店地处南阳市区核心圈，距南阳火车站、汽车站1.5千米。室内装饰古朴典雅，所有用品用具均选自国际国内一流品牌。有能容纳500人的多功能厅和中小型会议厅等，是举行会务、商务洽谈、旅游住宿的优选之地。

玩在南阳

南阳武侯祠

地址　南阳市卧龙区卧龙路766号
门票　60元

南阳武侯祠属全国重点文物保护单位。半月台、野云庵、草庐、小虹桥、老龙洞、抱膝石、古柏亭、梁父岩、躬耕亭、诸葛井，与武侯祠的山门、大殿、清风楼、三顾堂、关张殿、石牌坊构成雄伟壮观的古建筑群。祠内碑刻甚多，有岳飞书写的诸葛亮前后《出师表》。

内乡县县衙博物馆

地址　南阳市内乡县县衙东路88号
门票　75元

内乡县县衙博物馆是国家AAAA级旅游景区。坐北面南，占地面积4.7万多平方米，有院落18进，房舍260余间。中轴线上排列着主体建筑大门、大堂、二堂、三堂等，内乡县衙是我国唯一保存完好的封建时代县级官署衙门。

购在南阳

独山玉

店铺　石佛寺玉器市场
地址　南阳市镇平县石佛寺镇佛光大道
电话　18638959089
价格　因品质不同价格差别较大

独山玉是中国四大名玉之一，因产于河南南阳的独山，所以称"南阳玉"或"独山玉"。

独山玉有南阳翡翠之称，质地坚韧，细腻柔润，色泽斑驳陆离，有红、绿、黄、蓝、白、紫6种色素，70多个色彩类型，是工艺美术雕件中最重要的玉石原料。

仲景香菇酱

店铺　各大超市
价格　12~20元

仲景香菇酱是目前南阳西峡县乃至河南省最负盛名的特产之一。它选用西峡当地最优质的香菇，利用独创的菇类酱制技术，采用食品非热杀菌工艺，完整地保留了香菇原始的营养成分。其酱香浓厚、粒粒韧爽、鲜美可口，可炒菜，可拌饭，可蘸食，是不可多得的佐餐佳品。

开启南阳美食之旅 >>>>>

正宗李记新野板面

地址　南阳市新野县解放路182号附近

电话　13623995418

寻味河南

新野板面

辣酥酥、香喷喷

新野板面是南阳市传统的面食小吃，爽口、耐嚼、香中泛辣、辣中透香。

新野板面又称"张飞板面"，新野有句俗语："新野板面三丈三，张飞下马吃三碗。"虽然有那么一点夸张，但是也反映出新野板面悠久的历史和诱人的美味。

相传，新野板面始创于东汉末年。刘备、关羽、张飞桃园三结义后屯兵新野，黑脸将军张飞吃遍新野当时的名吃，唯独嫌板面不够筋道，嚼着没劲，吃着乏味。厨师们也是虚心接受这位大将军的建议，不断试验，反复研制，才制作出这经久不衰、百吃不厌的新野板面来。自此，新野板面便在豫西之宛、洛，鄂北之荆、襄一带广为流传。

板面制作并不复杂，取当地盛产的优质小麦精粉，用一定比例的食盐、水加以搅拌，和成面团，反复揉搓筋道，然后揉条摔板，直至手感如丝绸，提起似瀑布，手扯有拉力，摔板啪啪响。这样制成的面条宽窄有致、均匀好看，二两面扯成三根条，可达四丈有余。然后把面条放入滚烫的开水中煮上三分钟，见面条浮起，再放些青菜，然后用笊篱捞到碗中，浇上一勺臊子。一碗白面条、绿菜叶、红臊子的新野板面就完成了，入口辣酥酥、香喷喷，清香沁人心脾，回味无穷。

经当地朋友介绍，同时也查了一些网上的推荐。我去的是正宗李记新野板面馆，据说是新野县最地道、最正宗的板面馆。这家店已经经营很多年，有大量的回头客，口碑极好。这些年有很多的外地人也慕名而来。而且老板是个很风趣的人，他自己就是厨师，不忙的时候老板会坐下来跟客人聊天。

如果只吃面，会觉得淡而无味，这个时候不得不夸一下这里的臊子。这面里的臊子味道十分浓厚，表面的油汤色如玛瑙，晶莹悦目。我虽不是专业的美食家，但也吃出了臊子里牛肉丁和八角、桂皮、花椒、胡椒、茴香、辣椒等十多种作料的味道。再加上这臊子经过反复煸炒，那股浓郁刺激的香味更是让人难以拒绝。更可贵的是，老板说这种臊子保鲜期极长，不需冷藏就可存放一年以上，经夏不腐，味道不变。我听了恨不得囤一些货带回家，只可惜老板笑着说这是不传之秘。

"有其面而无其臊子，味不可口；有其臊子而无其面，便不成特色。"这话真是不错，只有把臊子加进面里，搅拌均匀，才更能感觉面香而不腻、辣而不辛、咸而不涩。我吃完板面，唇齿间还留有臊子香喷喷、火辣辣的味道呢！我可是解了馋，最后是碗底朝天，连汤都喝了个精光。每个地方都有自己知名的小吃，新野的板面确实有它独特的魅力。

寻味河南

李松正宗方城烩面

地址　南阳市邓州市仲景路
电话　15936186286

方城烩面

豫南的本色味道

方城烩面是当地的一道传统面食小吃。

来南阳之前，就曾听南阳的朋友介绍过，品味正宗的方城烩面大有讲究，总的来说可以归纳为三点：一是观汤，二是看面，三是尝辣椒油。

方城烩面的汤，经文火反复炖煮而成，香味醇厚，勾人食欲。烩面师傅把一只完整的全羊骨架放入锅里，灌满清水，以大火炖煮两个小时，把浮沫撇净，佐以花椒、茴香、姜片、胡椒等调料，文火慢炖，直至香味与汤汁融为一体，再下入鲜嫩的羊肉块。随后盖上锅盖，直至武火烧溢。之后，以文火慢炖三小时有余，屋内醇香四溢。掀开锅盖，只见锅里汤水浓稠如羊奶，羊肉软烂成肉糜。

方城烩面的面，选用的是当地特产的上等小麦面粉，以清水和面，加入适量食盐。力道适中，反复搓揉面团，直到面团成为絮状，用一块湿布盖上，静候片刻。之后，把絮状的面捏成小面剂，每个约二两，以擀面杖轻轻一擀，成为薄薄的圆片，用筷子轻轻在盛满小磨香油的碗里一蘸，均匀地在面片两面抹上一层浓香的香油。不一会儿，一个个白晃晃、油光光的圆形面片就叠放在盘里，放在一边备用。这些面片看在眼里光洁白亮，摸在手里柔韧筋道，是这道方城烩面的精华。

方城烩面里的辣椒油，则是这道面食的点睛之笔。方城特产的羊油和小红尖椒是辣椒油最主要的原料。首先把油倒入锅中，以中火煮至滚沸，倒入些许花椒、辣椒段，等辣椒由鲜红转为暗黄色，浓浓的香味溢出时，即可捞出放入碟中，静置片刻，捣碎后放入羊油里，搅拌均匀。这鲜香麻辣的辣椒油正如画龙点睛一般，让羊肉愈发鲜美，面汤愈发醇厚，食罢回味无穷。

南阳本地的朋友告诉我，来到南阳，就不可不吃烩面，吃烩面，就不可不去李松家。这家小小的面馆偏安一隅。下午五点不到，我早早来到了李松正宗方城烩面馆，却见小小的门店里已坐满了食客，也有幸见识了一番下烩面的壮观场面。店里客人正多，烩面师傅一次要往锅里下大约十斤面。

只见师傅先将一小桶早已熬好的羊肉清汤倒入锅中，以中火烧开，接着开始拉面。师傅站在汤水滚沸的锅边，右手娴熟地拉出一个个烩面片，左手紧接着将面片下入锅里。趁着煮面的空隙，师傅驾轻就熟地在空空的灶台上摆上二三十个大小不一的碗，小一点的碗也是寻常人家用来盛汤、盛菜的大碗，而大一点的碗则足足能盛下半斤面片。他在每个碗里放入羊肉臊子、葱花、姜丝和一大勺浓香四溢的辣椒油。只见师傅再拿出一把青菜在滚汤里焯一下，每只碗里放上两片。恰好，面的火候也到了！师傅左手拿勺子，右手持笊篱，开始挨个儿往碗里盛面。锅里滚滚热气迎面扑来，师傅一边吹开热气，一边麻利地把白晶晶的面片按照分量逐一盛入碗中，随后放入香菜、葱花，淋上几滴香油提味，色香味俱全的烩面就做好了。

大大的海碗里，白亮亮的面片簇拥在清澈的汤水里，点缀着红红的辣椒油、碧绿的香菜，浓郁的香气扑鼻而来，让人食欲大增。我也忙拿起筷子，夹起一大口面片送入口中，香浓的辣椒油搭配醇香的面片，真是难以言喻的美味。一碗烩面下肚，我大呼过瘾。

身在异乡，我一边品味着这美味的面食，一边感受着这淳朴的风土人情，辣在嘴里，却暖在心里。

寻味河南

兴保鹅腿烧鸡烩面

地址　南阳市邓州市穰东镇镇平汽车站北侧

电话　13613872722

穰东鹅腿

肥瘦相宜味香浓

来到穰东，不得不吃的一道美味就是穰东鹅腿。它是选用一岁左右的鹅的新鲜鹅腿秘制而成的，肉质鲜嫩多汁，紧实柔韧，肥瘦相宜，香浓的卤汁包裹着爽滑的鹅腿肉，带给人一种极致的享受。

穰东鹅腿是当地街头巷尾常见的一种小吃食，相传，创始人是穰东当地一对名为李全胜、刘桂荣的夫妇。他们年轻时，推着一辆小车，在穰东街头四处叫卖鹅腿。一个夏日的黄昏，他们推着小车卖鹅腿，途经穰东当地一处著名古迹——太子岗。当时，一位留着白胡须的老者正在旁边的一棵大树下纳凉。这对热情的年轻夫妇就免费让老者品尝他们做的鹅腿。怎料，老者精通厨艺，尝罢鹅腿，还特意指点了他们一个烹饪方子。夫妻二人将信将疑之际，这位老者早已飘然走远。夫妻俩按照老人的方子烹饪出来的鹅腿，尝起来鲜嫩爽滑，肥而不腻，让人欲罢不能。一经推出，在穰东当地大受欢迎，很快，就成了当地的特色名吃。

来到穰东，自然要尝尝当地的鹅腿。我和朋友一路寻觅，几经辗转，最终来到了穰东镇镇平汽车站附近。这家卖穰东鹅腿的店面已经有30多年的历史,现在已由李全胜夫妇的儿子继承经营,生意依旧红火。店面看上去并不起眼,但浓郁的卤味儿早已俘获了一众饕客。当时,已是傍晚时分,小小的店铺里摆着几张桌椅,坐满了食客。小店外面,人们也排起了长龙,想必是要打包一袋热气腾腾的卤味回去,犒劳辛苦了一天的家人。我和朋友等了十来分钟,直到店铺里一桌客人离开,方才落座。除了穰东鹅腿,我俩还点了一盘同样很受饕客青睐的穰东烧鹅。

正所谓慢工出细活。据说,穰东鹅腿的烹饪方法很繁复考究。从开始初创鹅腿到现在鹅腿名满南阳地区的30多年,李氏夫妇在鹅腿的制作方面,从不偷工减料。他们数十年如一日地坚持用最新鲜的鹅,坚持手工制作。他们每天先把活鹅宰杀,然后拔毛,手工清洗后再晾干,然后在鹅腿上细细抹上一层精盐。用文火把川椒粒炒出香味,加入桂皮、八角、甘草、丁香,一同放入纱布里,包扎成球,放入卤水盆中,佐以老抽、红糖、香芒、白酒、南姜、大蒜、辣椒,再加入适量清水。以中火将卤水烧至沸腾,把鹅腿放入盛满卤水的大锅里,以大火熬煮两个小时,其间要随时翻动锅中的鹅腿,还要把鹅腿离汤吊起,再放入锅中,如此反复四五次,以让鲜嫩的鹅腿更入味。然后,把鹅腿从滚烫的卤汁里捞起,放在砧板上,用刀划出若干道十字形的纹路。等到第二天食用之前,配上蒜泥、醋、洋葱等调制而成的味碟,就可以端上桌了。

不一会儿,老板就把两只咸香嫩滑的大鹅腿和一碟码得整整齐齐的烧鹅端上了桌。我早已按捺不住,抓起一只鹅腿,在味碟里轻轻一蘸,满怀期待地咬下一大口。味道鲜美至极,微微的辣味恰到好处地融入鲜嫩的鹅腿肉里,让这肥美多汁的鹅腿肉又多了几番滋味,让人欲罢不能。

对于很多穰东人而言,这道鲜嫩多汁、肥瘦相宜的鹅腿已经成为他们生活中不可缺少的美味,隔三岔五不吃上一只鹅腿,总觉得生活中少了些滋味。对于慕名而来的饕客来说,穰东鹅腿就是长途跋涉之后最暖心的慰藉。

新涛窝子面

地址 南阳市邓州市人民路与交通路交叉口向东50米路南

电话 0317-62830999

窝子面
舌尖上的香辣味道

据说,邓州窝子面是从武汉热干面发展而来的,是把武汉的热干面中加入绿豆芽、牛肉丁,口感也有所改良,加入了当地人喜欢的辣椒油、芝麻酱等佐料,深受邓州人喜欢。如今,邓州窝子面已经做出了自己的特色,成为邓州的一绝。

一般,窝子面有两种吃法,一种是干吃,面里是没有汤的,面内加入豆芽、芝麻酱、辣椒油等,如果太干可以喝点店里送的牛肉汤。还有一种是湿吃,面里有汤,汤里会加入麻辣豆腐、海带、豆芽和芝麻酱等,适合冬天吃,热乎乎的一碗面吃着很舒服。这两种吃法在邓州都很流行,喜欢哪种,随自己的口味。

对于我来说,我最喜欢点上一碗没汤的窝子面,然后再放上满满一勺的辣椒油,吃起来真是又香又辣。

有很多地方的面馆都有窝子面,我几乎都去尝过,但我却觉得那些味道总没有我在邓州吃的那般地道。虽说看着材料都相似,却总是少了些味道。

于是,我又开始怀念起邓州的窝子面了。窝子面是邓州市的特色,同时也是我最爱吃的食物之一,每次提起来口水都要流下来了。

我还记得当时去的店的名字,是新涛窝子面,门前总是挤满了排队等面的人群。而我最佩服的便是老板娴熟的动作,下面、挑面、放调料,加些豆芽、花生和肉丁,最后再浇上辣椒油,整套动作如行云流水。面端到面前时,那色泽,那口感,吃起来无比酣畅淋漓。爱吃辣椒油的,可以多多地放上一些,享受辣椒火辣辣的快感。最后,老板会送上一碗牛肉汤,汤上漂着香菜,看着十分诱人。吃完了面,再喝碗汤,心情舒畅至极,仿佛有再大的事情都影响不了美妙的心情了。

新涛窝子面面馆,人虽然很多,但我还是会等候,因为我觉得值得。虽然后来很少有机会去了,但是面的味道我却记忆犹新。

所以,当你有幸来到邓州这个美丽的城市的时候,一定不要忘了品尝邓州的美食窝子面。我想它定会征服你的味蕾,令你如我一样对它念念不忘。

南阳 汉水之畔,让南阳的火辣在舌尖起舞

北京明润烤鸭店

地址　南阳市宛城区张衡街道工业北路兴达农贸市场8号

电话　13525676678

蜜汁江米藕
不见一丝的藕中奇葩

　　南阳的传统美味小吃有很多，蜜汁江米藕就是其中之一。

　　蜜汁江米藕原名熟灌藕，始于元代，是一道历史悠久的汉族传统甜点，属于豫菜系。《武林旧事》中记载有"生熟灌藕"的做法，后经历代厨师不断改进，成为"蜜汁江米藕"。此菜主要材料为藕和江米，藕选用南阳市社旗县唐庄的白莲藕，经煮、酿、蒸、蜜炙而成，软糯香甜，为筵席上的名菜。唐庄的白莲藕个大节长，皮薄肉细，晶莹如玉，甘美可口。一般的藕切开后都有许多细丝相连，牵扯不断，故有"藕断丝连"的成语，而唐庄的白莲藕却切削刮刹都不见一丝，清代曾把它列为贡品。

　　来到南阳，如果错过了蜜汁江米藕这道美食，作为食客的你一定会抱憾而归的。我相信很难有人能抵挡蜜汁江米藕那浓浓香甜的诱惑。

　　我和朋友听说张衡街道上的北京明润烤鸭店做的蜜汁江米藕很地道，作为吃货的我们，自然不能错过。

去了发现这家店主营烤鸭,但南阳地区的一些特色小吃有专门的窗口经营。比如这道蜜汁江米藕,就有专门的阿姨负责。得知我们是专门来吃蜜汁江米藕的,阿姨非常高兴,她一边熟络地跟我们打着招呼,一边非常熟练地做菜。只见她将藕从大头切开把孔眼露出来,用洗净的江米加上蜂蜜和白糖调匀,从莲藕孔中灌满,再用油纸把莲藕包起来,入锅中蒸熟,拿出以后用凉水泡两分钟,去掉油纸,把藕切成片。我已经迫不及待想拿过来吃了。

阿姨却说:"小姑娘,心急吃不了好藕,还没完呢。"阿姨又取了一只净碗,在内壁抹上猪油,把藕片放入摆成马鞍桥形,撒上白糖,又蒸了一会儿,取出扣在盘中心。最后把炒锅放在中火上,将蒸藕的汤汁滗入,放入白糖,将汁收浓,再放入蜂蜜、桂花糖,搅匀后起锅淋在江米藕上,撒上青红丝。

足足等了20分钟,一道美味的蜜汁江米藕终于完成了。看到阿姨这样熟练却极富耐心的动作,我不禁心生佩服:做什么事情不都是这样吗,耐心和细心调和,才能品尝到最后成功的滋味。

我们坐在那里品尝美食的同时,阿姨还免费送了我们一个关于藕的小故事。宋代高宗退位,孝宗继位。孝宗吃腻了山珍海味,又挖空心思吃湖蟹,因食湖蟹太多,导致腹痛腹泻。御医诊治数日无效,纷纷出宫微服私访,为孝宗寻医问药。有一天御医们在京城西北大街一药店,看到人们争相购藕。几位御医不解,询问药师后才知莲藕可治痢疾。后召药师入宫把脉诊治,诊断出孝宗患疾乃因食湖蟹损伤脾胃,导致痢疾。建议服新采藕节汁,数日就可以康复。依照药师所说,孝宗喝了几天藕汁之后,果然康复。

有着这样精彩的历史故事佐餐,我们吃得更加开心了。普通的食物加上传奇的历史故事,更显神秘。

我在苏州吃过一道菜叫"桂花糖藕",与蜜汁江米藕极为相似,有着桂花的清香。而我还是怀念南阳蜜汁江米藕的原汁原味,它更加朴实简单,正所谓"清心一片质本洁,江米入怀味自香"。

寻味河南

老段家凉粉
地址　南阳市唐河县滨河街道办事处解放路南
电话　13525109239

绿豆凉粉
让童心飞扬

唐河凉粉是一道美味可口的汉族小吃。早在400多年前，勤劳智慧的唐河人民就想到了用豌豆粉、红薯粉等制作凉粉。由于这些原料制成的凉粉质脆，不宜长时间存放，因而有人萌生了这样一个念头：能不能用其他原料替代豌豆、薯干做成凉粉？经过多次试验，一个很偶然的机会，一位姓段的老师傅在试制过程中发现用绿豆制成凉粉，不仅质软、弹性强，而且经过凉拌、炒制后口感更佳。就这样，这一制作工艺一传十、十传百，很快传遍整个唐河，当地人对绿豆凉粉食之不厌，至今还流传着一句话"只羡鸳鸯不羡仙，只因没坐凉粉摊"。

绿豆凉粉，更多属于唐河孩子的童年。那时的物质还不像现在这样丰富，粗茶淡饭之外最诱人的小吃当数凉粉。夏日午后，总有人挑着凉粉挑子走街串巷，吆喝声中他便手起刀落，将软绵绵、滑溜溜的绿豆凉粉切成薄薄的片，既不会断，也不会太厚，然后浇上酱汁，送到人们的手里时还一晃一晃的。凉粉爽口弹滑，凉意阵阵，夏日的烦躁也随之消失殆尽了。

我漫步唐河街头,寻找着传说中的美味,很幸运我找到了。

段家凉粉,还是在大十字路口,家喻户晓。他家的凉粉也是从最初的一个小摊位,坚持多年才做大做强的。

我看着凉粉师傅拿出脸盆大小的整块凉粉,用一把金光闪闪的铜刀切下一碗的分量,然后刀唰唰唰地上下翻飞,瞬间就把凉粉切得薄如面条之厚,形似柳叶。然后用亮闪闪的铜刀轻轻一铲,整整齐齐地码放在小碗里,一碗刚刚好,众人一片赞叹声。只见凉粉师傅又麻利地从一排整整齐齐的调料罐里挨个舀出蒜汁、姜泥、花椒水、八角水、辣椒油、小磨芝麻油、芝麻酱等调料浇在凉粉上。等着享用凉粉美味的男女老少,总会根据自己的口味顺势加上一句"多放点芝麻酱啊""辣椒少一点点"。凉粉师傅往往没等他们的话音落地,就会舀上对应的调料,轻轻洒在凉粉上,等待顾客品尝。夹在筷子上的凉粉富有弹性不会轻易折断,吃在口里的绵软悠长耐嚼耐品,加上可口的调料调制出的美味,让人感到清爽可口,余香在喉。

他家的凉粉保留了唐河凉粉的传统工艺,保留了凉粉那种滑溜爽口的特点。他们做出的凉粉颜色微黄,黄中透白,白中透亮,递进手里颤颤巍巍,吃进嘴里筋脆适当,滑嫩凉香。那股清新之感从心底泛起,瞬间令人忘却了世俗烦扰。

冬天吃的凉粉一般是炒的。架一口大大的平底铝锅,用煤火加热,葱姜各色调味品备全,一定要大油、大热地炒透,直炒到凉粉失去形状,变得焦、嫩、香为止。盛碗前放上红辣椒和白绿相间的蒜苗,热气盈鼻,余悠长。

老胡家羊肉汤

地址　南阳市卧龙区车站南路和中达路交叉口卧龙检察院对面

电话　0377-83836666

南阳蒸菜
果腹菜变抢手菜

　　南阳蒸菜种类繁多，色香味形俱佳，营养价值极高，在河南省堪称一绝。

　　蒸菜的出现，并不是美好的回忆。在农业社会，一遇到旱灾或洪灾，农民就可能颗粒无收，生活极为贫苦。物质的贫乏使广大劳动群众发动智慧来满足自己的生存需要，蒸菜便应运而生。人们从野生植物中选取可食用的种类，蒸熟后再加上适当的佐料，便可以成为一餐美味。

　　十几年前，南阳的大小饭店内还没有出现过蒸菜，偶尔有市民想调剂一下口味，才会在节假日到郊区地里挖点野菜，回家做点蒸菜吃。据说，1986年有一位外地老人到了南阳，在一家饭店吃饭时忆苦思甜，提到当年在南阳吃过一种蒸菜味道很好，不知能否再品尝到，于是这家饭店的厨师用豆角蒸了一盘，客人吃后赞不绝口，要求再来一盘，厨师又蒸了一盘茼蒿，让老人吃得心满意足。

这件事情之后,南阳蒸菜逐渐流行起来,人们开始重新重视这道菜,从此,蒸菜上了饭店的宴席。后来,蒸菜的品种越来越多,大街小巷的餐馆里也在蒸菜的做法上"八仙过海,各显其能",绝招频出。这些蒸菜被老人们吃了多年,以前认为是果腹菜,如今声名大振,竟成了美味佳肴中的抢手菜。

南阳蒸菜有30多个品种,包括野苋菜、刺儿菜、荠荠菜、猫妮菜、茼蒿菜、面条菜、马齿苋、山野菜、珍珠花、茴茴菜、扫帚苗、芹菜叶、蒜苗菜、四季豆、豆角、西柿花、水芹菜、红萝卜叶、榆树钱、柳芽、杨槐花、榆树叶、红薯叶、豌豆秧、柳须根等。

越应季的菜,蒸出来就越鲜,营养价值就越高。蒸的时候要提前拌上面粉,但不可过多,只沾上薄薄一层,然后大火蒸七八分钟就可以了。

我印象最深刻的便是槐花蒸菜和红薯叶蒸菜。每年春天,槐花大量上市,妈妈都会摘一筐洁白清香的槐花回家,清洗干净,拌上干面粉,蒸熟后放凉,然后蘸着辣椒、醋和蒜调和的酱汁,简直是世界上最好的美味。而红薯叶蒸菜则是因为家里种了红薯,一旦下雨,红薯叶便会疯长。鲜嫩翠绿的红薯叶是当季最好的下饭菜,或是清炒,或是凉拌,最好吃的还是蒸菜,味道浓郁,让人百吃不厌。

如今,南阳的许多餐馆,尤其是一些羊肉汤或者清真饭馆,几乎都有蒸菜,如蒸茼蒿、蒸豆角、蒸胡萝卜、蒸马齿苋等。位于卧龙区的老胡家羊肉汤馆的蒸菜便很有名。

当两道蒸菜被端上餐桌时,菜品颜色鲜艳,十分诱人,我拿起筷子尝上一口,软糯鲜香,意犹未尽。

我把两盘蒸菜吃得干干净净,还询问了蒸菜师傅最恰当的比例和蒸的时间,准备回去做给妈妈吃。

郭滩烧鸡

地址	南阳市卧龙区工业路与光武路交叉口向东200米大官庄社区23号
电话	13803776783

香飘万里 — 郭滩烧鸡

南阳的郭滩烧鸡远近闻名,具有肉质鲜嫩、五香脱骨等特点,为南阳的汉族传统名吃。郭滩烧鸡至今已有四百多年的悠久历史。最开始做烧鸡的是郭滩镇的一户李姓人家,他们用自制的秘方做出的烧鸡风味独特、口感极佳,于是便代代相传,几经演变成了现如今的郭滩烧鸡。制成品肉烂、骨酥、皮不破,食用时骨肉自动分离,肥而不腻,味道鲜美。

郭滩烧鸡,是以农村散养土公鸡(柴公鸡)为主要原料,然后采用四百多年祖传秘方辅以百年陈汤和二十多种名贵中草药调味,经腌制、油炸、晾干、卤制而成。郭滩几家重要的商家都有自己的独特秘方,而且一概不外传。

现在想吃到最地道的郭滩烧鸡,就要到卧龙区的郭滩烧鸡店。作为一家百年老店,它地处繁华地段,并不难找。目前的烧鸡大多做成礼品包装,方便外带;也可以堂吃,店内配有豆腐皮、锅贴等。

离得老远,我就已经闻见了萦绕不绝的香味。店门口已经排了很长的队伍,很多都是回头客,可见这家烧鸡的魅力不小。

我特意让老板选了一只分量十足的肥鸡带回家和朋友们一饱口福。

朋友聚会时,饭桌上的郭滩烧鸡果然是众人的首选。整只鸡色泽红亮,轻轻用筷子一扒,鸡肉便与骨头脱离了,入口一尝,外皮筋道,肉质鲜嫩酥烂,肥而不腻,大家都很喜欢吃,不一会儿鸡肉就被吃得精光。这时,盘子里的骨头却是完整无缺,没有遗留一丝鸡肉,简直是一个完美的艺术品。朋友还说要带回去一只烧鸡与家人共享,顺带宣传这难得的人间美味。

游人来赏南阳玉,莫忘一闻脱骨香。

信阳

山清水秀，陶醉于信阳这个鱼米之乡

流连在信阳的江淮水乡，吃米、饮茶、喝汤，品味山珍野味的美食佳肴，领略淮河长江交汇处的风土人情。信阳的美食厚重如中原文士，清秀如江南美人。

行住玩购样样通 >>>>

行在信阳

如何到达

飞机

信阳明港机场位于信阳市平桥区明港镇，与驻马店确山县接壤。

火车

信阳有信阳火车站和信阳东站两个火车站。信阳火车站位于信阳市车站路18号。信阳东站位于信阳市平桥区羊山新区新七大道，是高铁站。

汽车

信阳汽车站位于信阳市浉河区。

市内交通

公交

信阳市公交车票价1元，一般运营时间为6:00—19:00。

出租车

信阳交通便利，出租车众多，在路边很容易就能招手上车。

住在信阳

信合中州国际饭店

地址　信阳市浉河区东方红大道129号
电话　0376-3206666
价格　281元起

信合中州国际饭店坐落于繁华地段，交通便利，距离信阳东站约十几分钟车程。饭店拥有总统套房、商务套房、行政套房及各种商务、行政类标准间，还有多媒体会议厅及中小型会议室。

中乐百花酒店

地址　信阳羊山新区新七大道109号
电话　0376-3099999
价格　380元起

中乐百花酒店位于信阳市新七大道上，地处黄金地段，周边环境优美，交通便利，距信阳火车站、汽车站只有1.8千米。酒店为五星级豪华商务酒店，有不同类型的豪华客房，还有健身房、棋牌室、台球室等，无论是商务活动还是旅游休闲，都是不错的选择。

玩在信阳

鸡公山风景区

地址　信阳市浉河区
门票　75元

鸡公山是中国四大避暑胜地之一，是国家级自然保护区，有佛光、云海、雾凇、雨凇、霞光、异国花草、奇峰怪石、瀑布流泉八大自然景观。

西九华山风景区

地址　信阳市固始县陈淋子镇
门票　100元

西九华山风景区为国家AAAA级景区，北依淮河，南靠大别山，观赏面积120平方千米，是集茶、竹、禅于一体的生态旅游胜地。

购在信阳

信阳毛尖

店铺　御品峰信阳毛尖
电话　0376-6313266
价格　100~1800元

信阳毛尖是中国十大名茶之一，也是河南省著名特产，具有"细、圆、光、直、多白毫、香高、味浓、汤色绿"等特点。

固始皮丝

店铺　各零售市场及批发市场
价格　价格不等

皮丝是固始县的著名土特产，用洁净的猪肉皮经过浸泡、去脂、片皮、切丝、晾晒等多道工序加工而成。

信阳　山清水秀，陶醉于信阳这个鱼米之乡

开启信阳美食之旅 >>>>>

寻味河南

李老太大肠汤

地址　信阳市罗山县行政中路

电话　0376-2138550

罗山大肠汤

爱上肥而不腻的大肠汤

罗山大肠汤，跟明代开国皇帝朱元璋有关。相传，朱元璋在信阳罗山巡查时，晌午时分人困马乏、饥肠辘辘，路过一农家，闻到了扑鼻的香气，便循香而至，主人热情招待，奉上大肠汤。朱元璋吃了大肠汤疲意顿消，只觉神清气爽，赞不绝口，罗山大肠汤就此声名鹊起。

罗山大肠汤多精选上好猪大肠，经过几道漂洗去除腥臊，再添加各种名贵中草药等食材熬制，熬到八分熟后起锅，根据需要切成条状或块状，再入锅并辅以豆腐丝、猪血及秘制配方一起炖。

罗山大肠汤做法考究，吃起来也是别有一番滋味。历经时代的发展，大肠汤也有了多种口味，除了传统的清汤底外，还有用西红柿熬制的汤底、麻辣牛油汤底等，肥而不腻的肠，加上各种美味的汤底，再配上香甜可口的信阳大米饭。口味较重的人，还可加以荆芥、辣椒油或小蒜苗调味，吃起来热辣酣畅，让人直呼过瘾、回味无穷。

很多人爱吃猪大肠，都是从罗山大肠汤开始的。我也是其中一个。

信阳

山清水秀，陶醉于信阳这个鱼米之乡

今年冬天，我去信阳游玩，欣赏那里的风土人情的同时，顺便再找大学时的好朋友叙叙旧。一接我下车，她便带我去寻找美食。

在此之前，朋友曾不止一次向我推荐过罗山大肠汤，可是山高水远，吃这种美食的机会真是微乎其微，今日终于得以实现。

罗山随处都可以找到大肠汤馆，大肠汤堪称是罗山的一张食物名片。作为东道主，朋友轻车熟路，带我直奔目的地。

做罗山大肠汤最有名的当数李、张、黄三家，其中李老太最为有名。我们去的便是李老太大肠汤店。

据说，李老太早年开大肠汤店是为维持生计，因其为人谦和实在，做出的大肠汤味道醇正，深受顾客喜爱，一来二去李老太的名声便传扬开来。其子为了把罗山大肠汤做大做强，就以李老太大肠汤为名注册了商标。但他并不自满于仅有的成就，而是潜心钻研，回报顾客。目前李老太大肠汤已研发出第一、第二代汤料，味道鲜美，老少皆宜。如今，李老太大肠汤已在省内外开了多家分店。

这家店地理位置不错，此刻并不是用餐高峰，店里却聚集了不少客人。店里比较干净宽敞，装修虽然简单，却无处不透着罗山人的淳朴与实在。服务员还贴心地询问了我们的偏好与忌口，轻轻地用笔在旁边做好标记。

点完餐后，我们一边喝着当地的绿茶——信阳毛尖，一边回忆着大学时的事情，相聚的喜悦与激动溢于言表。

我点的是传统清汤底，大肠汤还未上桌，我就被它超大的分量吓到了，因为服务员是端着一个脸盆大小的大瓷碗上来的。只见这盆大肠汤最上面漂浮着几丝香菜，切成小段的猪大肠淹没在诱人的汤油中，看去竟有一种和谐的画面美。我迫不及待地尝了一口，真是润滑细嫩，肥而不腻，隐隐夹杂着几丝花椒的麻味，刺激着我的味蕾。多吃几口之后，大肠的香味越来越浓，麻味慢慢渗透，酥酥

地让人欲罢不能。

我轻轻地扒开表层，豆腐丝、猪血、黄豆芽开始露出来，可别小看这些平常的食材，经过大肠汤的渗透，豆腐丝又香又有嚼劲。这时候，再舀一勺大肠汤，就着地地道道的信阳米饭，清香入喉、口感饱满、唇齿留香。

吃着吃着，我浑身开始热起来，这样热气腾腾的一盆汤，赶走了冬日的寒冷与旅途的疲惫。吃完后朋友示意我再喝点茶，大肠汤的香滑遇到清新爽口的茶香，既不让人嫌腻，又令人回味无穷。

朋友说："不管外出多远，回来总要吃罗山大肠汤。因为它是离开家时浓浓的寄托和念想，我走得再远飞得再高，也是一个地地道道的罗山人。"

在悠悠茶香里，我不禁对罗山人心生敬仰。勤劳、真诚、实实在在，这就是罗山人留给我的印象！

老信阳菜馆(航空路店)

地址　信阳市浉河区申城大道与航空路交叉口

电话　0371-6191168

焖罐肉

肉紧有质,香而不腻

信阳　山清水秀,陶醉于信阳这个鱼米之乡

　　焖罐肉是信阳的特色传统名菜,很多信阳人逢年过节大摆宴席,必定少不了这道菜。游子在久别归乡后迎来的熟悉乡味,也以这道菜最为勾人。

　　但信阳人对于焖罐肉的记忆并不完全是美好的。旧社会的时候家里穷,肉一般只有在过年的时候才有,就是杀年猪。对于大多数整年不见荤腥的家庭来说,这肉显得格外珍贵,所以大家在过年的时候才会把攒的钱买上一些肉准备过年,但又不舍得一次把肉吃完。食物的贫乏,可以激发广大人民的智慧,有的人会将猪肉挂起来风干成腊肉,有的人会将肉加工存放到罐里,搁置在阴凉的地方,从年头放到年末都不会坏掉,后来就成了焖罐肉。

　　在信阳的每个家庭里,一到过年过节,长辈们都会为家里准备焖罐肉。支起大灶,燃起炉火,将最正宗的土猪肉切片,然后配青菜或是千张一起炒,过不了多久,每家每户的烟囱里都会飘出焖罐肉的香气,真是香气四溢。吃上一口,更是肥而不腻,口感醇厚,味道浓郁。

　　老信阳菜馆是远近闻名的一家饭店,他家的焖罐肉尤为出名,我们便慕名前往。我看了菜单,点了当地有名的烤鱼、大肠汤,还看到了全国都盛行的红烧肉,只不过是装在一个陶罐里,心想也没什么稀奇。我便小声嘟哝了一句:"红烧肉哪里都能吃到,还是算了吧。"

恰好老板经过,他赶紧笑着纠正:"这可是我们这里的招牌菜——焖罐肉,而且用的是我们这里的黑猪肉,跟红烧肉可不一样,包管你们吃了不后悔。"

既然是招牌菜,哪有不尝的道理。

这个季节正是旅游旺季,客人较多,上菜不算很快,但是老板一直让人热情地招待我们,让我们不要着急。还好,等了一会儿之后,我们的菜便都上齐了。

我最最期待的当然还是老板推荐的焖罐肉,刚取出来的陶罐还冒着热气,非常烫手,服务员是用铁钩子提过来的。

我迫不及待地把陶罐口上的南瓜叶挑开,一股浓浓的肉香味迎面扑来。只见厚薄均匀的五花肉整齐地摆放着,色泽金黄。我伸出筷子从罐里夹起一块肉放进嘴里,肉紧有质,香味浓郁。我再夹一块,一尝却是萝卜的味道,咬下去是甜津津的、软绵绵的,它早已与猪肉融为一体。我从罐里舀起一小勺汤,汤是黏稠的,香醇浓厚。

吃完了这顿餐,朋友笑言我今天成功被焖罐肉圈了粉,其他的菜入口率明显下降了。我不禁大赞:"焖罐肉的确比红烧肉更润滑,也不油腻,老板没有骗我!"

信阳的焖罐肉何止百家千家,也许每家的味道都有不同,但是它的的确确见证了信阳人的一段艰苦岁月。从这道菜,我们可以看出信阳人对苦日子的不抱怨和对乐日子的更高追求。

> 固始鹅块火锅家常菜
>
> 地址　信阳市浉河区解放路与民权街交叉口向西100米路南
>
> 电话　18003763883

信阳

山清水秀，陶醉于信阳这个鱼米之乡

固始汗鹅

肉质鲜嫩，香味浓郁

　　传闻，隋炀帝修运河，大游江南时，曾驾临江都，带了数名妃嫔于赤舰船楼上歌舞宴乐，好不热闹。当时的美味佳肴近千种，但最受欢迎的当数金华火腿与固始汗鹅。

　　在固始，民间有"吃鹅肉，喝鹅汤，能长寿，身体壮，气血通，保健康"的说法，因而当地的老百姓常将鹅肉作为招待客人的主菜，甚至认为餐桌上无鹅不成席。李渔曾在《闲情偶寄》中记载："鹅最名贵者，乃河南固始之鹅。"固始鹅与固始鸡一样，都是当地人用日常所吃的饭食饲养的，因而鹅体肥硕，营养丰富。在很久以前，固始鹅就已经成为河南信阳的特产。

　　"固始汗鹅"在固始鹅的众多做法中独树一帜，赫赫有名，也是信阳的一道地方特色菜。这道菜以当地的鹅为原材料，经过特殊烹饪加工而成。由于制作的过程中要将滚烫的汤浇在鹅块上，鹅块表面出现一层薄薄的汗斑，故又称"汗鹅块"。固始汗鹅肉质鲜嫩，汤清醇厚，口味偏辣，在寒冷的冬天来一份分量十足的汗鹅块,不仅解馋,而且十分进补。

今年冬天,我因公去了一趟固始,专门去了解放路的固始鹅块火锅家常菜,据说他家的固始鹅块很有名。

这家店地方不大,店主却极为热情真诚,只听他嘱咐杀鹅的人:"杀完之后先不要切块,记得用葱姜先炖熟再沥干,不要加盐。"我见过妈妈炖鸡和鱼的时候,也有这个步骤,是为了去除它们的腥味和厚厚的油气。

在等上菜的过程中,我的耳边又传来店主的声音:"当然用鹅油,量少也要用,对客人要一视同仁","香葱不要加得太早,一会儿要煮死了。"

我对此疑惑不解,问道:"老板为什么一定要用鹅油呢?"老板解释说:"这道菜的精华就在于鹅,用鹅油可以突出整体鹅块的香,用其他油都会遮住这种独特的香味。"

鹅油这么珍贵,我只是一个人来用餐,又不熟悉这道菜,店主却不敷衍我,这点真是很多商家都做不到的。

"那香葱加得太早,怎么会煮死呢?"店主哈哈大笑说:"放得太早会把香葱煮烂,味道就不香了。"

我很喜欢这家老板的真诚与幽默,对这道菜的期望值也高了不少。

只见一个瓷盆中盛着黄中泛紫的鹅块,旁边是鹅血和豆腐皮,整盆浓汤白中泛黄,令人食欲大开。里面的香葱还保持着原来的颜色,果然没有"煮死"。我夹起一块鹅肉咬一口,鹅肉鲜嫩酥软,肥而不腻,微辣中透出独特的香味。果真色香味俱全,一向不喜欢吃辣的我也吃了好多块。

听老板说,固始汗鹅涮火锅,再加上一些菌菇更让人欲罢不能,酣畅淋漓。

夜幕下的固始县,又是另一番景象。大街小巷,浓郁的鹅香将我紧紧包围,每一个卖鹅块的摊点前都人头攒动。对鹅这么执着的城市真是颇为少见,我想称固始为"鹅城"也不为过吧。

东方天香商城菜馆

地址　信阳市平桥区东方今典C区好吃九街中段
电话　0376-6981999

信阳　山清水秀，陶醉于信阳这个鱼米之乡

商城筒鲜鱼
平淡中的乡情

我一向喜欢吃鱼，虽然不敢说"遍尝天下鱼"，但也算得上"吃鱼高手"了，但筒鲜鱼我还真是第一次听说。在商城，筒鲜鱼可是家喻户晓，逢年过节或者是家有喜事，人们都要制作鲜美的筒鲜鱼庆祝。

据《商城志》记载，战国时期，山民为了逃避战乱，忙着贮备食物。他们用荷叶和毛竹叶包裹加有调味品的腌制鱼，然后放入毛竹筒内带进山里，可以存放十余日。这种鱼做熟后品尝，味道独特，香鲜可口，因在竹筒中储存，故此得名"筒鲜鱼"。

又有传说，筒鲜鱼首创者是一个老渔翁，他因为钓的鱼太多，没有吃完，就将它们洗净加盐随意放于罐子里。十余天后才突然想起，急忙把鱼拿出来，没想到鱼虽有异味但并没腐败。老渔翁不舍得扔掉就尝了尝，发现味道极为鲜美。此事很快传开，邻里乡亲便效仿他的做法，经过后人的钻研完善，终成一道佳肴。

筒鲜鱼是商城县的风味名菜，常用两斤大小的鲜鱼做成，深受当地人喜爱。

黄柏山，位于鄂豫皖三省的交界处，是一处深沟幽谷，鱼儿活跃肥嫩，山上的松竹清脆坚韧。

筒鲜鱼所用的竹筒都来自商城黄柏山的竹林，每年竹林里砍伐下来的竹子，在当地人眼中都有特别的用处。将竹子的主干锯开，选用粗一些的竹节做成一个个的竹筒，这便是筒鲜鱼的盛器。后因鲜毛竹紧缺，人们便改以陶罐做容器，味稍逊色。

我去朋友家的时候，正好是她结婚大摆宴席的日子，地点便在当地有名的东方天香商城菜馆。这里的宴会特别热闹，七大姑八大姨相聚更加喜悦。人们一直都是吃着说着，跟我之前印象中的宴席十分不一样，这更像是一个大的家庭聚会，而不仅仅是一次喜宴。

整个宴席下来菜品几十种，令人眼花缭乱，但令我印象最深的便是这筒鲜鱼。

筒鲜鱼与湖南的特产——臭豆腐有异曲同工之妙，都是闻着臭，吃着香。筒鲜鱼在搁置的过程中，会略有异味，刚开始闻的时候有点臭，吃起来则鲜美至极。

可是我等了很久，也没发现有竹筒的影子。身边的一个阿姨告诉我，筒鲜鱼是在腌制的过程中才放在竹筒里，要腌制10~20天才能吸收竹子的清香。原来筒鲜鱼上桌的时候，并不是放在竹筒里，而是放在大瓷碗里。鱼肉块块分明，汤头浓郁翻滚，葱姜蒜裹挟着鱼肉的鲜味扑鼻而来，不适应的人还会被辣椒的辣味呛到。

但是，我对这鱼中是否有竹香还心存疑虑，便伸出筷子一试真假。由于鱼肉在炖汤之前已经用葱姜爆香，外面的鱼皮非常有韧劲。腌过20天的鱼肉口感果然比鲜鱼更嫩更紧实，里面透着竹子的清香味，咬上一口滑嫩鲜香，一点也不腥，真不辜负一个"鲜"字。鱼的汤汁渗进晶莹剔透的白米饭里，吃起来鱼香满口，真是一种享受。

宴席之外的筒鲜鱼更有平凡人家的温暖。乡人最爱把它与大白菜放在一起，放在煤炉上或者电磁炉上同煮，然后配上香菜、葱、姜等作料，最好能加点自产的辣椒油。然后一家人围炉而坐，夹一块鱼肉，絮叨些家常，简单而温暖。在袅袅热气中，亲情伴随着鱼香和竹香变得更加浓郁了。美味的筒鲜鱼一定会被吃个精光，剩下的汤水会在次日凝结，乡人们称作"鱼冻子",早晨吃稀饭时就上一口,味道十足,令人回味。

  此外,每次做筒鲜鱼时,把鱼头单独挑出来,现做也可以,腌上两天再做也可以,做成鱼头汤,又是一道美味。看着眼前的人间烟火气,听着絮絮叨叨中筒鲜鱼的独特与平凡,我突然有些想家,想念那些被我忽视的平淡却珍贵的一餐一饭。好食不怕等,但亲情却怕等。从今以后,我与家人的每一次相聚、每一顿饭我都会格外珍惜。

桥头炖菜

地址　信阳市浉河区四一路94号
电话　0376-6381233

席上佳肴 腊肉焖鳝鱼

　　腊肉焖鳝鱼是信阳的一道传统特色菜，常在逢年过节或好友聚会时被端上餐桌，可见它的人气之高。

　　据《本草纲目》记载，黄鳝有补血、补气、消炎、消毒、除风湿等功效。信阳腊肉不同于烟熏腊肉，它是由新鲜猪肉加盐腌制一段时间后，放于阳光下晾晒而成的。这两种食材的组合酝酿出了一种神奇的味道。

　　小时候我常听人说，雨水多河流多的地方，黄鳝要比其他鱼好吃许多。我的家乡在长江沿岸的一座小城，也常用鳝鱼做菜。

　　记忆中的鳝鱼确实比其他鱼好吃，也是印象中春节的味道，每到春节，妈妈都会端出鳝鱼做的美食来满足我的味蕾。妈妈的手艺真是一绝，我也吃得大呼过瘾。

　　虽然我们常做腊肉炒鳝片、干锅鳝鱼和红烧鳝鱼等，但信阳的腊肉焖鳝鱼我还是第一次吃。今年暑假，我跟随信阳的好友去那里支教，在桥头炖菜这家店就尝到了这道人间美味。

据好友说，这里腊肉焖鳝鱼做得最好的是杨师傅，他做的腊肉焖鳝鱼极为独特，香飘数十米。

只见他把晶莹的、微微透着红色的腊肉切成四厘米见方的片状。但他可没忘记另一个主角："小姑娘来得正是时候，这个季节的鳝鱼最鲜最肥。"说着，他就现场抓起鳝鱼来，盆子里的鳝鱼活蹦乱跳，仿佛在被做成美食之前要奋力挣扎一次。这种鳝鱼是最为新鲜的，而鳝鱼的新鲜程度决定了它的美味程度。

鳝鱼虽是美食佳品，但一定要买活吃鲜，决不可贪便宜吃死鳝鱼。因为鳝鱼死后，体内会分解出一种有害物质，食后就会出现头晕、头痛、胸闷等症状，严重者还可能一命呜呼。

不过这道菜颇费时间，从两大主角食材的会合到出锅需要整整三十分钟。但是，我不怕等待，因为最美味的食物不会辜负愿意等待和品尝的人。果然，这家的腊肉焖鳝鱼没有让我失望。

口感保持最好的腊肉焖鳝鱼最后的归宿一定是砂罐或者铁锅，只见砂罐里热气蒸腾，腊肉饱满，黄鳝静卧在汤中，汤色清亮，油星闪动，闻一下就已经食欲大开。

我吹散了热气，迫不及待尝了一口，腊肉肥而不腻，鳝鱼肉质爽口，柔韧筋道，鲜香可口。如果让我用两个词语来概括，就是醇厚与清香。我再用汤匙喝一口汤，咸淡适宜。几勺汤几块肉，再加几口米饭，那种满足感无与伦比。

东阳私厨

地址　信阳市平桥区新六大街香槟国际小区内

电话　0376-8119988

清炖牛肚绷

不失筋道的滋补佳品

　　清炖牛肚绷是信阳地区一道历史悠久且有代表性的传统名菜，牛肚绷是信阳特有的称呼，也就是我们常说的牛腩。

　　一到信阳，我便被这道名字独特的菜肴吸引了，第一时间找到了东阳私厨这家店。据说这家的清炖牛肚绷特别地道。在等菜的时候，老板给我讲了这道菜的来历。

　　关于这道菜有一个久远而动人的故事。信阳县多是平原，很适合放牧畜养，但是当地的百姓很少吃牛肉，一是舍不得，二是牛受到官府保护，私自宰牛会惹上祸患。有一年，当地发生旱灾加蝗灾，庄稼颗粒无收。一对夫妇眼看着粮食吃完，只能出去讨饭逃荒。二人来到了淮河边，看见不远处马嘶人叫，原来是一伙土匪带着掠夺来的牛羊和财物要过淮河。当时天色已晚，土匪扎了营，抓住这对夫妇给他们做饭。正吃到半饱时，哨兵急报官府追寻而至。这帮土匪急忙收拾财物逃跑，遗下来很多牛肉和牛骨头。

　　夫妇俩看见在牛腹上有一大块牛肉，肉质松软，这就是牛肚绷。夫妇俩就地取材，找了些姜蒜和辣椒，炖了一小锅牛肚绷。炖熟之后香味扑鼻，别说饥饿难耐的逃荒人，就是饱食终日的人也会垂涎三尺。夫妇俩从来没吃过牛肉，吃了之后才知道如此美味。饥荒过后，夫妇俩想做买卖，妻子对淮河边吃的牛肚绷念念不忘，于是打算开个牛肉馆。他们攒钱买了一头三年龄的黄牛，店中的招牌菜就是清炖牛肚绷。

牛肚绷配上信阳淮河沿岸的萝卜，炖制成汤后，入口醇香，滋味浓厚，爽滑筋道，成为当时城里食客们的最爱。

后来，清炖牛肚绷这道菜慢慢流传开来，成了信阳各大小餐馆的招牌菜，也成为信阳人最喜爱的特色菜肴之一。

不一会儿，我点的牛肚绷炖好了，我迫不及待地开始品尝美食。白色的大瓷盆中，盛着分量十足的牛肚绷和萝卜，汤头十分清澈。在开吃之前，我先喝一口汤，没想到看起来清澈的汤喝起来味道如此浓厚醇香。再吃一口牛肚绷，入口易嚼而又不失筋道；萝卜与牛肉的味道合二为一，吃起来觉得满口都是香味，令人不忍放箸。如今又是寒冬，吃起来更是温心暖胃，滋补身体。

本图书由北京出版集团有限责任公司依据与京版梅尔杜蒙（北京）文化传媒有限公司协议授权出版。

This book is published by Beijing Publishing Group Co. Ltd. (BPG) under the arrangement with BPG MAIRDUMONT Media Ltd. (BPG MD).

京版梅尔杜蒙（北京）文化传媒有限公司是由中方出版单位北京出版集团有限责任公司与德方出版单位梅尔杜蒙国际控股有限公司共同设立的中外合资公司。公司致力于成为最好的旅游内容提供者，在中国市场开展了图书出版、数字信息服务和线下服务三大业务。

BPG MD is a joint venture established by Chinese publisher BPG and German publisher MAIRDUMONT GmbH & Co. KG. The company aims to be the best travel content provider in China and creates book publications, digital information and offline services for the Chinese market.

北京出版集团有限责任公司是北京市属最大的综合性出版机构，前身为1948年成立的北平大众书店。经过数十年的发展，北京出版集团现已发展成为拥有多家专业出版社、杂志社和十余家子公司的大型国有文化企业。

Beijing Publishing Group Co. Ltd. is the largest municipal publishing house in Beijing, established in 1948, formerly known as Beijing Public Bookstore. After decades of development, BPG now owns a number of book and magazine publishing houses and holds more than 10 subsidiaries of state-owned cultural enterprises.

德国梅尔杜蒙国际控股有限公司成立于1948年，致力于旅游信息服务业。这一家族式出版企业始终坚持关注新世界及文化的发现和探索。作为欧洲旅游信息服务的市场领导者，梅尔杜蒙公司提供丰富的旅游指南、地图、旅游门户网站、App应用程序以及其他相关旅游服务；拥有Marco Polo、DUMONT、Baedeker等诸多市场领先的旅游信息品牌。

MAIRDUMONT GmbH & Co. KG was founded in 1948 in Germany with the passion for travelling. Discovering the world and exploring new countries and cultures has since been the focus of the still family owned publishing group. As the market leader in Europe for travel information it offers a large portfolio of travel guides, maps, travel and mobility portals, Apps as well as other touristic services. Its market leading travel information brands include Marco Polo, DUMONT, and Baedeker.

DUMONT 是德国科隆梅尔杜蒙国际控股有限公司所有的注册商标。
DUMONT is the registered trademark of Mediengruppe DuMont Schauberg, Cologne, Germany.

杜蒙·阅途 是京版梅尔杜蒙（北京）文化传媒有限公司所有的注册商标。
杜蒙·阅途 is the registered trademark of BPG MAIRDUMONT Media Ltd. (Beijing).

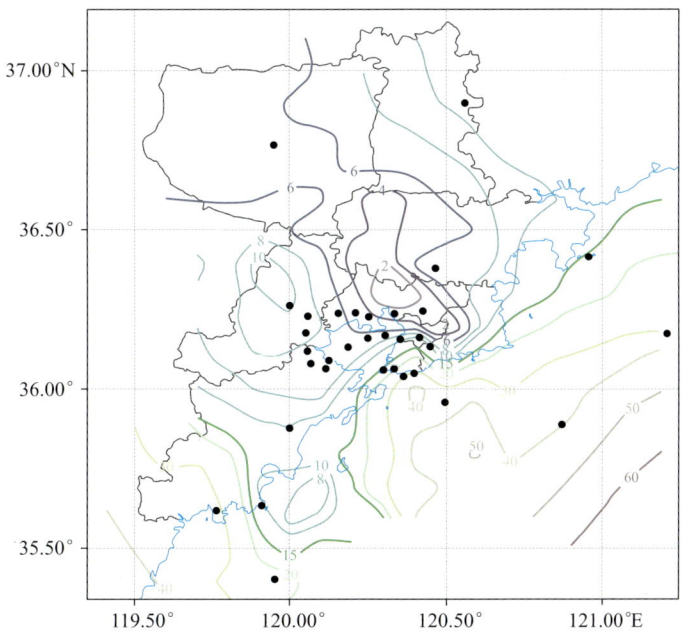

图 3.15 青岛及近海 2014—2017 年 4—7 月雾日空间分布

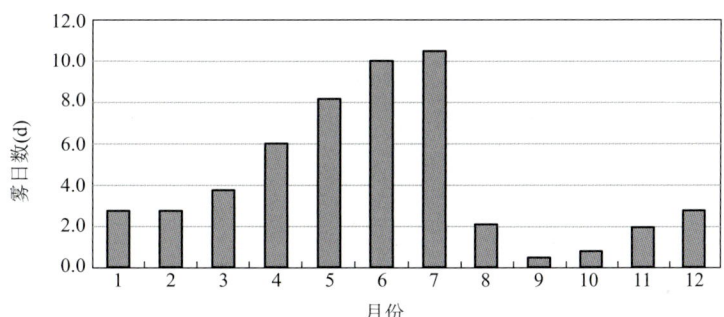

图 3.16 青岛逐月雾日分布（1971—2000 年）（江敦双 等, 2008）

多达 10 d，而 2011 年仅 1 d，图 3.17 显示雾日存在显著的准两年变化。

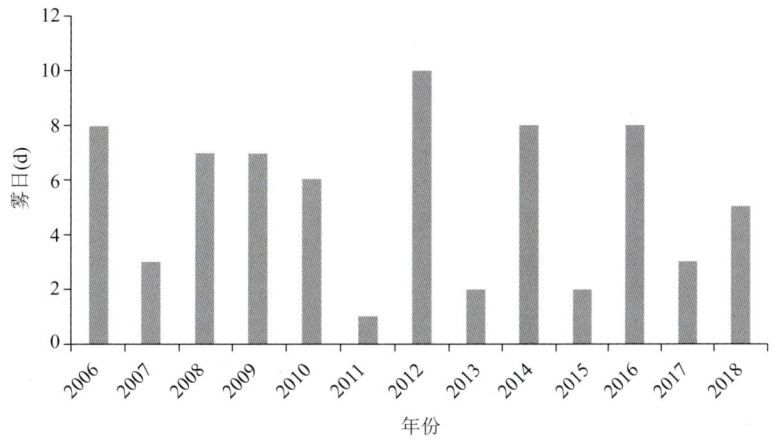

图 3.17 青岛站 2006—2018 年逐年 4 月雾日

（3）日变化。海雾虽然在一天中任何时候都可以产生或消散，但从青岛沿海海雾的统计结果来看，海雾生成时间存在两个峰值时段，03—06时与17—19时；海雾消散时间主要在08—11时（图3.18）。可见沿海海雾会受陆地的影响出现明显的日变化。主要是白天日出后地面增温，湍流加强导致登陆海雾消散或抬升为低云。

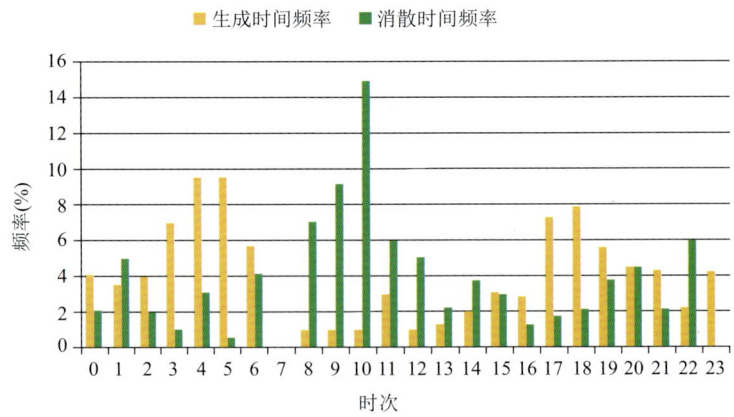

图3.18　青岛站雾起止时间出现频率

3.2.2　青岛沿海海雾统计特征

2006—2013年4—8月青岛沿海海雾过程普查结果表明，海雾形成时天气形势可分为四类，分别为海上高压后部型、低压倒槽前部型、均压场型和鞍型场型。其中海上高压后部型海雾（55%）基本为低压倒槽型（30%）的2倍，均压场、鞍型场型海雾分别占12%和2%。

每次海雾过程持续时间有较大差异，短则几分钟，长则数日。不同形势下海雾持续时间统计结果表明（图3.19），低压倒槽前部型海雾、海上高压后部型海雾持续时间较长，多为2~24 h；均压场型海雾持续时间多为2~12 h，小于等于2 h增多、12 h以上减少；鞍型场形势下海雾持续时间较短，80%小于6 h。

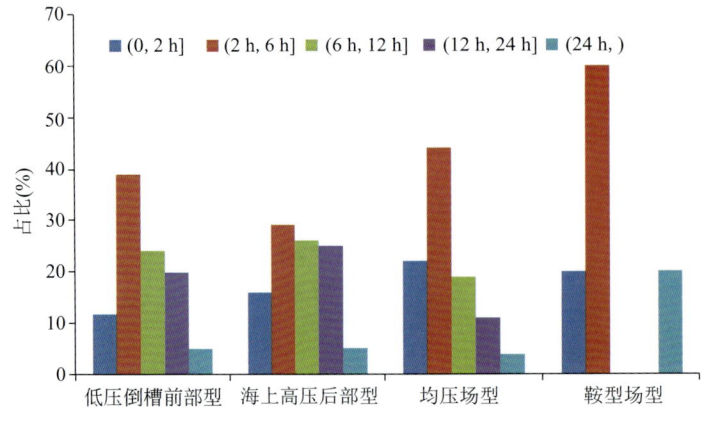

图3.19　青岛站不同天气形势下雾持续时间统计

以最低能见度表征每次海雾过程强度。青岛海雾多为浓雾，最低能见度在 50～200 m 海雾比较多，其次为 200～500 m。低压倒槽前部型、海上高压后部型、均压场型海雾最低能见度多在 50～200 m；鞍型场型海雾强度一般较强，最低能见度均在 500 m 以下（图 3.20）。

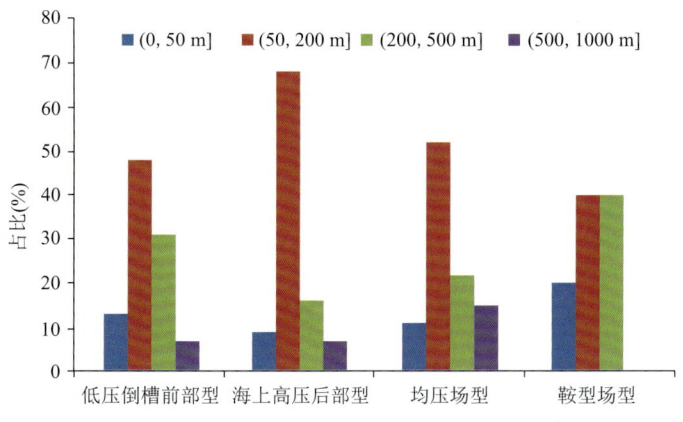

图 3.20 青岛站不同天气形势下最低能见度统计

对每次海雾初日南风持续时间统计表明，70％左右南风持续时间小于 2 d 海雾即可出现。4—5 月转南风 1～3 d 内出现海雾占 77％；6 月 1～3 d 内出现海雾占 86％；7 月 1～2 d 内出现海雾占 89％；8 月全部为转南风 1 d 内即可出现海雾。

3.3 城市大雾和霾天气特征

3.3.1 济南市大雾和霾天气特征分析

采用济南市区龟山国家级气象观测站 1961—2018 年逐日地面气象观测资料，前一天 20 时（北京时，下同）至当日 20 时出现雾记为一个大雾日（每日 02 时、08 时、14 时和 20 时，共 4 个时次观测）。

鉴于地面气象观测规范中缺乏对霾的客观判断标准，导致霾的记录受观测员主观判断影响较大，同时受业务规定变化的影响，部分台站早期长期无霾的记录，但这与事实不符（吴兑 等，2010；石春娥 等，2016），需对霾日重新订正，以确定相对科学合理的霾日数。目前有 3 种常用的处理大量历史资料的统计方法进行霾日重建：（1）一天内某个时次出现符合霾的标准即统计为霾日；（2）采用日均值进行统计，定义日均能见度小于 10 km，日均相对湿度小于 90％ 记为霾日，需排除降水、降雪、扬尘、沙尘、烟幕等导致低能见度事件的情况；（3）采用 14 时的观测值，能见度小于 10 km，相对湿度小于 90％ 记为霾日（吴兑 等，2010）。很多研究都采用基于能见度与相对湿度的重建方法得到霾天气的历史记录，而在实际应用中对霾的定义略有不同。上述第2种方法采用的日均值含有夜间和早晨的观测值，容易受辐射雾和人眼在昼夜对目标物的不同反应影响，而第3种方法用14时的观测值可能会低估霾记录。吴兑等（2014）以北京市、天津市、河北省和山西省为例对上述第2、3种方法进行比较分析，发现两种方法得到的霾日空间分布趋势和典型城市霾日长期变化趋势都比较相似，而第3种方法得到的霾日数比第2种方法得到的霾日数低。霾的厚度比较厚（1～3 km），一般霾的日变化不明显。这里综合能见度、天气现象、相对湿度，剔除沙尘暴、扬沙、浮尘、吹雪、雪暴等天气现象造成的视程障碍，以08时和14时能见度小于10 km，且能见度变化幅度起伏较小（小于10%），相对湿度小于80%定义为一个霾日。该方法淡化相对湿度的评判标准，从而排除将大量霾记为轻雾。

3.3.1.1 大雾

（1）年代变化特征

1961—2018年，济南市区共出现大雾945 d，年平均大雾日数16.3 d。年大雾日数最多39 d（1964年），年大雾日数最少仅为5 d（1969年、2008年、2010年）。

1961—1970年年平均大雾日数15.6 d，趋势率为－1.30/a，年大雾日数5～39 d；1971—1980年年平均大雾日数20.3 d，趋势率为－0.45/a，年大雾日数12～32 d；1981—1990年年平均大雾日数17.6 d，趋势率为1.03/a，年大雾日数7～33 d；1991—2000年年平均大雾日数16.3 d，趋势率为－1.08/a，年大雾日数10～27 d；2001—2010年年平均大雾日数11.7 d，趋势率为－1.08/a，年大雾日数5～21 d；2011—2018年年平均大雾日数16.6 d，趋势率为－2.6/a，年大雾日数6～34 d。从年平均大雾日数的变化可以看出，市区年大雾日数呈波动下降的趋势（图3.21）。

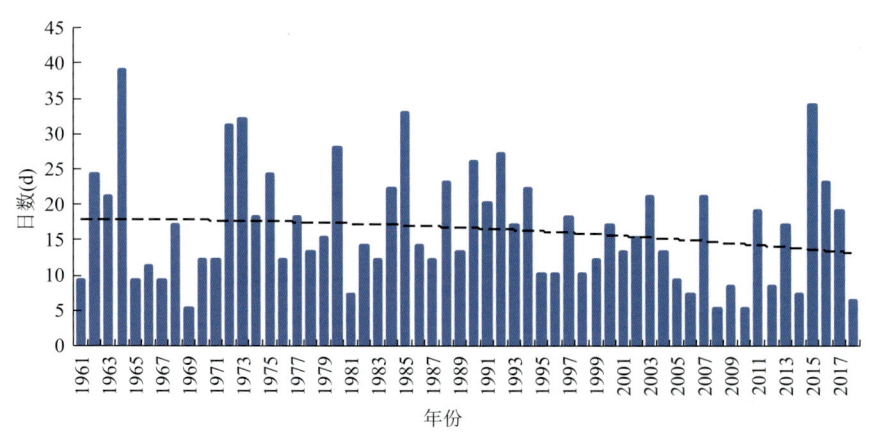

图3.21 1961—2018年济南市区大雾日数变化特征

（2）月变化特征

济南市区大雾的季节性非常明显，最多出现在冬季，占比为39.7%；其次是秋季，占比30.9%；最少出现在春季，占比仅为9.6%。春、夏、秋、冬季增长率分别为1.79%/a、1.32%/a、0.9%/a、0.38%/a，说明市区日年际变化趋势以春季增长率最高，冬季增长率最低。

市区大雾最多出现在 12 月，占比为 19.8%；其次是 11 月，占比为 16.6%；最少出现在 6 月，占比仅为 2.5%（图 3.22）。各月最多雾日数在 3 d（5 月）～11 d（1 月）。

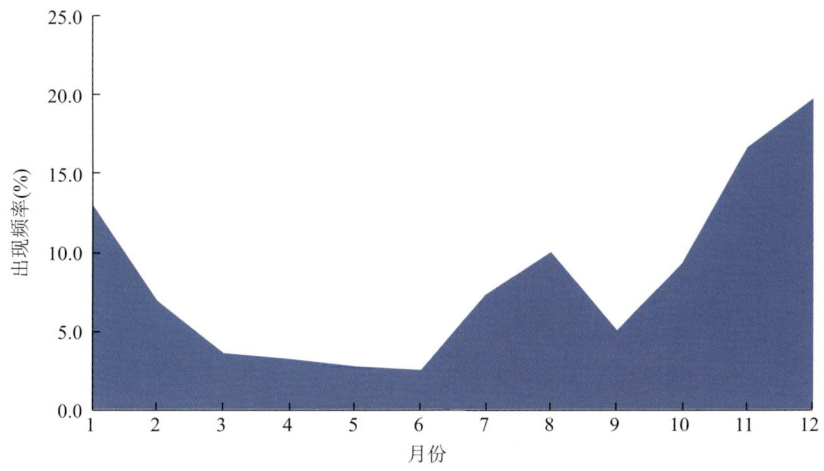

图 3.22　1961—2018 年济南市区大雾月变化特征

（3）分布特征

春季，大雾最多出现在济阳，占比为 25.0%；其次是商河，占比为 18.8%；最少出现在平阴，占比为 12.6%。夏季，大雾最多出现在济阳，占比为 25.9%；其次是市区，占比为 20.9%；最少出现在平阴，占比为 8.8%。秋季，大雾最多出现在济阳，占比为 28.7%；其次是商河，占比为 20.9%；最少出现在章丘，占比为 9.4%。冬季，大雾最多出现在济阳，占比为 22.6%；其次是商河，占比为 18.9%；最少出现在长清，占比为 13.5%（图 3.23）。

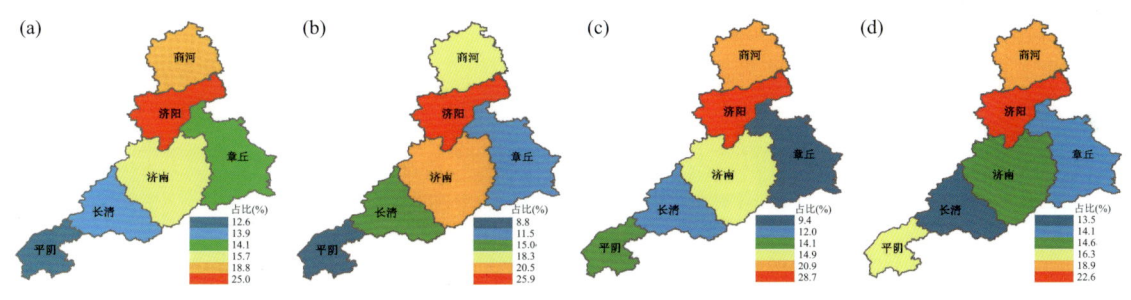

图 3.23　济南大雾季节分布特征
（a）春季，（b）夏季，（c）秋季，（d）冬季

由此可见，大雾的区域特点比较明显，无论哪个季节，最多都出现在黄河以北的济阳，最少出现在南部区县。

3.3.1.2　霾

（1）年代变化特征

1961—2018 年，济南市区共出现霾 2050 d，年平均霾日数 35.3 d，年霾日数最多为 115 d（2015 年），年霾日数最少仅为 2 d（1961 年）。

1961—1970 年年平均霾日数 6.1 d，趋势率为 0.28/a，年霾日数 2～13 d；1971—1980

年年平均霾日数 26.7 d,趋势率为 4.09/a,年霾日数 6~50 d;1981—1990 年年平均霾日数 42.0 d,趋势率为 0.96/a,年霾日数 33~71 d;1991—2000 年年平均霾日数 55.2 d,趋势率为 -3.16/a,年霾日数 21~83 d;2001—2010 年年平均霾日数 26.6 d,趋势率为 -0.57/a,年霾日数 18~37 d;2011—2018 年年平均霾日数 60.5 d,趋势率为 7.0/a,年霾日数 9~115 d。由年平均霾日数的年代变化(图 3.24)可以看出,市区霾日数存在波动变化,但是总体呈上升的趋势,但 2017 年后又存在明显减少的趋势。

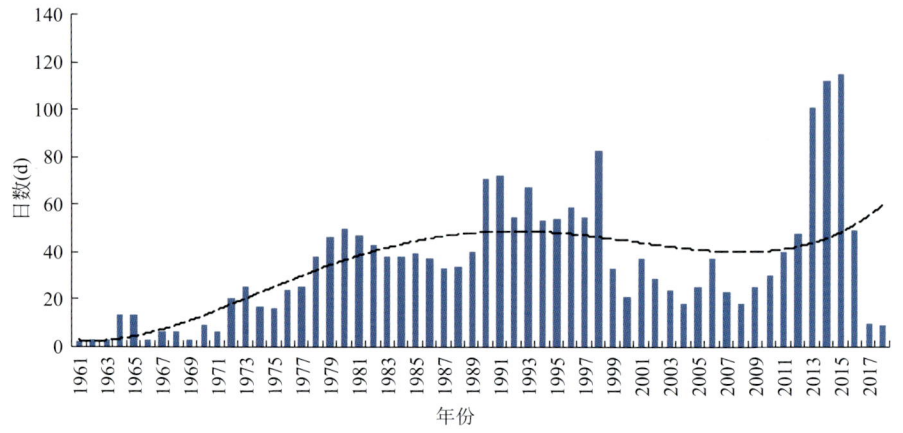

图 3.24　1961—2018 年济南市区霾日数变化特征

(2) 月变化特征

1961—2018 年,济南市区霾日数的季节性非常明显,最多出现在冬季,占比 49.1%;其次是秋季,占比为 21.2%;最少出现在夏季,占总数的 12.0%。春、夏、秋、冬季增长率分别为 3.1%/a、5.7%/a、3.4%/a、1.3%/a,说明市区霾日年际变化趋势以夏季增长率最高,冬季增长率最低。

1961—2018 年,市区霾最多出现在 1 月,占比为 20%;其次是 12 月,占比为 17.6%;最少出现在 8 月,占比仅为 3.3%(图 3.25)。各月最多霾日数在 6 d(5 月、7 月)~20 d(1 月、12 月)。由此可见,霾的逐月变化呈倒抛物线型分布,暖季(5—8 月)出现次数较少,冷季(11 月—次年 2 月)出现较多,主要原因可能和取暖方式有关系。

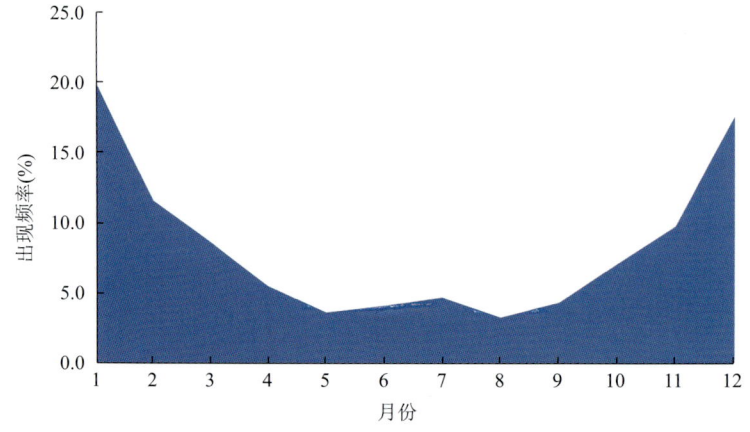

图 3.25　1961—2018 年济南市区霾月变化特征

(3) 分布特征

春季，霾最多出现在商河，占比为28.7%；其次是市区，占比为26.5%；最少出现在济阳，占比为6.8%。夏季，霾最多出现在市区，占比为39.5%；其次是章丘，占比27.8%；最少出现在商河，占比为5.6%。秋季，霾最多出现在市区，占比为33.0%；其次是商河，占比为31.7%；最少出现在济阳，占比为6.0%。冬季，霾最多出现在市区，占比为34.7%；其次是商河，占比为26.8%；最少出现在济阳，占比为6.2%（图3.26）。

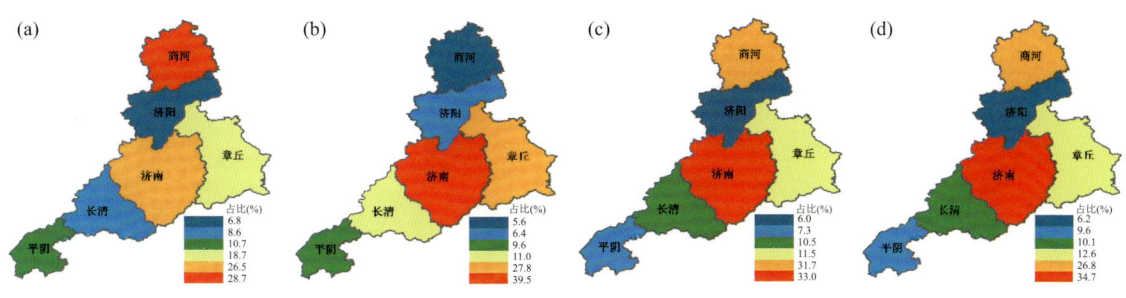

图 3.26　济南霾季节分布特征
（a）春季，（b）夏季，（c）秋季，（d）冬季

3.3.2　青岛市霾天气特征分析

3.3.2.1　青岛霾天气时空分布特征和污染高发区

根据青岛市的地面气象观测记录显示，2003—2013年青岛共有487 d出现了霾，其中5月、10—12月是霾天气的高发时期，1—4月的霾日数次之，而6—9月正值青岛的夏季，盛行偏南风，霾天气发生相对较少。根据青岛市环境监测中心站提供的空气质量数据显示，2003—2013年达到中度污染以上（AQI>150）的天数只有146 d，其中12月至次年1月是空气污染最为严重的时期，6—10月几乎没有中度污染以上天气出现（图3.27）。气象观测与空气质量监测数据的差异是由于霾的气象观测记录与判别环境空气污染程度之间存在着标准规范上的差别而造成的。

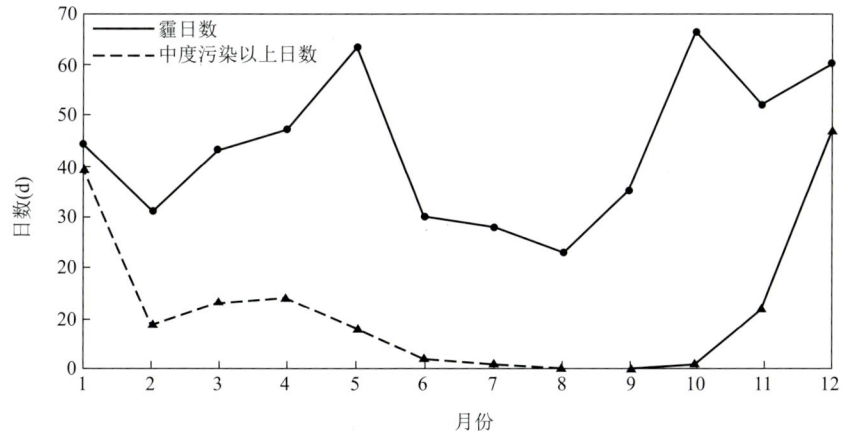

图 3.27　2003—2013年青岛霾日数和中度污染以上日数的逐月变化

霾在一天中的任何时候都可以出现，但青岛地区的环境空气质量仍表现出明显的日变化特征。市区出现污染较重、范围较大的霾污染天气多集中在 10—13 时、20 时前后和 04 时前后，这三个时段的空气质量往往较其他时段差，表现出明显的"三峰"特征（图 3.28），尤其以中午时段污染最重，入夜时段次之。根据本地预报经验，在没有较强的天气系统影响时，青岛地区多在中午前后出现南北风向的转换，而在入夜和凌晨前后地面风力也较弱，这可能是造成在这三个时段青岛地区空气质量较差的原因之一，从而在环境空气质量日变化上表现出了"三峰"特征。

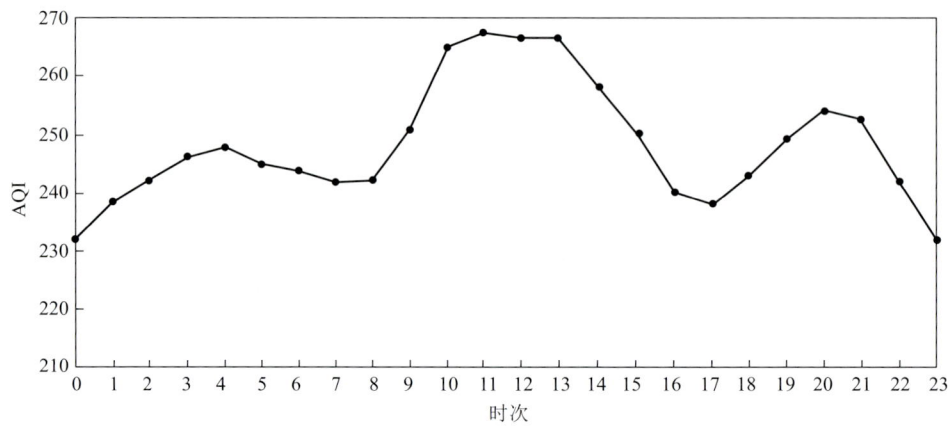

图 3.28　2013 年青岛重污染日平均 AQI 变化

由于霾的气象观测记录标准要比空气污染达到中度污染以上（AQI>150）的标准低，即当有霾天气出现时，环境空气质量不一定达到中度污染以上的程度，但空气达到中度污染以上时，必定有霾的观测记录。为更好地反映对生产生活有影响的污染天气，本节内容主要以 AQI>150 的霾天气为重点。根据各环境监测站点的 AQI 数值，将青岛首要污染物分别为 PM_{10} 和 $PM_{2.5}$ 且 AQI>150 的区域进行分级显示，绘制出青岛 2003—2013 年共 146 d 的日 AQI 水平分布图（图 3.29），首要污染物集中的区域即可视为青岛地区环境空气质量污染的高发区，即青岛城市霾带。当 PM_{10} 为首要污染物，造成环境空气质量达到中度以上污染等级时，污染区域主要集中在青岛市北区至李沧区的偏西部靠近胶州湾一带，尤其在市北

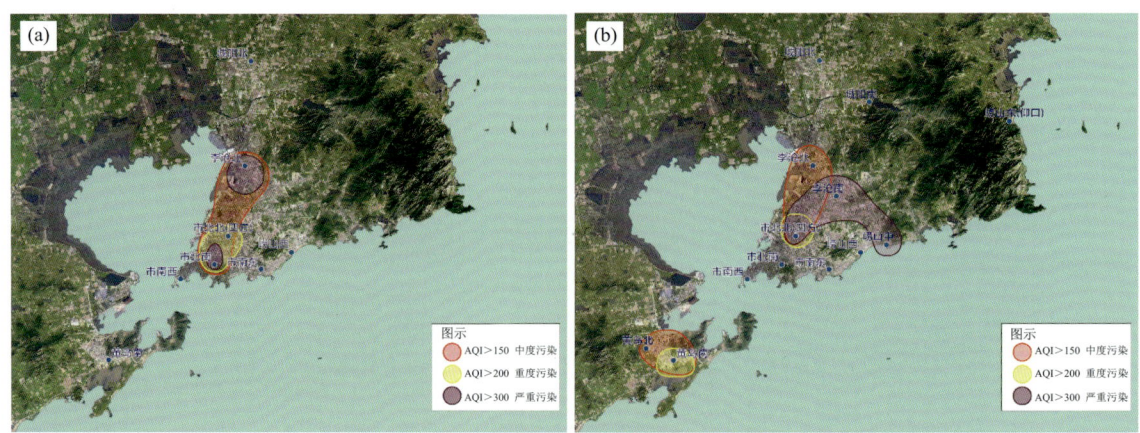

图 3.29　青岛环境空气质量污染高发区分布图（a. 首要污染物 PM_{10}，b. 首要污染物 $PM_{2.5}$）

区南部和李沧西北部较重。当$PM_{2.5}$为首要污染物时，污染区域主要集中在市北区北部至李沧区，而崂山西侧局地的$PM_{2.5}$浓度也比较高，常达到严重污染的程度。

3.3.2.2 青岛霾天气的大尺度环流形势

青岛地区AQI>150的霾天气多发生在地面为高压中心或鞍型场控制的均压场情况下，中低空流场差异性小。按照500 hPa环流背景进行归纳分类，可将青岛地区霾天气环流形势分为冷槽底/后部型、纬向型、横槽型、西风槽型、南支槽型共5类。其中，冷槽底/后部型产生的霾污染天气最多，且持续时间长，青岛有60%的霾污染天气是在此种天气形势下出现的，而南支槽型的霾污染天气最少，仅占2%。

（1）冷槽底/后部型在500 hPa中高纬度环流表现为多波动特征，东北地区为冷涡控制，贝加尔湖附近为高压脊区，槽底部的环流较为平直，盛行一支西风气流。青岛上空常受到脊前下滑的小浅槽影响，中低层伴有弱切变或位于槽后，冷锋后部的冷高压缓慢南移，地面风力较弱，为偏北风或南北风交替（图3.30）。

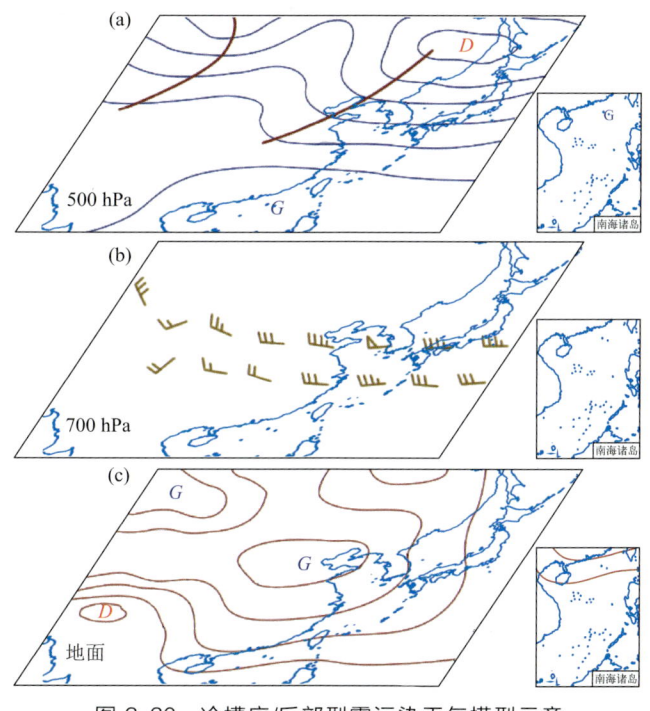

图3.30 冷槽底/后部型霾污染天气模型示意
（a. 500 hPa，b. 700 hPa，c. 地面）

（2）纬向型在500 hPa欧亚高纬度为一近似东西走向的大极涡，环流平直，经向度不大，在西风上有小槽脊不断东移；地面气压场较弱，风力较小。小槽不论尺度还是槽前风速相对西风槽型都小，南支系统较弱，东部地区地面为均压场，大气层结稳定，有利于霾的产生发展。

（3）横槽型在500 hPa中高纬度环流为宽广的冷槽区，青岛上空为横槽前偏西气流，环流平直，西风风速在30 m/s左右，过槽时高空风速可达40 m/s；中层受槽底或槽后脊前西到西北风气流影响；地面位于冷锋前或位于均压场区，地面弱偏北风或南风交替，风速不大，一般不超过4 m/s。

（4）西风槽型的主体冷空气路径偏北，500 hPa中纬度环流较为平直，上游有小槽分裂东移，形成较为明显的中支槽，青岛处在槽前西南气流控制下。

（5）南支槽型在500 hPa欧亚高纬度为宽广的低值区，中高纬度是两槽一脊纬向环流型，即两个平浅的长波槽之间为一弱长波脊，南支槽前弱偏南气流与中纬度槽前偏南气流在东部沿海汇集，中支槽与南支槽逐渐同位相叠加后，缓慢地向东移动，东部地区地面为均压场或弱冷锋前部，大气层结稳定，有利于霾的产生。

3.3.2.3 青岛霾天气的大气层结特征

由于霾污染天气发生时，污染物主要集中在大气边界层中，高垂直空间分辨率的L波段雷达探空资料、高水平空间分辨率和时间分辨率的地面自动站风场资料可以满足霾天气分析中的高时空分辨率需求。通过对2003—2012年青岛市区大范围霾污染天气（共28 d）和2013年市区41 d霾污染天气（含23 d重污染）的大气层结分析，当有明显霾污染天气发生时，青岛上空1500 m以下逆温层和近地层风场表现出了较为一致的特征。

（1）逆温层特征

当霾污染天气发生时，普遍对应着逆温的存在，温度和露点温度垂直廓线呈现"喇叭口"形状，下湿上干，有利于污染物在近地层滞留，不易扩散。霾污染天气发生时，水平风速的垂直变化较小，说明垂直湍流扩散作用弱，不利于污染物向高空扩散。同时，在污染天气发生初期，逆温层的水平风向的垂直切变明显，风向自低空向高空顺转，说明在逆温层有暖平流，对逆温有加强作用，大气层结趋于稳定，亦有利于污染物的滞留，如图3.31所示。

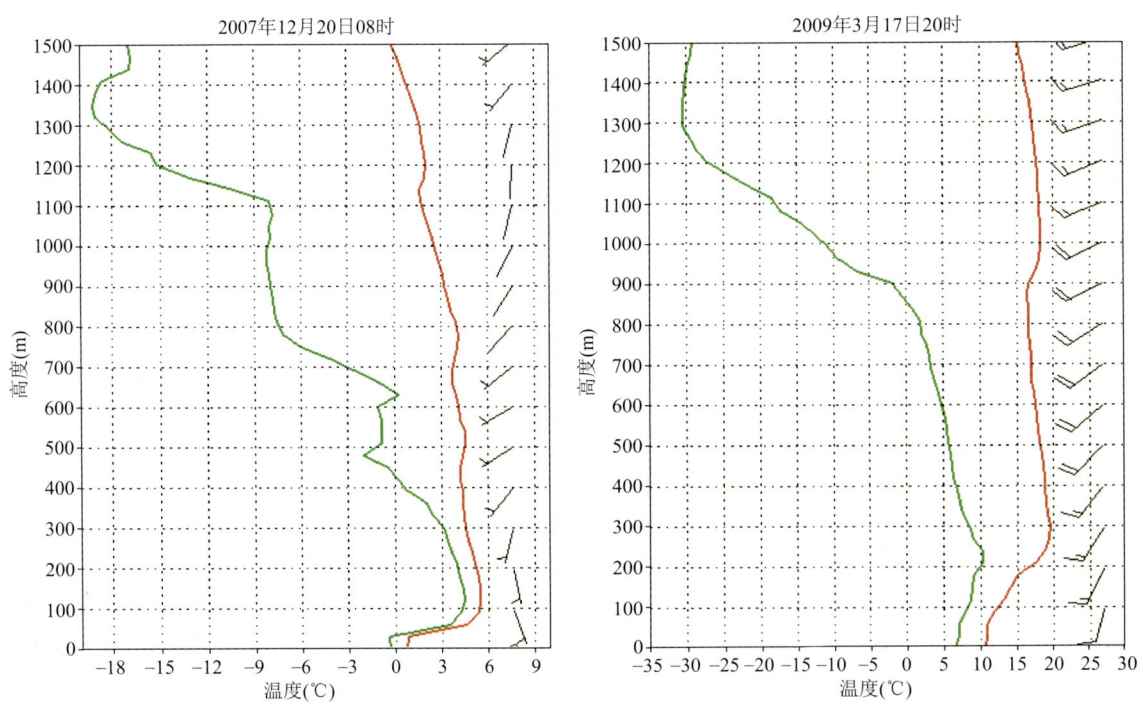

图 3.31 青岛霾天气的大气温、湿廓线（红线：温度，绿线：露点温度）

当连续霾污染天气过程发生时，逆温层的逐日变化呈现先加强后减弱的状态，如2013

年1月4—9日，近地层湿层呈现出先增厚后变干的过程（图3.32），2013年1月12—16日、12月6—9日也都有此特征。在整个污染天气过程后期，水平风随高度逐渐转为逆时针旋转，出现冷平流，而在霾消散的次日，整层出现明显的降温，证明了冷空气的侵袭是促使霾消散的有力武器之一。

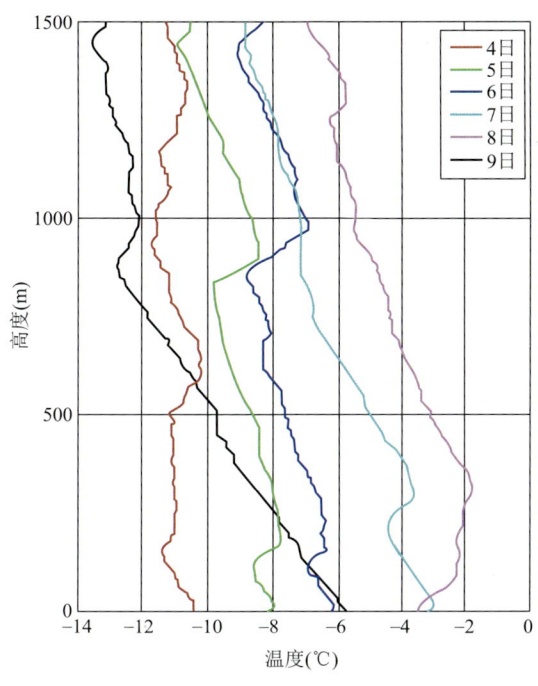

图3.32　2013年1月4—9日08时温度的垂直变化

进一步分析1500 m以下的强度最强逆温层、厚度最厚逆温层以及第一层逆温层在霾污染天气过程中的表现，发现第一层逆温层与强度最强逆温层的厚度普遍较薄，不具有滞留霾污染物的代表性，厚度最厚逆温层才是稳固污染物的主要因素。稳定的逆温层是连续多天出现霾污染天气的充分不必要条件，即：当逆温层稳定维持时，青岛将出现连续的霾污染天气，但出现连续霾污染天气时，青岛不一定存在稳定的逆温层。逆温层较高时，不需要很强的逆温强度即可使霾污染天气得以维持，但当逆温层较低时，则需要较强的逆温强度维持逆温，才对应霾污染天气的出现。逆温层高度、强度与AQI变化趋势一致，呈正相关关系（图3.33），总体趋势对应较好，但个别时刻会提前或滞后12 h，这可能与探空资料为12 h间隔有关。

（2）近地层风场特征

在青岛2003—2013年共69 d的霾污染天气中，日平均地面风速的水平分布特征大体可以分为两种情况：一种是整体风速较大，市区出现大范围霾污染天气，比如2004年1月2日、2006年4月19日、2007年1月6日和4月2日、2008年5月30日、2009年3月17日、2010年11月12日、2011年5月1日、2013年3月6—7日；另一种是日平均风速基本都小于3 m/s，出现重度霾污染天气。第一种情况所占比例约1/7，青岛市区霾污染天气多出现在第二种情况下，即风速较小时。对持续时间超过3 d的霾污染天气过程来说，整个过程平均风速的水平分布也能看到明显的弱风区，主要位于李沧区到市北区一带，以及崂山西

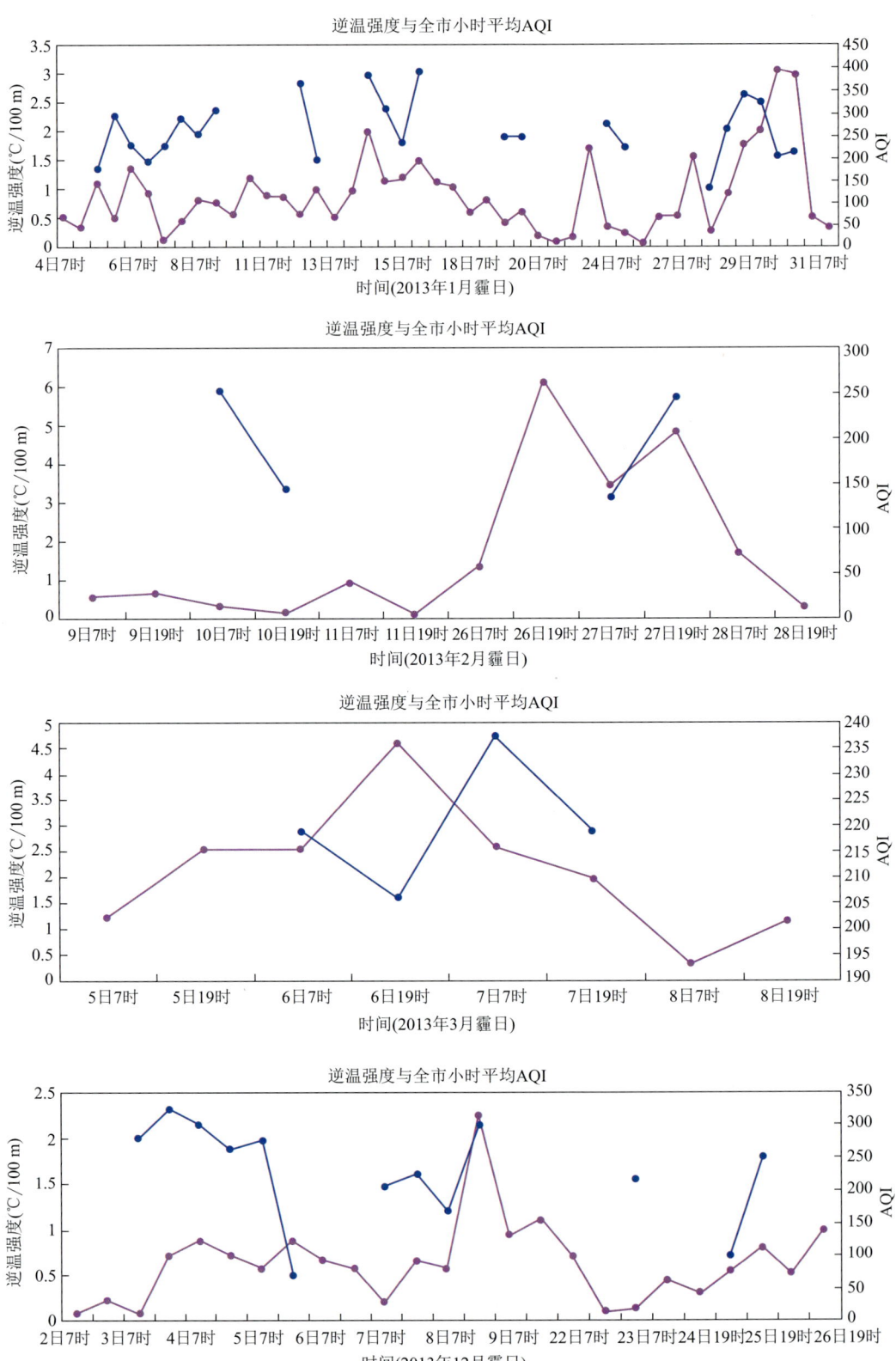

第3章 山东省大气环境时空分布特征

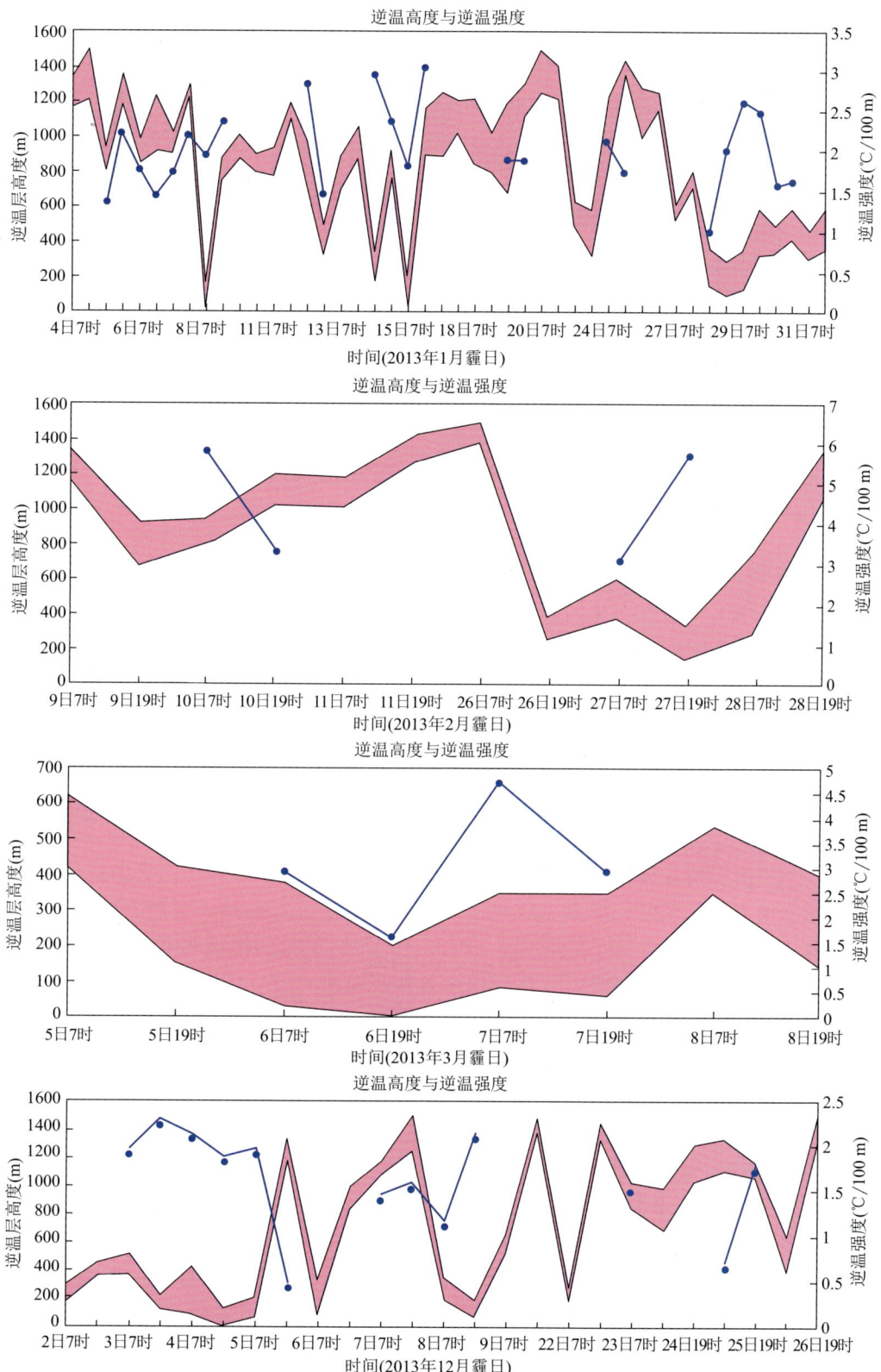

图 3.33 2013年青岛重污染月份逆温层强度、高度及厚度与 AQI 的逐 12 h 变化
（粉色条带：逆温层形成高度及厚度；蓝色实线：逆温层强度；玫红色：AQI）

侧（图3.34），这一区域基本对应了青岛城市霾带的位置，也印证了弱风是导致污染物堆积而难以扩散流出的原因之一，霾污染天气与静小风过程有密切联系。

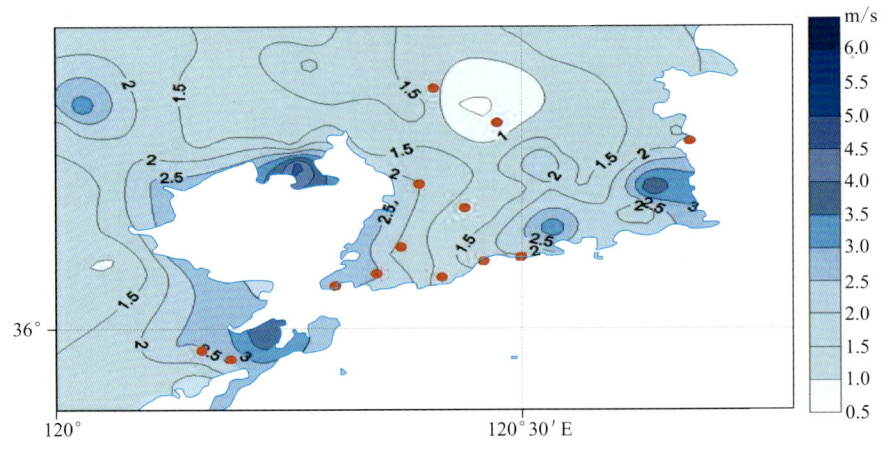

图 3.34　2013 年青岛 23 d 重污染日平均水平风速场
（红点为青岛 13 个环境空气质量监测站位置）

3.3.2.4　青岛霾天气生消过程的近地层输送条件

由于青岛位于山东半岛南部沿海，常年南北风交替出现，西北风即为内陆吹来的陆风，东南风为黄海海上吹来的海风，近地层输送与内陆地区差异明显。

(1) 风向对污染物浓度的影响

当地面流场为南风到东风时，$PM_{2.5}$、PM_{10}、SO_2、NO_2 四种污染物的浓度都偏低。当地面流场为北风到西风时，上述四种污染物的浓度都偏高。对于首要污染物为 $PM_{2.5}$ 和 PM_{10} 来说，海风时污染物浓度低，陆风时污染物浓度高，特别是 $PM_{2.5}$ 的特征表现更加明显（图 3.35）。

东北风和西南风情况略复杂。青岛的东北部为烟台和威海两市，均为山东半岛沿海城市。当地面流场为东北风时，烟台、威海地区为来自黄海北部的海风，青岛受到经过烟台、威海地区海风的影响，$PM_{2.5}$ 浓度并不高，但其他三种污染物的浓度与西北风流场的情况差别不大。当地面为西南风流场时，青岛受到来自鲁西南和河南一带的陆风影响，污染物浓度较高，与西北风流场的情况类似（图 3.36）。可见，近地层输送对青岛本地污染物浓度的变化有较为明显的影响，内陆地区污染物会随着地面流场输送至青岛地区，导致青岛局地污染物浓度的增大。

(2) 风速对污染物浓度的影响

在陆风与海风对污染物浓度影响的宏观作用基础上，风速与 AQI 的逐时变化，更进一步地反映了不同风速小大对污染物浓度的影响。当陆风风速在 4.5 m/s 以下时，风速越小，AQI 越高，说明静小风使得污染物堆积不易扩散；当陆风风速在 4.5 m/s 以上时，风速越大，空气质量指数越低，说明北大风对污染物的扩散作用明显，利于大气清洁。对于海风来说，不论风速大小，在沿海地区都比陆风更利于污染物的扩散。当陆风转海风时，沿海地区的 AQI 等级可以很快下降一到两级，空气质量明显好转。当南风风速增大时，AQI 会进一步缓慢下降，基本维持在 100 以下的优良等级，但降幅没有陆风转海风时明显（图 3.36）。

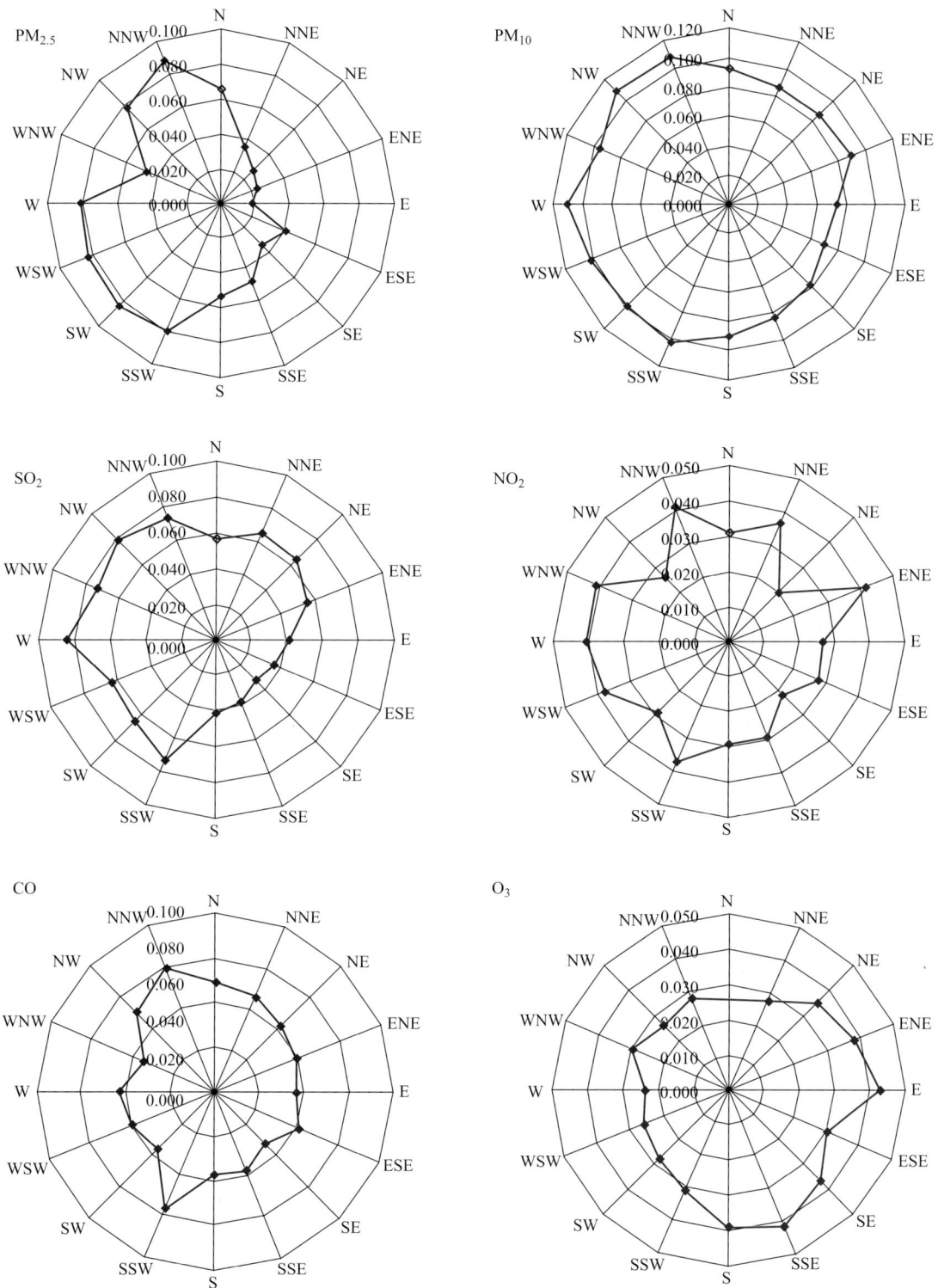

图 3.35　各风向污染物浓度玫瑰图（单位：mg/m³）

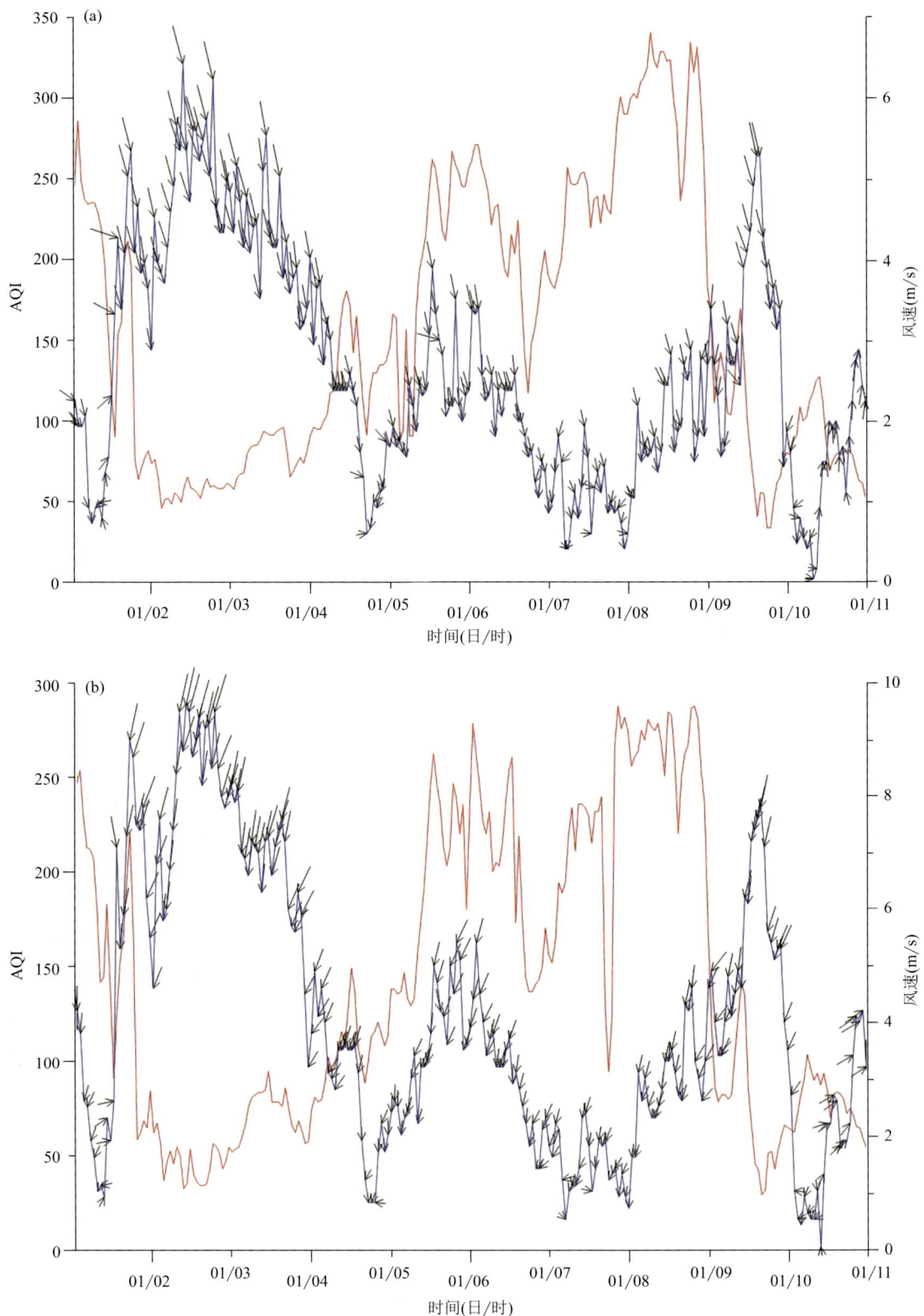

图 3.36 青岛市风向风速（蓝色）与空气质量指数（红色）的逐时变化
（a）市北南，（b）市南西

3.4 本章小结

本章介绍了山东省大雾和霾的时空分布特征。山东大雾日数较多，从时间变化来看，20世纪70年代偏少、80年代和90年代偏多，进入21世纪又明显减少的变化趋势；冬季年平均大雾日数最多为7.3 d（占全年大雾日数的32.7%），秋季次多，春季最少为3.6 d（占16.1%）。山东内陆大雾多为辐射雾，日出前达到最强，日出后逐渐消散，持续时间一般为1~2 h，降温幅度和风速是影响能见度的重要因素。空间分布上，山东局地性大雾占71.8%，大范围大雾约占9.8%。鲁东南、半岛地区南部是大雾发生较多的地区，年平均大雾日普遍在24 d以上；山东中部地区和半岛地区北部大雾日较少，年平均大雾日多在16 d以下。山东春夏季受海雾影响较多。黄海是我国海雾发生较多的海区，以平流冷却雾为主，从鲁东南到半岛东部成山头雾日数逐渐增多，其中青岛附近年平均雾日可达50 d以上，成山头可达80 d以上；渤海雾日较少，年雾日数不足20 d。另外，针对城市大雾和霾的天气特征，本章以济南和青岛为例，分别进行了较为详细的分析。

第4章　山东省环境气象机理研究

4.1 内陆大雾的生消物理机制

雾是贴地层空气中悬浮的大量水滴或冰晶微粒的集合体。如果目标物的水平能见度降低至 1000 m 以内，这种漂浮在近地面空气中水汽凝结（或凝华）物的天气现象被称为大雾。它会严重降低空气透明度，使视力受阻，视野模糊。雾对航空、公路交通、海洋航运等具有极大的危害性。2009 年 11 月 30 日至 12 月 1 日的大雾，造成山东过百航班延误，使济南国际机场取消了近 40 个航班，青岛国际机场取消 35 个航班，多处高速公路被封闭；2009 年 2 月 11 日 09 时 25 分—10 时 20 分大雾造成京沪高速山东苍山段发生 21 起交通事故，有 47 辆车发生碰撞，5 人死亡。王丽萍等（2005）、刘小宁等（2005）指出山东是中国出现大雾比较多的地区之一。

雾分类：根据雾的形成过程、物态和天气系统将雾分类。根据形成过程的不同，雾可分为冷却雾、混合雾和蒸汽雾三类。冷却雾又可根据冷却原因而分类：沿斜坡绝热上升时形成上坡雾；暖湿空气平移至冷下垫面时生成平流雾；地面辐射冷却产生辐射雾。按物态分，有水雾、冰雾和水冰混合雾三类。它们分别由水滴、冰晶和水滴伴冰晶组成。雾的天气学分类法将雾分成气团雾和锋面雾两类。气团雾形成于同一个气团内，例如辐射雾、平流雾、平流辐射雾、蒸发雾和上坡雾；锋面雾发生在锋区及其附近，例如，锋前雾、锋区雾和锋后雾。人们常把发生在海上的雾称为"海雾"。按雾中的温度还可划分为冷雾、暖雾，按强度划分为特强浓雾、强浓雾、浓雾、大雾，按雾的厚度划分地面雾、浅雾、中雾、深雾。雾云现象：雾与低云同时出现的天气现象，海雾过程容易出现雾云现象。海雾（暖平流雾）登陆后，因午后地面增温，低空雾层升为低云，或因傍晚冷却，低云降而成雾。以上两种情况的过渡阶段，均可出现云雾混合现象。

据普查，上述类型的雾在山东内陆均可出现。基于雾过程的物理机制，山东内陆地区的雾可分为辐射雾、平流辐射雾、平流雾和雨雾。但山东内陆地区主要还是辐射雾，多出现在秋冬季。一般午夜至清晨最易出现，日出前达到最强，日出后逐渐消散，持续时间一般为 1~2 h，最长持续时间为 4~5 h。但有例外，赵从兰等（1999）普查济南的雾时发现 1982 年 8 月 18 日出现的雾仅仅持续了 20 min，是济南市持续时间最短的雾；济南持续时间最长的雾出现在 1994 年 12 月 7—9 日，时间长达 56 h。张飒和冯建设（2005）分析济青高速公路大雾的逐时观测资料发现大雾发生的日变化非常明显，大部分雾都在日出前生成、日出后消散，持续时间较短。济南大部分雾天气出现在 05 时至 10 时，侯淑梅等（1998）研究东营大雾时发现东营有57%的雾在夜间出现，白天出现的雾主要在10时之前出现。春夏季节，内陆夜间出现大雾的次数略多于白天；其他季节，夜间出现大雾的次数远远多于白天。

雾是在气温低于露点时生成的，其形成过程主要有三方面：(1)降低气温。例如：空气沿斜坡上升时的绝热降温；暖空气移行到冷下垫面的热传导降温；辐射降温等。(2)增加水汽、提高空气的湿度，蒸汽雾是通过这种途径形成的。(3)两个湿度很高且温差相差很大的气团混合。

目前，山东省气象部门对山东内陆地区雾的预报主要开展辐射雾、锋面雾（通常也称为雨雾）和平流雾的预报，山东内陆也会出现平流辐射雾，如2017年1月1—5日，山东出现了一次大范围的平流辐射雾过程（孙颖 等，2018）。

辐射雾的主要物理机制为：因为地面辐射冷却，当近地表的气温降低到露点或露点以下达到饱和，水汽凝结而形成雾，主导因素是辐射冷却。李江波等（2007）通过对华北平原一次辐射雾的数值模拟发现地面的长波辐射冷却是最主要的降温因子，长波辐射是地面降温和雾形成、发展的重要因子。大雾发展和维持期间，大气层结稳定，近地层为弱的水汽辐合区。低层弱的水汽辐合是大雾形成和维持的重要条件之一，水汽辐合的加强或减弱对大雾的加强和消散有较好的指示意义（吕博 等，2014）。辐射雾通常容易在反气旋控制的晴朗天气下的近地面形成（Gultepe et al.，2007）。根据辐射雾的形成原理，寻找有利于辐射降温的天气形势，分析地面水汽、风、变温、变压、稳定度等气象条件；在冬半年，当地面湿度较大和微风时，天空晴朗，夜晚由于辐射降温，预报第二天早晨会出现雾（章国材，2016）。

平流雾是暖湿空气移到较冷的下垫面时，因下部空气冷却而达到饱和，水汽凝结而形成的，平流起主导作用（刘端阳，2011）。关注有利于平流雾形成的地面天气形势：入海变性高压的西部、太平洋高压西部以及气旋和倒槽的东部。适宜的风向和风速将暖湿气流向冷下垫面输送导致平流雾产生。着重分析近地面层的温湿和乱流条件，比较本站和上游站的天气要素，做出雾的预报。

平流辐射雾主要受两种因素影响：辐射冷却和平流。

雨雾的物理机制：出现锋面逆温条件下，在锋面附近冷暖空气交界处，上空暖而湿的雨滴下落蒸发冷却，水蒸气达到露点温度凝结而形成雾。严文莲等（2010）定义雨雾为雨滴蒸发冷却，水蒸气达到露点温度凝结而形成雾。在考虑有利出雾条件存在时，下雨将会加重低能见度。根据预报区未来24 h为锋前或锋后（暖锋前后发生概率更大），当预报地面风速较小，湿度较大，近地层接近饱和并伴有逆温层时，则预报有雾。

雾的形成涉及四个基本因素：水汽、降温、风和凝结核，另外还涉及大气层结的稳定性问题。一般不考虑凝结核问题，认为凝结核的条件总是被满足的。第一，对于水汽条件，雾只有在相对湿度大的条件下才能形成，前期根据气象站雾和相对湿度观测资料的统计分析，认为地面相对湿度≥90%容易形成雾（阎丽凤 等，2014）。第二，只有当气温降低到露点或露点以下，空气达到饱和凝结条件时才能形成雾，降温预报是需要考虑的第二个因素。第三，风对雾的形成有一定影响。如果没有风，就不会使上、下层空气发生交换，冷却效应只发生在贴近地面的气层中，只能生成一层薄薄的浅雾。如风太大，上下层空气交换快、流动大，气温不易降低很多，难以达到水汽过饱和状态。统计表明：辐射雾和平流雾的地面风速分别以1～3 m/s和3～6 m/s为宜。雾发生时近地面层基本为弱的上升运动（李永果 等，2015；夏凡 等，2018），在大雾发展和维持期间，雾区近地层基本上为弱的水汽辐合区（李

江波 等，2007），上面为辐散下沉运动，有利于低层水汽的聚集、相对湿度的增大，从而有利于雾的生成。第四，925 hPa 与 1000 hPa 这一较薄气层稳定或弱不稳定有利于雾的形成，$\Delta\theta_{se}$ 值在 $-2\sim 6$ ℃ 为宜（毛冬艳 等，2006）。赵从兰等（1999）普查 10 a 济南探空曲线发现济南有雾时近地面层都有逆温存在。近地面层逆温的稳定层结使水汽抑制在低层不易向上扩散。大气层结稳定，近地面层有逆温层存在是雾出现的有利条件已成为共识。

雾是在有利的天气形势背景下产生的，山东省气象台针对山东大范围雾利用 2000—2008 年天气资料（共 179 次大范围雾）进行天气分型。有利于山东内陆雾发生的三种基本地面形势为：①均压场（或鞍形场）型，约占 68.7%，其中均压场型为主，约占全部类型的 54.7%，鞍形场型占 14.0%；②高压前部型，约占 19.0%；③倒槽（低压）前部型，约占 12.3%。山东冬季有时连续几天出现雾，白天雾浓度有些减弱，夜间又加强，具有内陆地区平流辐射雾的特点，主要在均压场（或鞍形场）型出现，如 2004 年 11 月 29 日—12 月 3 日山东出现的雾天气过程。

均压场型常见地面形势见图 4.1。由图 4.1a 可以看出整个华北为弱高压控制，山东处于较弱的气压场里面，等压线稀疏，风力较小，风向较乱，假如辐射降温条件较好的情况下，很容易出雾。这种类型约占全部类型的 31.8%，是山东出雾的最多见类型。图 4.1b 是均压场的另一种表现形势，北京到河北西部、山西东部有一条明显冷锋存在，冷空气补充南下，山东为弱高压控制，处于冷锋前的弱气压场里，风力较小，风向较乱，再加上辐射降温，山东容易出雾。这种类型约占全部雾的 22.9%。

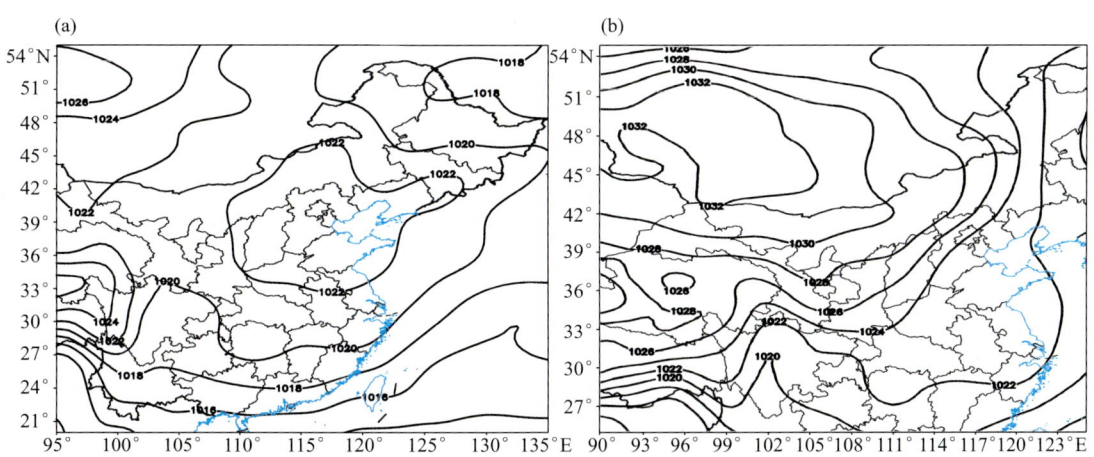

图 4.1 2000—2008 年山东普通型（a）和冷锋型（b）均压场雾日 08 时地面平均场（单位：hPa）

鞍形场型占 14.0%（均压场的一种，图略），山东处在弱气压场中，有时东面为一个高压，高压中心位于日本，西面的山西到青海、北至贝加尔湖地区为另一个庞大的高压控制，山东北面的北京到中国东北地区为一个相对低压区，山东南面的长江流域到中国南海为另一个相对低压区，有时也表现为山东的南面长江流域为一个东西向高压带，但高压较弱，山东北面的华北为另一个较弱高压控制，山东西部、河北南部、河南北部为一个弱低压区，山东半岛东面为另一个相对低压区，山东风速较小，从西面或北面有冷空气扩散下来，加上辐射降温，容易出雾。

图 4.2 是一次均压场型典型个例形势场，日期是 2004 年 11 月 30 日，500 hPa 主要是偏

西风或西北风，地面山东处于弱高压控制，风速较小，山东半岛东部和莱芜到济宁、枣庄一带雾较少，山东其他区域基本都有雾，尤其鲁西北、鲁西南西部地区雾较多。

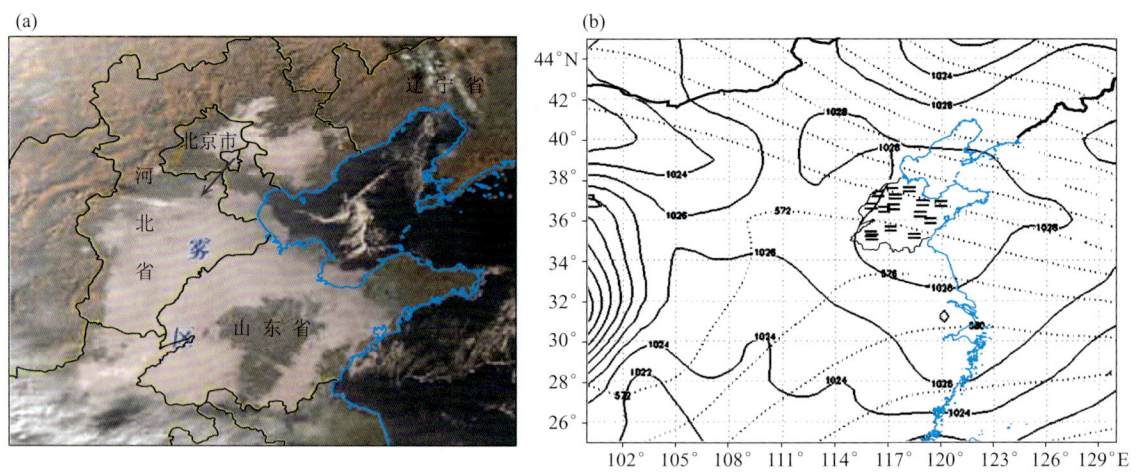

图 4.2　2004 年 11 月 30 日 07 时 51 分风云一号卫星监测雾区范围图像（a）及 08 时地面形势场（b；实线，单位：hPa）和 500 hPa 位势高度场（b；虚线，单位：dagpm；＝为当日出雾的地方）

图 4.3 为山东高压前部型雾日 08 时地面平均场。冷空气主体偏北或偏东，高压中心稳定在贝加尔湖附近，冷空气不断扩散南下，但势力较弱。前一次冷空气南下，给山东带来一定降水，山东近地面层空气较潮湿，或者山东前期多吹偏南风，近地面层空气湿度较大，随着较弱的冷空气扩散南下，在晴朗无云（少云）或高空多高云的夜晚，辐射冷却使气温下降形成雾。

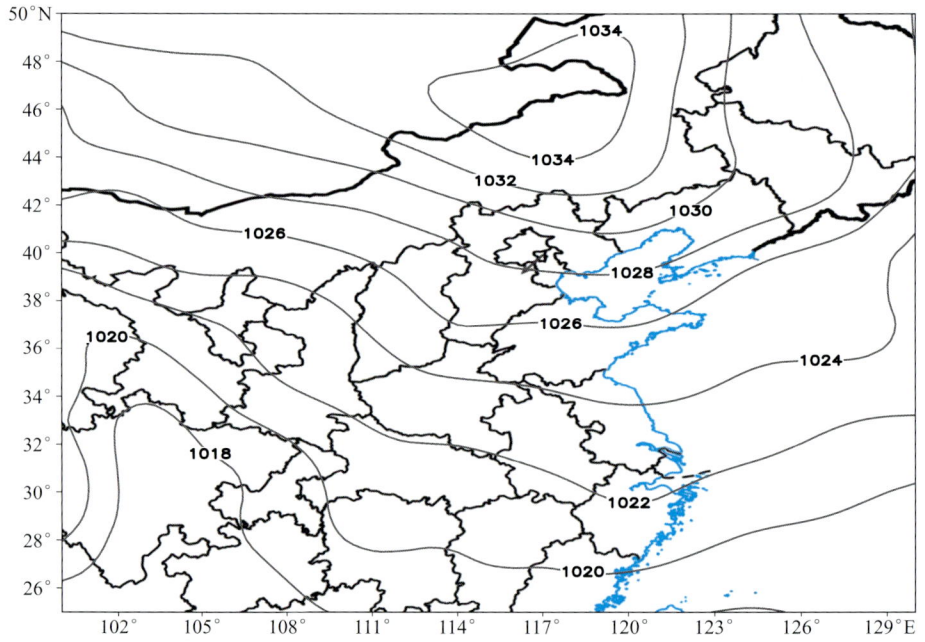

图 4.3　2000—2008 年山东高压前部型雾日 08 时地面平均场（单位：hPa）

高压前部型雾 500 hPa 环流在出雾前一天华北上空环流比较平直，呈偏西气流，当日有可能为偏西或西北气流；850 hPa 中纬度贝加尔湖为一个明显宽广的高压脊，青海到新疆有一个明显高压，高压中心位于新疆西部边境一带，山东处于沿海的弱高压控制，风场较弱，两高压之间有弱低压存在，山东基本处于低压前的偏南气流里，有利于水汽输送。700 hPa 以下垂直速度场山东西南部表现为弱的上升运动，东北部为弱的下沉运动，说明冷空气从东北扩散下来，山东上空大气垂直输送特别小，有利于大气底层水汽积聚，从而有利于雾的形成。

图 4.4 是一次高压前部型典型个例形势场，500 hPa 主要是偏西风或西北风，地面高压中心位于 45°N，118°E 处，山东处于此高压前部，线条稀疏，气压场较弱，风速较小，鲁西北地区和淄博、潍坊到青岛一带出雾，出雾的地方一般在等压线稀疏且为偏东南风区域。

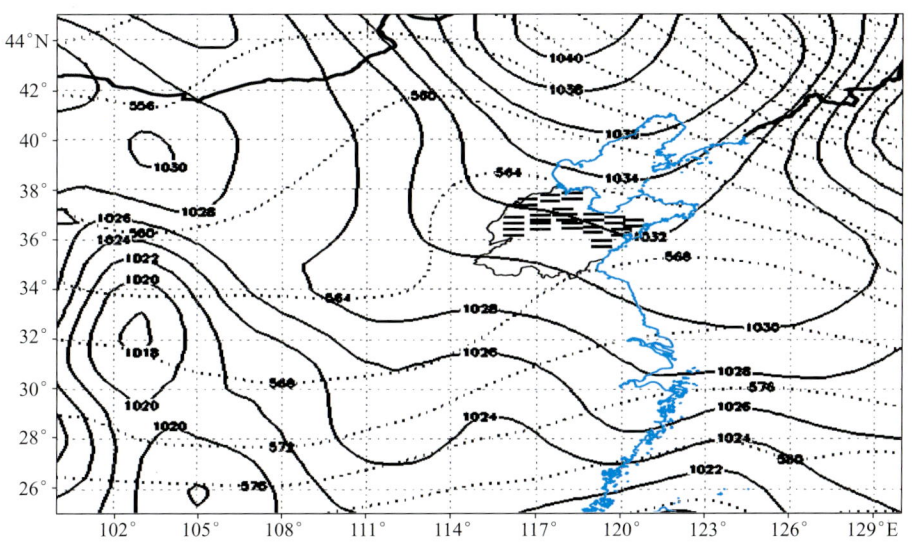

图 4.4　2005 年 12 月 30 日 08 时地面形势场（实线，单位：hPa）和
500 hPa 位势高度场（虚线，单位：dagpm；＝为当日出雾的地方）

山东倒槽（低压）前部型（图 4.5）：中纬度巴尔喀什湖到中国东北为一个高压带，高压中心位于贝加尔湖西南侧，山东处于倒槽（低压）前部或暖区内，湿度较大（山东大部分地区出雾当日 08 时平均相对湿度大于 85%，鲁南大于 90%），甚至饱和，西北有冷空气扩散下来，常容易形成雾。

山东倒槽（低压）前部型雾 500 hPa 环流在出雾时或前一天贝加尔湖西侧有一个浅槽，华北上空处于平直偏西气流里，主要是西北或偏西风，大的环流背景多高云或少云；850 hPa 上空山东处于沿海高压西侧，有很强的偏西南气流，有明显的水汽向山东输送。

图 4.6 是一次倒槽（或低压）前部型典型个例形势场，500 hPa 主要是偏西风或西北风，山东处于地面倒槽前部，山东大部分地区出雾，特别是处于倒槽顶端的鲁西北、鲁中北部和半岛地区出雾地方较多。

在大雾减弱和消散期间，雾区为弱的水汽辐散区，基本为弱下沉气流控制，整层大气中以下沉运动占主导，逆温层结破坏、风速变大，促使大雾消散；太阳短波辐射使得地面温度升高，湍流输送将热量传给大气，是导致大雾减轻及日变化的主要原因（李江波 等，

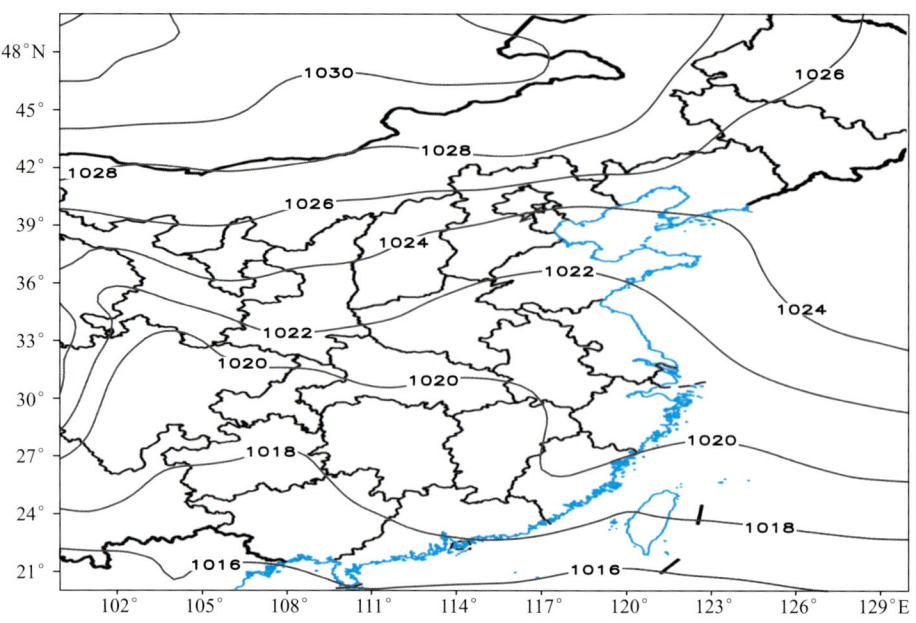

图 4.5　2000—2008 年山东倒槽型雾日 08 时地面平均场（单位：hPa）

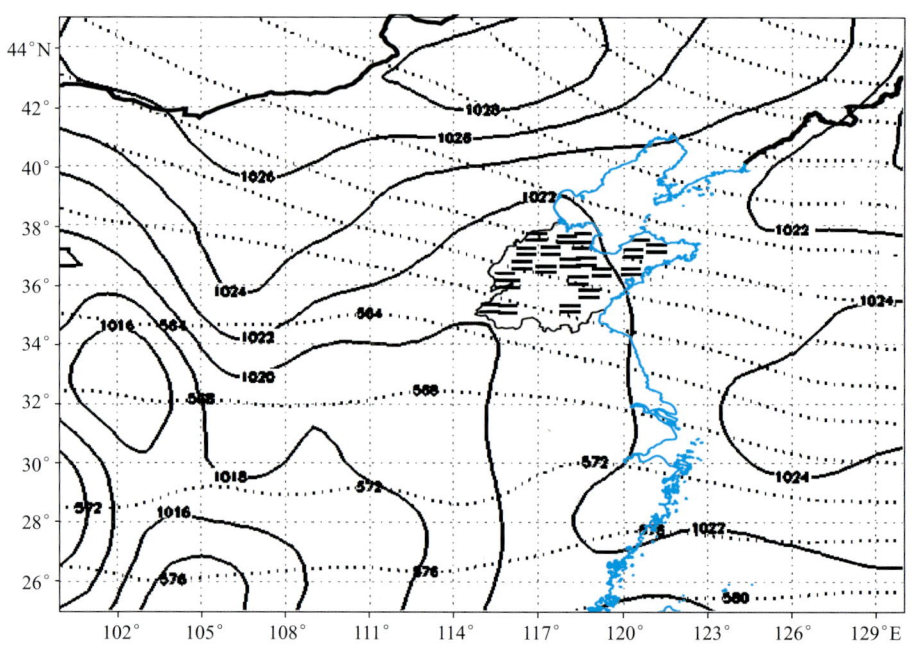

图 4.6　2007 年 12 月 20 日 08 时地面形势场（实线，单位：hPa）和
500 hPa 位势高度场（虚线，单位：dagpm；═ 为当日出雾的地方）

2007）。根据不利于雾的维持条件进行预报雾的消散。

现在可以用于雾预报的产品不仅有实况观测资料，而且有雾生成气象条件的数值预报产品，还有与雾生成有关的其他物理量产品，如垂直速度、散度、涡度、混合层高度、稳定度参数及垂直交换系数等产品。基于数值天气分析的雾预报能力得到很大提高，预报时效大大延长。

4.2 霾生消物理机制

4.2.1 雾、霾生消的气象条件

污染物过量排放及大气扩散能力差,使雾、霾及重污染过程频繁发生,大气扩散能力分析是环境气象预报的重要内容,而大气的扩散能力有水平和垂直两个方面。

4.2.1.1 大气的水平扩散能力

大气的水平扩散能力与地面风速、风向密切相关,小风速是重污染发生和持续的必要条件,一般来说,风速与AQI呈负相关。由济南78次重污染过程地面风速与AQI分布(图略)可见,重污染时风速多小于3 m/s,78个个例中仅8个风速超过4 m/s,是由于地面大风造成扬尘导致颗粒物超标,且这些个例中,风速与AQI呈明显负相关。

对于区域性输入来说,风向影响较大。来自海上的风对沿海地区的空气质量有明显改善,由于山东紧邻京津冀工业发达地区,弱西北风往往使鲁西北一带污染加剧。

4.2.1.2 大气的垂直扩散能力

大气的垂直扩散能力取决于两个重要因素,一是地面风速,当地面风速较大时,通风系数高,混合层高度增大,使得污染物能够扩散到更高的高度,从而使地面污染浓度减小。

冷空气是驱散雾、霾的"主力军"。一般认为,当冷锋影响时,风力较大,有利于污染物扩散,雾、霾也就随之消散了。虽然锋面过境时伴随的地面大风有利于污染物扩散,但在地表裸露的冬季,大风也会造成扬尘,所以,冷锋过境、北风肆虐时,空气质量并不能达到彻底改观。同样,春季西南风较大时,会出现重污染,例如2013年3月9日,由于热低压前西南大风影响,山东出现大范围严重污染。可见,由于风力较大吹散雾、霾的说法并不准确。

通常在冷锋过后,即便地面风速很小、存在逆温,总会有一两个风和日丽、碧空如洗的早晨,究其原因,是因为锋面过程中,通过垂直交换,高空清洁大气倾泻到地面的结果。因此,决定大气垂直扩散能力的另一个重要因素,就是在一定的环流形势下,通过垂直运动,高空清洁大气置换地面"脏"空气,达到空气质量的根本转变。在冬季,一般由冷空气活动来实现,在夏季,强对流产生的强下沉运动也可达到,因此,雷阵雨过后,人们总能感到空气中清凉宜人的气息。

可见,冷空气过程,并不是简单地通过水平风速驱散雾、霾,而是通过冷锋后来自高空的干侵入气流到达地面(姚秀萍 等,2009),高空干冷空气在冷锋后呈扇状下沉到地面(于玉斌 等,2003),达到空气质量的彻底改善。干侵入强度与冷平流强度密切相关,冷平流强,干侵入强,伴随强下沉运动,使高空干洁大气到达地面,因此,强冷空气能够清除雾、霾。

4.2.1.3 山东雾、霾及重污染过程风场特征

山东雾、霾及重污染过程季节性明显,主要发生在11月至次年3月,主要污染源为燃

煤、区域传输、工业生产、扬尘及机动车尾气。5—9月，燃煤减少、降水增多、植被茂盛等有利因素能够大大减轻污染，夏季重污染日数少且持续时间短，因此冬季雾、霾及污染等级预报尤为重要。

统计2008—2013年山东17市重污染总站次风向玫瑰图（图4.7）可见，静风占9.9%，东到东南风占38%，偏北风占36%，西南风占11%。据统计，地面有持续性东南风时一般为雾和重污染，地面偏北风则以霾和重污染居多，这是因为山东濒临黄海、渤海，东南风时相对湿度较高的缘故。

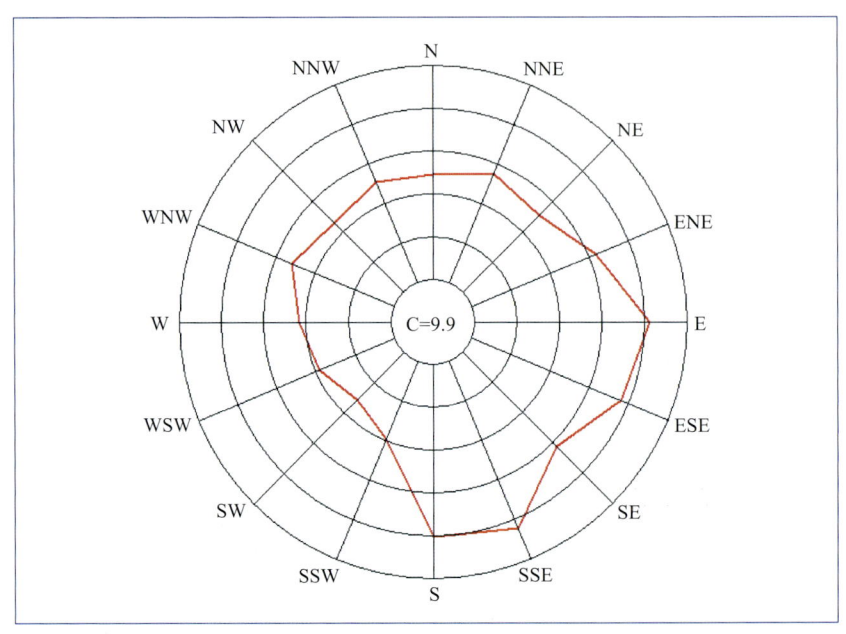

图4.7 山东重污染过程风向玫瑰图

4.2.2 冷空气和垂直运动在雾、霾消散中的重要作用

近年来，京津冀、长三角等多地的污染问题引起广泛关注，京津冀区域霾日数30 a呈增加趋势（赵普生 等，2012）；付桂琴等（2013）、李星敏等（2014）的研究表明能见度与相对湿度、气溶胶密切相关；郭英莲等（2014）分析表明下沉气流触地有利于能见度好转；刘梅等（2014）对2013年1月江苏雾、霾过程的研究指出近地面层弱上升运动和中高层弱下沉运动有利于雾、霾的增强和维持，上述研究对垂直运动在雾、霾过程中的作用有了一定认识。但大气污染物的稀释扩散到底是以平流输送为主还是垂直交换、湍流输送为主尚未解决（吴兑，2012）。孙兴池等（2017）和韩永清等（2017）对山东多次污染过程研究发现，冷空气过程中的垂直运动对雾、霾过程十分重要，不同强度的冷空气由于其对应不同程度的下沉运动，其对雾、霾及污染过程的影响也显著不同。

2013年冬季，我国中东部地区遭遇了多次大范围持续雾、霾天气，其影响范围、持续时间、污染强度为历史少见，引起社会广泛关注。尤其是2月20—28日，山东遭遇了历时9 d的严重污染过程。期间，由于相对湿度起伏较大，大雾和重度霾互相转换，有两次冷空气活动，2月26日的弱冷空气反而降低了能见度，27日早晨全省普遍出现大雾，部分地区能见度仅几十米，28日的强冷空气影响之后，雾、霾及污染过程方得以结束。而1月6—8日，济南等全省多地PM_{10}爆表，出现重度霾，但全省大部能见度大于1 km。以两次都出现严重污染的聊城为例，2月27日浓雾过程，AQI指数416，PM_{10}的质量浓度为516 $\mu g/m^3$，27日19时颗粒物含量最大时PM_{10}为659 $\mu g/m^3$、$PM_{2.5}$为468 $\mu g/m^3$。27日早晨，聊城本站能见度200 m，茌平、阳谷能见度仅几十米。1月8日严重霾过程，AQI指数491，PM_{10}为591 $\mu g/m^3$，8日21时颗粒物含量最大时PM_{10}为747 $\mu g/m^3$，$PM_{2.5}$为847 $\mu g/m^3$，且8日08—22时连续16 h PM_{10}浓度大于600 $\mu g/m^3$，处于爆表状态，但能见度均在2 km以上。可见，雾和霾的能见度相差很大，天气分析应该区分雾或霾的预报。

4.2.2.1 雾、霾过程高空形势特点

研究发现，济南78次重污染过程08时平均混合层高度在500 m以下，在混合层高度以上污染物浓度可相差5~10倍，即雾、霾及污染物一般被禁锢在近地面数百米厚度层内，意味着至少850 hPa高度上空气是清洁的。大气静稳状态时，抑制了空气的垂直交换，使得过度排放的污染物积累在边界层内，杜川利等（2014）发现城市边界层高度与颗粒物浓度呈显著负相关。因此，环境气象预报应重点关注边界层大气的温湿、动力条件及污染物的排放量等，但高空形势提供的环流背景不容忽视，图4.8a—d给出的以上两次雾、霾过程的500 hPa、850 hPa平均形势具有代表性，即500 hPa 一般为高压脊前西—西北气流、温度平流弱；850 hPa 为暖脊、有弱暖平流；地面弱气压场、小风速，以及弱气压场形势下风向不定是雾、霾发生的共同天气形势特征。

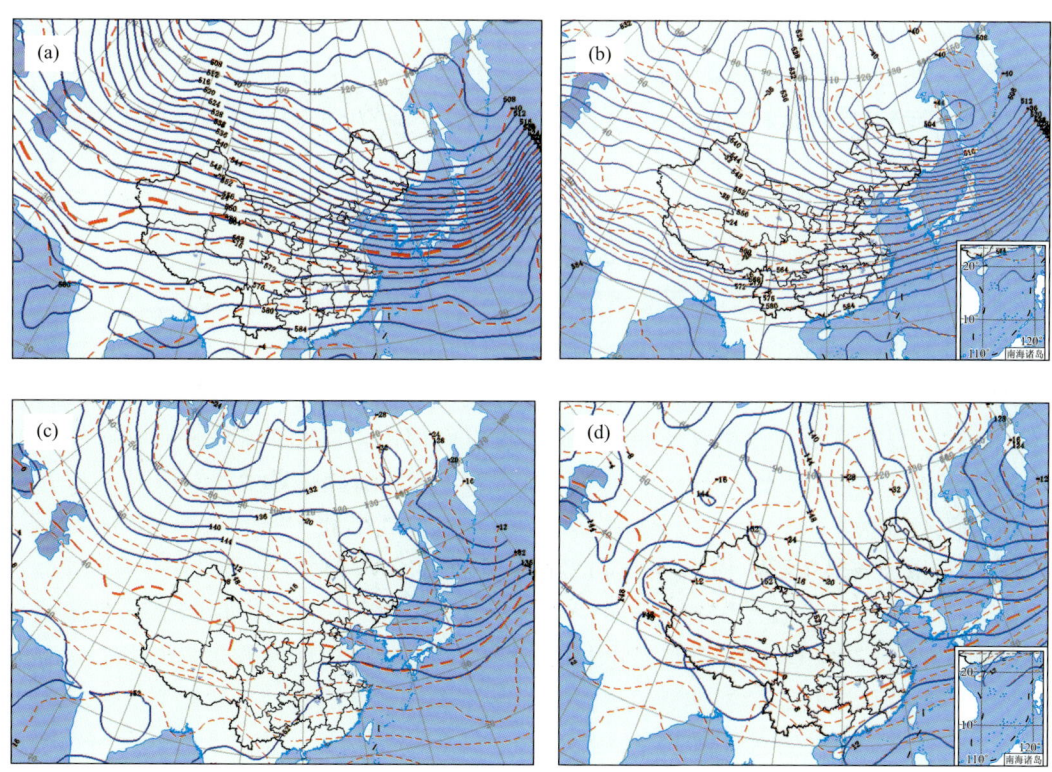

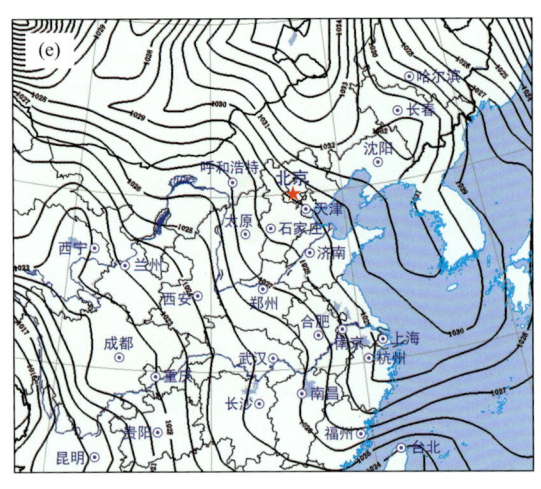
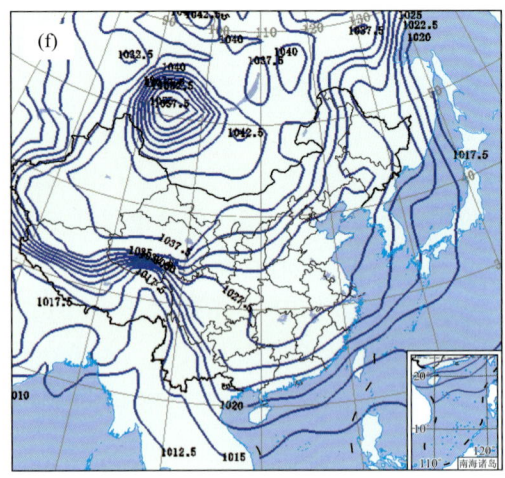

图 4.8　2013 年 2 月 20—28 日 08 时 500 hPa（a）、850 hPa（c）平均高度和温度场，
2013 年 1 月 6 日 08 时—8 日 08 时 500 hPa（b）、850 hPa（d）平均高度和温度场，
及 2013 年 2 月 23 日 08 时—25 日 08 时（e）、2013 年 1 月 6 日 08 时—
8 日 08 时（f）地面平均形势场（实线：高度，虚线：温度）

4.2.2.2　雾、霾维持的气象条件

雾、霾及空气污染过程发生在大气静稳背景下，一般在前次冷空气过后的数天之内开始积累加重，逆温、地面风速小和混合层高度低等气象条件不利于污染物扩散，其中，逆温导致边界层"脏"空气上升运动受阻，混合层高度增大能够稀释污染。

有利于发生逆温的天气形势是：500 hPa 为西—西北气流，850 hPa、925 hPa 为暖脊，有弱暖平流，地面气压梯度小，可能是鞍型场、均压场、高压前部等。根据 ω 方程，暖平流区有上升运动，冷平流区有下沉运动（朱乾根 等，2000），尤其 850 hPa 存在暖脊、暖平流又较弱时，使得 850 hPa 以下为微弱上升运动，这种微弱上升运动既不足以稀释污染，高空清洁大气又不能下沉到达地面，垂直交换停滞，易导致污染积累加重。逆温不仅抑制了低层污染空气向上扩散，也抑制了高空清洁空气的下沉。

4.2.2.3　雾、霾维持及消散时的垂直运动特征

冷空气过程，正是下沉气流携带高空干洁大气到达地面的过程。2013 年 2 月 26 日和 1 月 9 日有弱冷空气影响，2 月 28 日 20 时为强冷空气影响。图 4.9 给出了济南附近（36°N，117°E）两次过程垂直运动和相对湿度的时间—垂直剖面图，3 次冷空气影响时，分别在 26 日 08 时、28 日 20 时和 1 月 9 日 02 时有不同强度的下沉气流到达地面，对照图 4.11 给出的 PM_{10} 逐时变化曲线，在下沉气流到达地面时，空气质量都得到了明显改善。2 月 26 日和 1 月 9 日 PM_{10} 浓度明显下降，而 2 月 28 日的强冷空气则一举清除了污染。

在 2 月 25—28 日过程中（图 4.9a），26 日上午地面转小北风，有弱冷空气影响（图略），850 hPa 以下出现弱下沉运动，26 日 06 时 PM_{10} 出现阶段性低值 222 μg/m³；28 日 20 时强冷空气影响时（图 4.9a），出现贯穿整个对流层的较强下沉运动，地面下沉速度达 12×10^{-3} hPa/s，PM_{10} 浓度随之急剧下降，3 月 1 日 14 时济南 PM_{10} 浓度为 38 μg/m³，$PM_{2.5}$ 浓度为 16 μg/m³，达到少有的优秀级别。

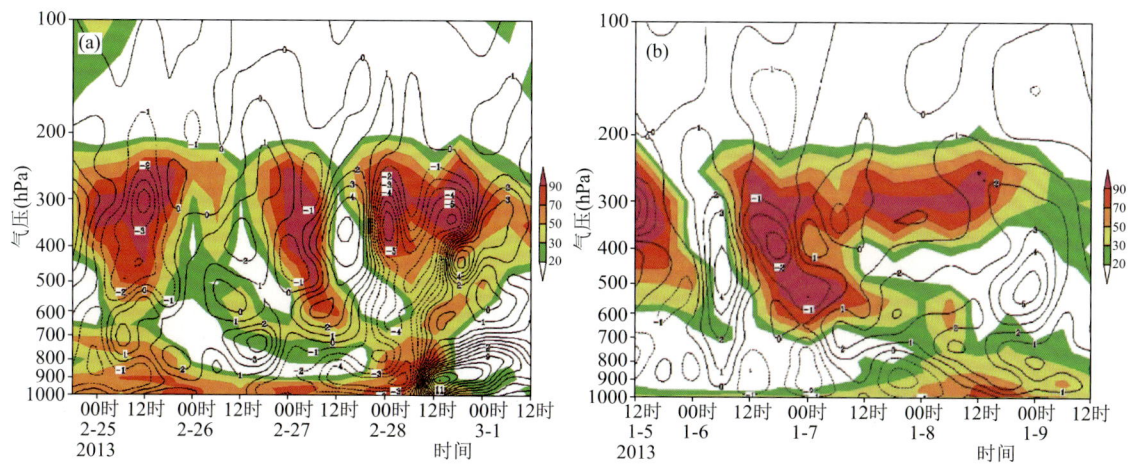

图 4.9 沿（36°N，117°E）作垂直速度（实线，单位：10^{-3} hPa/s）和相对湿度
（填色区，%）时间—垂直剖面图
（a）2月25—28日过程；（b）1月6—8日过程

1月6—8日过程中，8日白天地面弱冷空气开始影响（图略），夜间下沉气流方到达地面（图4.9b），9日02时近地面下沉速度为1×10^{-3} hPa/s，济南PM_{10}浓度由8日17时832 $\mu g/m^3$，下降到9日14时的115 $\mu g/m^3$，由严重污染明显改善为良。

而其余时段，雾、霾及污染都较为严重，其垂直运动特征是800 hPa以下微弱上升和700 hPa微弱下沉运动（图4.9），造成近地面污染空气和高空干洁大气对峙，垂直交换停滞。

可见，冷空气对雾、霾及污染过程的影响，是因为下沉运动使混合层以上的干洁大气到达地面而改善空气质量，强冷空气具有强下沉运动能够清除雾、霾及污染，弱冷空气具有弱下沉运动能明显减轻污染。

4.2.2.4 不同强度冷空气的下沉运动特征

为了揭示不同强度冷空气的下沉运动特征，图4.10给出冷空气影响时济南（36.7°N）相当位温（θ_e）、垂直速度和相对湿度的经向（117°E）垂直剖面图。θ_e密集区是冷锋锋区的位置，下沉运动皆位于锋面后部。2013年2月28日20时（图4.10a），为强冷空气影响，锋面位于35°N附近，36°~40°N低层为较强下沉运动，800 hPa以下为$\theta_e<284$ K的干冷空气控制，这是由强下沉气流带来的高空干洁大气的标志。26日08时（图4.10b），地面位于弱高压前（图略），转弱北风，36°~38°N 950 hPa以下$\theta_e<284$ K浅薄的干冷空气堆，近地面垂直速度为0，而边界层之上θ_e迅速增大，即浅薄冷空气侵入到边界层，而不是从高空干侵入到地面，地面露点温度未下降，而降温导致相对湿度增大到90%以上，造成大雾。1月9日弱冷空气影响（图4.10c），地面有弱下沉气流，并不像强冷空气过后有庞大均匀的干冷空气团控制对流层低层。可见，强冷空气过程下沉气流强，冷锋过后有来自高空的干洁大气控制地面，能够驱散雾、霾。弱冷空气由于下沉气流弱，不能彻底置换地面"脏空气"，因而只能减轻污染。

4.2.2.5 地面露点温度剧烈下降是高空干洁大气到达地面的标志

地面露点温度是雾、霾过程中重要的物理量。地面温度露点差代表的相对湿度与能见度

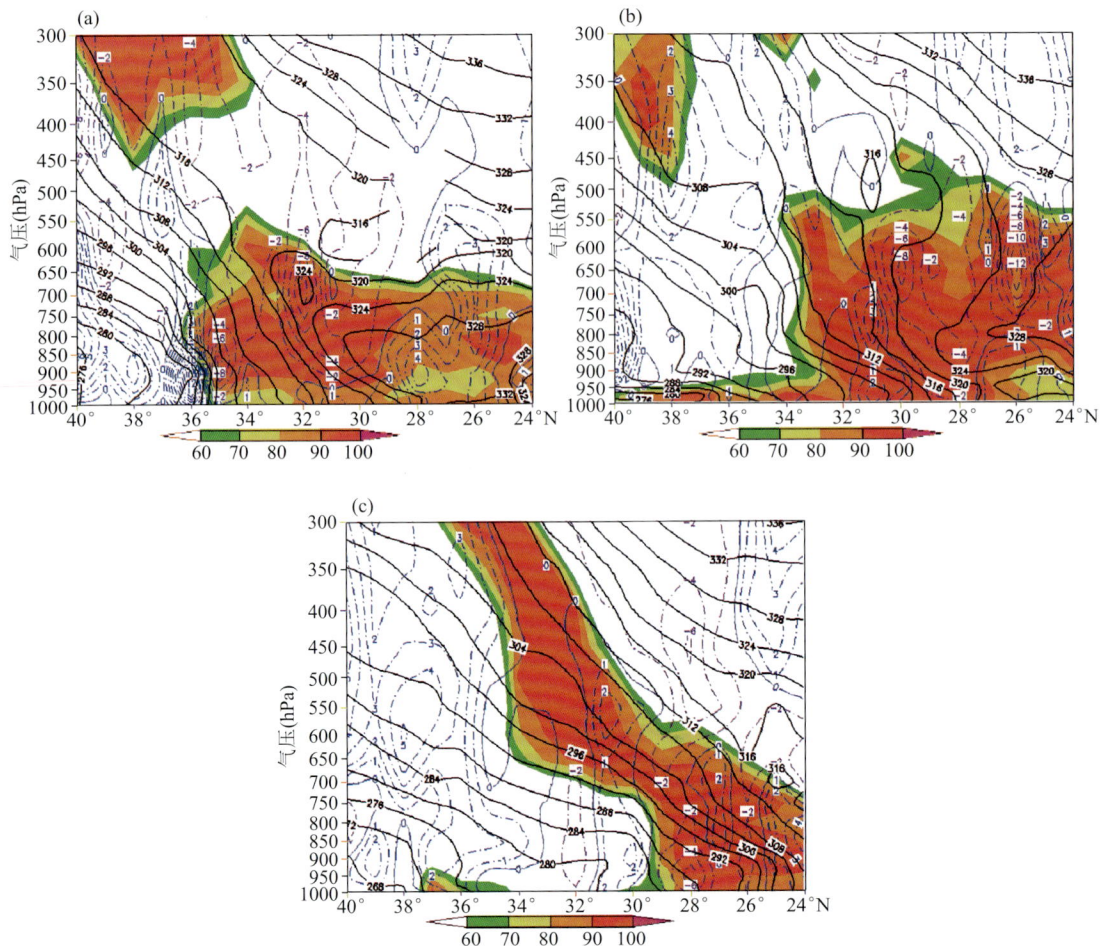

图 4.10 冷空气影响时济南 θ_e（实线，单位：K）、垂直速度（点划线，单位：10^{-3} hPa/s，蓝色：下沉，红色：上升）和相对湿度（填色区，单位：%）经向垂直剖面图
（a）2013 年 2 月 28 日 20 时，（b）2013 年 2 月 26 日 08 时，（c）2013 年 1 月 9 日 02 时

密切相关，一般温度露点差小于 2 ℃ 且持续 2 h 以上时，就可能出现雾或轻雾。在地面天气图上有时会看到温度露点差等于 0 ℃，而没有雾的情况，这是因为达到饱和的时间太短暂，水汽还没来得及凝结的缘故。另外，颗粒物的吸湿增长及二次颗粒生成均与相对湿度密切相关，对雾、霾的能见度影响巨大。

地面露点温度的急剧变化是气团交替的标志。目前常规资料尚不能跟踪高、低空空气的运动轨迹，还难以认定高空清洁大气置换地面"脏空气"的过程，但当冷空气影响，高空干侵入到地面时，往往伴随露点温度的明显下降，冷锋后的低露点温度是高空干洁大气的标志。而露点温度再次升高的过程，也是空气中污染物积累加重的过程。

然而，作为一个重要的物理量，露点温度的预报在理论研究和实际业务中尚未涉及，露点温度的变化细节尚不清楚。一般的说法是露点温度比较保守，日变化较小，但在冷空气影响时，往往露点温度比气温变化幅度更大，且地面露点温度的急剧下降总是带来污染状况的改善。

图 4.11 给出了两次过程中济南露点温度和 PM_{10} 的逐时变化曲线，对照图 4.9 给出的

垂直运动的逐时变化,可见露点温度急剧下降与强下沉运动密切相关。

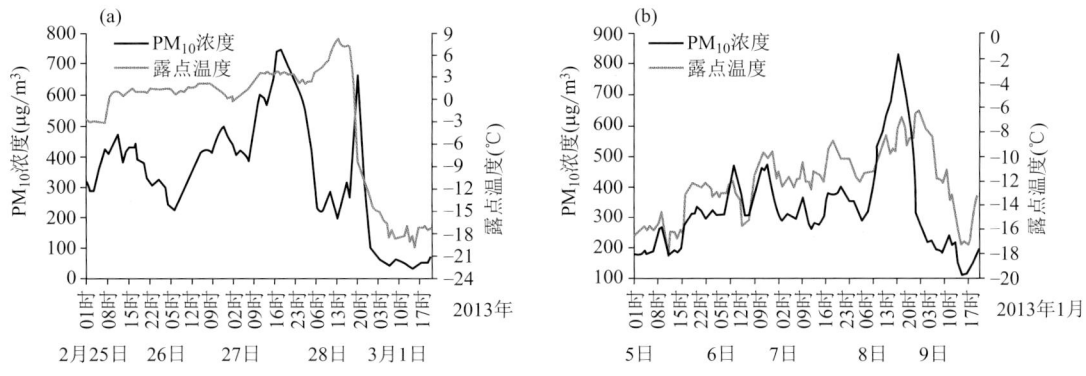

图 4.11　露点温度与 PM_{10} 逐时曲线（a）2013 年 2 月 25 日—3 月 1 日,（b）2013 年 1 月 5—9 日

2 月 25—28 日的污染过程,济南经历了 26 日 08 时边界层弱冷空气影响、28 日 08 时冷锋前整层上升运动和 28 日 20 时的强冷空气影响时整层强下沉运动。由图 4.11a 可见,在强冷空气影响后露点温度剧烈下降,28 日 23 时露点温度下降到 $-12\ ℃$,3 月 1 日更是一路下降,15 时下降到 $-20\ ℃$,较 28 日 14 时的 $8\ ℃$ 下降了 $28\ ℃$,而两时刻温度变幅为 $-10\ ℃$,空气质量由 28 日的严重污染转变为 3 月 1 日优秀级别。

26 日边界层弱冷空气影响时,低层出现了弱的下沉,但近地面垂直速度为 0,高空干侵入未到达地面,露点温度没有变化,PM_{10} 浓度有所下降,之后一路升高,27 日 18 时达 $749\ \mu g/m^3$。可见,边界层浅薄冷空气不能降低露点温度,反而因为降温易造成大雾,低层弱下沉只能短暂改善空气质量。

值得关注的是,28 日白天冷锋前整层上升运动（图 4.9a）,低层水汽辐合,地面露点温度明显升高（图 4.11a）,由于低层空气向上扩散,PM_{10} 浓度明显下降,13 时出现 25 日以来的 PM_{10} 最小值 $200\ \mu g/m^3$,可见,整层上升运动也只能稀释污染,只有强下沉运动带来的干洁大气才能根除雾、霾和污染。

1 月 8 日弱冷空气影响,夜间下沉气流到达地面,虽然因气象观测与空气质量观测点位置不一致,造成 9 日 02 时露点温度（气象观测）和 PM_{10} 浓度的快速下降（环境观测）不同步（图 4.11b）,但冷空气过境之后 PM_{10} 和露点温度同位相明显下降,9 日 14 时下降到 $-17\ ℃$,较 8 日 23 时的 $-7\ ℃$ 下降了 $10\ ℃$,期间温度变幅为 $5\ ℃$,空气质量也由严重污染转变为优良。

可见,冷空气过程中,地面露点温度的变化幅度比温度变化剧烈得多,这是气团更替的标志,是高空干洁大气取代地面污染空气的过程,冷空气越强,下沉气流越强,置换过程越彻底。强冷空气伴随露点温度的剧烈下降,必然造成空气质量的根本改善。弱冷空气露点温度下降小,整层弱下沉能减轻污染。而由于低层辐合造成整层上升运动时,"脏"空气向上扩散使污染减轻,但不会彻底消散,此时地面露点温度可能升高。

以上分析表明:

（1）静稳大气的环流背景一般为 500 hPa 高空为脊前西—西北气流,温度平流弱,而 850 hPa 为暖脊,有弱暖平流,地面气压场弱,易造成逆温、地面风速小和混合层高度低等,导致大气扩散能力差,这几点已经得到广泛关注。但更重要的是,这样的环流背景下,垂直运动为 850 hPa 微弱上升和 700 hPa 微弱下沉，造成高空干洁大气和地面"脏空气"对峙的局面，垂直交换受到抑制导致混合层内污染物积累。

（2）强冷空气驱散雾、霾的过程，正是打破了空气垂直交换停滞的状态，使得高空清洁大气能够下沉到地面，空气质量的根本改善由垂直交换完成。

（3）弱冷空气伴随的弱下沉运动和锋面附近的整层上升运动能够减轻污染。

（4）地面露点温度明显下降时，往往伴随空气质量的明显改善，冷锋过后剧烈下降的露点温度即是高空干洁大气到达地面的标志。

4.3 海雾生消物理机制

海雾是在一定的水文气象条件和特定的天气背景下产生并维持的。海雾的生成有两种过程，一是增湿，二是降温。增湿来自海面蒸发和平流输送以及雨滴蒸发等，降温途径包括接触冷却、辐射冷却、平流冷却和湍流冷却，其中有代表性的是湍流输送机制和长波辐射机制。湍流输送是指最低层空气因与海面接触而冷却，并通过湍流和风切变、冷却效应上传；长波辐射指雾的维持与雾层顶辐射冷却有关，这种冷却在雾中产生了不稳定，从而导致低层降温。海雾生成过程是非常复杂的，不同海雾过程形成机制是不同的。

4.3.1 海雾生成时各要素阈值

海雾能否生成、何时何地生成以及如何发展取决于海洋气象条件综合配置结果。海温主要影响海雾的生成过程，包括四个方面：海温梯度、海气温差、海温高低及海温是否随时间变化。海温梯度大、海气温差大、海温低以及海温随时间降低均有利于雾的生成，尤其是前两者影响更显著；一旦海雾生成后海温的作用就减小了（胡瑞金 等，1997）。相对湿度大小及其分布是海雾能否生成的物理基础。当暖平流较强时，不利于海雾的生成；逆温不是海雾生成的一个充分必要条件，但逆温的存在有利于海雾在高层凝结。海雾的形成除与上述因素有关外，适宜的风向、风速也相当重要。各个海区成雾的海洋气象条件各有异同，本节将着重分析黄海海域海雾的海洋气象特征。所用资料为 2006—2013 年 4—8 月逐 6 h FNL 再分析资料（NCEP FNL Operational Global Analysis data），将青岛站所有有雾时次各要素进行排序，10 m 风向风速、海温与海气温差前 10% 和后 10% 取值作为阈值，2 m 相对湿度以后 20% 取值作为阈值。

（1）海温和海气温差

王彬华（1983）早在 20 世纪 80 年代即指出海温超过 25 ℃ 以外的海域不再有雾。这是因为空气中水汽含量是有限的，若海温过高，气温将难以降至露点温度之下，海雾则无法生成。因此一直以来都将 25 ℃ 作为中国沿海及其邻近水域海雾成雾时海温的上限条件。基于 FNL 再分析资料分析结果表明，以后 10% 作为截断点，青岛近海海域成雾时海温上限阈值是 27 ℃。

除适宜的海温条件外,海气温差也是很重要的。根据平流冷却雾成雾条件,只有气温高于海温时才有利于雾的形成。基于 FNL 再分析资料分析结果表明,分别以前 10%、后 10% 作为截断点,青岛近海海域成雾时海气温差大于 −3 ℃,小于 0.5 ℃。

(2) 相对湿度

相对湿度大小及其分布是海雾能否生成的物质基础。基于 NCEP 再分析资料分析结果表明,以前 20% 作为截断点,青岛近海海域成雾时 2 m 相对湿度阈值为 90%。当近地面湿层具有一定厚度时,如湿层平均厚度达 300 m 或以上,且湿层平均湿度大于等于 92% 时,常会伴随海雾出现毛毛雨(高荣珍 等,2016)。

(3) 风向风速

风既可输送暖湿气流,又可促成低空湍流交换。因此合适的风向、风速是海雾形成的重要因素之一。一般东海和黄海成雾时偏南风居多。另外,风向要稳定少变才有利于雾的生成和维持。在中国近海,海雾形成时风速一般为 2~10 m/s。风速太小不利于海气交换,风速太大对成雾不利。基于 FNL 再分析资料分析结果表明,分别以前 10%、后 10% 作为截断点,青岛近海海域成雾时 10 m 风向一般介于 112°~202°,风速一般介于 3~9 m/s(图 4.12)。

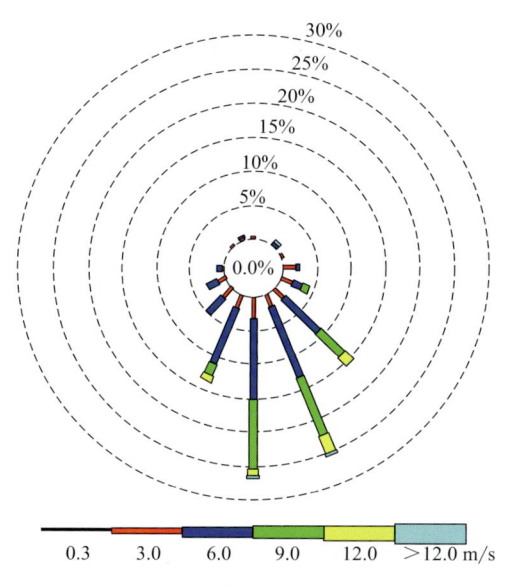

图 4.12 青岛站出现海雾时风玫瑰图

海雾的消散一般是天气形势发生改变,风向改变,风速增大,湿度减小,逆温层被破坏,或太阳辐射等。

4.3.2 2018 年 6 月峰会期间青岛海雾过程生消分析

上海合作组织青岛峰会于 2018 年 6 月 9—10 日在青岛召开,此次峰会重要活动多,特别是于 6 月 9 日 20—22 时在奥帆中心进行的开幕式文艺演出和灯光焰火秀表演。由于演出在室外举行,焰火在海上船只进行燃放,因此对特定时间、特定地点的天气条件要求非常高,能见度低于 2 km 的天气会严重影响灯光焰火表演的观赏效果。通过近十年的统计资料分析,每年 6 月 9 日和 10 日两天出现海雾的概率可达 40% 以上。此次保障需要对能见度进行定量定时定点的精细化预报，预报难度很大。开幕式前期6月5—8日，青岛沿海地区受到持续海雾的影响，最低能见度不足200 m。9日20—22时海上演出举行期间奥帆中心附近海雾是否消散，能见度是否可以在2 km以上，一直是预报服务最关注的两个问题。中国气象局以及山东省气象局和青岛市气象局的专家们经过多次研判，于9日早晨预测当日20—22时奥帆中心附近能见度将在2 km以上，对演出不会造成影响。经检验，预报与实况基本一致，圆满地完成了开幕式灯光焰火秀表演的气象服务保障。任兆鹏等（2019）着重分析了此次海雾天气过程的生消原因和特点，讨论了能见度的变化原因，对于今后类似的气象保障服务具有很好的借鉴意义和参考价值（张涛 等，2018）。

4.3.2.1 资料与方法

所用的台站资料是青岛市气象局所在位置伏龙山自动气象站逐小时、逐十分钟能见度、地面气温、相对湿度和风向风速等资料。探空数据使用青岛伏龙山L波段探空雷达的每日两次探空数据。

所使用的大气环境场资料为NCEP再分析数据（NCEP FNL Operational Global Analysis data），时间分辨率逐6 h，空间分辨率为1°×1°，高度场、温度场、相对湿度、垂直速度和风场等。

4.3.2.2 海雾天气实况及能见度变化概述

根据海雾可见光云图特征（张纪伟 等，2009），2018年6月4日海雾已基本覆盖在黄海中部部分海域，并逐渐向北扩展，5—6日青岛沿岸已受到海雾影响（图略）。7日14时海雾分布在山东东南部沿海，从可见光云图（图4.13a）上看海雾与陆地的边界清晰，表明在白天时段陆地能见度转好，海雾暂时退居海上；8日14时黄海中部及青岛沿海地区的海雾在可见光云图（图4.13b）的纹理不再光滑，表明此时海雾内部结构逐渐受到破坏，分布有消散的趋势，与沿海自动气象站能见度监测基本一致（图4.14）。9日14时受到高空低压槽系统的影响，整个华东地区云量增多，单从可见光云图（图4.13c）已很难辨别海雾天气。

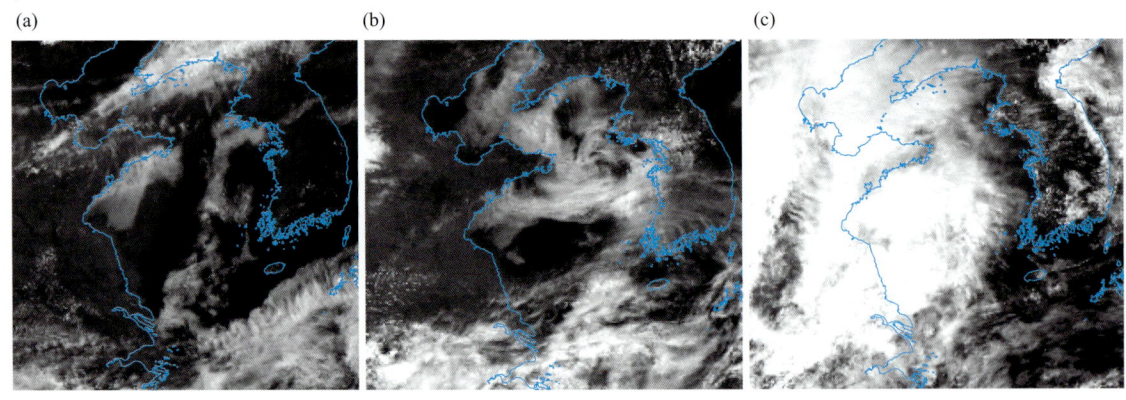

图4.13　2018年6月7日14时（a）、8日14时（b）、9日14时（c）可见光云图

图4.14为青岛国家基本气象站所在位置伏龙山（以下简称伏龙山）和奥帆中心逐小时能见度演变。能见度观测表明，这次海雾过程于5日02时开始影响青岛沿海地区，持续了4 d，8日20时后海雾逐渐消散，能见度有所转好，但仍以轻雾为主。海雾发生期间能见度存在显著的日变化，傍晚到次日早晨前后能见度较低，中午前后随着太阳辐射增强能见度升

高。5—7日每日大雾持续时间达6~13 h，8日海雾影响时间较短（表4.1），仅在早晨及傍晚出现了短时间的海雾。9日白天时段能见度持续转好，但在9日下午以后能见度又再次降低至5 km以下，为开幕式的能见度预报带来了很大的难度。而且在9日22时以后，伏龙山站出现了半小时能见度骤降的现象。

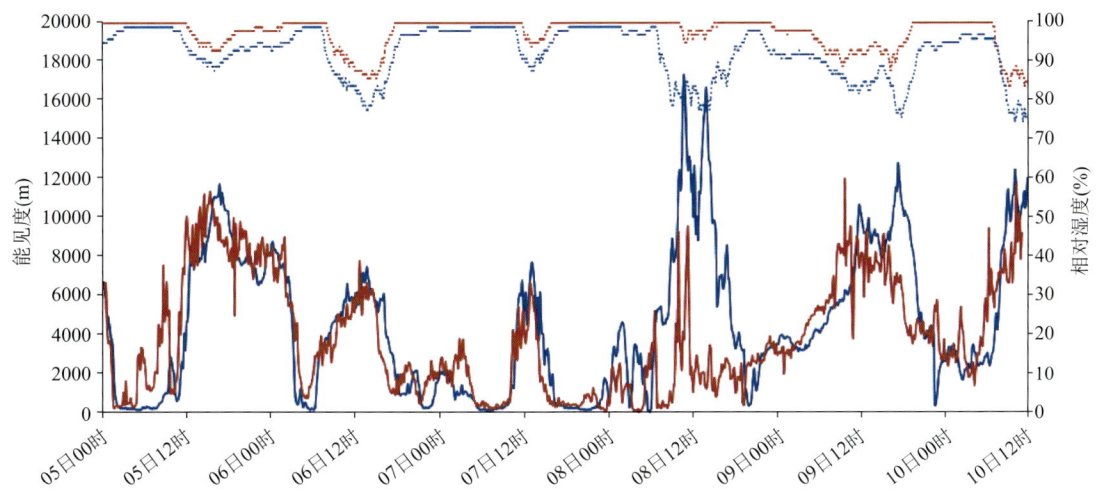

图4.14　2018年6月5日00时—10日12时青岛伏龙山自动气象站（蓝色）和奥帆中心自动气象站（红色）逐小时能见度（实线）、相对湿度（虚线）演变

表4.1　2018年6月5—8日海雾出现时段（持续时间≥30 min）及最低能见度

	奥帆中心		伏龙山	
	时间	最低能见度(m)	时间	最低能见度(m)
6月5日	01:40—09:00	232	02:10—05:30	141
	10:20—10:50	931		
6月6日	03:30—06:10	743	05:20—06:00	152
	21:00—23:00	444	21:20—22:10	225
6月7日	03:40—09:40	189	05:10—10:30	133
	15:50—22:40	291	15:40—00:30	130
6月8日	05:10—05:40	96	04:10—05:50	90
	07:50—10:10	209	19:20—19:50	324

　　整体来看，两站在能见度的起伏波动上基本保持一致。当能见度在1 km以上的轻雾天气下，奥帆中心能见度基本要略低于伏龙山。而在出现1 km以下的浓雾天气时，伏龙山的最低能见度值要低于奥帆中心。不考虑仪器观测误差，出现这种差异的原因主要可能与两站的海拔高度有关。海雾和层云的区别只在于接地与否，由于边界层内垂直运动的影响，两者也存在相互转换的关系（张纪伟等，2009）。奥帆中心紧邻海边且海拔高度接近海平面，而伏龙山的海拔高度76 m。海表面风、海浪等因素造成的海表面的湍流作用使奥帆中心能见度数值不会出现极低的情况，反而是海拔高度略高一些的伏龙山站雾层与夜间下沉低云结合后更加稳定，能见度能达到更低的数值。

4.3.2.3 海雾的发展和维持

由 500 hPa 天气图（图 4.15）可见，6 日 08 时前青岛处于东北冷涡底部槽后，风向以西北风为主，7 日 08 时起直至 9 日 08 时处于低压槽前，风向为西南风，整层大气的湿度逐渐增加。850 hPa 上（图略），4 日夜间、7 日白天有小槽过境，7 日 08 时前青岛上空以偏南风为主，7 日 20 时—8 日 20 时转为偏北风，表明中低层有弱冷空气侵入。9 日 08 时起高空西风槽开始影响青岛，槽前上升运动增强，整层大气的不稳定性增强。

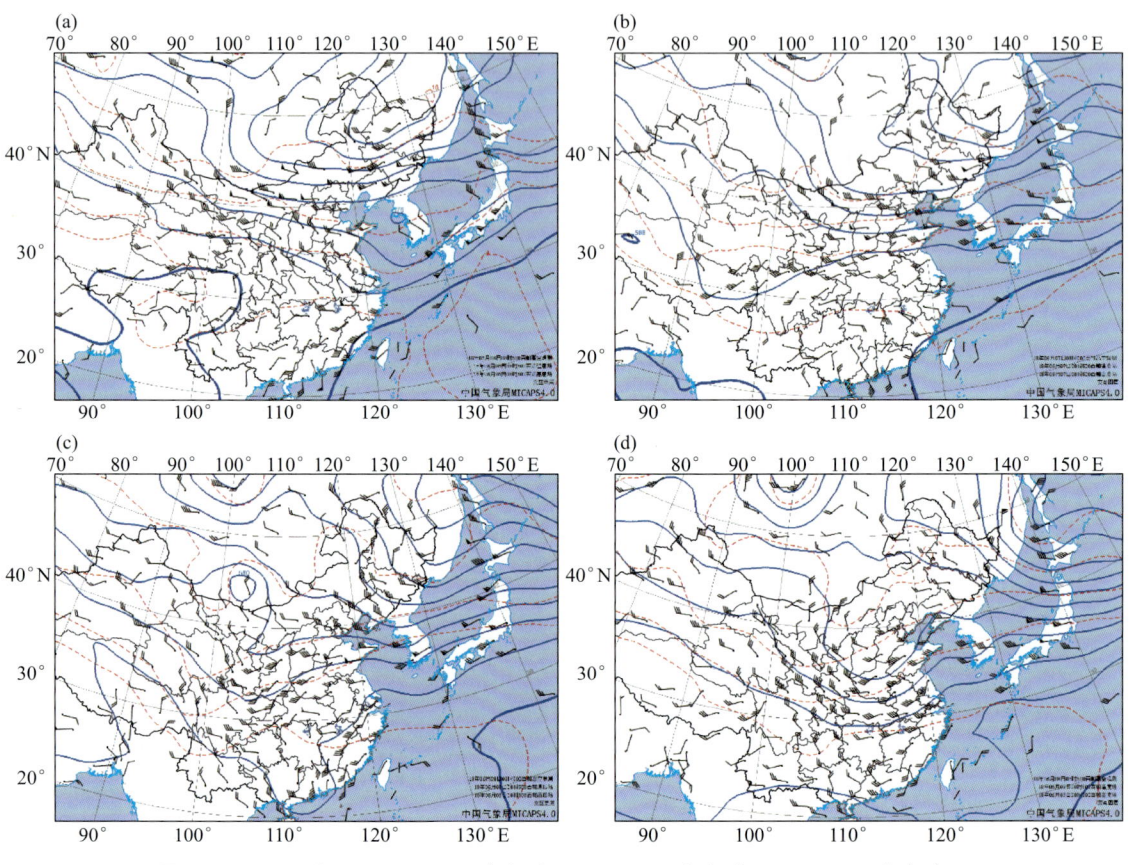

图 4.15　2018 年 6 月 6 日 08 时（a）、7 日 08 时（b）、8 日 08 时（c）、
9 日 08 时（d）　500 hPa 天气图（实线：等高线，虚线：等温线）

地面图（图 4.16）上，6 日 20 时前，蒙古气旋东移南压到华北，青岛处于气旋底部低压槽前，以南风为主，风力 3～4 级；7 日 20 时起，青岛附近气压梯度明显减弱，基本处于均压场控制，地面风以南到东南风为主，风力减弱至 2～3 级。

能见度监测资料（图 4.14）表明，此次海雾天气过程最早开始于 6 月 4 日夜间。6 月 4 日夜间到 5 日上午，6 日清晨，7 日清晨，7 日夜间到 8 日清晨，都出现了海雾天气。而在 5 日、6 日和 7 日的白天到下午时段，能见度都有短时的好转，最高能见度可恢复到 10 km 左右。青岛伏龙山探空资料（图 4.17）统计表明，4 日 20 时—9 日 20 时青岛边界层内均存在逆温现象。4 日 20 时逆温层顶位于 600 m 高度，逆温强度偏弱，随后逆温层逐渐向下发展，逆温层高度降低约位于 400 m 附近，逆温强度比开始阶段明显增强，海雾在此阶段出现。可见，逆温层的存在是海雾的生成及维持的关键因素之一。

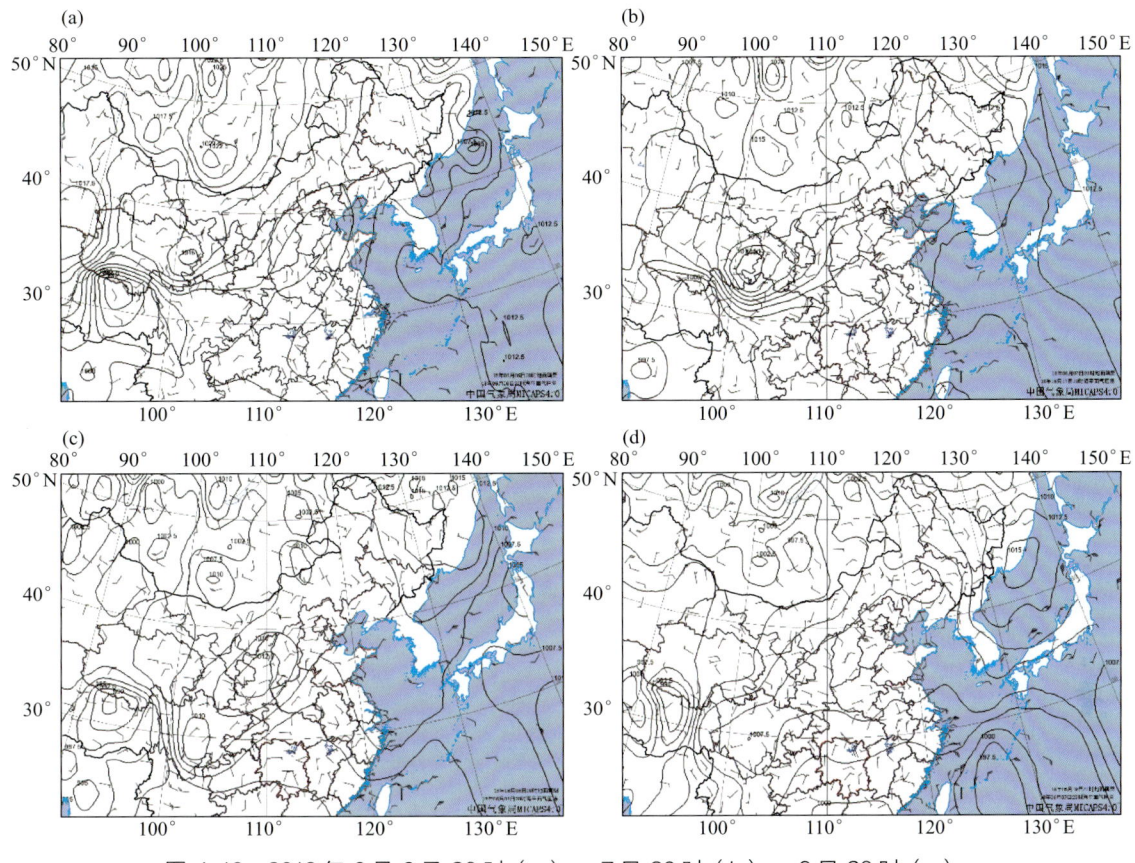

图 4.16 2018 年 6 月 6 日 20 时（a）、7 日 20 时（b）、8 日 20 时（c）、
9 日 20 时（d）地面天气图（实线：海平面气压场）

通过分析逐 6 h 的 NECP 再分析资料伏龙山附近格点的时间剖面图（图 4.18），可以得到与探空剖面相似的结论。在 4 日夜间温度场上青岛上空出现了明显的逆温层，逆温层高度达到 950 hPa，逆温强度为 1～2 ℃。由于 FNL 资料的时间分辨率更细，可以看到在 5—7 日海雾持续阶段，逆温层存在明显的日变化。在 5—7 日白天时段逆温层减弱消失，夜间时段再次形成加强。白天时段太阳辐射增强，近地层温度升高，湍流加强，使海雾减弱消失或抬升为低云。夜间近地层受到辐射降温作用温度下降较快，边界层内逆温层再次形成加强（任兆鹏 等，2011；张苏平 等，2010）。由相对湿度的分布来看，在逆温层出现的时段，近地层相对湿度有明显的升高。这也与海雾天气的发展加强有直接的对应关系。

4.3.2.4 海雾消散及 6 月 9 日能见度变化成因

① 观测实况

能见度监测资料显示 6 月 8 日早晨到上午时段，沿海地区仍受到海雾的影响，伏龙山 05 时左右出现约 30 min 的大雾，奥帆中心雾持续时间较长，10 时后能见度好转，多在 1～3 km。20 时前后，海雾再次影响到沿海地区，影响时间较短，伏龙山和奥帆中心分别于 19：20—19：50 和 20：10—20：20 能见度降至 300～500 m，此后直到 9 日早晨能见度基本在 1～5 km，虽有好转但仍处于轻雾的水平。

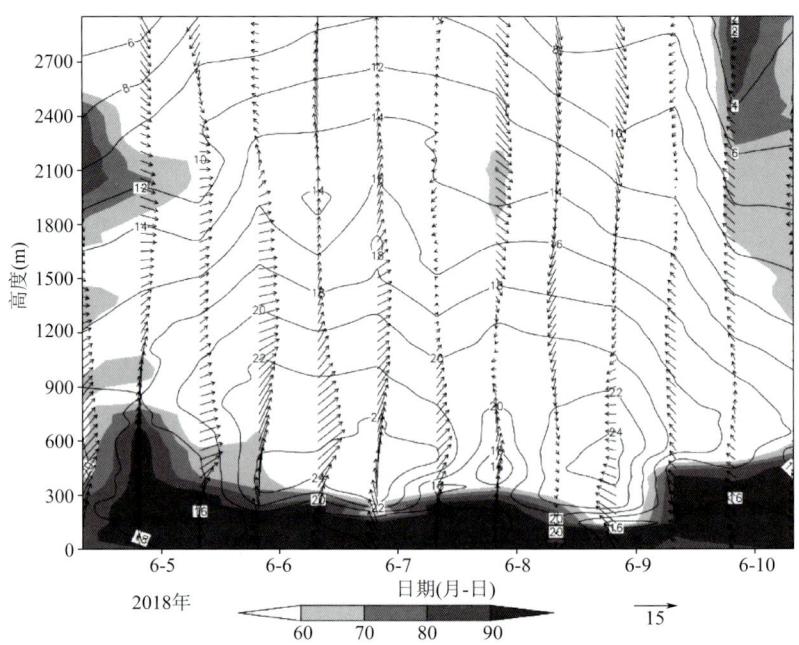

图 4.17　2018 年 6 月 4 日 08 时—10 日 08 时伏龙山探空时间剖面图
（实线：温度，单位：℃；阴影：相对湿度：单位：%）

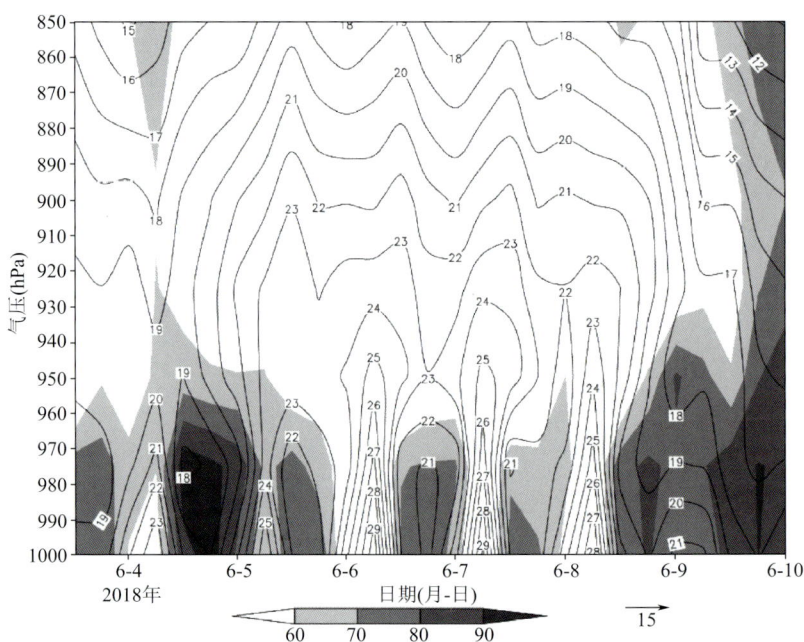

图 4.18　青岛伏龙山温度（实线；单位：℃）和相对湿度
（阴影；单位：%）时间—高度剖面图

② 天气形势

从高空天气图上来看，9 日 08 时后青岛逐渐位于高空低压槽前正涡度平流区，大气垂直运动以上升运动为主。通常来讲大气中的下沉运动有利于逆温层的形成，因此槽前上升运动区是不利于逆温层的维持和发展的。而逆温层的维持又对海雾的维持发展起着很重要的作用（图 4.15d）。从地面天气图上看，8 日 20 时青岛位于地面倒槽东北部，风速没有明显的增大，但地面风场偏东分量继续增大（图 4.16c），9 日 20 时地面倒槽南压消失，青岛转为均压场控制，利于海雾形成的东南流场逐渐消失，地面风场以东到东南风为主（图 4.16d），不利于海雾的继续维持（任兆鹏 等，2019）。

③ 探空分析

由天气形势分析在 7 日夜间上文提到中低层有冷空气入侵，逆温层强度有所减弱，8 日白天冷空气过后再次加强。8 日 20 时后，逆温层高度抬升，逆温强度再次减弱，9 日 08 时之后逆温层结构已经非常不明显，虽然 400 m 以下层的相对湿度仍然较大，但从地面观测来看能见度已有明显好转（图 4.18）。

自 4 日 20 时—8 日 20 时，沿海近地面层一直维持着有不同厚度的湿层（相对湿度≥90%）。8 日 20 时湿层自地面到 980 hPa，20 时后湿层逐渐减弱，9 日 08 时低层最大湿度仅 86%～87%，湿度减小，海雾减弱趋于消散。无论是探空资料还是再分析资料，在 9 日 08 时之后，近地层边界层内都有降温的现象，说明伴随着高空槽的东移，有高层干冷空气侵入边界层内，也对低层海雾有减弱消散的作用。

④ 能见度好转的成因分析

利用 FNL 逐 6 h 再分析资料，制作了青岛伏龙山水平风场和垂直速度时间—高度剖面图（图 4.19）。水平风场从 3 日夜间开始，900 hPa 以下层都维持持续南到西南风，7 日夜间到 8 日早晨转为短时偏北风，表明冷空气入侵的发生。虽然在 8 日白天起到 9 日夜间逆温层内的风向再次转为对海雾形成有利的东南风，但风力较前期明显减弱，水汽输送条件降低，

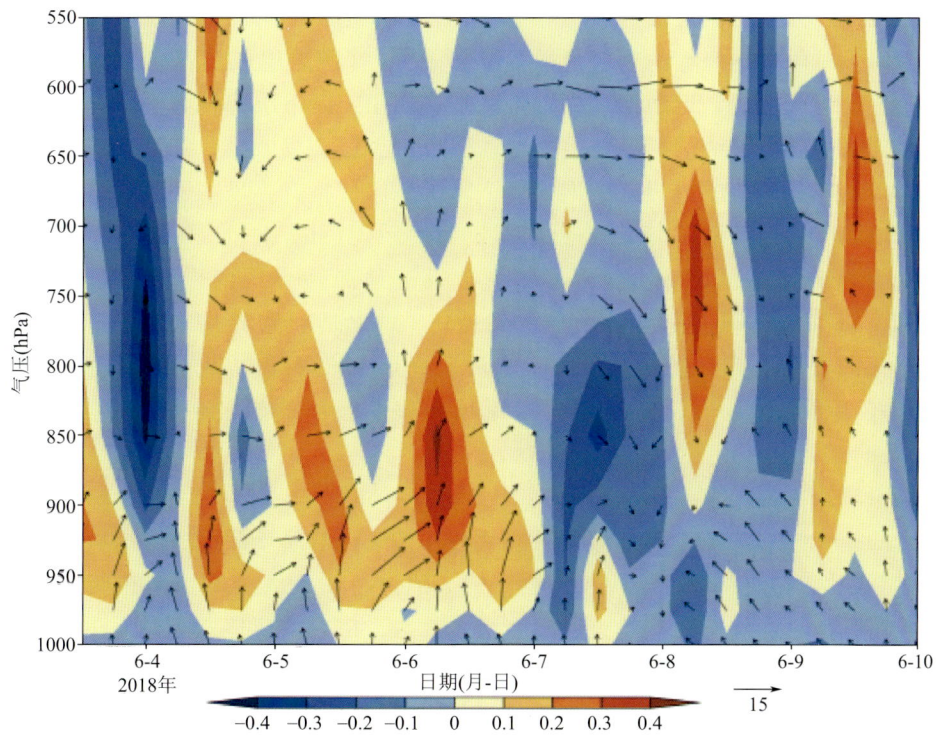

图 4.19 青岛伏龙山水平风场（箭头；单位：m/s）和垂直速度 ω（填色；单位：Pa/s）时间—高度剖面

不利于海雾的继续维持。由地面风场来看，伏龙山、奥帆中心和大公岛自动气象站的风向监测到 8 日下午到夜间，风向以东南风为主，但在 9 日以后各站的风向都向偏东方向转换，越靠近海洋的站点，偏东分量越大（图 4.20）。各层次水平流场的变化表明中低层有干冷空气侵入，使逆温层强度减弱，同时暖湿条件变差，近地面湿度下降，导致 8 日夜间之后的天气形势开始不再有利于海雾的继续维持发展。

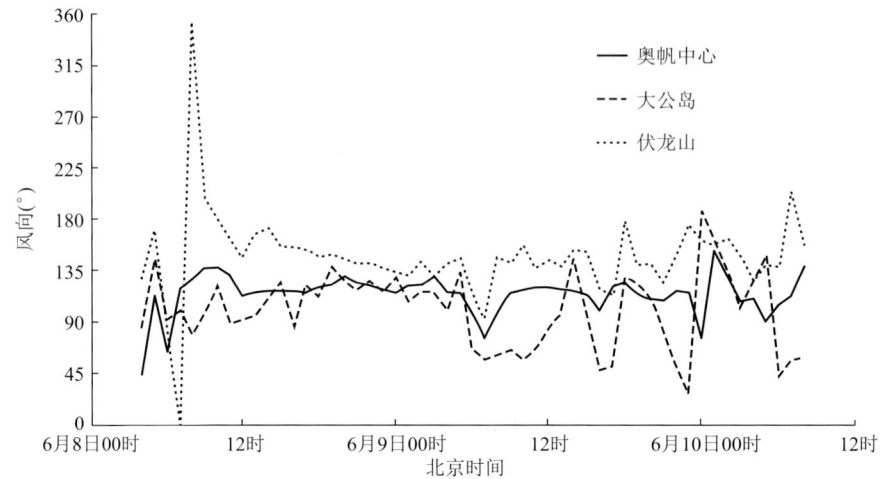

图 4.20　伏龙山、奥帆中心、大公岛自动气象站风向变化

由垂直速度剖面来看，4 日夜间起 500 hPa 以下层大气多为下沉运动，有利于大气层结的稳定和近地面边界层逆温层的形成。在 5—7 日的白天时段 950 hPa 以下有短暂的上升运动，有利于白天时段陆地海雾的暂时消散。尽管 7—9 日逆温层依然存在，但从垂直速度时间剖面看自 7 日夜间以后，近地面边界层特别是 925 hPa 以下层都转为了上升运动。最主要原因还是受到高空槽前系统的影响。上升运动导致边界层高度升高，加之水平风场减弱从而使得水汽输送量减少，造成边界层内饱和度下降。逆温层抬升强度减弱，海雾逐渐抬升为低云，促使近地面能见度好转，海雾呈逐渐消散的趋势（Zhang et al.，2008）。

总体来看，4—7 日低层暖湿气流的建立以及近地面边界层内逆温层的建立、低层湿层的形成和下沉气流有利于海雾的形成与维持。7 日之后，边界层内上升运动逐渐增强，特别是 8 日夜间之后上升运动增强扩大至边界层高层，破坏了边界层内的逆温结构，使此次海雾过程趋于消散。同时，近地层偏南流场向偏东流场的转变也是促使海雾消散的一个原因。

⑤ 6 月 9 日夜间能见度波动分析

能见度的演变图（图 4.14）表明，在 6 月 9 日 20—22 时开幕式演出结束之后，伏龙山站能见度在 22—23 时有短时的能见度急剧下降。通过分析市北南和市南东两个大气环境监测站点的数据，能见度的下降与焰火燃放有很大关系。市北南环境监测站位于伏龙山站以东约 1 km，市南东环境监测站位于奥帆中心站东北约 800 m。

9 日 21 时焰火燃放时段，青岛沿海一带以东南偏东风为主，恰好利于污染物的向西方向扩散。市北南环境监测站在 23 时—次日 00 时出现了 AQI 指数的涌升（图 4.21），最高达到 500。其中主要污染类型 PM_{10} 的波动最为明显（图略）。随后在 10 日 01 时污染物扩散之后,AQI 指数迅速回落至正常水平。市南东环境监测站位于奥帆中心东侧,因此没有受到焰火燃放产生的污染物的影响,AQI 指数变化平稳,始终维持在 40~60。由此看出,9 日夜间伏龙山站能见度的波动是由于焰火燃放所产生的污染物扩散导致(沈利娟 等,2016;杨峰 等,2016)。

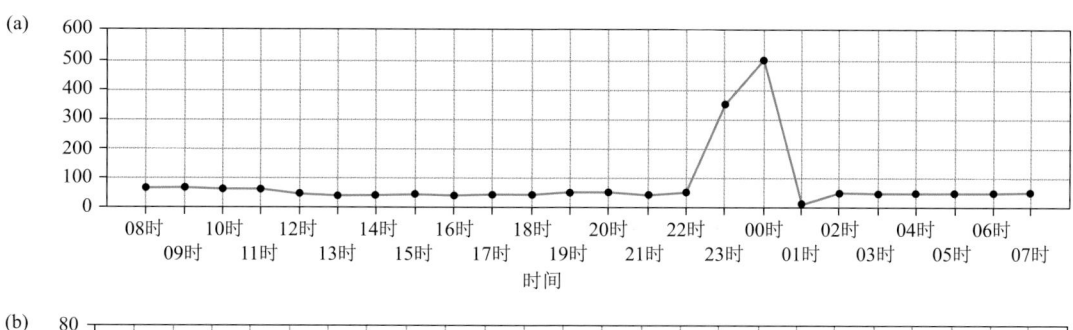

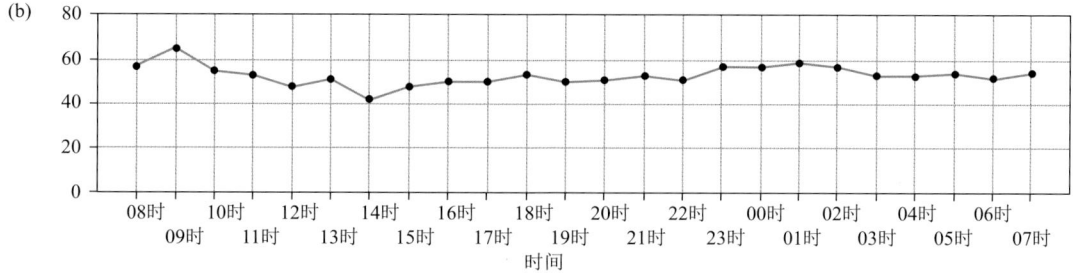

图 4.21 市北南(a)和市南东(b)环境监测站 AQI 变化(2018 年 6 月 9 日 08 时—10 日 08 时)

通过对 6 月 5—9 日青岛沿海海雾过程进行分析,5—7 日边界层内接近接地的强逆温层的建立,有利于海雾的形成与维持。白天时段由于日射增温使地面气温升高形成的湍流上升运动,近地面逆温层减弱消失,海雾消散或抬升为低云,使得海雾出现日变化。

8—9 日能见度转好的主要原因有以下几点:从天气尺度分析,7—8 日中低层流场的改变不利于暖湿气流到达沿海地区,特别是低层流场。从 7 日夜间开始地面气压场梯度明显减弱,使得南风减弱,甚至转为偏东风,暖湿气流供应减弱不利于海雾天气的维持。8 日之后,逐渐位于西风槽槽前,边界层内上升运动逐渐增强且湍流层高度明显增加,边界层内的逆温结构逐渐破坏,使此次海雾过程趋于消散。逆温层的抬升与海雾的消散两者存在互为因果的相关关系,目前分析只着眼于天气尺度条件分析,仍需更深入研究诸如中尺度定量分析等。7 日夜间—8 日白天中低层干冷空气的侵入,导致 8 日夜间湿度减小,近地面湿层逐渐消失,不利于海雾进一步维持。

在海雾业务预报中,预报员常分析地面相对湿度或温度露点差。事实上,两者与能见度的关系均存在一定的不确定性。温度露点差($T-T_d$)小于 1 ℃时,能见度多在 0~3 km;温度露点差在 1~2 ℃范围时,能见度多在 3~5 km;能见度小于 1 km 时,相对湿度在 95% 以上;相对湿度在 90%~95% 范围时,能见度范围较大,多在 3.0~5.0 km(图略)。可见,相对湿度或露点温度差和能见度的关系都是极为复杂的。单纯利用相对湿度或露点温度差预报能见度或雾是远远不够的,能见度的计算需要将两者有机的结合(高荣珍 等,2016),需要今后进一步开展适用于本地的能见度算法。

4.4 济南冬季大雾微物理结构特征

大雾是近地层空气中悬浮着大量水滴、冰晶微粒而使水平能见度小于 1 km 的天气现象,大雾爆发性增强,是指在很短时间(一般<30 min)内大雾突变为浓雾(能见度<500 m),或浓雾跃增为强浓雾(能见度<50 m)(李子华 等,2008)。

雾滴谱等微物理结构与大气能见度紧密相关。Meyer 等(1980)通过对一次辐射雾的研究发现,当能见度由 2.1 km 下降到 1.4 km 时,其谱分布在 5 min 间隔里发生了很大的变化,且在雾最浓的时候,雾滴谱出现了多峰分布。李子华等(1993)通过对重庆冬季雾的微物理结构研究发现,重庆冬季雾中含水量虽小,但雾中能见度却很低,导致能见度小的主要因素是雾中存在着数密度很大的小雾滴。黄建平等(1998)对沪宁地区一次辐射雾的微物理结构及其演变的分析,发现雾的微物理结构与大气污染程度紧密相关,逆温层的长时间存在可以影响雾的微物理结构。Schmitt 等(2013)通过对 2012 年 1—2 月美国阿拉斯加内陆两个观测点冰雾微物理特征的研究发现,冰雾中粒子峰值直径为 2~4 μm,是先前报道的峰值直径的最低值,这是由观测点人类活动产生的高污染物所致。Liu 等(2017)通过对我国近 50 a 来雾的微物理特征进行综合分析,发现随着我国经济和城市化的快速发展,近 30 a 来,雾的微物理结构也出现了其他国家没有的特殊特征,城市化导致雾滴数量浓度增加,但雾滴液态水含量和雾滴尺寸减小,大城市能见度下降。李子华等(2011)通过对南京冬季雾的宏微观物理结构研究发现,南京冬季雾多属于暖雾,各微物理参数以平流辐射雾最大,辐射雾次之,蒸发雾最小;辐射雾由浓雾发展为强浓雾的过程中,都具有爆发性增强的特征。可见,不同的地形和生态,不同的环境条件和气候背景,不同的雾类型以及不同的发展阶段,对雾的微观结构特征、生成消散以及大气水平能见度会有很大的影响,雾的宏微观结构具有明显的地域性特征,特别是人类活动与气候变化对雾的微结构具有重要的影响。2016 年 12 月 19 日—2017 年 1 月 9 日,受静稳天气影响,济南接连出现了 10 次大雾天气过程,累计雾日 15 d,省、市气象部门多次发布大雾预警信号,期间最低能见度不足 50 m,且出现了爆发性增强现象,能见度在短时间内骤降,对交通运输、工农业生产以及人民生活等造成严重影响,济南遥墙国际机场多班次航班暂停起降,多个高速路口临时关闭。本节重点介绍此次大雾期间微物理结构特征。

4.4.1 冬季大雾期间的环流背景

通过对大雾发生期间(2016 年 12 月 19 日—2017 年 1 月 9 日)不同高度层平均风场、温度场、湿度场以及海平面平均气压场、风场等分析可以发现,大雾期间山东处于冷暖气流的过渡地带,中低层西南地区有暖湿气流向北输送,同时贝加尔湖地区不断有弱冷空气从低层扩散南下,大气层结比较稳定,地面风速较小。500 hPa(图 4.22a)中纬度地区(30°~50°N)平均环流比较平直,山东受平直的西风气流或弱的西北气流控制,700 hPa 平均场(图 4.22b)山东处于高压脊前部的西北气流控制,西南地区有暖湿平流向北输送,山东处于南北两支气流的过渡地带，850 hPa、925 hPa 和 1000 hPa（图略）西南地区也有暖湿气流向北输送，山东处于高压脊前部，盛行西北气流，无明显的暖脊控制，但通过对大雾期间温度场的普查来看，大雾前期 850 hPa 和 925 hPa 山东大多受温度脊控制，后期随着冷空气的入侵，低层温度脊逐渐减弱并消失。从海平面平均气压场、风场（图 4.22c）来看，巴尔喀什湖到贝加尔湖附近有一个弱的冷高压中心，中心强度为 1032.5 hPa，山东处于冷高压前部，1027.5 hPa 等压线穿过山东西部，山东境内等压线稀疏，以偏北风为主，风速较小。济南章丘站 08 时、20 时探空曲线（图略）显示，大雾期间济南地区层结比较稳定，近地层或低层出现了明显的逆温结构。在这种天气背景下，中低层盛行的暖湿平流提供了良好的水汽条件，夜间地面长波辐射和低层冷空气入侵极为有利于近地层降温和逆温结构的形成，使大气稳定度增强，非常有利于大雾形成和维持。

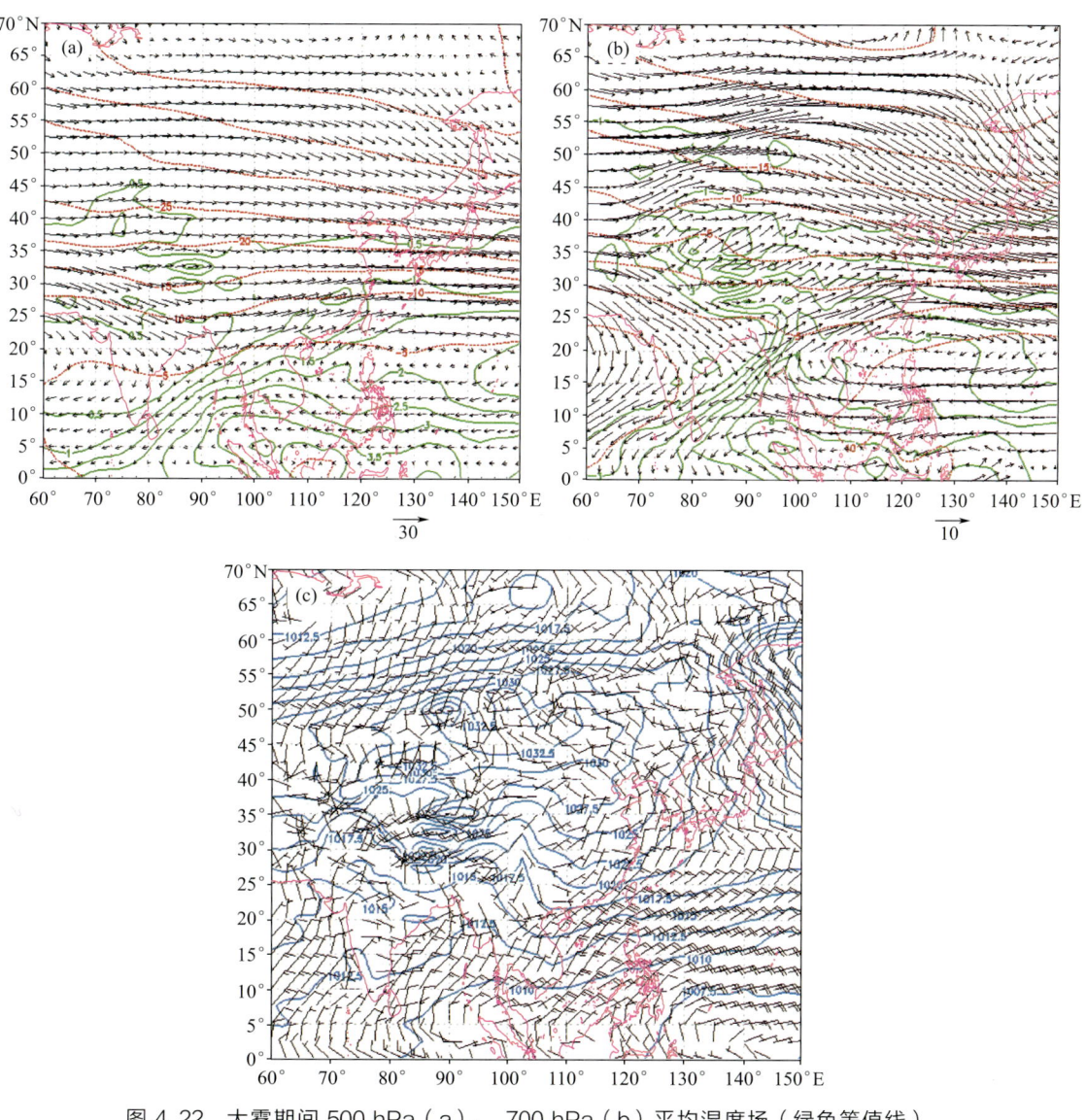

图 4.22　大雾期间 500 hPa（a），700 hPa（b）平均湿度场（绿色等值线），温度场（红色等值线）和风场以及海平面气压场（c）（蓝色线）和风场特征

4.4.2 冬季雾类型及其宏观特征

依据雾形成的物理成因，雾主要可分为冷却雾和蒸发雾（李子华 等，2008）。冷却雾包括辐射雾和平流雾，辐射雾由辐射降温引起，一般发生在反气旋和均压场内，晴夜、静风和高相对湿度有利于辐射雾的形成（Roach et al.，1976；Meyer et al.，1990）。平流雾是暖湿平流经过冷下垫面冷却形成，一般发生在地面气旋暖区、冷海面和海岸附近，风速较辐射雾要大。蒸发雾（雨雾）是冷平流移经暖湿下垫面，由暖湿下垫面蒸发的水汽进入冷区凝结形成，或者是降水在冷区蒸发冷却形成（Koračin et al.，2014）。

通常，陆地上的平流雾和辐射雾很难严格区分，陆地雾在形成前期中低层往往伴随着暖湿平流，然后是近地层随之而来的辐射冷却，由于陆地上温度日变化较大，雾大多是夜晚形成，日出后消失，因此流经陆地的平流雾一般与辐射降温相伴随，又称为平流辐射雾。从济南2016—2017年冬季10次雾过程的宏观特征（表4.2）来看，10次雾过程中平流辐射雾4次、辐射雾3次、蒸发雾（雨雾）3次；雾发生时地面以偏北风为主，风速较小，一般不超过2 m/s；平均相对湿度均在90%以上；持续时间差异较大，最长的持续了62.3 h，最短持续1.25 h 持续时间最长的是平流辐射雾，最短的是蒸发雾（雨雾）；3次蒸发（雨）雾都是西南暖湿气流在北上过程中与冷空气结合产生的，均与降水相联系，即雨水下降到冷下垫面的空气中，空气中的水汽达到饱和而形成，其持续时间或长或短，主要与其伴随的天气系统有关；平流辐射雾和蒸发雾的起雾时间没有明显的规律性，有2次出现在下午，5次出现在夜间；3次辐射雾都形成于夜间，在清晨前后消散，具有较明显的日变化特征，形成时济南均处于500 hPa槽后的西北气流里，且前期均出现过降水，地面湿度较大，风速较小。平流辐射雾发生时能见度最低，最低能见度不足50 m，辐射雾次之，最低能见度在100 m左右，蒸发雾最大，最低能见度在500 m左右。

表4.2 10次雾过程的宏观特征

过程编号	类型	起始时间	雾开始	雾消散	地面主导风向	平均风速（m/s）	相对湿度（%）	采集样本数	备注
1	平流辐射雾	2016年12月19—21日	15:30	16:50	NE	1.59	92.6	177660	有降水，出现过强浓雾
2	平流辐射雾	2016年12月21—22日	20:00	12:45	NW	1.10	94.3	45900	前期有降水，雾期间有弱降水
3	辐射雾	2016年12月22—23日	22:55	03:30	NE和NW	1.05	95.0	16560	前期有降水，期间冷空气过境，无降水
4	蒸发雾	2016年12月25日	15:55	17:10	E	1.63	92.7	4560	雾期间有弱降水
5	蒸发雾	2016年12月26日	01:40	15:00	NE	2.1	94.5	48060	雾期间有降水
6	辐射雾	2016年12月29日	02:55	10:00	NW	0.72	92.8	25560	前期有降水，期间冷空气过境，无降水

续表

过程编号	类型	起始时间	雾开始	雾消散	地面主导风向	平均风速（m/s）	相对湿度（%）	采集样本数	备注
7	平流辐射雾	2017年1月2—3日	01:30	06:45	NE和NW	1.11	94.8	19697	无降水
8	平流辐射雾	2017年1月3—6日	22:20	12:40	NE和NW	1.13	94.8	224520	本站无降水，周边伴有弱降水
9	蒸发雾	2017年1月6—7日	20:45	06:00	NE和NW	1.15	90.2	33360	本站无降水，周边伴有弱降水
10	辐射雾	2017年1月9日	00:45	07:05	W	1.53	93.1	22860	前期有降水，期间冷空气过境，无降水

注：2017年1月2日07:00后因雾滴谱仪故障缺测11 h。

4.4.3 冬季雾微物理结构特征

雾的微观特征及其与环境大气（如温度、湿度、气压、风速等）之间的相互关系对雾的形成、发展和消散等具有非常重要的作用。通常描述雾微观物理结构和特征的物理量有雾滴的数浓度、含水量、不同尺度粒子数量等。本节微物理观测资料均由 FM-120 型地面雾滴谱观测仪获取，该仪器是美国 DMT 公司生产，观测时利用激光前向散射原理，能够连续观测雾滴或低云云滴，观测时分 30 档，范围为 2~50 μm，采样面积 S 为 0.24 mm^2，采样频率为 1 s^{-1}，采样时抽气取样速度控制在 15 m/s 左右。观测的物理量有空气温度、粒子数浓度、不同尺度粒子数量、液态含水量、粒子有效直径、中值体积直径等。数浓度（NC）、液态含水量（LWC）是根据观测的雾滴大小和数量计算得出的单位体积量，数浓度与气流抽取速度（Pas）、采样面积（S）具有以下关系：

$$\mathrm{NC}=\frac{\sum_{i=1}^{30}N(i)}{v}=\frac{\sum_{i=1}^{30}N(i)}{\mathrm{Pas}\times S} \tag{4.1}$$

其中，$N(i)$ 为观测的各档雾滴数量，气流抽取速度一般在 15 m/s，采样面积 $S=0.24$ mm^2，因此有：

$$\mathrm{NC}\approx\frac{\sum_{i=1}^{30}N(i)}{3.6} \tag{4.2}$$

数浓度（NC）单位为个/cm^3，即每立方厘米雾滴的数浓度约为所观测总雾滴数的 3.6 分之一。液态含水量（LWC）单位为 g/m^3。另外，为了防止冬季温度太低抽气口结冰堵塞影响采样，FM-120 型地面雾滴谱仪在抽气口处增加了加热片对抽取的气流进行加热，因此其观测的温度比大气温度偏高 4~5 ℃。总体来看，虽然自动气象站观测的温度与雾滴谱仪观测的空气温度在数值上有差异，但两者在变化趋势上具有高度的一致性，雾滴谱仪观测的温度能较好地表征空气温度的变化趋势（图 4.23）。

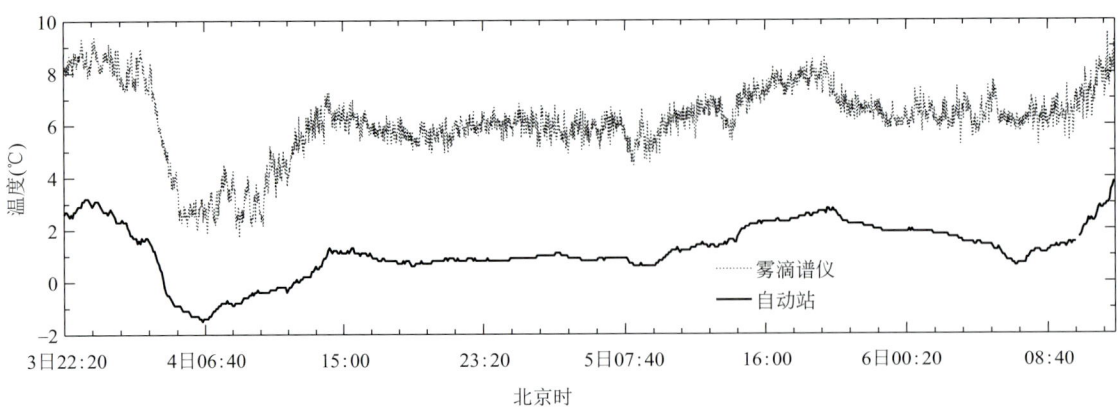

图 4.23 雾滴谱观测的温度与自动站气温的对比

4.4.3.1 平均谱特征

从整个过程的平均谱型来看，济南冬季雾大致可分为"单峰窄谱"和"多峰宽谱"两种类型（图 4.24），其中"单峰窄谱"型呈现"单峰"结构，谱偏窄，谱宽不超过 13 μm，其右侧间断的大滴直径不超过 24 μm，峰值直径为 4 μm 或 5 μm，数密度较小，峰值处雾滴数在 10 μm^{-1} 以下；"多峰宽谱"型则呈现"多峰"结构，峰值直径分别为 5 μm、14 μm、20~22 μm，谱偏宽，均在 34 μm 以上，最大达 50 μm，数密度明显大于"单峰窄谱"型，第一峰值处雾滴数均在 10 μm^{-1} 以上，最多达 147 μm^{-1}。

冬季雾类型不同，其谱分布存在明显的差异，"多峰宽谱"型以平流辐射雾和辐射雾为主，在 5 个"多峰宽谱"型个例中有 3 个平流辐射雾、2 个辐射雾，3 个蒸发雾个例均为"单峰窄谱"型。

两种类型雾中均以小滴为主，$D \leqslant 8$ μm 小滴数量达到 88% 以上，其中"单峰窄谱"型小滴所占比例高达 98.9%~100%，"多峰宽谱"型小滴占 88.3%~95.5%，$D \geqslant 12$ μm 大滴所占比例增大，且出现了 $D \geqslant 30$ μm 的大滴（表 4.3）。

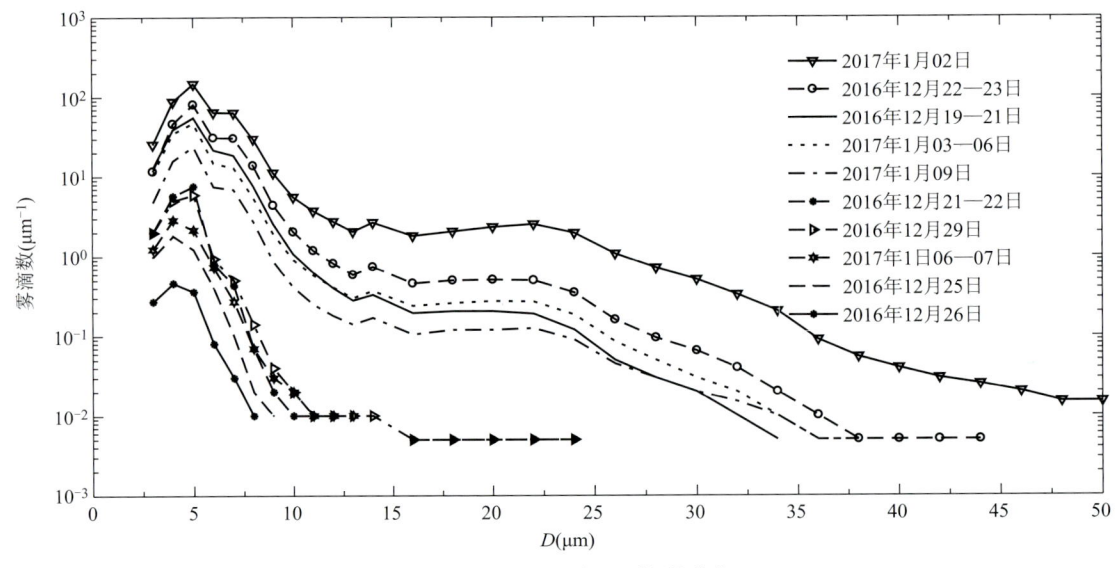

图 4.24 10 次雾过程平均谱分布

表 4.3　10次雾过程不同尺度的雾滴数及其所占的比例

	雾过程	雾滴总数	$D\leqslant 8\ \mu m$ 雾滴数（占比）	$D\geqslant 12\ \mu m$ 雾滴数（占比）	$D\geqslant 30\ \mu m$ 雾滴数（占比）
单峰窄谱雾	2016年12月26日	1.21	1.21(100%)	0(0)	0(0)
	2016年12月25日	4.54	4.53(99.8%)	0(0)	0(0)
	2017年01月06—07日	7.38	7.3(98.9%)	0.02(0.3%)	0(0)
	2016年12月29日	14.57	14.42(99.0%)	0.08(0.5%)	0(0)
	2016年12月21—22日	16.63	16.53(99.4%)	0.06(0.4%)	0(0)
多峰宽谱雾	2017年1月9日	64.69	61.29(94.7%)	1.87(2.9%)	0.11(0.2%)
	2017年1月3—6日	133.08	125.72(94.5%)	3.95(3.0%)	0.14(0.1%)
	2016年12月19—21日	162.16	154.83(95.5%)	3.07(1.9%)	0.07(0.04%)
	2016年12月22—23日	229.32	214.1(93.4%)	7.6(3.3%)	0.31(0.1%)
	2017年1月2日	473.93	418.42(88.3%)	35.09(7.4%)	2.67(0.6%)

4.4.3.2　微物理结构特征

济南冬季雾的微物理结构具有以下特征（表4.4）。

（1）平均数浓度为 34.41 cm^{-3}，最低的仅为 0.33 cm^{-3}，最高的是 126.76 cm^{-3}，相差 10^3 倍，平均液态含水量为 0.00678 g/m^3，平均液态含水量最低的为 0.00002 g/m^3，最高的为 0.0566 g/m^3，相差 10^3 倍；平均中值体积直径为 6.87 μm，最小的为 2.52 μm，最大的为 20.12 μm，相差 9 倍；平均有效直径为 5.67 μm，最小的为 2.44 μm，最大的为 14.71 μm，相差 6 倍。对于同一次过程，各微物理量起伏变化也很大，数浓度相差 $10\sim 10^3$ 倍，液态含水量相差 $10\sim 10^4$ 倍，中值体积直径相差 0.5～9 倍，有效直径相差 0.5～6 倍。

（2）"单峰窄谱"型雾中各微物理量均值较小，平均数浓度 0.33～4.54 cm^{-3}，平均液态含水量 0.00002～0.00027 g/m^3，平均中值体积直径 2.52～5.3 μm，平均有效直径 2.44～4.81 μm；"多峰宽谱"型雾中各微物理量均值较大，平均数浓度 17.56～126.76 cm^{-3}，比"单峰窄谱"型大 1～2 个数量级，平均液态含水量 0.00346～0.0566 g/m^3，比"单峰窄谱"型大 2～3 个数量级，平均中值体积直径 7.01～20.12 μm，平均有效直径 5.7～14.71 μm，比"单峰窄谱"雾偏大 2～3 倍。

（3）中值体积直径与有效直径具有较好的一致性，中值体积直径越大，有效直径越大。"单峰窄谱"型雾，平均中值体积直径和平均有效直径均较小，两者的差值也较小，其差值比大多在 10% 以下；"多峰宽谱"型雾，平均中值体积直径和平均有效直径都较大，差值也较大，差值比均在 20% 以上，最高达 36.8%。

表 4.4　济南10次雾过程的微物理结构特征

	雾过程	数浓度(cm^{-3})	液态含水量(g/m^3)	MVD(μm)	ED(μm)	(MVD−ED)/ED
单峰窄谱雾	2016年12月26日	0.33 (0.05～1.80)	0.00002 (0.00000～0.00039)	2.52 (0.68～5.02)	2.44 (0.68～4.74)	3.3%
	2016年12月25日	1.23 (0.72～1.91)	0.00006 (0.00002～0.00025)	4.49 (3.68～5.27)	4.18 (3.49～4.85)	7.4%

续表

雾过程		数浓度(cm^{-3})	液态含水量(g/m^3)	MVD(μm)	ED(μm)	(MVD−ED)ED
单峰窄谱雾	2017年1月6—7日	2 (0.90~5.21)	0.00012 (0.00004~0.00038)	5.3 (4.2~6.63)	4.81 (3.94~5.93)	10.2%
	2016年12月29日	4 (0.54~37.1)	0.00024 (0.00002~0.00278)	5.19 (3.87~12.26)	4.71 (3.7~8.66)	10.2%
	2016年12月21—22日	4.54 (0.33~38.46)	0.00027 (0.00001~0.00668)	4.74 (2.51~17.43)	4.36 (2.44~10.36)	8.7%
	平均	2.42 (0.05~38.46)	0.000142 (0.00000~0.00668)	4.45 (0.68~17.43)	4.1 (0.68~10.36)	8.5%
多峰宽谱雾	2017年1月9日	17.56 (0.75~248.43)	0.00346 (0.00002~0.06223)	7.77 (3.81~21.9)	6.27 (3.63~14.54)	23.9%
	2017年1月3—6日	35.92 (1.26~1238.25)	0.00649 (0.00004~0.37345)	7.01 (4.01~22.21)	5.76 (3.91~16.00)	21.7%
	2016年12月19—21日	44.69 (0.3~820.98)	0.0061 (0.00001~0.14618)	6.86 (2.25~20.94)	5.7 (2.19~14.69)	20.4%
	2016年12月22—23日	62.76 (0.77~343.27)	0.01302 (0.00003~0.08480)	9.73 (3.56~21.51)	7.28 (3.41~15.29)	33.7%
	2017年1月2日	126.76 (0.92~521.01)	0.0566 (0.00005~0.18759)	20.12 (4.76~26.1)	14.71 (4.41~20.75)	36.8%
	平均	57.54 (0.75~1238.25)	0.017134 (0.00001~0.37345)	10.30 (2.25~26.1)	7.94 (2.19~20.75)	29.7%
	总平均	34.41 (0.05~1238.25)	0.00678 (0.00000~0.37345)	6.87 (0.68~26.1)	5.67 (0.68~20.75)	21.2%

注：括号内的数值为最小、最大值；MVD为平均中值体积直径，ED为平均有效直径。

4.4.3.3 济南冬季雾中各微物理量的对应关系

(1) 济南冬季雾中 $D\leqslant 8\ \mu m$ 的小雾滴占总数的 88% 以上，其数浓度 (y) 与 $D\leqslant 8\ \mu m$ 的小雾滴数 (x) 具有较好的线性关系(图4.25)，满足

$$y = 0.2997x - 1.195 \tag{4.3}$$

即数浓度主要取决于小雾滴的多少，小滴数量越多，数浓度越大，小滴越少，数浓度越小。

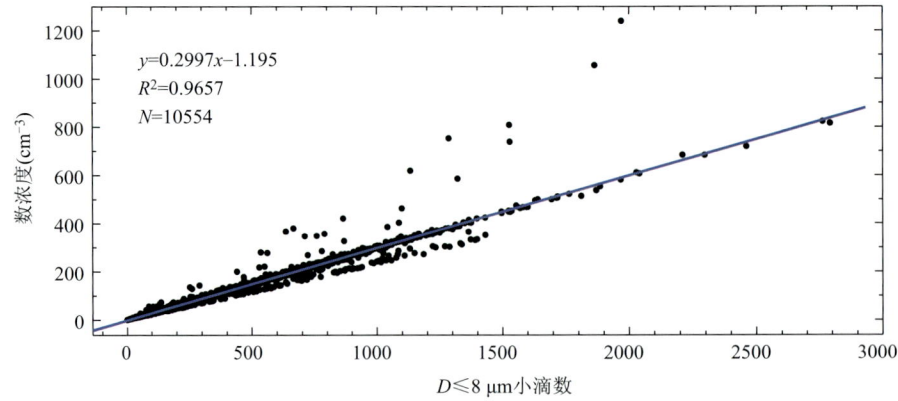

图 4.25　数浓度（NC）与 $D\leqslant 8\ \mu m$ 小滴数的相关关系（$\alpha = 0.05$）

(2)"单峰窄谱"型雾，其液态含水量谱呈现出单峰型(图4.26a)，对液态含水量贡献最大的是直径 5 μm 的雾滴；"多峰宽谱"型雾，其液态含水量谱呈现出双峰型(图4.26b)，两个峰值

直径分别位于 22 μm 和 7 μm，第一峰值(直径 22 μm)对液态含水量的贡献比第二峰值处(直径 7 μm)大 1 个数量级左右。

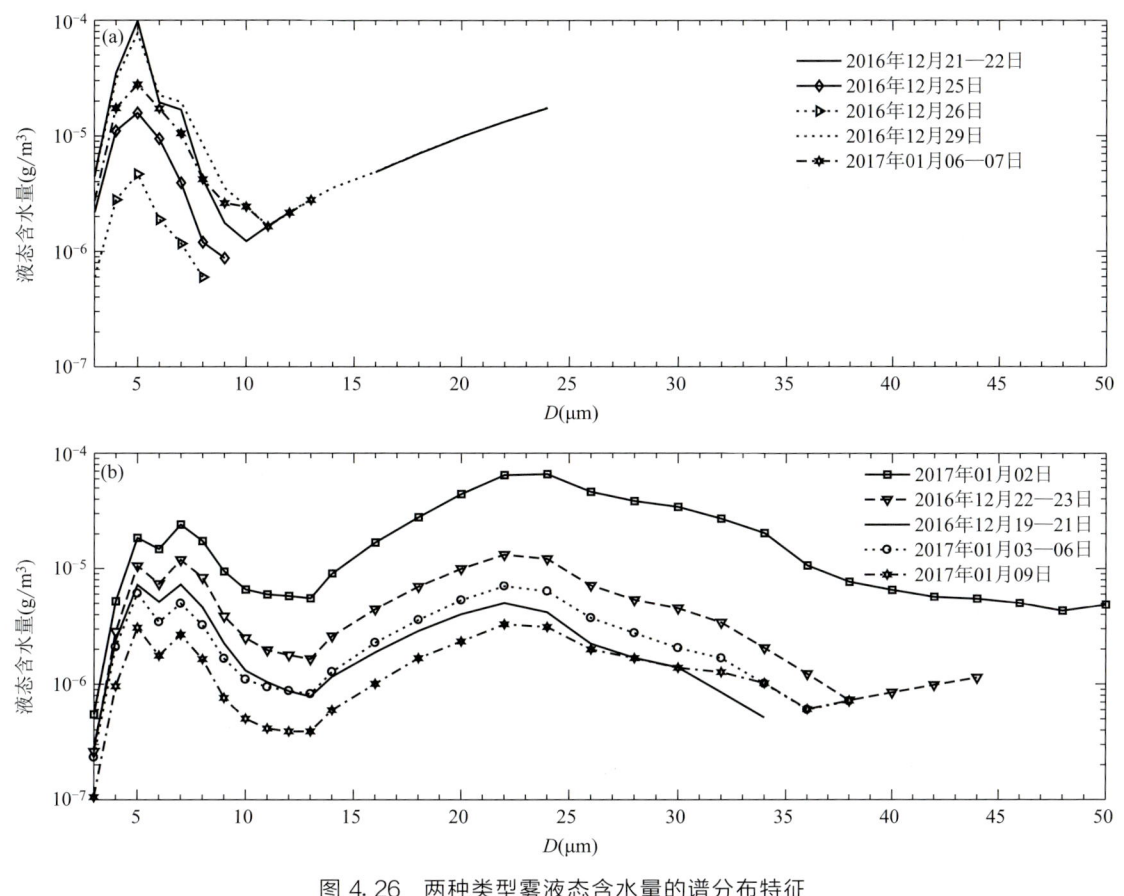

图 4.26　两种类型雾液态含水量的谱分布特征
(a)"单峰窄谱"型，(b)"多峰宽谱"型

(3)液态含水量与数浓度的相关关系表明(图 4.27a)，液态含水量(y)与数浓度(x)具有较好的线性关系，两者满足 $y=0.0002413x-0.001497$，$R^2=0.7997$，但高相关性主要体现在数浓度较小时，随着数浓度的增大，两者离散度逐渐增大、相关程度逐渐减小，因此对于"单峰窄谱"型雾，液态含水量与数浓度具有较好的正相关关系，对于"多峰宽谱"型雾，液态含水量(y)与 $D\geqslant12$ μm 的大滴数量(x)具有较好的正相关关系(图 4.27b)，满足 $y=0.001572x+0.0005697$，其相关程度较高 $R^2=0.9512$，明显大于液态含水量与数浓度的相关程度($R^2=0.7997$)。

4.4.4　平流辐射雾微物理特征个例分析

2017 年 1 月 3—6 日我国中东部地区出现了一次大范围、持续性的强浓雾天气，3 日 08 时地面图上可见长江中下游到华南地区已经出现了大片的雾区，20 时，雾区进一步向北扩展到黄淮和华北地区，影响区域波及河北、河南、北京、天津、安徽、江苏、山东等省(市)，此次大雾过程持续时间之长、波及范围之广为近几年来之罕见。济南无影山站于 3 日 22:20 观测到能见

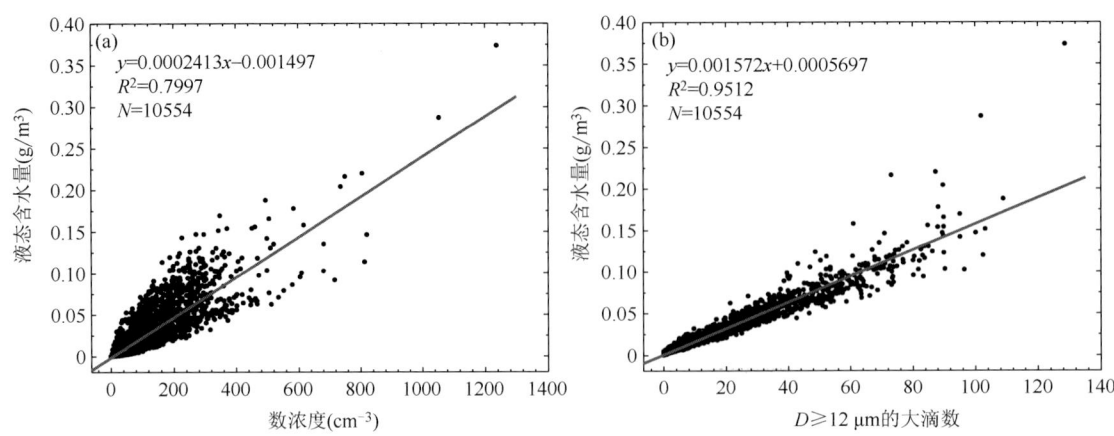

图 4.27　液态含水量（LWC）与数浓度（NC）（a），$D \geqslant 12~\mu m$ 大滴数（b）的相关关系（$\alpha = 0.05$）

度低于 1000 m 的大雾，6 日 12:40 随着地面温度的不断升高，大雾消散，共持续了 62 h 20 min，经历了 4 次"增强—减弱"的变化过程。从无影山站能见度随时间的演变来看，此次雾经历了 4 个子过程：(1) 子过程 1(3 日 22:20—4 日 14 时)，能见度从 1000 m 左右缓慢下降，4 日 04:05—04:25 在 20 min 的时间内，能见度急剧恶化，由 670 m 下降到 99 m，大雾突变为强浓雾，之后低于 70 m 的低能见度维持了 6 h，11:25 能见度开始转好，14 时增大到 500 m 左右。(2) 子过程 2(4 日 14 时—5 日 18 时)，能见度从 500 m 左右起伏下降到 100 m 左右，之后逐渐增大到 800 m。(3) 子过程 3(5 日 18 时—6 日 05:40)，能见度从 800 m 下降到约 400 m，之后逐渐增大到约 900 m。(4) 子过程 4(6 日 05:40—12:40)，能见度从 900 m 下降到约 400 m，之后逐渐增大，到 12:40 能见度增大到 1000 m 以上，济南大雾暂时结束，随后而来的降水和冷空气破坏了原来稳定的层结条件，此次大雾彻底结束。

由 2017 年 1 月 3—6 日天气形势(图略)和济南章丘站近地层(1000 m 以下)温度、相对湿度演变情况(图 4.28)来看，大雾期间大尺度天气形势和层结具有以下特点：

(1) 500 hPa 中纬度环流比较平直，河套地区不断有短波槽东移，山东大多受平直的西风气流或弱的西北气流控制，孟加拉湾地区有宽广的南支槽存在，南支槽在东移过程中发展加深。

(2) 700 hPa 和 850 hPa 西南地区有暖湿气流向北输送，山东大多受偏南气流控制，有冷空气南下时受弱西北气流控制；850 hPa、925 hPa 山东大多受温度脊和暖平流控制。

(3) 地面图上，贝加尔湖东南到我国华北一直维持弱的冷高压中心，山东处于冷高压前部均压场控制；近地层和贴地层以逆温结构为主，大雾形成初期，由于夜间辐射降温，在 200 m 以下贴地层形成了较强的逆温结构，逆温率达 2.9 ℃/100 m，弱冷空气南下时，贴地层(200 m 以下)逆温减弱，近地层(200~1000 m)逆温增强。从相对湿度随高度的演变来看，大雾前期(3 日 22:20—5 日 08 时)，雾顶高度在 400 m 左右，后期(5 日 20 时—6 日 08 时)，雾顶高度在 300 m 左右。

(4) 此次过程是在静力稳定的天气背景下，地面长波辐射降温以及弱冷空气扩散南下在贴地层形成冷垫，低层盛行的暖湿平流叠加在冷垫上形成的平流辐射雾，期间平流和辐射作用同时或交替出现，每一个过程均有阶段性的变化特征，子过程 1 是比较典型的平流辐射雾，子过程 2 和子过程 4 以平流雾为主，子过程 3 以辐射雾为主。夜间地面长波辐射降温是此次雾形成的起因,低层盛行的暖湿平流为雾的形成和维持提供了有利的水汽条件,冷空气南下造成近地层稳定层结破坏是持续性大雾消散的原因。

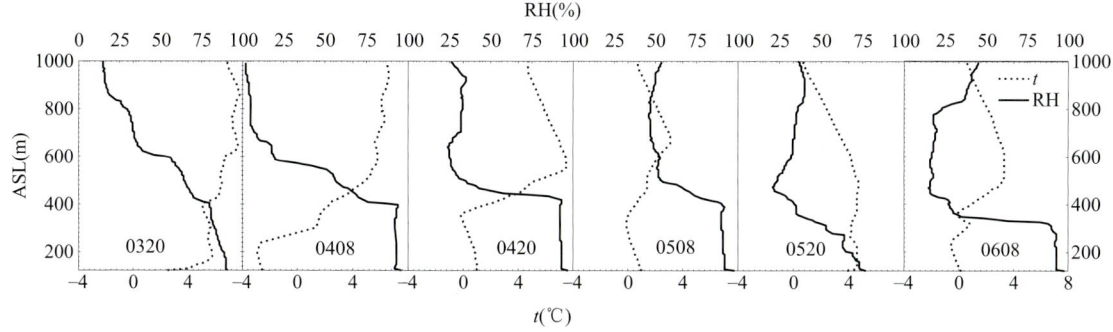

图 4.28 章丘站温度(t)和相对湿度(RH)随海拔高度(ASL)的分布

4.4.4.1 微物理结构及其演变特征

数浓度、雾滴谱等微物理量是反映雾基本特征的重要因子,与大气水平能见度密切相关。通过对此次大雾过程数浓度(NC)和液态含水量(LWC)、中值体积直径(MVD)和有效直径(ED)、温度(t)和能见度(V)随时间的演变来看,其微物理结构具有以下特征:

(1)在整个过程中,各微物理量起伏变化较大,其中平均数浓度为 35.92 cm^{-3},最小仅为 1.26 cm^{-3},最大达到了 1238.25 cm^{-3},相差 3 个数量级;平均液态含水量为 0.00649 g/m^3,最小 0.00004 g/m^3,最大 0.37345 g/m^3,相差 4 个数量级;平均中值体积直径和有效直径分别为 7.01 μm 和 5.76 μm,最小值分别为 4.01 μm 和 3.91 μm,最大值分别为 22.21 μm 和 16 μm(表 4.5)。

表 4.5 整个雾过程的物理量特征

物理量	温度(℃)	能见度(m)	数浓度(cm^{-3})	液态含水量(g/m^3)	中值体积直径(μm)	有效直径(μm)
最小值	1.72	51	1.26	0.00004	4.01	3.91
最大值	9.52	1018	1238.25	0.37345	22.21	16.00
平均值	6.13	459	35.92	0.00649	7.01	5.76

(2)整个过程的平均谱型呈现"三峰"结构,峰值直径分别为 5 μm、14 μm、20 μm;谱较宽,平均最大直径达 38 μm;平均谱大致满足 D 分布(滴谱的一种分布方式,全称 Deirmendjian),对于直径 15 μm 以下的小雾滴,大部分实测值比理论值偏少,对于 15 μm 以上的大雾滴,实测值比理论值偏多(图 4.29)。

(3)整个过程中,数浓度、液态含水量、中值体积直径和有效直径的演变趋势具有高度的一致性,能见度与数浓度、液态含水量、中值体积直径、有效直径等微物理量具有较好的对应关系,微物理量大值区一般与较低的能见度相对应,小值区与较高的能见度相对应,如图 4.30 所示。

(4)雾过程前期(3 日 22:20—6 日 00:20),温度与能见度具有较好的对应关系,即温度降低,能见度下降,温度升高,能见度增大。后期(6 日 00:20 与 08:40),温度与能见度对应关系不显著。

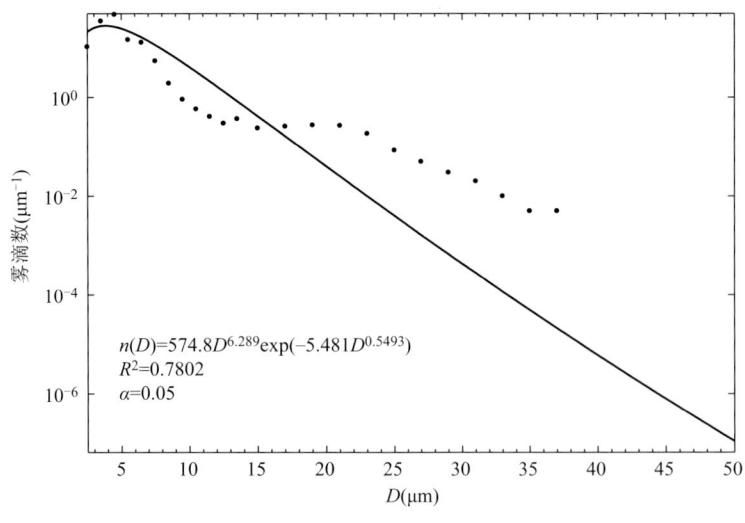

图 4.29 整个过程平均谱分布及其拟合曲线

4.4.4.2 不同发展阶段的微物理结构特征

子过程 1 具有典型的平流辐射雾特征,期间还出现了爆发性增强现象,通过对其形成、发展、成熟和减弱阶段物理特征分析发现,其微物理过程、微物理结构具有如下特征(表 4.6、图 4.30、图 4.31):

(1) 形成阶段(3 日 22:20—4 日 03:20):微物理量变化比较平稳,数浓度等微物理量都很小,平均数浓度仅为 2.06 cm^{-3};温度、数浓度等微物理量与能见度具有较好的对应关系,温度升高,微物理量减小、能见度增大,温度降低,微物理量增大、能见度减小;谱型呈现"单峰"结构,峰值直径为 5 μm,谱宽很窄,最大雾滴直径只有 12 μm,表明该阶段以小雾滴为主,核化和凝结增长过程并不活跃。

(2) 发展阶段(4 日 03:20—08:35):微物理量起伏变化较大,温度和能见度急剧下降,数浓度等微物理量急剧增长;平均数浓度和液态含水量分别达到 112.28 cm^{-3} 和 0.03551 g/m^3,比形成阶段约增加了 2 个数量级;温度、数浓度等微物理量与能见度均具有较好的对应关系;谱线明显上抬右移,呈现"三峰"结构,在 5 μm、14 μm 和 20 μm 处出现了峰值,最大雾滴直径达 46 μm。表明该阶段核化、凝结和碰并增长等微物理过程开始活跃,数浓度剧增,雾滴迅速增长,大滴增多,谱变宽。

(3) 成熟阶段(4 日 08:35—11:18):微物理量起伏变化最大,数浓度等微物理量最大值均出现在该阶段,平均数浓度等持续增长并达到最大,平均数浓度和液态含水量分别达到 155.78 cm^{-3} 和 0.04209 g/m^3;平均温度最低;温度、数浓度等微物理量与能见度对应关系不显著,虽然温度、数浓度等微物理量有明显的起伏变化,但能见度始终维持在 50~70 m;谱型继续呈现"三峰"结构,谱分布曲线在直径小于 13 μm 的小滴段继续上抬,在 14~24 μm 的中滴段下降,在 24 μm 以上的大滴段继续上抬且明显右移,最大雾滴直径达 50 μm。这表明该阶段核化和凝结增长仍比较活跃,小滴持续增多,同时碰并增长明显加强,中滴减少,大滴明显增多。

(4) 减弱阶段(4 日 11:18—14:00):微物理量起伏变化趋于减弱,温度、数浓度等微物理量与能见度对应关系较好;温度升高,数浓度等微物理量减小,能见度增大;谱分布曲线下降且左移,最大雾滴直径只有 34 μm,谱宽变窄;谱型仍呈现出"三峰"结构,但数密度大大减小。表明该阶段随着温度的升高,雾滴蒸发,大滴沉降,谱宽变窄。

表 4.6 子过程 1 不同阶段的物理参量

物理	形成阶段 (3 日 22:20—4 日 03:20)	发展阶段 (4 日 03:20—08:35)	成熟阶段 (4 日 08:35—11:18)	减弱阶段 (4 日 11:18—14:00)
温度(℃)	8.28 (7.26~9.37)	3.79 (1.89~8.41)	3.40 (1.72~5.22)	5.50 (3.67~7.12)
数浓度(cm^{-3})	2.06 (1.39~3.31)	112.28 (1.26~806.32)	155.78 (7.84~1238.25)	18.86 (4.02~134.67)
液态含水量 (g/m^3)	0.00011 (0.00006~0.00034)	0.03551 (0.00004~0.21985)	0.04209 (0.00175~0.37345)	0.00225 (0.00013~0.02538)
中值体积 直径(μm)	5.14 (4.48~6.09)	15.78 (4.16~21.50)	17.81 (12.81~22.21)	7.20 (4.09~20.42)
有效直径(μm)	4.67 (4.15~5.49)	11.25 (3.95~16)	11.98 (8.31~15.78)	5.66 (3.98~12.73)
平均最大直径(μm)	12	46	50	34

注:括号内的数值为最小值和最大值。

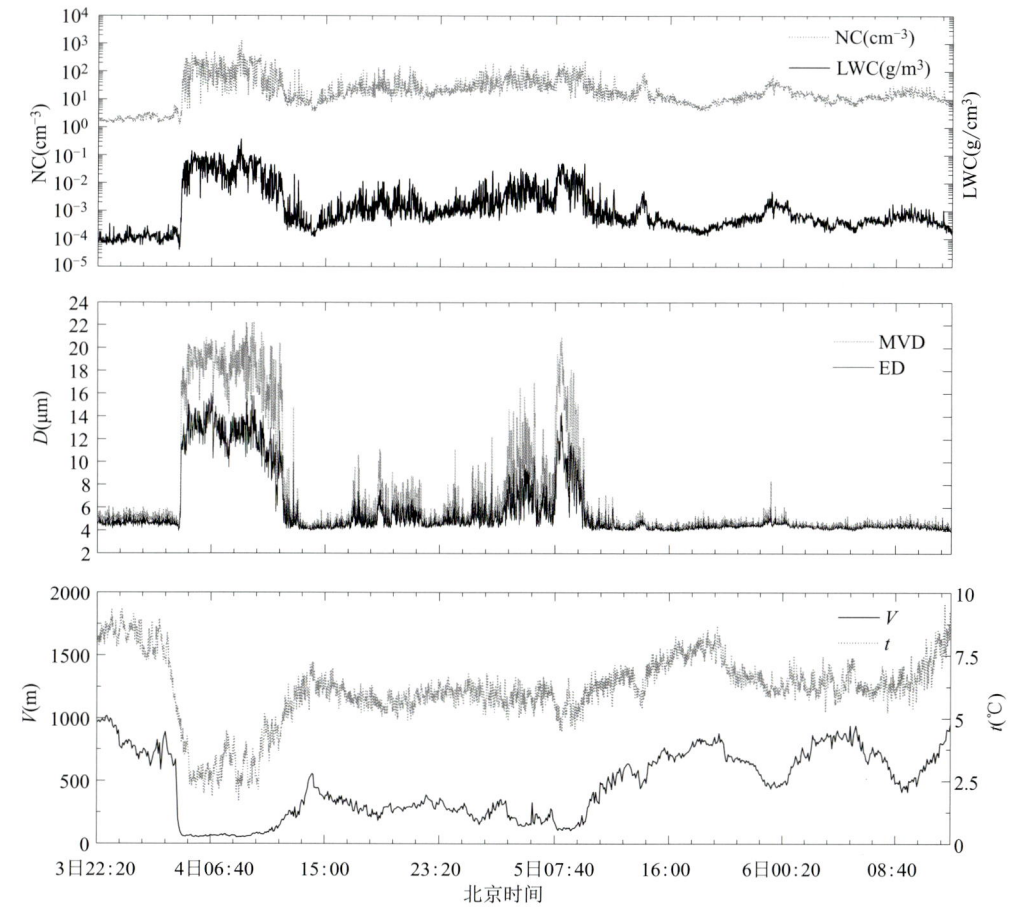

图 4.30 整个雾过程各种物理量随时间的演变(NC-数浓度,LWC-液态含水量,
MVD-中值体积直径,ED-有效直径,V-能见度,t-气温)

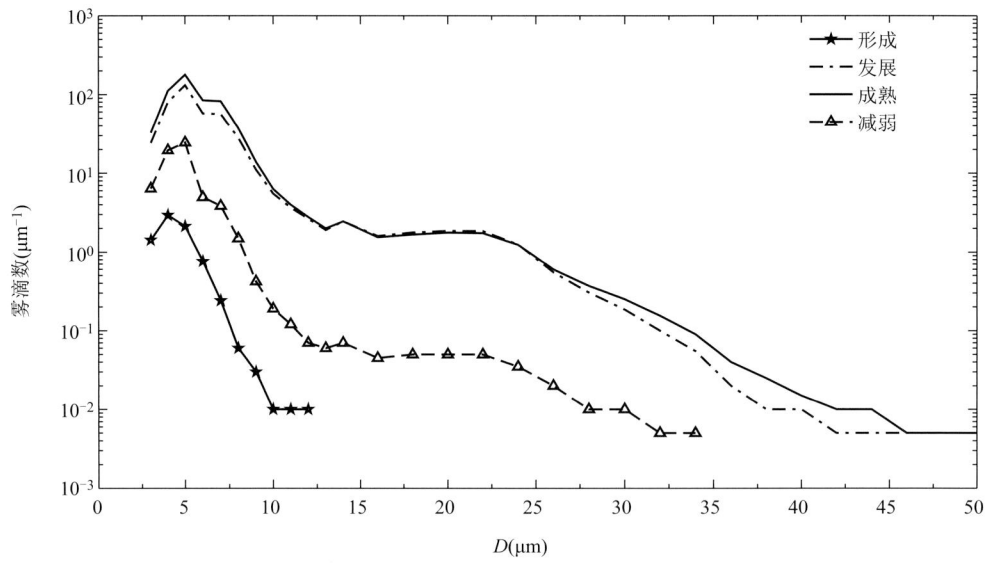

图 4.31 子过程 1 在不同阶段平均谱的分布

对子过程 1 中 189 个样本能见度与温度、数浓度的相关关系(图 4.32)分析表明,能见度与温度具有较好的线性关系,与数浓度具有较好的指数关系,相关程度较高,R^2 均在 0.88 以上,且都通过了 95% 的置信度检验,但是这主要体现在高能见度处,在 $V<100$ m 的低能见度处,虽然温度、数浓度均出现了很大的起伏变化,但能见度始终维持在 50~100 m,即在雾形成、发展和减弱阶段,能见度与温度、数浓度等微物理量具有较好的对应关系,但在成熟阶段,对应关系不明显,因为该阶段核化、凝结和碰并增长等微物理过程异常活跃,数浓度等微物理量起伏变化很大,大量水汽凝结产生的潜热以及不断南下的弱冷空气使温度产生较大的起伏。

4.4.4.3 爆发性增强原因探讨

从济南无影山自动站观测数据来看,4 日 04:05、04:10、04:15、04:20、04:25 能见度分别为 670 m、480 m、204 m、138 m、99 m,在 20 min 内,能见度骤降 571 m,大雾突变为强浓雾,出现了爆发性增强现象。爆发性增强期间(04:05—04:25)雾滴谱等微物理量及其微物理过程也出现了明显的变化。

从雾爆发性增强阶段雾滴谱分布(图 4.33)以及各物理量(图略)逐分钟演变来看:04:05—04:07,温度连续下降,数密度、液态含水量、中值体积直径、有效直径以及谱宽略有增大;滴谱曲线缓慢上抬右移,谱宽由 8 μm 增大到 10 μm,谱型呈现"单峰"结构,以小滴为主;表明该阶段核化和凝结增长开始活跃,雾滴增多。04:07,滴谱曲线右侧开始出现不与谱分布曲线相连的间断大滴,表明除核化和凝结增长外,还出现了碰并增长。04:08—04:15,各物理量均出现了起伏变化的情况,但相对而言比较平稳,谱宽或增或减,曲线右侧不断有个别大滴出现,表明该阶段碰并增长比较活跃。04:16—04:19,数浓度和液态含水量开始增大,而谱宽、中值体积直径和有效直径 04:19 才开始增大,明显滞后于数浓度和液态含水量;滴谱曲线有所上抬,右侧间断大滴明显增多。04:20 温度持续下降,各微物理量持续增加,谱型由前期的"单峰"结构演变成"双峰"结构,在直径 10 μm 处出现了第二峰值。04:21,由于潜热释放,温度升高,各物理量减小,滴谱变窄,谱型仍为"双峰"结构,第二峰值出现在 9 μm 处。04:22 滴谱曲

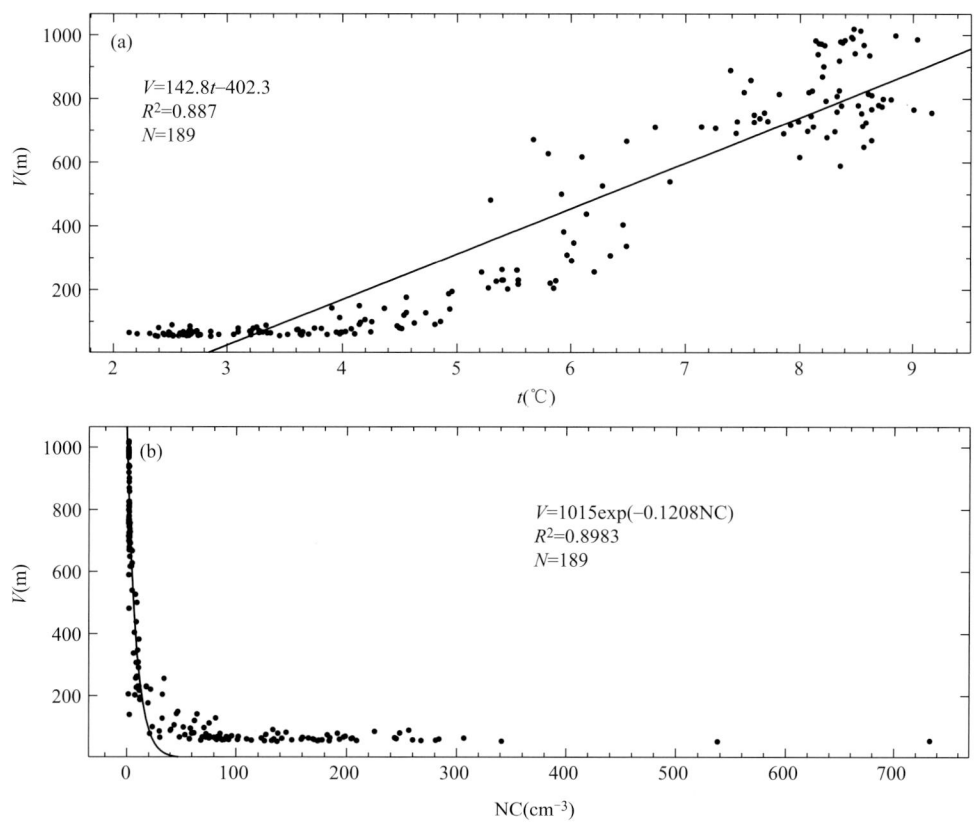

图 4.32 子过程 1 中能见度（V）与温度（t）、数浓度（NC）的相关关系
（α＝0.05），（a）能见度与温度，（b）能见度与数浓度

线右侧出现很多的间断大滴，最大直径达 28 μm。04:23 温度迅速下降，滴谱曲线出现了明显右移，谱宽首先出现跃增，从 10 μm 增加至 30 μm，同时谱型演变为"多峰"结构。04:24，滴谱曲线明显上抬，各档雾滴数、数浓度和液态含水量等微物理量出现了跃增，数浓度由 5.53 cm^{-3} 增加到 26.97 cm^{-3}，液态含水量由 0.00096 g/m^3 增大到 0.006 g/m^3，同时其右侧出现 32 μm 的间断大滴，04:25 曲线再次上抬右移，各微物理量再次出现跃增，数浓度增加到 50.02 cm^{-3}，液态含水量增大到 0.01322 g/m^3，谱宽拓宽至 36 μm；中值体积直径和有效直径在 1 min 内增大了 2～3 倍。可见在爆发性增强的 20 min 内，核化、凝结和碰并增长等微物理过程异常活跃，数浓度、液态含水量以及谱宽在短时间内出现了 2 次明显的跃增，谱型由"单峰"结构，迅速演变为"双峰""多峰"结构，大雾突变为强浓雾。

从气温下降开始到微物理量跃增之前的起伏增长过程（04:05—04:22），虽然能见度呈现直线下降的趋势，但温度和各微物理量都在一个相对稳定的范围起伏变化，谱型以"单峰"结构为主，因此可以认为该阶段为雾爆发性增强的酝酿阶段。酝酿阶段过后，在谱宽首先出现跃增、谱型突变为"多峰"结构之后，数密度、液态含水量、中值体积直径和有效直径等微物理量也随之出现明显跃增。因此，当起伏变化相对平稳的微物理量突然出现显著变化时，往往预示着雾体将会出现爆发性增强现象，这对于强浓雾的临近预报是很有实际意义的（李子华 等，2011）。

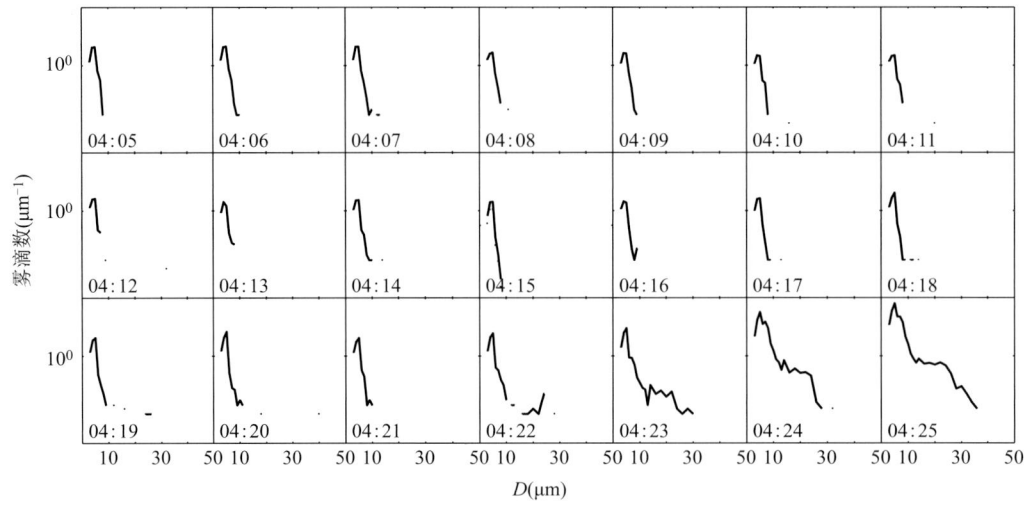

图4.33 4日04：05—04：25雾爆发性增强阶段雾滴谱分布逐分钟演变

吴兑（2006）指出，在近地层大气中每时每刻总是有霾存在，而雾滴的存在是少见或罕见的；霾滴要想通过吸湿增长成为雾滴，必须有足够的过饱和度，能够越过过饱和驼峰才行，这在自然界并不容易。在非饱和条件下，不但非水溶性的霾不能转化为雾滴，即便是水溶性的霾粒子一般也不可能吸湿转化为雾滴。降温是达到饱和形成雾滴的最主要、最重要的物理过程，在自然界中的霾滴通过吸湿过程增长成雾滴基本不可能。濮梅娟等（2008）通过对南京三次冬季浓雾的分析发现，夜晚长波辐射增强或近地层出现冷平流造成的气温急剧下降，日出后地表水分蒸发或西南暖湿平流增强造成的湿度明显增大以及湍流混合作用，都能导致雾体爆发性增强。吴彬贵等（2014）发现，乐亭爆发性大雾的形成是由于低层暖湿气流受切变线的阻挡作用形成了弱水汽辐合，加上短波槽前弱冷空气和入夜后辐射降温共同影响所导致；副冷锋南下逼近天津境内时，渗透进低层的锋前弱冷空气是天津大雾爆发性发展的直接原因。刘霖蔚等（2012）通过对南京一次冬季浓雾过程的分析发现，此次雾过程是在西南平流的增湿作用下触发生成，日出后，平流输送和地表蒸发提供了充足水汽来源，贴地层逆温因高空下沉增温而向上抬升且稳定存在，使大雾得以维持；两次地面雾爆发性增强均发生在夜间，其特征为各微物理参量明显增大，滴谱上抬拓宽；爆发性增强的原因是地表气温陡降、贴地层逆温增强及可充当雾滴凝结核的气溶胶大粒子数增多。刘晓舟（2013）研究发现，不同类型的雾均出现过爆发性增强现象，它们爆发性发展的原因也有所不同，辐射雾是由日出后土壤水分蒸发增强、温度下降和湍流强度增加三者共同作用导致的；而平流辐射雾则是由于偏北气流影响，降温率增大导致。严文莲等（2018）对江苏一次大范围爆发性强浓雾过程的研究发现，夜间天空打开、长波辐射降温作用加强是大范围强浓雾形成和爆发性发展的一个重要原因；雾前降雨为强浓雾的形成创造了基础条件，也是日出后部分站点雾爆发性增强的直接原因。可见，降温和增湿是雾形成、发展的重要条件，而降温是最主要的物理过程。

通过对雾爆发性增强期间无影山站和雾滴谱仪观测资料分析发现，在爆发性增强期间（04：05—04：25），无影山站观测的相对湿度一直为93%，并没有发生明显变化，地表温度由

−1.3 ℃上升到−0.8 ℃,而空气温度由 0.4 ℃下降到−0.5 ℃,降温率达 2.7 ℃/h,同时风向由西北风(306°)转为偏北风(16°),雾滴谱仪观测到抽取口空气温度由 5.65 ℃下降到 4.78 ℃,降温率达 2.61 ℃/h,两者观测的空气降温率大致相同。之后,相对湿度开始增大,空气温度继续下降,能见度也随之下降。可见,此次雾的爆发性增强并不是由短时间内的增湿触发的,主要与低层冷空气入侵导致的大气温度骤降有关,低层冷空气入侵在短时间内造成的温度骤降是此次雾爆发性增强的触发机制,而爆发性增强的本质就是雾滴谱爆发性拓宽,数密度和含水量骤然增大。雾滴谱拓宽初期,以核化、凝结过程为主,后期以碰并、凝结过程为主,雾滴谱的"拓宽"具有阶梯式的特征,这与南京冬季辐射雾的爆发性增强特征是很相似的(李子华等,2011)。

4.4.5　济南冬季雾微物理特征及与其他地区的对比

受局地环境、生态以及环流背景等因素影响,不同地区冬季雾的微物理结构具有明显的地域性特点。与南京、上海地区不同类型冬季雾相比(表 4.7、图 4.34),济南冬季雾微物理结构既有相似之处,同时还具有一些局地性的特征:

(1)济南冬季雾类型不同,其微物理参数差异很大。其中,平流辐射雾数浓度和液态含水量最大,分别为 38.95 cm^{-3}、0.00762 g/m^3,辐射雾次之,分别为 23.75 cm^{-3}、0.00463 g/m^3,蒸发雾最小,分别为 1.03 cm^{-3}、0.00006 g/m^3;对于中值体积直径、有效直径,辐射雾和平流辐射雾相差不大,分别是 7.25 μm、5.91 μm 和 7.21 μm、5.93 μm,蒸发雾明显偏小,中值体积直径和有效直径分别是 3.7 μm、3.45 μm。Niu 等(2012)通过对南京不同类型冬季雾的微物理特征研究也得出了类似的结果。

(2)济南冬季蒸发雾平均谱型呈现为"单峰"结构,雾滴谱最窄,谱宽仅为 11 μm,峰值直径为 4 μm,整个谱型分布偏向小滴一端,直径 3～8 μm 的小滴占总数的 99.2%,且平均数密度最小,峰值处仅为 1.46 μm^{-1};辐射雾和平流辐射雾的平均谱型非常相似,均呈现出"多峰"结构,峰值直径分别为 5 μm、14 μm 和 20～22 μm,平均谱较宽,分别为 38 μm 和 40 μm,第一峰值直径处数密度分别为 31.33 μm^{-1} 和 49.43 μm^{-1},第二峰值直径处数密度分别为 0.25 μm^{-1} 和 0.4 μm^{-1},第三峰值直径处数密度分别为 0.175 μm^{-1} 和 0.3 μm^{-1},其中平流辐射雾平均谱最宽,各档数密度最大;辐射雾和平流辐射雾中,直径 3～8 μm 的小滴分别占总数的 94.12% 和 94.11%,与蒸发雾相比,大滴数量明显增多。

(3)与南京相比,济南冬季雾具有以下特点:蒸发雾平均谱型呈现"单峰"结构,辐射雾和平流辐射雾均呈现"多峰"结构,与南京冬季雾"谱型均呈现单调下降"的谱分布特征具有明显差异。蒸发雾数浓度(1.03 cm^{-3})比南京(3.0 cm^{-3})偏小近 2 倍,液态含水量(0.00006 g/m^3)比南京(0.000052 g/m^3)略偏大,且峰值直径、谱宽(分别为 4 μm、11 μm)都比南京(3 μm、7 μm)偏大,说明济南冬季蒸发雾中小滴数量相对偏少、大滴数量相对偏多。辐射雾和平流辐射雾的数浓度(分别为 23.75 cm^{-3}、38.95 cm^{-3})较低,为南京(分别为 89.1 cm^{-3}、182 cm^{-3})的 20% 左右,液态含水量更低(分别为 0.00463 g/m^3、0.00762 g/m^3),为南京的(分别为 0.0278 g/m^3、0.11 g/m^3)的 10% 左右;谱宽(分别为 38 μm、40 μm)比南京(均为 50 μm)偏窄,说明济南冬季辐射雾和平流辐射雾中小滴数和大滴数均比南京明显偏少;与上海相比,济南冬季辐射雾平均数浓度偏低约 1 个数量级,平均液态含水量偏低约 2 个数量级,平均有效直径偏小约 2 倍,谱宽仅为 38 μm,明显小于上海(50 μm)。

表 4.7 济南、南京、上海不同类型雾的主要微物理量

地区	雾类型	数浓度(cm^{-3})	液态含水量(g/m^3)	中值体积直径(μm)	有效直径(μm)	峰值直径(μm)	谱宽(μm)
济南	蒸发雾	1.03	0.00006	3.70	3.45	4	11
	辐射雾	23.75	0.00463	7.25	5.91	5、14、20	38
	平流辐射雾	38.95	0.00762	7.21	5.93	5、14、20~22	40
南京（刘端阳 等，2008）	蒸发雾	3.0	0.000052	—	—	3	7
	辐射雾	89.1	0.0278	—	—	3	50
	平流辐射雾	182	0.11	—	—	3	50
上海（陈国华 等，2016）	辐射雾	231	0.18	—	13.67	—	50

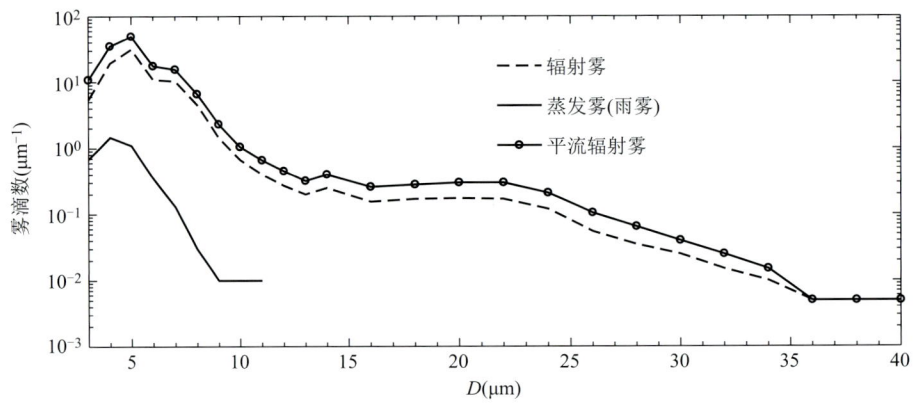

图 4.34 蒸发雾、辐射雾和平流辐射雾平均谱分布特征

4.5 区域性重污染物理机制

4.5.1 山东区域性空气重污染时空分布特征

4.5.1.1 空间分布特征

根据山东省生态环境厅和山东省气象局联合印发的《山东省重污染天气监测预警工作方案》，将山东 3 个（含）以上设区市发生的重度以上空气污染定义为区域性重污染。吴炜等

(2020)使用2012年7月—2018年6月山东空气质量监测数据、欧洲中期天气预报中心（ECMWF）提供的ERA5再分析资料等针对山东区域性重污染天气机理开展了研究。2012年7月—2018年6月，山东区域性重污染过程对各市均有影响（图4.35a）。其中，发生区域性重污染日数超过200的城市由多到少依次为：聊城（281），菏泽（262），德州（254），济宁（224），枣庄（207）；出现日数少于100的城市包括威海、烟台、青岛、日照，其中，威海空气质量最佳，出现区域性重污染的日数仅为14 d，年平均2 d。

从区域性重污染日数空间分布（图4.35）中可以看出，鲁西北西部、鲁西南是区域性重污染高发区域，其中，聊城、菏泽、德州发生区域性重污染最多；鲁西北的东部、鲁东南、鲁中次之；山东半岛是发生区域性重污染最少的区域。初步分析认为：聊城、菏泽、德州毗邻的河北省和河南省都是污染较重的省份，除了本地产生的污染外，外省输入的污染物也是造成重污染的重要原因之一；山东半岛由于海陆大气环流作用，污染扩散能力较强，尤其威海市三面环海，空气质量最好，发生区域性重污染的概率最小。

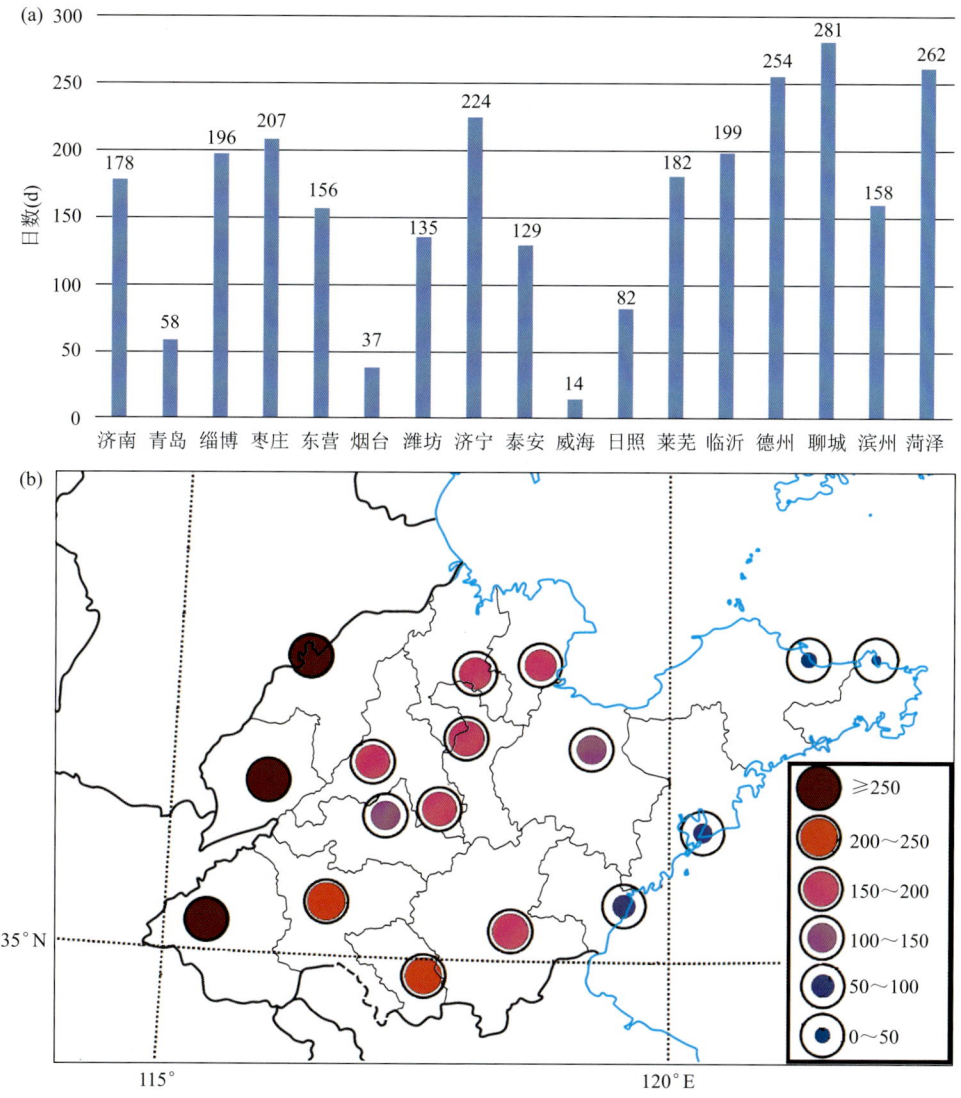

图4.35 2012年7月—2018年6月山东各市区域性重污染日数柱状图（a）和分布图（b）

4.5.1.2 时间变化特征

(1) 2012—2018年区域性重污染变化特征

以每年7月至次年6月作为一个年度进行统计，计算该年度内出现区域性重污染的日数。发现，2012—2018年，山东区域性重污染发生的日数呈现显著减少趋势（图4.36），2012—2013年共发生105 d，2013—2014年发生89 d，而2017—2018年仅发生19 d。其中，2014—2015年出现了异常偏少的现象，发生35 d，明显低于2015—2016度，但多于2017—2018度，可能与2014—2015年的气候背景有关。山东区域性重污染发生日数的减少应该与近年来国家和山东省加大大气污染防控力度有关。

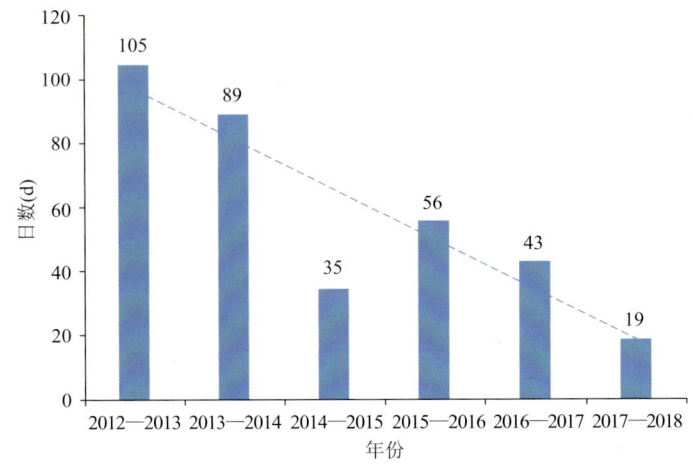

图4.36 山东区域性重污染日数年际变化（每年7月至次年6月为一个年度）

(2) 区域性重污染月际变化特征

统计了2012年7月—2018年6月时段内，1—12各月发生区域性重污染的日数（图4.37）。一年之中，冬季（12月—次年2月）发生区域性重污染的日数最多，约占总数的63.1%；秋季（9—11月）次之，约占总数的25.4%；夏季（6—8月）最少，仅占3.7%。各月分布中，1月区域性重污染发生日数最多，12月次之，1月和12月显著多于其他月份；冬末（2月）和深秋（10月、11月）也是区域性重污染发生较多的时段；5—8月是区域性重污染发生日数最少的月份，平均不足1 d，其中8月在6 a之中仅发生区域性重污染1 d。

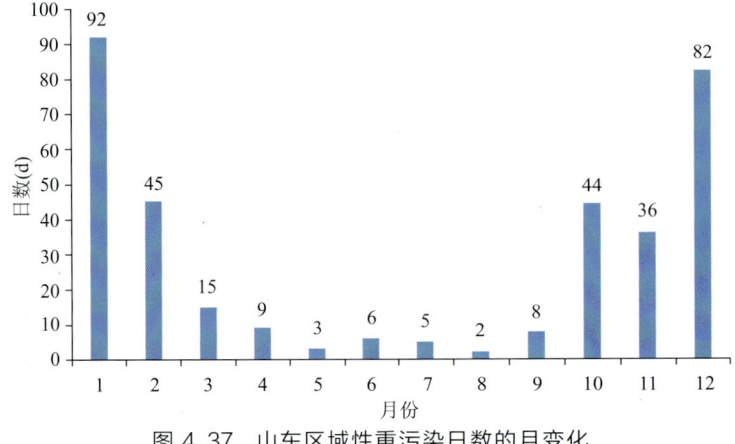

图4.37 山东区域性重污染日数的月变化

统计发现，各月发生区域性重污染时，污染影响的范围存在明显差异（图4.38）。1月发生的区域性重污染影响范围较大，平均影响10.4个城市；12月次之，平均影响8.7个城市；2月、3月、10月、11月发生区域性重污染影响的面积也较大；7月发生的区域性重污染影响城市最少，平均仅3个城市；其他月份的区域性重污染影响城市在4.0～4.8。

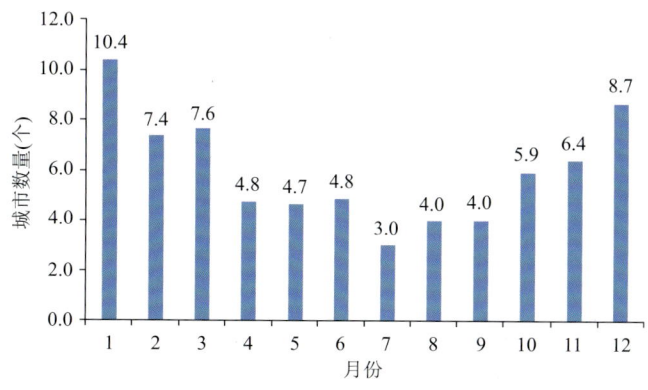

图4.38　各月区域性重污染日受影响城市数量平均值

（3）污染物浓度的日变化

大部分城市 $PM_{2.5}$ 浓度的日变化呈现双峰形式，如济南、淄博、枣庄、潍坊、济宁、泰安、莱芜、德州、菏泽9市，$PM_{2.5}$ 各时次年平均浓度均在 $50\ \mu g/m^3$ 以上，其中，09时左右和22时左右 $PM_{2.5}$ 浓度较高，一天之中，$PM_{2.5}$ 浓度最低的时刻是16时左右，早晨到前半夜浓度起伏较为明显，而午夜到凌晨 $PM_{2.5}$ 浓度呈现缓慢的下降趋势（图4.39）。

威海、烟台、青岛3市日变化特征与上述9个城市相似，但污染物的浓度值较低，变化幅度较小，各时次 $PM_{2.5}$ 浓度年平均值都在 $50\ \mu g/m^3$ 以下。其中，威海最小，在 $35\ \mu g/m^3$ 以下。聊城、日照、滨州、临沂、东营5市 $PM_{2.5}$ 浓度白天的变化特征与其他城市基本一致，但凌晨时段 $PM_{2.5}$ 浓度没有明显的降低，而是缓慢上升，双峰特征不明显。从以上分析来看，一天之中，下午空气质量最好，污染最轻的时段为16时前后，空气质量最差的时段为09时前后。

（4）污染物浓度小时增量的日变化

此处将 t 时刻的污染物增量定义为 $t+1$ 时对应的污染物浓度减去 t 时对应的污染浓度。根据空气质量观测规范，t 时对应的污染物浓度是 $t-1$ 时刻至 t 时刻1 h内污染物浓度的平均值，因此，t 时刻污染物的增量可以较为合理地反映该时刻污染物浓度增加的速率。

选择济南、聊城、威海三个城市，对 $PM_{2.5}$ 逐小时的增量进行分析发现：$PM_{2.5}$ 的增量在早上07:00—09:00和18:00—20:00存在两个峰值，即这两个时段污染物增加的速度较快。在中午至下午和午夜至凌晨是两个波谷，污染浓度增量为负，即污染浓度减小。以济南为例，污染增加最快的时段是08:00—09:00和17:00—21:00，估计与这两个时段上下班及晚上机动车活动增加有关；而中午至下午，机动车活动减少，尤其是13:00，污染浓度下降最为明显；午夜至凌晨时机动车活动较少的时段，污染物浓度持续下降，但下降的速率不及中午前后，估计与大气层结有关。中午边界层大气垂直交换较为活跃，更加有利于污染物扩散，因此污染物浓度明显降低，而夜间大气层结稳定，不利于污染物扩散。因此，虽然夜间

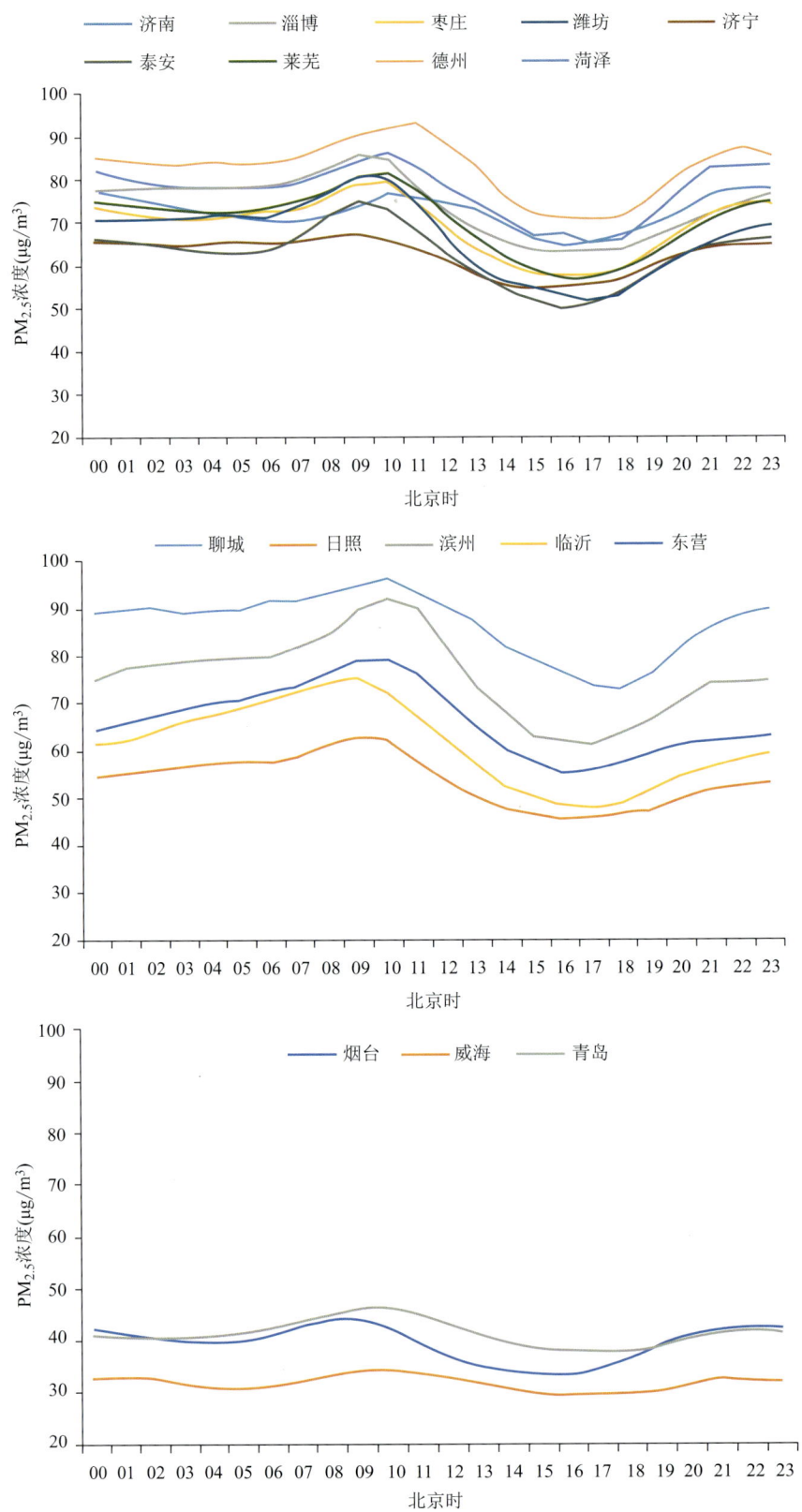

图 4.39 各市 PM$_{2.5}$ 浓度日变化

污染物排放减轻,但是污染浓度减小的速度并不快。威海和聊城的 $PM_{2.5}$ 增量变化与济南相似,与济南相比,威海早上 $PM_{2.5}$ 增量的高峰大约比济南提前 2 h,聊城晚上污染增加最快的时刻是 19:00,比济南早 1 h。另外,在 12 时,三个城市污染物浓度的下降速率都有一个短暂减小,这可能与该时刻机动车活动有短暂的增加有关(图 4.40)。

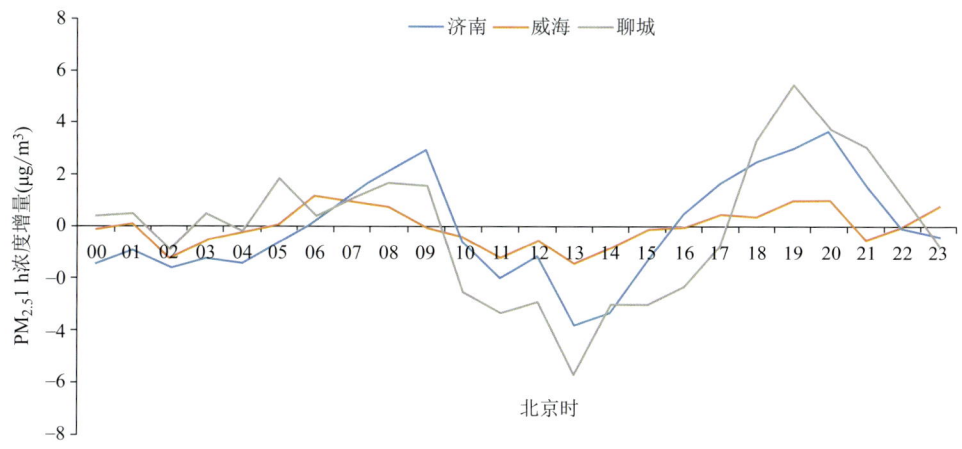

图 4.40 $PM_{2.5}$ 小时增量的日变化

4.5.1.3 山东省首要污染物变化特征

(1) 年际变化

统计了 2012—2018 年山东各市首要污染物日数累计值(表 4.8),可以看出,颗粒物是近 6 a 来最主要的污染物,其中以 $PM_{2.5}$ 为首要污染物的日数合计为 17197 d,占比达 46.4%,PM_{10} 占比达 36.8%,合计占比达到 83.2%。另外,O_3 污染不容忽视,占比达 11.1%;SO_2 污染占比 5.6%;NO_2 和 CO 占比不足 0.1%。

表 4.8 2012—2018 年山东 17 市首要污染物总日数

首要污染物	$PM_{2.5}$	PM_{10}	SO_2	NO_2	O_3	CO
全省总日数(d)	17197	13651	2085	1	4108	17
占比(%)	46.4	36.8	5.6	<0.05	11.1	<0.05

由 2012—2018 年山东 17 市首要污染物日数的年变化(表 4.9、图 4.41)可以看出,随着大气污染治理工作的持续推进,在空气质量改善的同时,首要污染物占比发生了很大的变化,不同污染物的重要程度发生了改变,具体分析如下:$PM_{2.5}$ 作为首要污染物的日数逐年明显减少,从 2012—2013 年的 3668 d 减少到 2017—2018 年的 1556 d,占比从 59.3% 降低到 25.3%,显示出政府和全社会在降低 $PM_{2.5}$ 污染方面取得了显著的成绩。$PM_{2.5}$ 的来源主要是工业和机动车排放,政府在工业生产方面强化了监督和巡查力度,采取了严格的措施,关停了部分高污染高耗能的小企业,在污染高发季节采取了一定的限产措施,采取了冬季取暖补助措施,减少了居民燃煤取暖现象;在机动车污染治理方面,虽然机动车数量仍然在增加,但是油品质量得到了提高,淘汰了一批黄标车。这些减轻 $PM_{2.5}$ 污染的措施正在发挥巨大的作用。

表 4.9　2012—2018 年山东 17 市首要污染物逐年日数变化

首要污染物	2012—2013 年		2013—2014 年		2014—2015 年		2015—2016 年		2016—2017 年		2017—2018 年	
	日数(d)	占比(%)	日数(d)	占比(%)	日数(d)	占比(%)	日数(d)	占比(%)	日数(d)	占比(%)	日数(d)	占比(%)
$PM_{2.5}$	3668	59.3	3361	55.2	3170	51.1	2942	47.3	2500	40.3	1556	25.3
PM_{10}	1538	24.8	1846	30.3	2177	35.1	2455	39.5	2638	42.5	2997	48.7
SO_2	755	12.2	620	10.2	449	7.2	185	3.0	66	1.1	10	0.2
NO_2	0	0.0	0	0.0	0	0.0	0	0.0	0	0.0	1	<0.05
O_3	213	3.4	259	4.3	409	6.6	640	10.3	997	16.1	1590	25.8
CO	16	0.3	0	0.0	0	0.0	0	0.0	1	<0.05	0	0.0

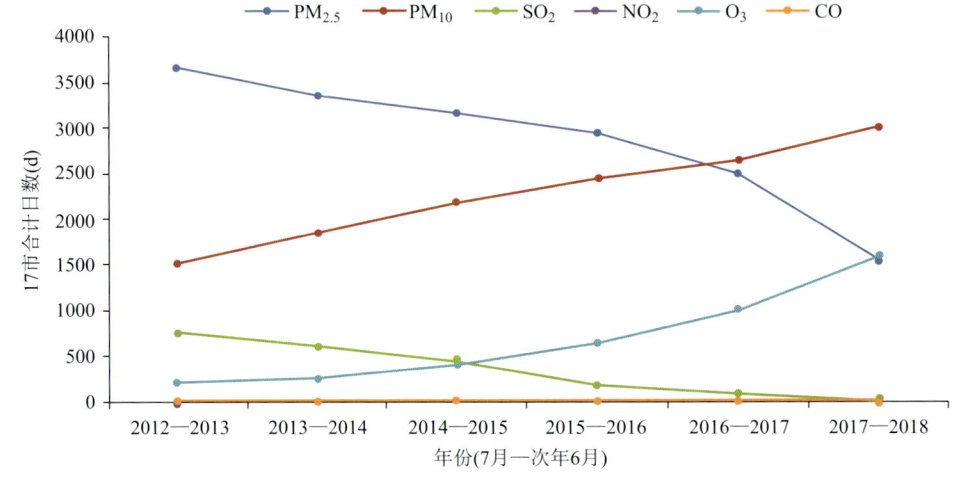

图 4.41　2012—2018 年山东 17 市首要污染物逐年日数变化

PM_{10} 的主要来源是城市扬尘和周边颗粒物的输送，2012—2018 年，PM_{10} 作为首要污染物日数的占比逐年上升，从 24.8% 上升到 48.7%。PM_{10} 占比上升可能与 $PM_{2.5}$ 占比下降有关。细颗粒物的合计占比由 2012—2013 年的 84.1% 下降到 2017—2018 年的 74%。

SO_2 作为首要污染物的日数近年来也在逐年减少，由 2012—2013 年的 755 d 减少到 2017—2018 年的 10 d，占比从 12.2% 降低到 0.2%。SO_2 最主要的来源是工业燃煤，SO_2 作为首要污染物的日数的减少，进一步凸显了政府治理工业污染的显著成效。

值得关注的是，O_3 作为首要污染物的日数在逐年显著增加，由 2012—2013 年的 213 d 增加到 2017—2018 年的 1590 d，占比从 3.4% 上升至 25.8%，与 $PM_{2.5}$ 相当。

从最新的首要污染物占比来看，最常见的首要污染物为 PM_{10}，其次 $PM_{2.5}$ 和 O_3 的占比基本相当，SO_2 已经很少作为首要污染物出现，CO 和 NO_2 始终占比极少。

（2）月变化

考虑到近年来随着大气污染治理工作的持续推进，首要污染物的占比发生了显著的变化，因此，仅使用最新的 2017 年 7 月 1 日—2018 年 6 月 31 日的资料分析首要污染物的逐月变化。选取了最主要的三类污染物 $PM_{2.5}$、PM_{10}、O_3，计算了山东 17 市各月首要污染物的总日数，如图 4.42 所示。冬季 $PM_{2.5}$ 为首要污染物的日数最多，其次是 PM_{10}，O_3 基本不会成为首要污染物。春秋季，以 PM_{10} 为首要污染物的日数最多，$PM_{2.5}$ 次之，以 O_3 作为首要污染物的日数比冬季明显增加。夏季是 O_3 污染最为严重的季节，其中 6 月、8 月 O_3 作为首要污染物的日数最多，7 月 O_3 成为首要污染物的日数与 PM_{10} 相当。而 $PM_{2.5}$ 为首要污染物的日数 4—9 月显著减少。

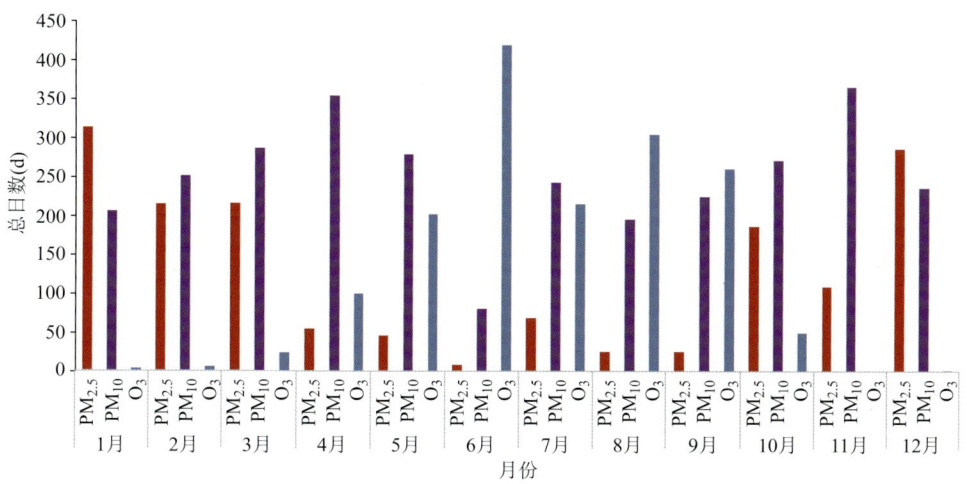

图 4.42　2017—2018 年首要污染物月变化

4.5.2　山东污染区域划分

对山东省污染区域进行划分，是环境气象预报业务的重要参考。在全省天气预报中采用"鲁西北""鲁中""鲁南""半岛"4 个气象分区，污染物的分布虽然受到部分气象条件影响，但其分布特征与气象要素的分布特征存在一定的差异。污染区域划分目的是，找出污染物分布相近的区域，而不同区域的污染物浓度有显著的差别。污染物区域划分结果，对于日常业务预报中简洁而准确地描述全省污染物分布状况十分重要。考虑到近年来大气污染治理力度不断加大，空气质量得到明显改善，为了适应最新的变化，仅使用最新的 2017 年 7 月 1 日—2018 年 6 月 31 日的资料分析不同季节污染物的区域划分。考虑到污染物分布的季节差异，针对不同的季节，对 $PM_{2.5}$、PM_{10}、O_3 三种最主要的污染物进行区域划分。

本研究使用了 K-Means 方法进行区域划分。K-Means 方法是一种非层级聚类算法，把一定数量的样本分为相互独立，互不包含的类别。本节的数学公式与（Ray et al.，1999）中使用了相同的表达方式。类别的数量 k 必须预先给定，两个样本的相似性是由欧拉距离平方 SED 来表示的。

$$\text{SED} = \|x_1 - x_2\|^2 \tag{4.4}$$

对于两个气象要素场 x_1 和 x_2 而言，气象要素可以包含多个变量。因为样本中包含了多种变量，因此，每一种变量的数据都进行了标准化处理，即减去时间空间平均值，然后除以标准差。

簇内距离平方和记为 WSS。

$$\text{WSS} = \sum_{i=1}^{k} \sum_{x \in C_i} \|x - z_i\|^2 \tag{4.5}$$

式中，x 表示簇 C_i 中的所有样本，z_i 是第 i 个簇的中心点，k 是簇的数量。

K-Means 方法在分类过程中，采用迭代方式，确定最小的 WSS。首先是初始划分，选择 k 个中心点，计算每一个样本和中心点的距离 SED，所有的样本被指定属于离它最近的中心点；属于同一簇的样本计算平均值，得到该簇新的中心点坐标；然后继续上述步骤，以新的中心点，重新计算距离分配样本，并重新确定新的中心点坐标。如此迭代计算，直到各簇样本不再发生变化。分类的质量，采用 Validity 指数（Ray et al.，1999）方法确定。K-Means 方法的结果受初始划分的影响，而初始划分并没有最优的方法，因此，本研究在初始划分时采用随机划分方法，对 K-Means 天气分型使用不同的初始划分重复 300 次，ECV 取值最高的划分被确定为最终的天气分型。

4.5.2.1 春季污染区域划分

春季 $PM_{2.5}$ 的分布（图 4.43a），总体上可以分为 4 个区，分别为：德州、滨州、东营；聊城、济南、淄博、莱芜、泰安、济宁、菏泽；潍坊、日照、临沂、枣庄；威海、烟台、青岛。

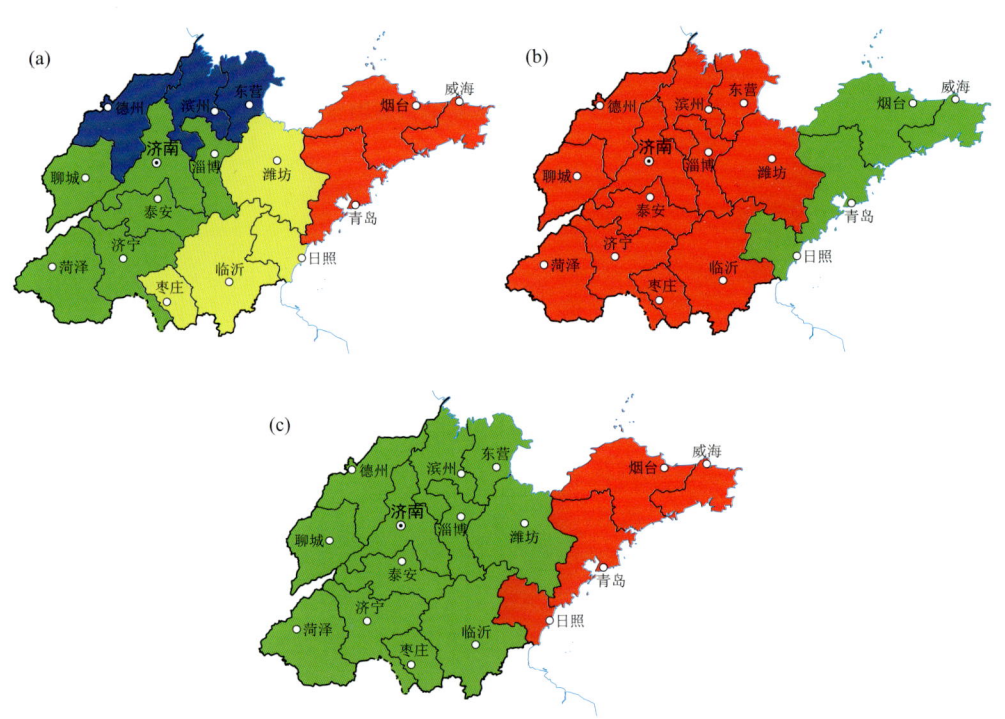

图 4.43 山东春季主要污染物 $PM_{2.5}$（a）、PM_{10}（b）、O_3（c）分布区划

春季 PM_{10} 的分布总体上分为两个区（图 4.43b），分别包括以下城市：东部沿海（威海、烟台、青岛、日照）；其他地区。

春季 O_3 的分布（图 4.43c）与 PM_{10} 相同，总体上分为两个区，分别包括以下城市：东部沿海（威海、烟台、青岛、日照）；其他地区。

4.5.2.2 夏季污染区域划分

夏季 $PM_{2.5}$ 的分布（图 4.44a），总体上可以分为 3 个区，分别为：德州、滨州、济南、淄博、聊城、菏泽；东营、潍坊、莱芜、泰安、日照、临沂、济宁、枣庄；威海、烟台、青岛。

夏季 PM_{10} 的分布总体上分为两个区（图4.44b），分别包括以下城市：东部沿海（威海、烟台、青岛、日照）；其他城市。

夏季 O_3 的分布（图4.44c）与 PM_{10} 相同，总体上分为两个区，分别包括以下城市：东部沿海（威海、烟台、青岛、日照）；其他地区。

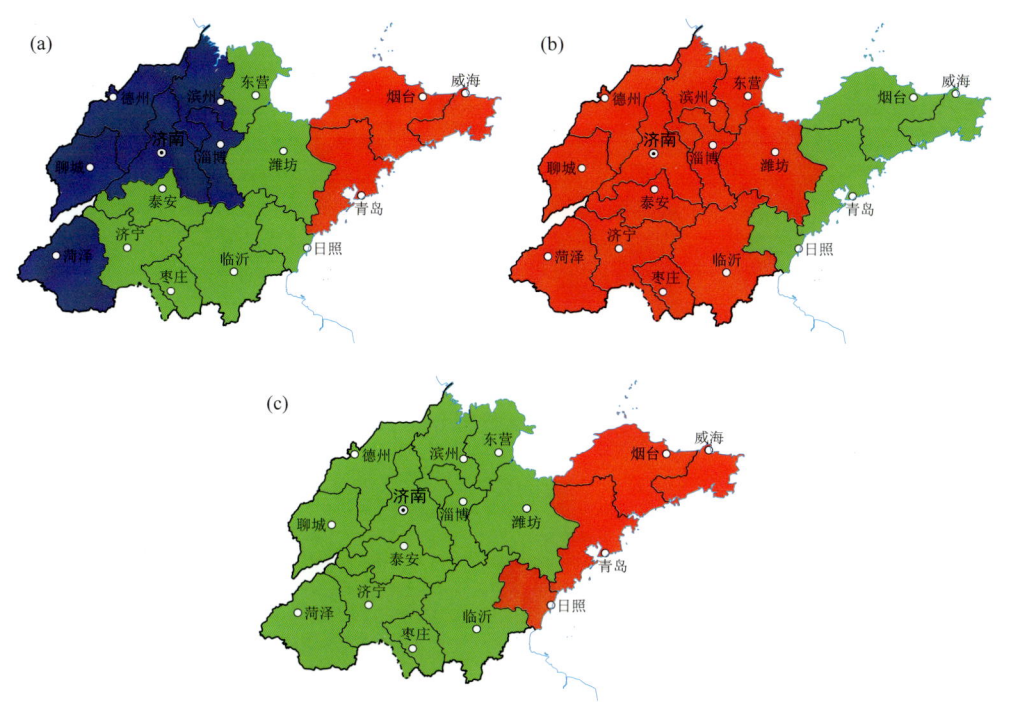

图4.44 山东夏季主要污染物 $PM_{2.5}$（a）、PM_{10}（b）、O_3（c）分布区划

4.5.2.3 秋季污染区域划分

秋季 $PM_{2.5}$ 分布总体上分为两个区（图4.45a），分别包括以下城市：东部沿海（威海、烟台、青岛、日照）；其他地区。

秋季 PM_{10} 分布总体上分为两个区（图4.45b），分别包括以下城市：东部沿海（威海、烟台、青岛、日照）；其他地区。

秋季 O_3 总体上分为两个区（图4.45c），分别包括以下城市：德州、滨州、东营、淄博；其他城市。

4.5.2.4 冬季污染区域划分

冬季 $PM_{2.5}$ 分布总体上分为两个区（图4.46a），分别包括以下城市：东部沿海（威海、烟台、青岛、日照）；其他地区。

冬季 PM_{10} 分布总体上分为两个区（图4.46b），分别包括以下城市：沿海城市（威海、烟台、青岛、日照、滨州、东营）；其他地区。

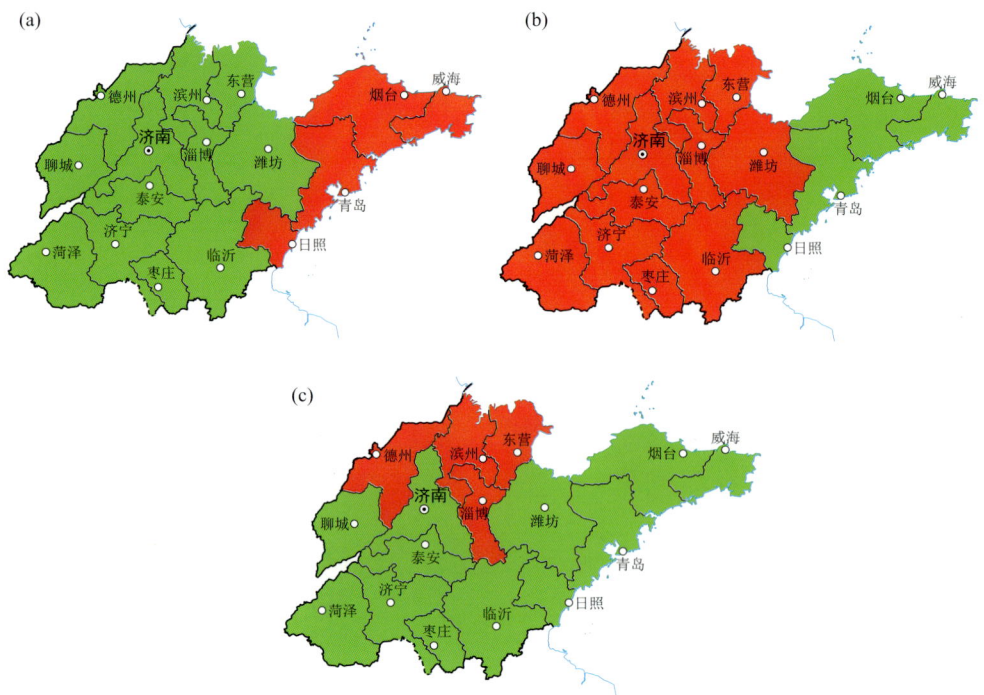

图 4.45 山东秋季主要污染物 PM$_{2.5}$（a）、PM$_{10}$（b）、O$_3$（c）分布区划

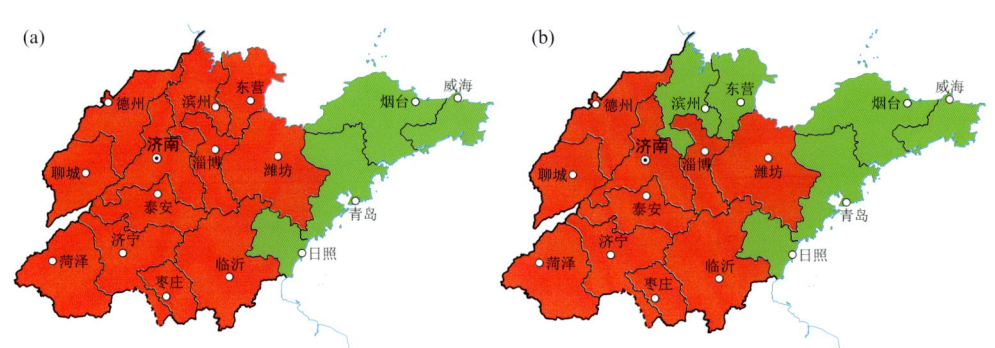

图 4.46 山东冬季主要污染物 PM$_{2.5}$（a）、PM$_{10}$（b）分布区划

4.5.3 山东区域性重污染天气模型

天气形势分类被广泛地应用在研究确定大气环流与中小尺度天气（如短时强降水、龙卷）的关系，以及大气环流与空气质量（Matthias et al.，2010）和城市气候（Hoffmann et al.，2013）中的关系研究中。山东区域性重污染过程主要发生在冬季，除 2017 年 5 月（发生 2 d）和 2018 年 1 月（发生 1 d）外，其余的重污染天气均发生在冬季。其中 2017 年 7 月—2018 年 6 月，区域性重污染天气共出现 19 d，18 d 在冬季，概率达 94.7%。冬季近地面和边界层容易形成逆温，抑制垂直环流的形成，不利于污染物扩散；另一方面，冬季也是居民取暖季，煤炭等化石燃料消耗大，污染物排放强度大。另外，冬季盛行偏北风，污染物的异地传入，也是造成污染加剧的主要原因之一。冬季是区域性重污染发生较为集中的季

节，随着大气环境治理力度不断加大，其他季节出现区域性重污染的概率将进一步减小，甚至可以忽略不计。因此，吴炜等（2020）利用 ECMWF 的 ERA5 再分析资料，针对山东冬季大气环流开展了分型研究。

4.5.3.1 资料

ERA5 资料是 ECMWF 再分析资料，是目前最优的大气历史状态分析资料。它设计将覆盖 1950 年 1 月至接近当前时间的时段，并实时更新。ERA5 是由使用了 4D-Var 数据同化技术的 ECMWF 的 Integrated Forecast System（IFS）系统生成的，该系统包含 137 个混合 sigma/pressure 垂直分层。ERA5 既提供模式分层的资料，也提供插值资料，包括 37 个气压层、16 个位温层和一个位涡层。ERA5 还提供了降水、2 m 气温、大气层顶辐射等单一层次资料。另外，IFS 耦合了土壤模式、海浪模式，相应的参数同样以单一层次资料方式提供。本研究使用的 ERA5 资料空间分辨率为 $0.25°\times0.25°$，时间间隔为 1 h，选用资料时段为 2012 年 7 月—2018 年 6 月。针对天气形势分类，主要使用了 850 hPa 的气象要素，选择这个层次主要是为了避免地形的影响，并尽可能地靠近地面。以往大气环流分型研究中，也采用了类似的选择，如 Hoffmann 等选用了 700 hPa 资料，以避免阿尔卑斯山脉的影响（Hoffmann et al.，2013）。

天气形势分类与选用的气象要素密切相关。针对空气污染问题，必须选择相关性较强的气象要素及其组合。根据前文的研究，造成大气污染的气象条件主要是"静稳天气"，污染与边界层温度层结、风场有密切关系，另外，由于污染物有吸湿膨胀现象，高湿也是加剧污染的重要因素之一。因此选择以下资料作为天气形势分类的基本数据：海平面气压、1000 hPa 与 850 hPa 高度差、2 m 温度露点差、850 hPa 与 1000 hPa 温度差。其中，位势高度场能够提供天气尺度环流中的风力和方向信息；2 m 温度露点差提供了湿度信息；850 hPa 和 1000 hPa 气温差代表了对流层下层的温度层结特征。虽然气温对于空气污染没有直接影响，但是气温是影响空气比重的重要变量，作为一个可靠的选择，使用了 1000 hPa 与 850 hPa 高度差代表气温要素。

垂直运动可能对污染物的扩散也有一定的影响，在初步试验中，选用了涡度场代表垂直运动信息。正涡度大多数情况下对应垂直上升运动，反之对应下沉运动。虽然垂直速度更加直接地提供了垂直运动信息，但是垂直速度的值对于模式设置十分敏感（Hoffmann et al.，2013），因此没有选用。由于山东省以西为太行山脉，最高海拔超过 3000 m，涡度场受地形影响较为严重。经过试验，引入涡度场降低了天气分型的质量，因此，天气分型中不再包含涡度数据。低层的垂直运动信息，在海平面气压场中也有体现。

为了部分消除中小尺度的影响，避免"噪声"对大尺度天气形势分类的影响，在计算天气形势分类之前，采用双线性插值方法将各相关气象要素插值到 $2.0°\times2.0°$ 的规则格点上。

4.5.3.2 天气分型方法

天气形势分类的目的是，找出气象要素场的若干分布模型类型，同一类的气象要素场分布特征相似，而不同类型的气象要素场分布有显著的差别（Huth et al.，2008）。在欧洲国家科技领域合作研究（COST733）中，针对不同的天气形势分类方法开展了若干对比研究。结果表明，没有唯一最优的方法。而 K-Means 及相关方法是得分较高的（Radan，2010；Christoph et al.，2010；Monika et al.，2010）。并且，使用 K-Means 方法的时候，计算得到的距离，既可以用于分类，也可以用于计算类型归属，因此计算效率较高。但是，K-

Means 方法对初始状态较强的敏感性，即不同的初始随机状态，会得到不同的聚类结果，而初始划分并没有最优的方法。因此，在初始划分时采用随机划分方法，对 K-Means 天气分型使用不同的初始划分重复 3000 次，ECV 取值最高的划分被确定为最终的天气分型，具体算法参见 4.5.2 节。

4.5.3.3　易发生区域性重污染的天气类型

通过计算分析，将山东冬季的环流形势划分为 31 种。除一种类型外，其余 30 种天气类型都有区域性重污染天气发生，但不同的天气类型出现时，区域性重污染发生的概率差异较大，为 6.2%～91.7%。区域性重污染概率大于等于 65% 的有 6 种天气类型，天气类型出现概率为 37.4%。以下给出了该 6 种天气类型的特征，将其分别记为 WP1、WP2、WP3、WP4、WP5、WP6（表 4.10）。

表 4.10　六种天气类型冬季出现概率及区域性污染发生概率（%）

类型名	WP1	WP2	WP3	WP4	WP5	WP6
区域性重污染发生概率	72.4	70	68	67.9	65.6	65
冬季出现概率	5.4	7.4	4.6	10.4	5.9	3.7

（1）WP1

环流特点：海平面气压场北高南低，华北地区有弱冷空气向南渗透；地面湿度较大，2 m 温度露点差 4 ℃ 左右；850 hPa 与 1000 hPa 温度差为 −4～−2 K，层结较为稳定（图 4.47）。

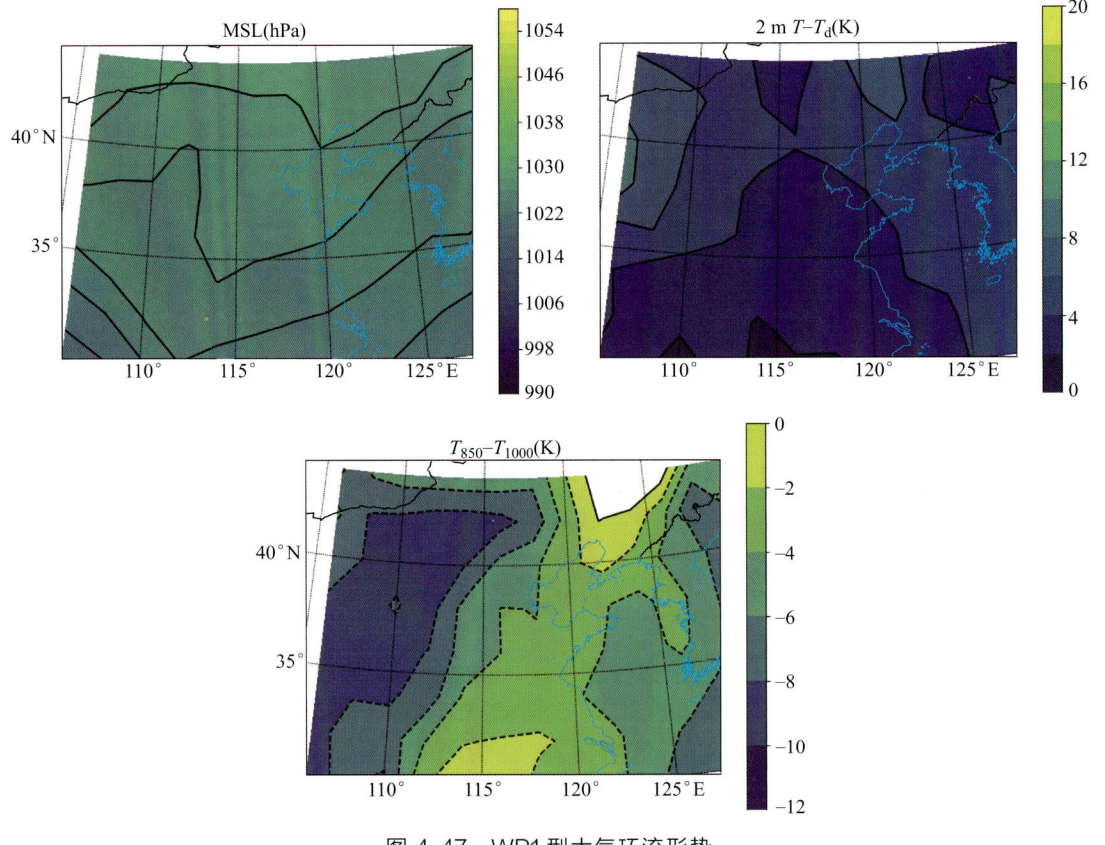

图 4.47　WP1 型大气环流形势

污染发生区域：在这种天气形势下，全省各城市都有可能出现区域性重度污染，其中，聊城、济南、菏泽、淄博、济宁、德州出现区域性重污染的概率较高，超过55%（表4.11）。

表4.11 各市区域性重污染影响日数和发生概率

城市名称	区域性重污染出现日数(d)	区域性重污染出现概率(%)
聊城	21	72.4
济南	19	65.5
菏泽	17	58.6
淄博	16	55.2
济宁	16	55.2
德州	16	55.2
莱芜	11	37.9
枣庄	10	34.5
潍坊	10	34.5
泰安	10	34.5
临沂	9	31.0
东营	8	27.6
青岛	7	24.1
日照	7	24.1
滨州	7	24.1
烟台	5	17.2
威海	4	13.8

（2）WP2

环流特点：海平面气压梯度较弱，总体上呈现东高西低形势，山东受到弱的东南或偏南气流影响；地面湿度较大，温度露点差为2~4 K；850 hPa与1000 hPa温差为−4~−2 K，大气层结稳定（图4.48）。

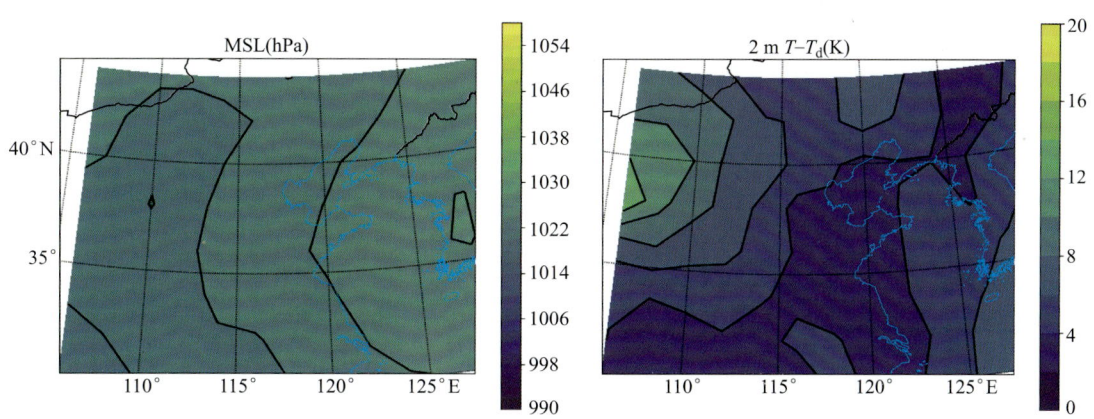

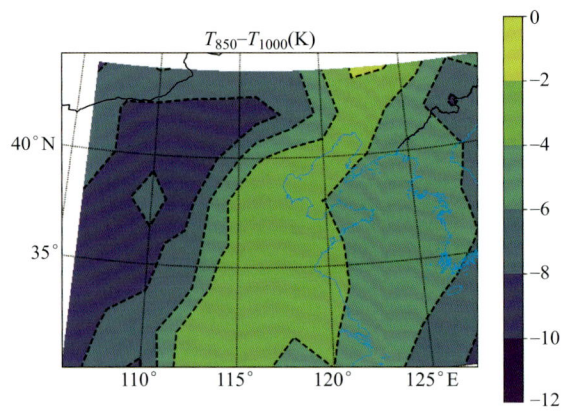

图 4.48 WP2 型大气环流形势

污染发生区域：在这种天气形势下，全省都有可能出现重度污染，总体上，半岛和鲁东南沿海污染较低，威海重污染概率最低，青岛、烟台、日照、泰安次之，其他城市发生重污染的概率基本相当（表 4.12）。

表 4.12 各市区域性重污染影响日数和发生概率

城市名称	区域性重污染出现日数(d)	区域性重污染出现概率(%)
聊城	25	62.5
济南	24	60.0
淄博	24	60.0
德州	24	60.0
滨州	23	57.5
东营	22	55.0
菏泽	22	55.0
枣庄	21	52.5
潍坊	20	50.0
济宁	20	50.0
莱芜	20	50.0
临沂	20	50.0
泰安	15	37.5
日照	14	35.0
青岛	12	30.0
烟台	11	27.5
威海	4	10.0

（3）WP3

环流特点：海平面气压西北高、东南低，冷空气向东南方向，主体尚未影响；地面 2 m 温度露点差大部分在 2~4 K，湿度较大；850 hPa 与 1000 hPa 温差为 −6~−4 K，大气层结相对稳定（图 4.49）。

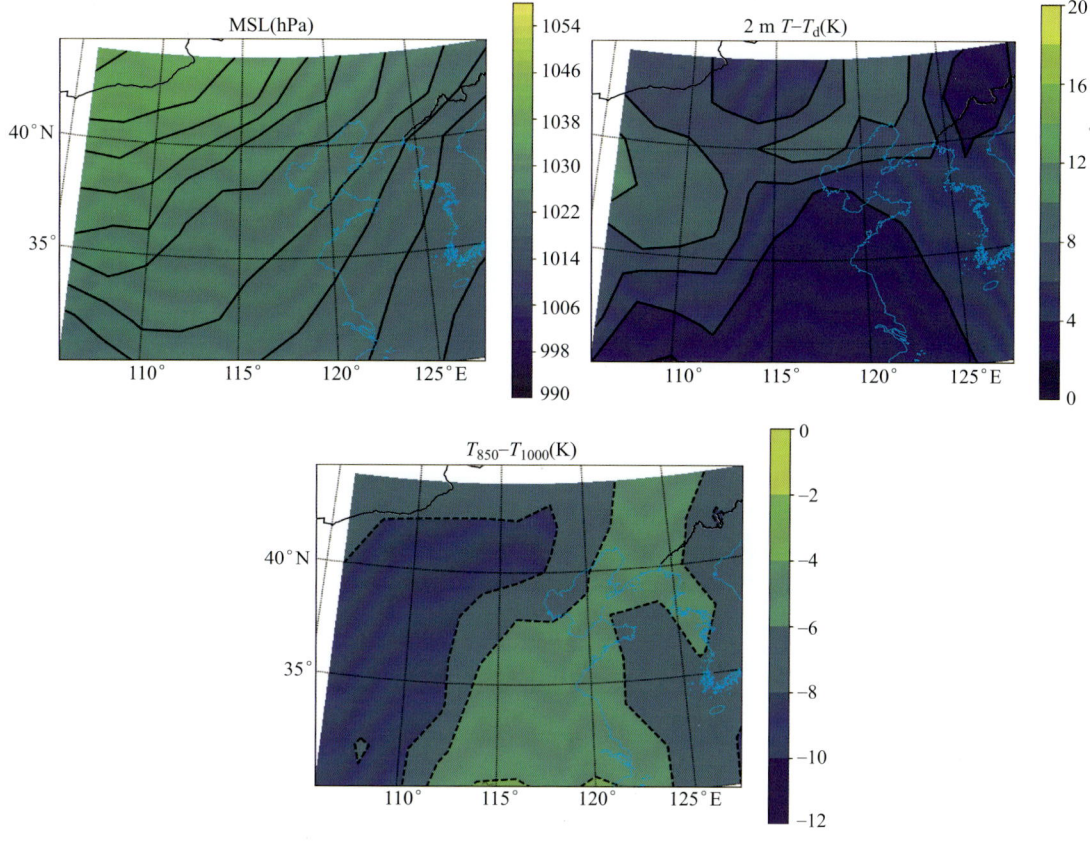

图 4.49 WP3 型大气环流形势

污染发生区域：在这种天气形势下，半岛出现污染的概率较低，其中威海无重度污染，与其他天气形势相比，聊城、菏泽、枣庄发生重污染的概率较高（表 4.13）。

表 4.13 各市区域性重污染影响日数和发生概率

城市名称	区域性重污染出现日数(d)	区域性重污染出现概率(%)
聊城	15	60.0
菏泽	15	60.0
枣庄	13	52.0
德州	12	48.0
济南	11	44.0
济宁	11	44.0
莱芜	11	44.0
淄博	10	40.0
临沂	10	40.0
潍坊	7	28.0
泰安	7	28.0
滨州	7	28.0
东营	5	20.0
日照	5	20.0
烟台	4	16.0

续表

城市名称	区域性重污染出现日数(d)	区域性重污染出现概率(%)
青岛	2	8.0
威海	0	0.0

(4) WP4

环流特点：地面基本为均压场控制，风力较小；地面温度露点差为 6～8 K；850 hPa 和 1000 hPa 温差为 -8～-6 K。这种天气形势不利于污染物的扩散和传输，污染物多为本地产生（图 4.50）。

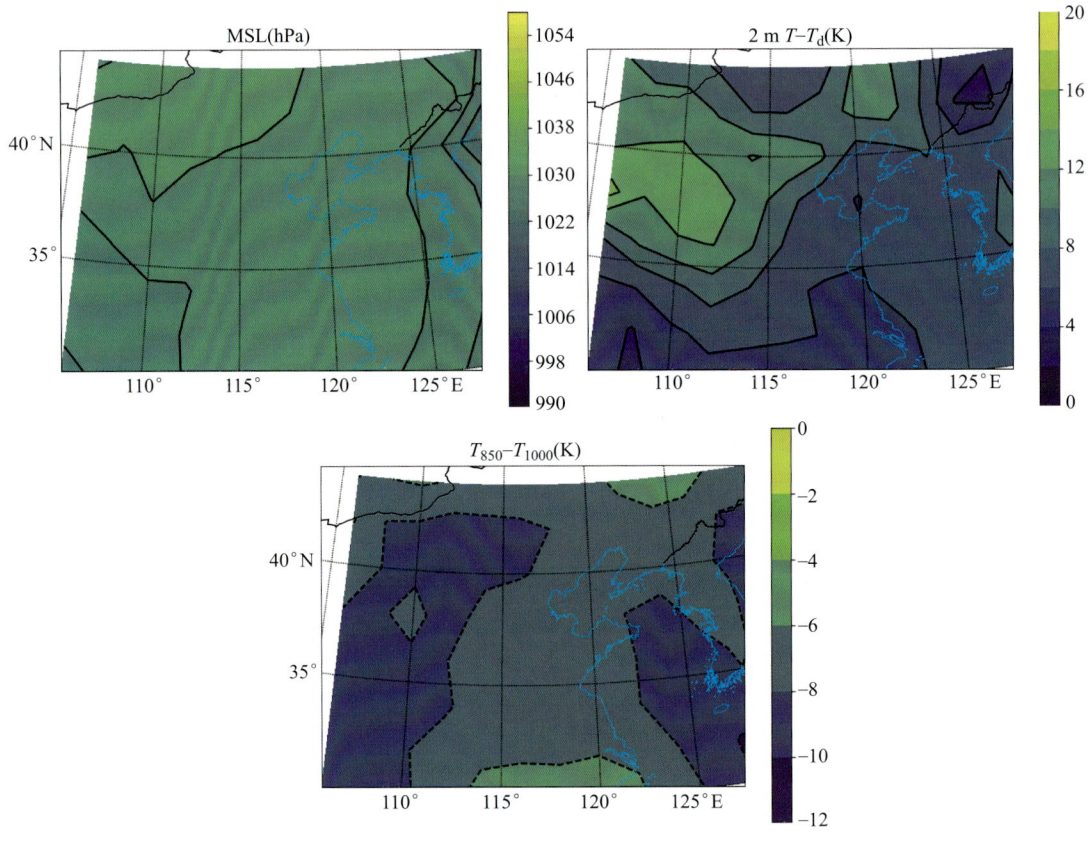

图 4.50 WP4 型大气环流形势

污染发生区域：在这种天气形势下，污染程度主要受本地排放影响，菏泽、德州、枣庄、临沂、聊城等污染排放城市发生重污染的概率较大（表 4.14）。

表 4.14 各市区域性重污染影响日数和发生概率

城市名称	区域性重污染出现日数(d)	区域性重污染出现概率(%)
菏泽	32	57.1
德州	31	55.4
枣庄	30	53.6
临沂	29	51.8
聊城	28	50.0

续表

城市名称	区域性重污染出现日数(d)	区域性重污染出现概率(%)
济宁	27	48.2
莱芜	23	41.1
淄博	20	35.7
济南	18	32.1
泰安	18	32.1
东营	16	28.6
潍坊	16	28.6
滨州	15	26.8
日照	12	21.4
青岛	8	14.3
烟台	6	10.7
威海	2	3.6

(5) WP5

环流特点：海平面气压梯度较弱，山东大部分处于高压中心西侧附近，地面应以弱的偏南或东南风为主；地面温度露点差为 4～6 K；850 hPa 与 1000 hPa 温差为 −6～−4 K，相对稳定（图 4.51）。

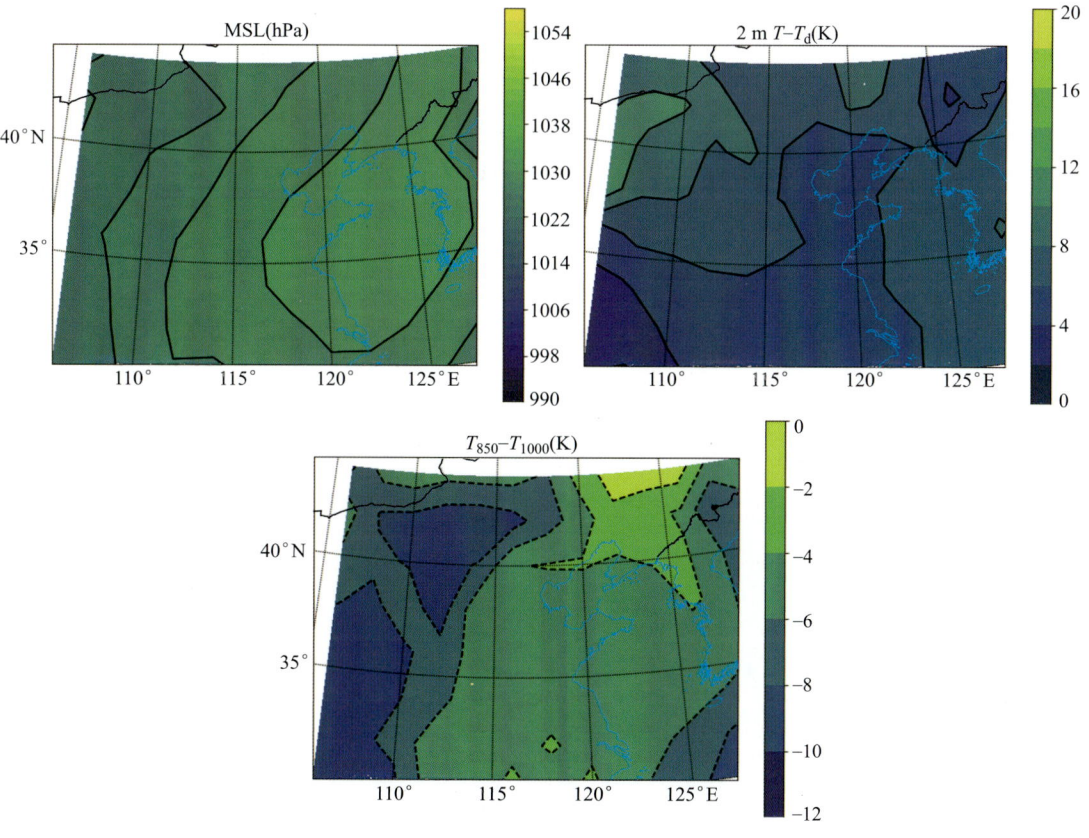

图 4.51 WP5 型大气环流形势

污染发生区域：在这种天气形势下，德州、聊城、滨州、菏泽出现中度污染的概率较大，半岛无区域性重污染天气发生（表4.15）。

表4.15 各市区域性重污染影响日数和发生概率

城市名称	区域性重污染出现日数(d)	区域性重污染出现概率(%)
德州	19	59.4
聊城	19	59.4
滨州	16	50.0
菏泽	16	50.0
东营	12	37.5
淄博	11	34.4
潍坊	11	34.4
济宁	11	34.4
临沂	11	34.4
枣庄	10	31.2
莱芜	10	31.2
济南	7	21.9
泰安	6	18.8
日照	2	6.2
青岛	0	0.0
烟台	0	0.0
威海	0	0.0

（6）WP6

环流特点：海平面气压场为均压场，不利于污染物传输；地面2 m温度露点差大部分在2~4 K，湿度较大；850 hPa与1000 hPa温差为-4 K左右，层结稳定（图4.52）。

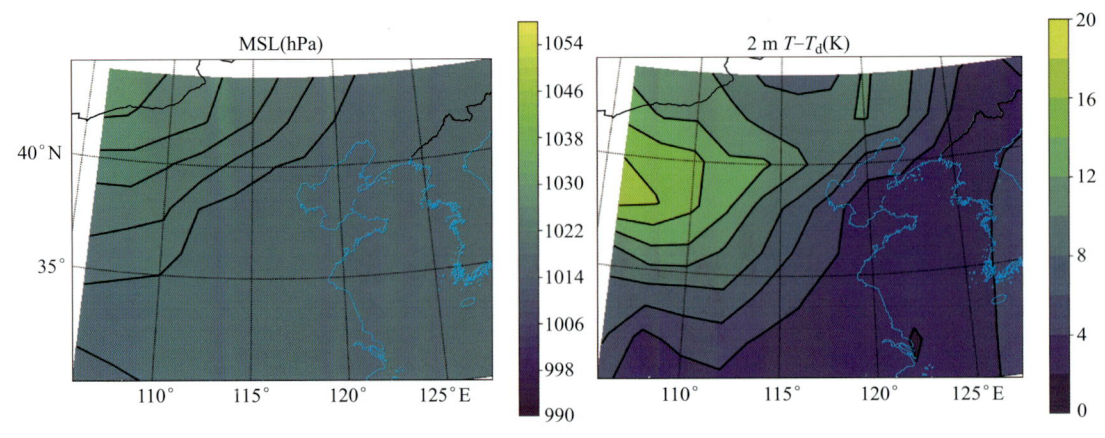

第4章 环境气象机理研究

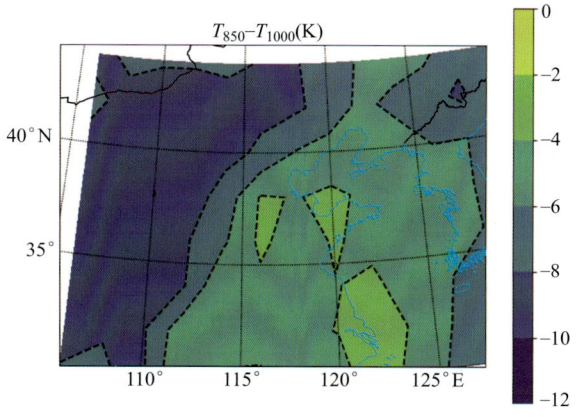

图 4.52 WP6 型大气环流形势

污染发生区域：在这种形势下，污染的程度主要受本地排放影响，聊城、菏泽、淄博、莱芜出现重污染的概率较大（表 4.16）。

表 4.16 各市区域性重污染影响日数和发生概率

城市名称	区域性重污染出现日数(d)	区域性重污染出现概率(%)
聊城	11	55.0
菏泽	11	55.0
淄博	10	50.0
莱芜	10	50.0
潍坊	9	45.0
济南	8	40.0
枣庄	8	40.0
济宁	8	40.0
临沂	8	40.0
德州	8	40.0
东营	7	35.0
泰安	7	35.0
滨州	7	35.0
日照	6	30.0
青岛	2	10.0
烟台	1	5.0
威海	0	0.0

4.5.3.4 不易发生区域性重污染的天气类型分析

区域性重污染概率小于10%的有3种天气类型，天气类型出现概率为16.9%。以下给出了该三种天气类型的特征，将其分别记为 nWP1、nWP2、nWP3（表 4.17）。

表 4.17　三种天气类型冬季出现概率及区域性污染发生概率（％）

类型名	nWP1	nWP2	nWP3
区域性重污染发生概率	10	0	0
冬季出现概率	3.7	3.9	9.3

（1）nWP1

环流特点：山东受西路冷空气影响，锋面已过山东；山东地面湿度西高东低，逐渐变干；850 hPa 和 1000 hPa 温差为 −8 K 左右，层结中性（图 4.53）。

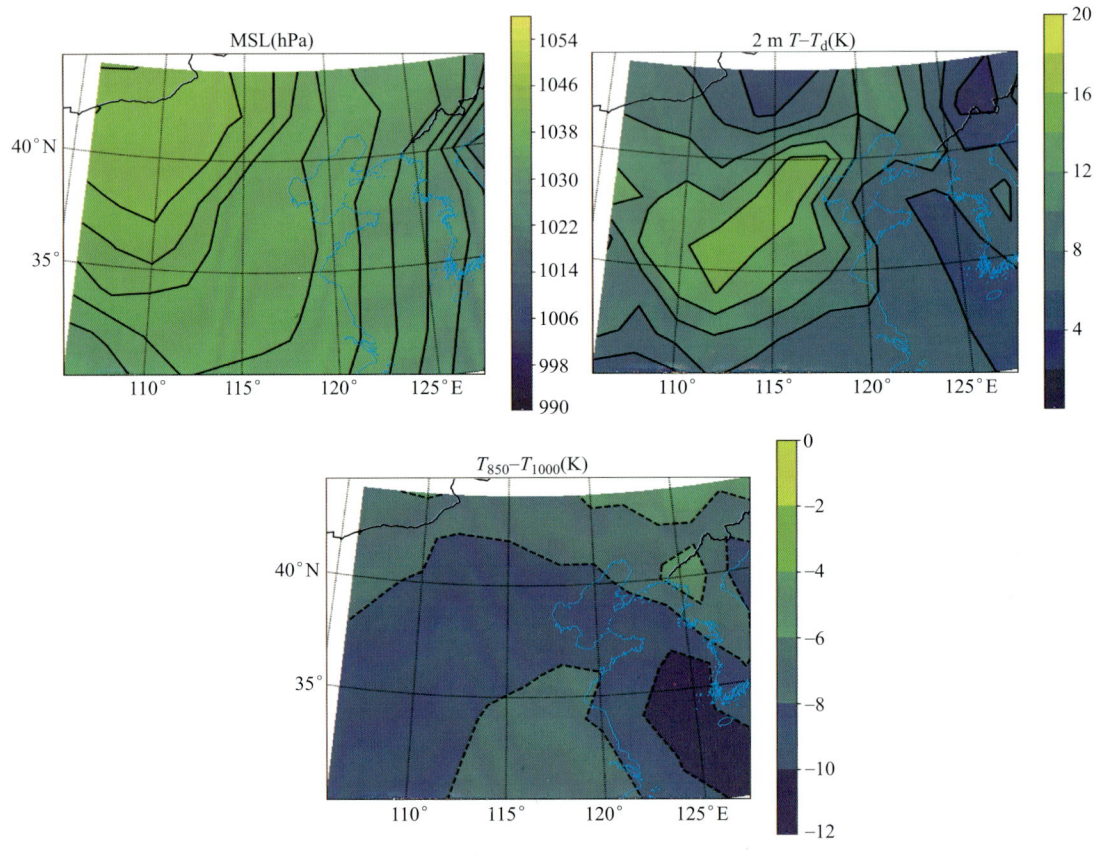

图 4.53　nWP1 型大气环流形势

（2）nWP2

环流特点：有西北路冷空气影响，850 hPa 和 1000 hPa 位势高度差的等值线相对密集，海平面气压西北高东南低，锋面已过山东；850 hPa 和 1000 hPa 温差为 −8 K 左右，层结利于垂直交换（图 4.54）。

（3）nWP3

环流特点：有明显的东北路冷空气影响，从海平面气压场来看冷空气前锋已过山东，850 hPa 和 1000 hPa 空气厚度反映出，山东已经处于冷气团的控制之下；山东地面温度露点差为 6～8 K，南部长江流域湿度较大，可能出现了雨雪（图 4.55）。

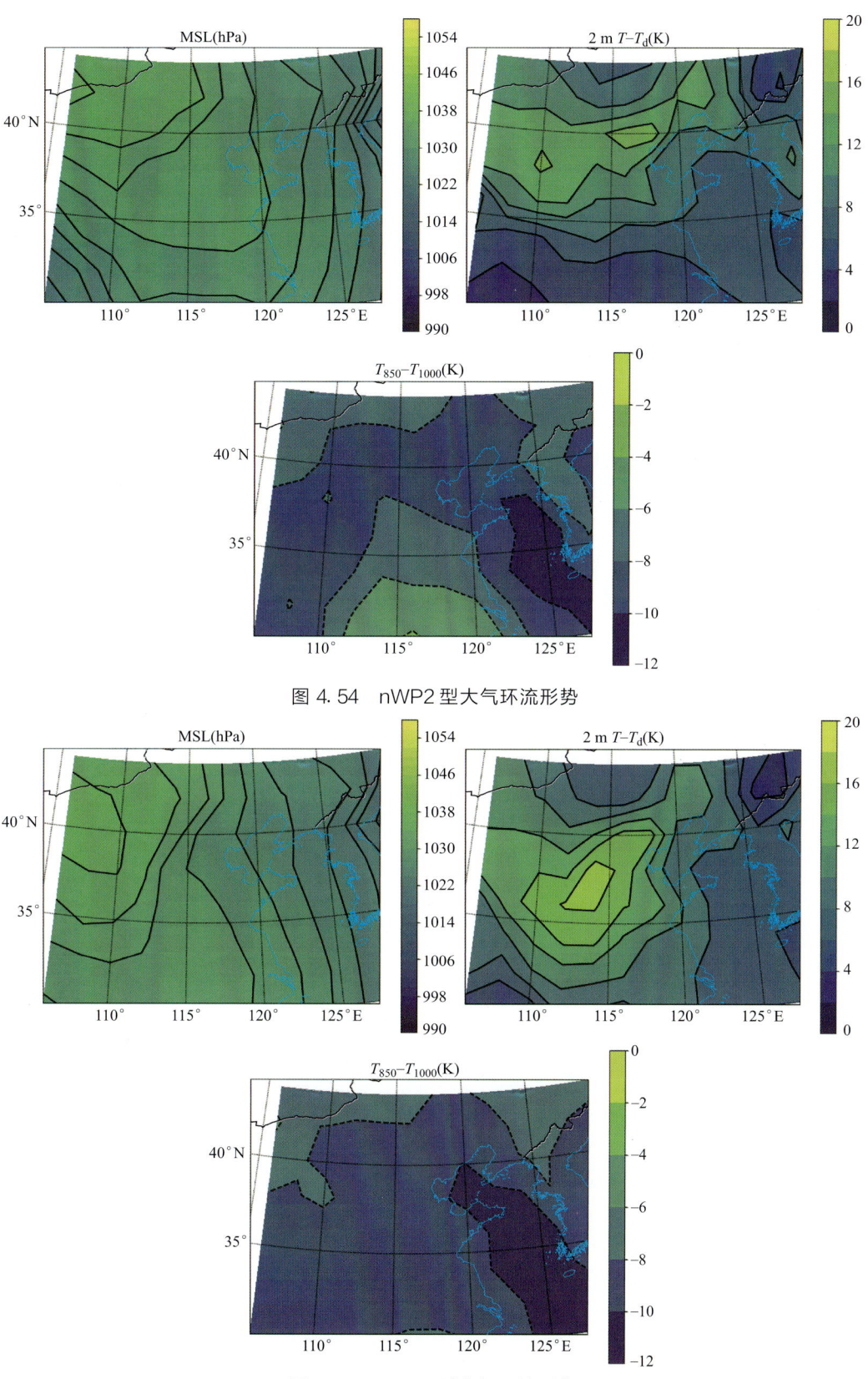

图 4.54 nWP2 型大气环流形势

图 4.55 nWP3 型大气环流形势

4.5.4 青岛市空气质量预报模型

目前青岛环境气象业务主要参考的模式产品来自中国气象局雾、霾数值预报系统 CUACE（CMA Unified Atmospheric Chemistry Environment）、华东区域大气环境数值预报系统 WRF-Chem（Weather Research Forecasting/Chemistry），以及北京区域环境气象数值预报系统 BREMPS（Beijing Regional Environmental Meteorology Prediction System）。对于地市级部门，由于气象和环保的监测系统均为连续运行，积累了大量资料。因此，在利用好各数值模式产品的同时，采用多元线性回归的统计预报方法，分析各污染物浓度与气象因子的关系，建立当地的统计预报模型，是帮助业务人员理解影响本地空气质量的气象因素作用机理的快速、便捷、有效手段之一。

4.5.4.1 污染物浓度与气象要素的相关关系分析

利用环境空气质量监测数据和自动气象站观测数据，通过对不同季节 6 种污染物浓度与各类气象要素进行相关分析，可以确定 5 个气象影响因子（表 4.18）。影响 PM_{10} 的主要因子为气温和风速，在春夏秋三季还与相对湿度有关。冬夏两季的 PM_{10} 与气温呈正相关，春秋两季呈负相关。$PM_{2.5}$ 与气温、相对湿度、风速相关性较好。冬、夏两季，$PM_{2.5}$ 与气温呈正相关，与风速呈负相关；冬季与相对湿度呈正相关，夏季呈负相关。PM_{10}、$PM_{2.5}$、CO、O_3 的浓度与相对湿度的相关性冬夏相反，冬季为正相关，夏季为负相关。

表 4.18 地面气象要素与同期污染物浓度之间的相关系数

季节	污染物	气压	气温	相对湿度	风速
冬季	PM_{10}	0.00	0.16	0.00	−0.17
	$PM_{2.5}$	−0.10	0.13	0.18	−0.29
	SO_2	0.16	−0.13	−0.20	−0.12
	NO_2	0.03	0.09	−0.10	−0.23
	CO	−0.07	−0.14	0.21	−0.03
	O_3	−0.06	0.36	0.28	0.03
夏季	PM_{10}	−0.04	0.19	−0.29	−0.19
	$PM_{2.5}$	−0.10	0.28	−0.31	−0.29
	SO_2	0.07	0.02	−0.29	−0.20
	NO_2	−0.01	0.13	−0.35	−0.27
	CO	0.14	−0.14	−0.12	0.03
	O_3	0.17	−0.16	−0.14	0.07
春秋季	PM_{10}	0.01	−0.15	−0.29	0.00
	$PM_{2.5}$	−0.05	0.01	−0.13	−0.13
	SO_2	0.25	−0.42	−0.39	−0.06
	NO_2	0.10	−0.06	−0.32	−0.26
	CO	0.17	0.05	−0.06	−0.22
	O_3	−0.05	−0.01	0.00	−0.04

4.5.4.2 风向的定量化处理

风向为非量化因子，需对其进行定量化处理，才能代入方程参与计算。将只有一个主导风向的污染物浓度日均值作为当日风向对应的污染物浓度，按照17方位风向做时间平均，确定该风向的污染物浓度代表值（表4.19）。

表4.19 青岛各风向污染物浓度

风向	$PM_{2.5}$ (mg/m³)	PM_{10} (mg/m³)	SO_2 (mg/m³)	NO_2 (mg/m³)	CO (mg/m³)	O_3 (μg/m³)
静风	0.049	0.083	0.039	0.030	1.214	0.050
N	0.065	0.093	0.056	0.031	1.224	0.052
NNE	0.035	0.087	0.065	0.037	1.183	0.055
NE	0.027	0.086	0.063	0.020	1.049	0.070
ENE	0.022	0.089	0.054	0.042	0.983	0.078
E	0.018	0.073	0.041	0.026	0.916	0.085
ESE	0.040	0.070	0.036	0.027	1.037	0.060
SE	0.034	0.078	0.031	0.021	0.810	0.073
SSE	0.048	0.083	0.038	0.029	0.953	0.083
S	0.053	0.090	0.041	0.029	0.935	0.077
SSW	0.080	0.102	0.072	0.037	1.431	0.061
SW	0.083	0.099	0.065	0.028	0.918	0.056
WSW	0.082	0.102	0.063	0.038	1.000	0.051
W	0.081	0.111	0.084	0.040	1.083	0.047
WNW	0.046	0.096	0.072	0.041	0.873	0.059
NW	0.077	0.109	0.079	0.025	1.243	0.052
NNW	0.088	0.108	0.073	0.041	1.500	0.056

4.5.4.3 预报因子的选择

影响城市大气环境质量的两个主要因子是污染物的排放量和边界层大气对污染物稀释扩散能力。在污染物排放量一定的情况下，污染物浓度是由大气对污染物的稀释能力所决定的，因此将风速、风向、气压、气温、相对湿度作为统计预报模型中的预报因子。青岛空气污染大多发生在冬季，而冬季青岛地区降水较少，所以剔除了降水因子。对污染物浓度与上述4类气象因子的相关关系进行显著性检验，最终确定预报因子（表4.20）。

表4.20 青岛空气质量统计预报模型预报因子

预报因子	时间	变量
温度(℃)	当日02:00—14:00平均温度	X_1
气压(hPa)	当日14:00气压值	X_2
风向	当日14:00主导风向	X_3
污染浓度*	当日平均质量浓度	X_4
风速(m/s)	预报日08:00风速	X_5

续表

预报因子	时间	变量
温度(℃)	预报日 08:00 的温度	X_6
相对湿度(%)	预报日 14:00 的相对湿度	X_7
风向	预报日主导风向	X_8
相对湿度(%)	当日 14:00 的相对湿度	X_9

注：* 表示污染质量浓度 PM_{10}、$PM_{2.5}$、SO_2、NO_2、CO 单位为 mg/m^3，O_3 单位为 $\mu g/m^3$。

4.5.4.4 预报方程的建立

(1) 预报方程

青岛属于季风气候，季节差异较大。根据 4 类预报因子，进行多元线性回归，按照冬季、夏季、春秋季分别建立预报方程(表 4.21)。

表 4.21 青岛空气质量统计预报方程

污染物	季节	回归方程
$PM_{2.5}$ (mg/m^3)	冬	$Y=-0.9512+0.7125X_4-0.0061X_6+0.0067X_7+0.7204X_8$
	夏	$Y=-0.2823+0.9034X_4+0.3770X_8$
	春秋	$Y=-0.0459+0.8261X_4+0.1944X_8$
PM_{10} (mg/m^3)	冬	$Y=0.7244+0.0006X_1-0.0006X_2+0.5844X_4-0.0018X_5-0.0003X_7$
	夏	$Y=0.0037+0.4979X_4+0.0013X_6$
	春秋	$Y=1.8158-0.0005X_1-0.0018X_2+0.6004X_3+0.4822X_4-0.0028X_5-0.0009X_6$
SO_2 (mg/m^3)	冬	$Y=0.0418-0.0005X_1+0.5673X_4-0.0026X_5-0.0003X_7+0.4821X_8$
	夏	$Y=0.0012+0.1288X_3+0.5273X_4-0.0002X_7+0.1189X_8+0.0002X_9$
	春秋	$Y=0.0356+0.5464X_4-0.0022X_5-0.0009X_6-0.0002X_7+0.2459X_8$
NO_2 (mg/m^3)	冬	$Y=0.0798+0.6010X_4-0.0014X_5$
	夏	$Y=-0.0066+0.2925X_3+0.6295X_4-0.0008X_5+0.4455X_8$
	春秋	$Y=0.0011-0.0005X_1+0.7179X_4-0.0010X_5+0.0004X_6+0.4821X_8$
CO (mg/m^3)	冬	$Y=-0.0918+0.3764X_4-0.0094X_5+0.0011X_7+1.4755X_8$
	夏	$Y=0.0120-0.0540X_3+0.5462X_4-0.0043X_5+0.5402X_8$
	春秋	$Y=0.0120-0.0112X_3+0.4686X_4-0.0023X_5+0.3915X_8$
O_3 ($\mu g/m^3$)	冬	$Y=-0.0203+0.0972X_3+0.4185X_4+0.0005X_6+0.7723X_8$
	夏	$Y=0.0824-0.0013X_1+0.5382X_4+0.47107X_8-0.0005X_9$
	春秋	$Y=0.0001+0.6658X_4+0.3150X_8$

(2) 误差检验

PM_{10}、SO_2、NO_2 的相对误差均小于 30%。$PM_{2.5}$ 相对误差稍大，夏季为 35%、冬季为 59%、春秋季为 49%。CO 在冬季和夏季相对误差较小，分别为 29%、20%，春秋季 38%。O_3 相对误差冬、夏季较小，但是春秋季较大。由于 $PM_{2.5}$ 开展观测的时间晚于 PM_{10}，导致其建模样本数据少于 PM_{10}，造成回归方程误差增大，这是多元线性回归方法自身的局限性。

根据环境气象业务需求,对预报方程得到的6种污染物浓度进行IAQI计算,并最终确定AQI预报等级和首要污染物。当实况AQI<50时,AQI预报结果偏大;当实况AQI>100时,AQI预报结果偏小(图4.56)。

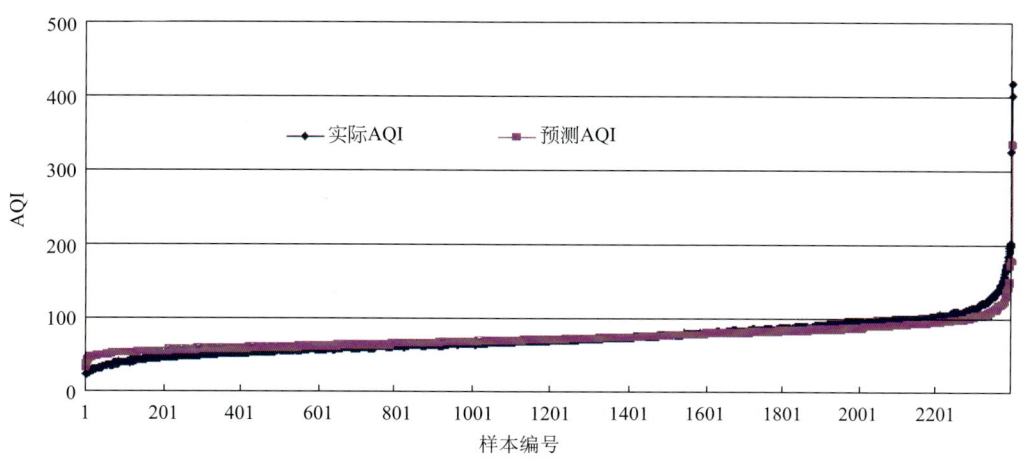

图4.56 实况AQI与预报AQI的拟合曲线

(3) 预报结果的订正

根据对检验结果的误差统计,加入订正条件(表4.22),修正统计预报模型系统性误差,可以明显提高AQI等级的预报准确率。2014年9月16日—2015年8月10日,AQI等级统计预报结果与实况一致的天数为152 d,占50%;等级误差在±1级的天数为137 d,占45%,其中预报比实况AQI等级高一级的84 d,低一级的53 d;等级误差在±2级的天数为14 d,占4.5%,其中预报比实况AQI等级高2级的6 d,低2级的8 d;预报比实况AQI等级低3级的2 d(表4.23)。

表4.22 订正条件

条件	订正系数
50<AQI预报值<100	0.7
AQI预报值>100	1.2

表4.23 AQI预报与实况等级误差的天数(单位:d)

预报方法 \ $AQI_{预报}-AQI_实$	4	3	2	1	0	−1	−2	−3
统计预报	/	/	6	84	152	53	8	2

4.5.5 山东区域性重污染形成和消散气象条件

4.5.5.1 重污染消散机制统计分析

(1) 消散定义

将重污染过程定义如下:在3 h中,某城市$PM_{2.5}$的浓度由250 $\mu g/m^3$以上,下降至150 $\mu g/m^3$以下,即污染强度由严重污染下降至中度以下污染。2016年9月1日—2017年8

月 31 日，全省满足消散条件的个例共有 32 个。

（2）消散物理机制

通过对 ECMWF 物理量的分析发现，重污染的消散可以分为四种机制。一般情况下，这四种机制可以独立发挥作用，在某些过程中，两种以上的消散机制可能共存。有时以上四种机制均不突出，是由多种物理机制共同造成的污染消散。这四种机制分别如下。

大风：大风是清除污染物的重要机制，在全部 32 个个例中出现了 15 次。对华北而言，重污染多出现在冬季，冷空气活动带来的北大风是清除污染物的主要手段。在研究的个例中，只有一次污染物清除与南大风有关，其他大风过程皆为北大风。

热力垂直交换：空气垂直交换，使上层清洁的空气到达地面，部分近地面污浊的空气扩散到边界层以上，从而达到污染物清除的目的。在自然条件下，排除局地地形影响等因素，引起空气的垂直交换的原因主要包括热力原因和动力原因。在 32 个个例中，垂直交换导致的污染消散共有 20 个。其中，由热力原因引起的空气垂直交换有 7 例。

动力垂直交换：在 32 个个例中，垂直交换导致的污染消散共有 20 个。其中，由动力原因引起的空气垂直交换有 13 例。

海风替换：在 32 个个例中，较为明显的有 2 次。

降水：在 32 个个例中，垂直交换导致的污染消散共有 6 个。

4.5.5.2 重污染积聚机制统计分析

（1）积聚定义

将重污染积聚过程定义如下：在 3 h 中，某城市 $PM_{2.5}$ 的浓度由 150 $\mu g/m^3$ 以下，上升至 250 $\mu g/m^3$ 以上，即污染强度由中度以下污染上升至严重污染。2016 年 9 月 1 日—2017 年 8 月 31 日，全省满足积聚条件的个例共有 20 个。

（2）积聚物理机制

严重污染的快速形成，与俗称的静稳天气密切相关，并且与污染物的输入关系密切。

热力垂直交换抑制：20 个重污染快速形成的个例中，有 7 个个例存在逆温，其中，4 个过程逆温较强。

动力垂直交换抑制：20 个重污染快速形成的个例中，有 8 个个例存在动力垂直交换抑制。

高湿：在水平和垂直环流较弱的情况下，高湿状态会导致污染浓度快速增加，达到严重污染的程度。在 20 个个例中，有 3 个过程与高湿有关。

外部输入：在重污染快速形成的过程中，大部分个例中风速较小，但也有一些个例风力较大，10 m 风速达到 8.5 m/s。在垂直环流受到抑制的条件下，如果上游方向存在较重的污染，较大的风力不但不能驱散污染物，还会加剧本地的污染。

4.6 本章小结

本章介绍了山东省气象部门在环境气象机理方面开展的研究工作和取得的成果。总结了不同类型内陆大雾特点，影响大雾的气象要素特征，以及大雾天气形势主要分类，海雾生消的物理机制，气象要素阈值，以及重大活动保障中的海雾影响和预报分析等；研究分析了冷空气和垂直运动在雾、霾消散中的重要作用；围绕山东区域性重污染物理，分析了重污染时空分布特征，首要污染物变化特征，全省污染区域划分，给出了山东区域性重污染多种天气形势分型；得出了雾、霾生消的气象条件和山东区域性重污染形成和消散气象条件；针对济南、青岛大城市，给出了城市大雾微物理结构特征、空气质量预报模型等。

第 5 章　山东省环境气象预报技术研究

5.1 环境气象客观预报方法

5.1.1 基于多种神经网络方法的东营市 AQI 预报模型研究

近年来，随着我国经济的飞速发展，能源消耗、人口剧增等带来的大气污染问题随之而来。大气污染对整个社会的发展和人类的身心健康都带来了重要的负面影响，环境空气质量近年来受到越来越多民众的关注。因此，如何防治日益恶化的空气质量，降低大气污染的危害与影响，成为当今社会面临的问题。空气污染防治包括空气质量现状和未来发展趋势两个重要方面，对于空气质量的表述主要有空气质量指数，可以定量地评价空气质量状况。研究预报方法，预测未来空气质量的变化趋势，对开展大气污染防治工作具有深远意义。

空气质量预报作为一项复杂的系统工程，不仅是当前研究的热点，也是难点。随着研究的不断发展和突破，我国相关领域的研究人员相继在大气污染气象学、空气污染气象参数与污染物浓度二者的相关性、空气污染预报的方法、污染物扩散模型等方面进行了研究，于淑秋等（2002）研究分析了在不同时期大气污染物的分布特征。目前对于空气质量预报方法的研究，大多为数值预报模式，其次为统计型经验预报。数值模式预报首先投资大，工作量大；其次计算量大，对硬件要求高，计算时间长；再者，大多数值预报为面预报，比如华东区域空气质量预报模型等。因此，数值模式预报模型在东营空气质量预报中很难在短时间内取得满意的结果；并且统计型经验预报，由于客观定量化较差，很难拿出一套比较完整的客观化预报产品。而人工智能领域最先进的神经网络方法，自从 20 世纪 80 年代开始应用，到目前已经在很多领域广泛成熟应用。Sang 等（2008）以 BP 网络为统计模型预报韩国首尔大气中臭氧的浓度；Lu 等（2003）用主成分分析技术提取学习样本，并应用 RBF 网络对 NO_2 等浓度进行预测，并与单一的 RBF 模型相比，主成分 RBF 具有学习快，预测精度高的特点；Perez 等（2000；2001）根据 NO 和 NO_2 的浓度与气象因子，建立了智利圣地亚哥市一个交通密集区的前向神经网络浓度预报模型，预测结果并与线性回归预测结果比较，明显优于线性回归，表明神经网络对于非线性问题的处理的强大性。邓伟妮（2008）和覃登攀（2008）分别使用 BP 神经网络算法对西安市 PM_{10} 以及南宁市 API 指数作预测，都取得了很好的结果；谢超等（2015）使用多种神经网络算法对华北西部区域的空气质量进行预测，指出 BP、Elman、T-S 模糊、小波神经网络方法均可满足实际预报应用，但具有动态反馈能力的 Elman 神经网络方法预测精度更高。

由于大气中的污染物在大气中的运动、转化受污染源、气象因素等方面的影响，具有较强的非线性，神经网络方法可以利用其对非线性问题的较好的识别及模拟能力，能很好地对空气质量进行预测。由此可见，神经网络方法在空气质量预报中有很大的应用价值。但是以上研究人员对于学习样本的输入，皆为地面资料的气象因子，由于空气污染物的运动及转化，在边界层内的发生、发展、消亡，不仅受近地层的大气运动影响，亦受到中高层大气层结的影响。本研究在使用神经网络构建预报模型中，将引入中、低层气象因子，来预报空气质量，以期提高预报准确率。

5.1.1.1 方法与资料

使用 BP 神经网络、RBF 神经网络、Elman 局部反馈神经网络，对东营 AQI 以及污染物六要素进行预报，并建立两套预报方案包括 6 个模型以进行对比，确定最优预报模型，并进行业务化。

基础数据准备是神经网络进行预报研究的一个重要前提，同时也是网络训练与设计的基础，选取数据、数据合理性及科学性均会在很大程度上影响网络的性能。数据准备主要包括数据的分析选择、原始数据收集及数据预处理等方面的工作。原始数据的收集包括东营代表站污染物六要素浓度及 AQI 值资料、高空实况气象资料、地面实况气象资料等。其中，东营代表站污染物六要素浓度及 AQI 值资料通过与环保部门沟通，从当地生态环境部门数据库中调用相关资料。高空实况资料包括 1000 hPa 垂直速度、1000 hPa 温度、925 hPa 垂直速度、925 hPa 温度、850 hPa 风 U 分量、850 hPa 风 V 分量、850 hPa 温度、500 hPa 位势高度变化量；地面实况资料包括 6 h 降水、2 m 温度、10 m 风 U 分量、10 m 风 V 分量。高空和地面实况资料利用存储的 MICAPS 历史资料，读入 MATLAB 后，在东营国家级气象观测站插值得出。一般来说，获取的原始数据并不完整，即存在缺省数据，网络训练的过程也会因为这些缺省数据而陷入紊乱，故需要对资料进一步同化处理，按照时间刻度，根据资料的完整情况，挑选出有效资料进行相关建模计算。选取 2013—2015 年每天 08 时和 20 时资料，当有任意一个因子没有数据时，该时次资料不选用，经筛选处理后，共有 1543 条资料满足使用。

因所收集的数据跨度比较大，而由于神经元传递函数的差异，很多神经网络模型只接受 [0，1] 和 [-1，1] 范围的数值数据，为避免神经元饱和，必定限定与其连接的其他神经网络的输出，有必要归一化网络的输入样本。因此在建模之前，需预先将数据按比例缩小到上述区间内以方便网络训练且可防止运算出现过拟合现象。本研究中，将数据归一化到 [-1，1] 区间，网络训练的结果输出也需进行反归一化处理。

在数据处理完后，需要网络模型进行构建。对三种神经网络算法采取了最优参数的设定：Elman 与 BP 神经网络，均是采用三层网络结构，隐层传递函数为 tansig 函数，purelin 为输出传递函数，选择 traingdx 函数作为训练函数，隐层节点数的选择，针对不同的隐层节点数分别建模，模型建好后，将检验数据代入模型计算误差，比较分析误差情况，确定隐层节点数和最终网络模型；RBF 神经网络，MATLAB 软件的 NNNToolbox 提供了两种径向基神经网络的创建方法，通过迭代的方式生成一个径向基神经网络，在网络的创建过程中，神经元会不断加入到网络之中，直到均方误差下降到期望的误差之下，或者网络达到最大神经元数目为止，根据检验数据的误差情况选定最优网络。

使用两套预报方案，一为输出建模为 AQI 指数，二为输出建模为污染物六要素，然后根据污染物浓度值按照标准计算 AQI 指数。两套方案中高空、地面实况因子相同，但采用的空气质量因子不同。输出建模为 AQI 指数的空气质量因子是前 24 h 和 48 hAQI 值，其预报输出是 AQI；输出建模为污染物六要素的空气质量因子是 SO_2、O_3、NO、CO、PM_{10}、$PM_{2.5}$ 的前 24 h 和 48 h 浓度值，预报输出是相对应污染物六要素的浓度值。

5.1.1.2 方案结果对比

三种神经网络方法，每种方法两套建模方案，原始数据中共有 1543 条可用记录，随机选取 1300 条记录建模，用其余的 243 条记录验证网络模型效果，并对结果进行对比分析。方案一是对污染物六要素浓度建模预报，而后计算 AQI 值，方案二是直接对 AQI 指数建模预报。三种方法两套方案的具体误差情况如表 5.1 所示。

表 5.1　三种方法两套方案的具体误差

误差情况	BP 神经网络		RBF 网络		Elman 局部反馈网络	
	方案一	方案二	方案一	方案二	方案一	方案二
平均误差	37.20	43.14	33.29	42.11	35.01	47.24
误差小于 10 占比(%)	25.40	12.10	24.28	17.61	23.70	14.79
误差小于 30 占比(%)	54.30	43.10	57.80	47.89	53.76	39.44
误差小于 50 占比(%)	74.00	70.40	76.30	67.61	72.83	64.08
误差小于 70 占比(%)	86.10	83.10	89.60	81.69	87.86	78.17

两套方案的预报结果均是 AQI 指数，表中平均误差是模型预报 AQI 指数与实际 AQI 指数的差值绝对值的平均，误差小于 10 的是模型预报 AQI 指数与实际 AQI 指数的差值绝对值在 10 以下的百分比，误差小于 30、50、70 的类推。

基于三种神经网络算法的任意一种方法的方案 1 明显优于方案 2，即输入训练向量采用六要素方案优于直接使用 AQI 指数作为输入向量的方案，改进的力度在 10% 左右。

三种方法从误差情况来看，各有优劣，相差不大，其中 RBF 网络的平均误差最小，误差小于 10 的 BP 神经网络的预报效果最好，误差小于 30 的 RBF 网络的预报效果最好，误差小于 50 的 RBF 网络预报效果最好，误差小于 70 的 RBF 网络预报效果最好。经过最优化参数设定的 BP、Elman、RBF 算法，从方案 1 中对比发现，RBF 径向基神经网络算法优于 BP 静态反馈神经网络算法，优于 Elman 局部动态反馈神经网络算法。

对三种方法两套方案的预报走势与实况走势对比，如图 5.1—5.4 所示。

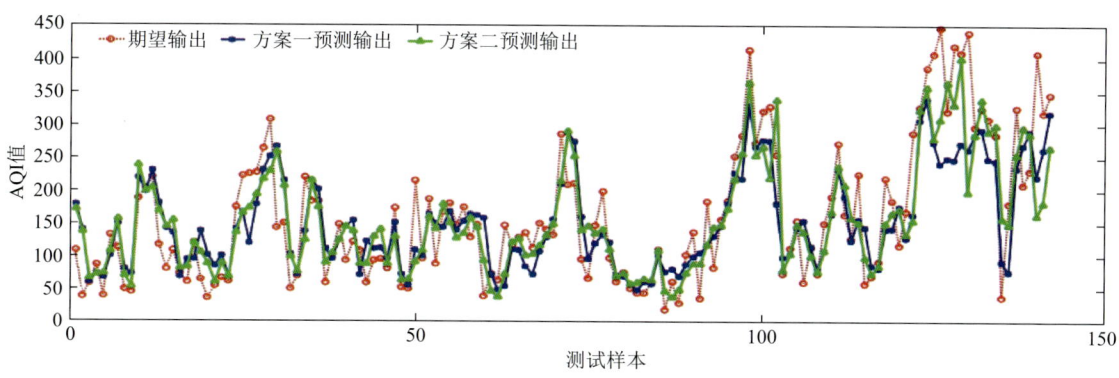

图 5.1　BP 神经网络算法的两套方案对比

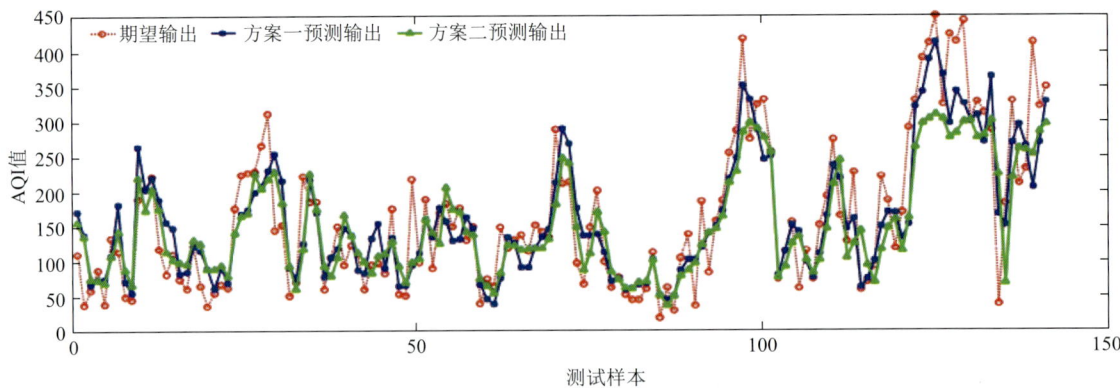

图 5.2　Elman 神经网络算法的两套方案对比

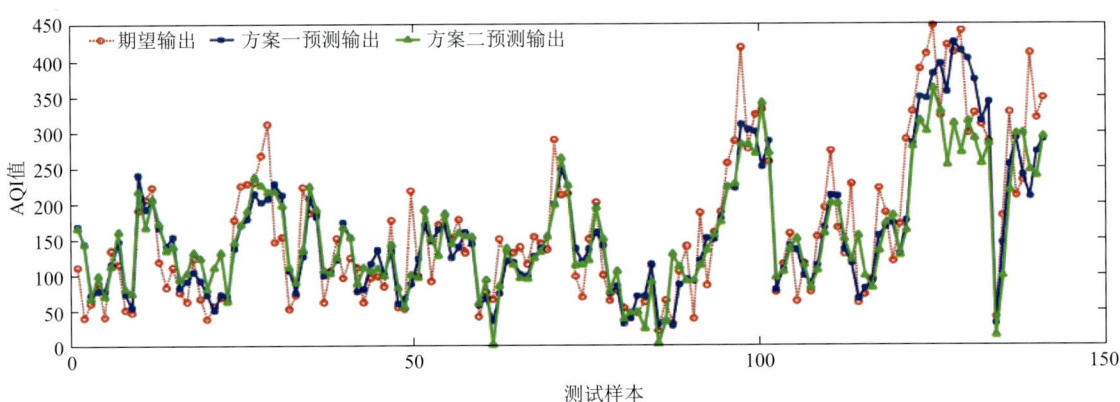

图 5.3　RBF 神经网络算法的两套方案对比

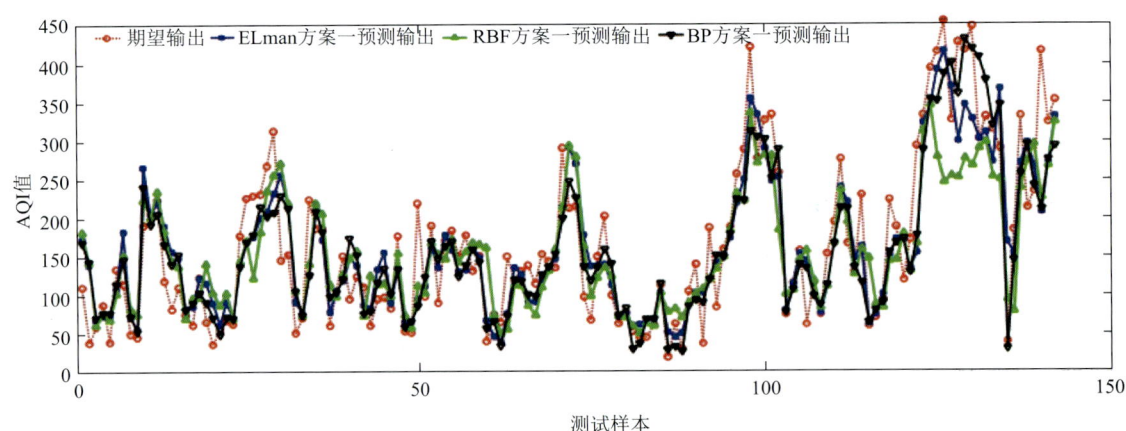

图 5.4　三种神经网络算法的方法一方案对比

由曲线的走势来看，三种算法的两种方案的预报走势均与实况走势趋合，但是在部分样点处还是有所差异，单从 BP 神经网络的两种方案来看，在部分点的预测，方案二要比方案一精确，但大部分点预测方案一要优于方案二，RBF 和 Elman 局部反馈神经网络的预测效果也有这样的特点，因此对于日后预报而言，可以以方案一为主，参考方案二的预报。从图 5.1—5.4 中可以看出，对于模型中 AQI 指数较高的点，三种方法都不能很好地与预测值逼近，但可以预报出升降的趋势，这与高 AQI 指数的样本数较少有关，优于训练样本少，导致训练结果不如其他非高指数样本。

综上所述，利用 BP、Elman、RBF 三种神经网络算法，通过对各种方法最优参数的迭代取参，成功构建东营市 AQI 预报模型，并对训练向量采用六要素及 AQI 指数的方案试验，最终得出。

（1）输入训练向量采用六要素方案优于直接使用 AQI 指数作为输入向量的方案，改进的力度在 10%左右。

（2）经过最优化参数设定的 BP、Elman、RBF 算法，从方案一中对比发现，RBF 径向基神经网络算法优于 BP 静态反馈神经网络算法，优于 Elman 局部动态反馈神经网络算法。

但是在业务应用中，优于三种算法得出的结果，各有优劣，对预报员的应用，可以参考各种方法与方案结果，作为集合预报产品，来提高空气质量预报质量。

5.1.2　机器深度学习在 AQI 预报中的初探

影响环境空气质量的因素很多，包括污染物排放强度及其时空分布，影响污染物传输、垂直交换的大气环流，也包括污染物自身的化学反应等。空气质量预报的难度很大，除了各种影响因子之间复杂的相互作用之外，污染物排放和大气环流预报本身的不确定性也不容忽视。因此，数值模式在现阶段难以给出可靠的结论，而主观分析和判断仅能给出定性的结论。

近年来，随着计算机运算能力的显著提升和计算方法的不断发展，人工智能应对复杂问题的能力显著增强，并成为当前最热门的技术之一。机器学习是一门人工智能的科学，已经有了十分广泛的应用，例如数据挖掘、计算机视觉、自然语言处理、生物特征识别、搜索引擎、医学诊断等。经验表明，机器学习要发挥作用，还必须与专业知识相结合，尤其是在算法的选择和因子的选取方面，必须经过科学和审慎的研究。吴炜（2020）等利用机器深度学习技术，在空气污染相关机理研究的基础上，初步建立了城市 AQI 客观预报系统，并取得了较为准确的预报结果。

5.1.2.1　软硬件环境

（1）硬件环境

深度学习计算量较大，计算过程同时使用了 CPU 和 GPU 开展运算。其中，资料处理是在 CPU 上完成的；而机器学习过程主要利用了显卡的 GPU 进行计算，GPU 并行计算效率高，速度快。基本配置如下——Intel（R）Xeon（R）CPU E5-2687W v2 3.40 GHz，双处理器；内存 64 G；NVIDIA Quadro K4000 显卡，显存 DDR5 3 G 位宽 192 bit，处理器核心数量 768 个，实测单精度运算效能约 725 GFLOPS。

（2）软件环境

研究和系统开发中，主要使用了 FORTRAN 和 Python 作为主要编程语言。其中 FORTRAN 主要用于数值预报产品的处理，Python 主要用于机器学习、预报和流程控制。

机器学习主要使用了 TensorFlow 系统。TensorFlow 是一个开放源代码软件库，是由谷歌公司研发的第二代人工智能学习系统，TensorFlow 支持 CNN、RNN 和 LSTM 算法等流行的深度神经网络模型，是目前最流行、应用最广泛的机器学习工具。尤其是 TensorFlow 提供了对 NVIDIA 系列显卡 GPU 的支持，使之成为本研究的首选。

为提高资料处理能力，研究中使用 SQLite 轻量级别数据库系统建立了空气质量预报要素数据库，并使用 Python 语言开发了数据库接口。另外，还使用了 ECMWF 的 GRIB-API 数据接口技术。

5.1.2.2 资料与方法

（1）空气质量资料

空气污染资料来自"山东环境气象业务平台"，包括 17 个地级市 144 个监测站点的观测数据，观测时间间隔是 1 h，通过计算得到各个城市的逐小时污染物（$PM_{2.5}$、PM_{10}、SO_2、NO_2、CO、O_3）质量浓度平均值。

（2）大气环流资料

使用 ECMWF 数值预报产品计算大气环流物理量因子，包括风场、气温、湿度等。时间间隔为 3 h。

（3）预报方法

本研究使用了"长短期记忆网络（LSTM）"方法。LSTM 是一种 RNN 特殊的类型，可以学习长期依赖信息。LSTM 通过刻意的设计来避免长期依赖问题，LSTM 网络已被证明比传统的 RNNs 更加有效。LSTM 由 Hochreiter 和 Schmidhuber（1997）提出，并被 Graves 和 Schmidhuber（2005）进行了改良和推广。在很多问题中，LSTM 都取得相当巨大的成功，并得到了广泛地使用。

在研究的基础上，确定了系统输入因子共计 25 个，中间层神经元 400 个，输出量 1 个（AQI）。结构如图 5.5 所示。

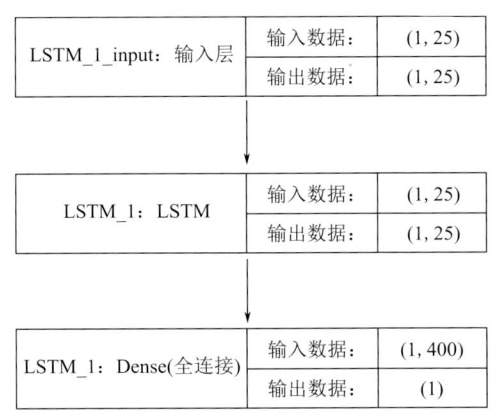

图 5.5　LSTM 网络流程图

5.1.2.3 预报效果

预报对象：以济南市 $PM_{2.5}$ 24 h 平均浓度作为预报量。

资料序列：使用 2016 年 9 月 1 日—2017 年 11 月 30 日资料，时间间隔为 3 h，由于资料不全，实际资料数量为 2162 个，不足一年。

预报时段：将前 240 d 历史资料用于机器学习，将最后 30 d 资料用于预报和检验。

预报结果：一个月的预报结果显示，24 h 预报的均方根误差在 14～15 μg/m³，取得了较高的预报准确率。其中，日平均浓度为 20 时—次日 20 时，由于数值预报间隔为 3 h，为保持一致和计算方便，实验中使用 3 h 间隔的实况观测计算日平均，与使用逐小时值计算的日平均略有差异（图 5.6）。

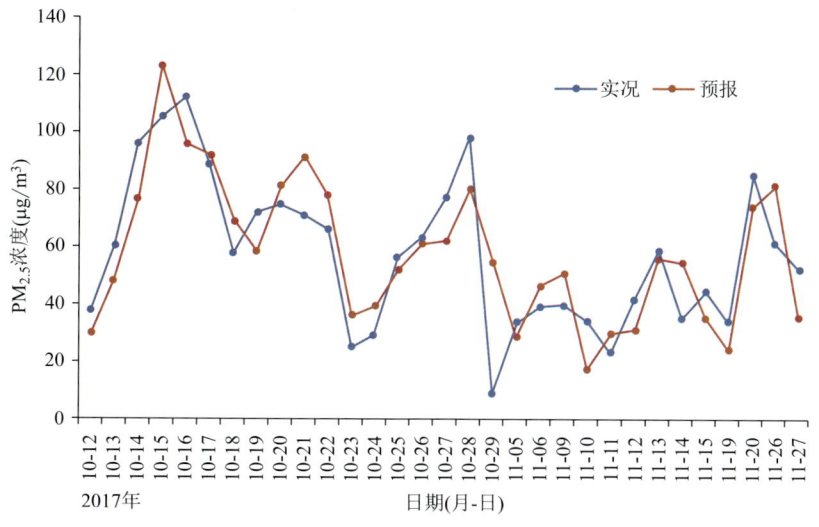

图 5.6 济南市日平均 PM$_{2.5}$ 浓度实况和预报

随着预报日期与训练时间段的间隔越长，预报趋势的吻合度变差。尤其是后期的预报日期已经是 11 月，与学习时段相差甚远，"气候背景"已经发生了较大的变化，预报效果明显变差。而如果每日进行学习，一边学习，一边预报，预报误差将会进一步减小。为此，继续开展了实验 2，即边学习边预报，针对 11 月的空气质量进行预报，结果如图 5.7 所示。实验 1 均方根误差为 12.2，实验 2 的均方根误差为 11.0，误差有所减小。

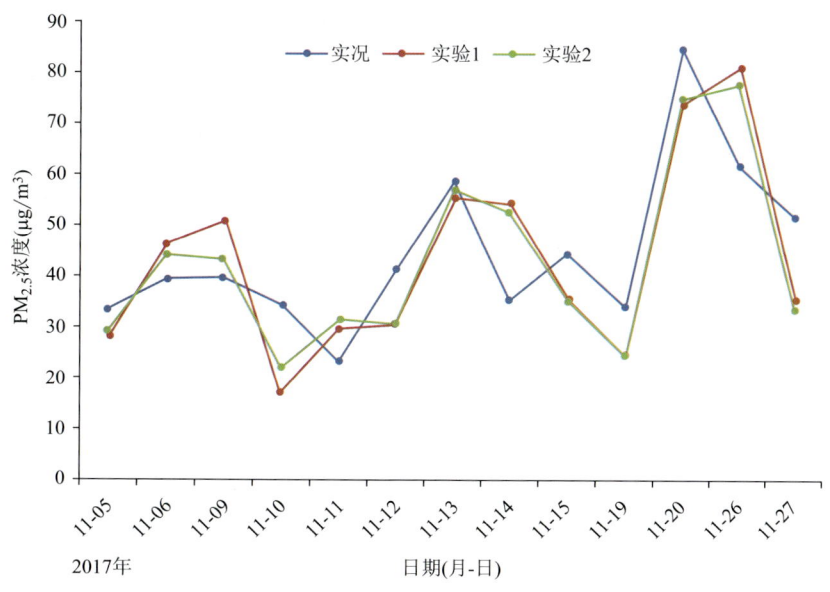

图 5.7 2017 年 11 月济南市日平均 PM$_{2.5}$ 浓度实况和两个实验预报结果

总之，采用机器深度学习和人工智能技术能够较好地应对空气质量预报中的复杂问题，得出准确率较高的空气质量预报结论。针对"气候背景"的变化，预报系统应当不断地"学习"，适应大气环流、经济社会发展变化，才能得出更加准确的预报。人工智能技术在空气质量预报中有显著的研究和应用价值，并具有不断发展优化的潜力，有望在环境气象业务中承担主要角色。

5.2 城市环境气象预报预警技术

5.2.1 山东半岛沿海城市空气污染气象条件预报技术研究

在污染源相对稳定的情况下，一个地区的空气质量和局地气象条件有着非常密切的关系。天气形势的演变决定了污染物的空间分布和随时间变化的特征，直接影响着污染过程的持续时间和严重程度（廖晓农 等，2015；任阵海 等，2008；王跃 等，2014）。逆温层结的存在则是造成冬季大气污染的主要原因，地面辐合加上低层逆温和下沉运动，阻碍了污染物在水平和垂直方向上的扩散（郭丽娜 等，2014；刘瑞婷 等，2014；王丛梅 等，2013）。大气边界层高湿区中丰富的水汽与污染物互为载体，强逆温层结，弱地面风场以及较低的混合层是严重空气污染的主要气象特征（王占山 等，2015；Zhou et al.，2005；王耀庭 等，2012）。

青岛位于山东半岛南部，西有胶州湾，东、南有黄海环绕，是典型的环海湾城市群落，"红瓦绿树、碧海蓝天"是青岛的城市名片。青岛又是一个人口密集的沿海工业城市，1978—2008年青岛建成区面积增加了201 km^2，增速高达305%；2008年青岛市区人口比重由1949年的25.6%增至2008年的36.3%。根据2014年青岛市环境状况公报，市区环境空气质量优良天数可达262 d，但是以颗粒物为首要污染物的天气所占比例仍高达97.2%，颗粒物已成为青岛市大气的首要污染物。在沿海城市特有的海陆风环流，常与逆温层结伴随的海雾以及青岛独特的"山、海、城、岛"复杂下垫面对大气扩散能力的影响下，青岛市大气污染防治形势依然严峻。

5.2.1.1 雾和空气质量的关系

青岛一年四季都有雾的发生，年际变化不大。其中青岛市区年平均雾日为55 d，2006年最多，达到了89 d。雾季一般从4月开始，8月结束，9月是青岛雾日最少的月份（图5.8）。这和青岛属于半湿润温带季风气候，每年3—8月以偏南风到东南风为主导风向，9月至次年2月以偏北风到西北风为主导风向有密切关系。受海洋暖湿气流的影响，6、7月又是青岛市区发生海雾的高频时期，8月之后骤减。海雾日数占青岛市总雾日数的58%。污染日数的月分布特征是，SO_2污染44.2%出现在12月，39.5%在1月，14.0%在2月，4—11月没有SO_2污染；PM_{10}污染31.9%出现在12月，16.2%在1月，10.8%出现在3月，9月没有PM_{10}污染。冬季是青岛市区污染最严重的季节，12月又是污染最严重的月份

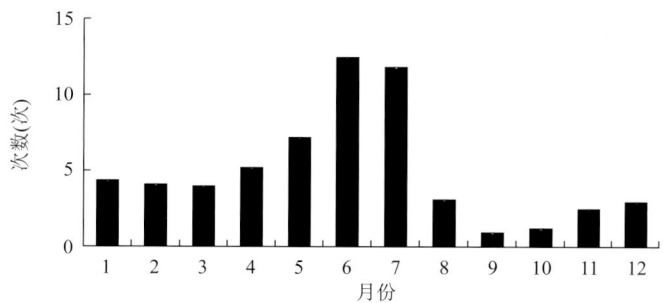

图5.8 青岛市区月平均雾日数时间序列（2006—2012年）

（图5.9）。在青岛海雾高发的6月和7月，SO_2、NO_2和PM_{10}月平均浓度在6—7月却呈现出低值的特点，与海雾的高频率出现呈现反位相、负相关的关系（马艳 等，2015）。

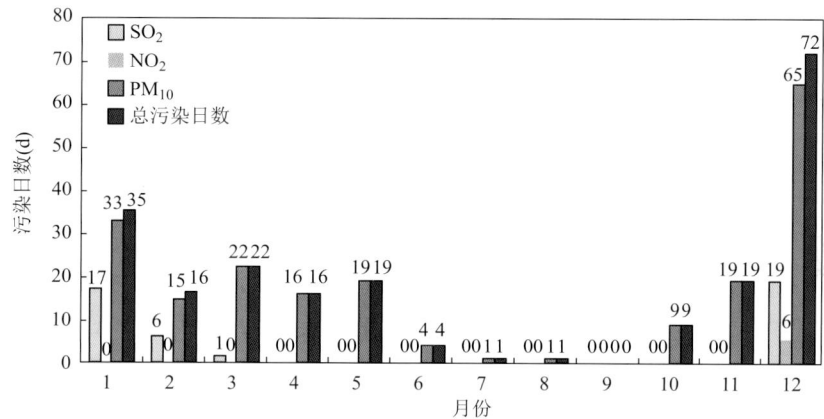

图5.9 青岛市区月污染日数时间序列（2006—2012年）

这主要是由于青岛夏季主导风向是东南风，从海洋上移来的是相对清洁的平流雾的缘故所致。因此海雾的到来不会影响或者改变当地的大气环境状况。而雾日数相对较少的1—3月，青岛市区的污染物浓度却是维持较高水平。这一是与冬季燃煤取暖造成污染源增加有关，再者在冬季由于植被覆盖减少和外来沙尘的共同影响，也是造成相应时段污染物浓度较高的原因之一。另外冬季相对频繁的辐射雾天气时的稳定层结不利于污染物扩散也是造成相应时段污染物浓度较高的原因之一。

表5.2统计了2006—2012年中1—2月、11—12月出现大雾及4—6月出现海雾的天数、对应时段三种污染物的平均浓度。海雾出现时段时三种污染物浓度均远小于1—2月、11—12月大雾时的污染物浓度，海雾天气背景下青岛市的空气质量明显优于冬季雾天气下的空气质量。青岛的海雾通常是空气由暖海面移到冷海面上或者海洋上的暖湿气团移动到较冷的陆地上而形成的（井传才，1980）。这说明从暖湿海洋上移来的空气污染物浓度较低，由于海洋的原因而出现的海雾不会加剧污染物浓度；而冬季大雾天气，通常是以辐射雾为主，易在晴朗、微风、近地面水汽比较充沛且比较稳定或有逆温存在的夜间和清晨出现。在有污染源存在的前提下，稳定的大气层结和弱的风场则不利于污染物的扩散，对应污染物浓度就高。

表 5.2 1—2月、11—12月大雾和4—6月海雾日数及对应的污染物浓度

	天数(d)	平均浓度(mg/m³)			典型个例日期	浓度(mg/m³)		
		SO_2	NO_2	PM_{10}	(yyyymmdd)	SO_2	NO_2	PM_{10}
1—2月、11—12月大雾	54	0.106	0.050	0.171	20111221	0.225	0.394	0.441
4—6月海雾	91	0.026	0.024	0.063	20080524	0.014	0.017	0.028

5.2.1.2 局地风场和空气质量的关系

除青岛市南区和黄岛区西部沿海以及胶州中部地区近地面风速略大外，青岛市大部分地区都为低于3 m/s的小风速区，在莱西西部和南部，平度的西南以及即墨的西南方向还存在风速不足1 m/s的极弱风速带（图5.10）。

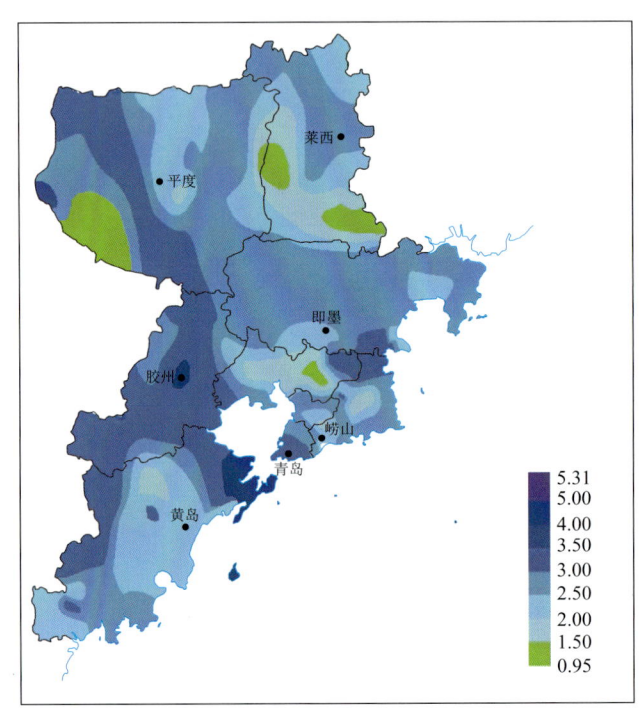

图 5.10 2010—2015年青岛地区平均风速分布（单位：m/s）

通过分析2014年1月15—18日青岛市163个区域气象观测站10 min/次的风监测资料，发现这期间青岛陆地区域范围内都是小风区控制，大部分地区风速低于3 m/s。除16日青岛地区近地面为较为一致的西南风外，其他时次都没有持续稳定的风向分布，且在弱的南北风转换过程中，在青岛市范围内都有南北风辐合带生成。污染物随着弱西北风扫过市区后，又在弱南风下再一次影响，污染物在近地层多次往返影响下，青岛市区的污染物质量浓度就呈现为一个累积加强的过程（图5.11）。南北风交替出现，南风持续时间较短，且风速低于3 m/s，直接影响了整体空气质量状况。

风向对空气质量的影响机制表现为偏北风将上游污染物输送到本地，并且持续的弱偏北风是污染物浓度居高不下的主要原因。在南风和西南风影响下，污染物浓度趋于下降，但是当转为弱北风后，污染物浓度又会再一次上升（图5.12）（马艳 等，2018）。

第 5 章 山东省环境气象预报技术研究

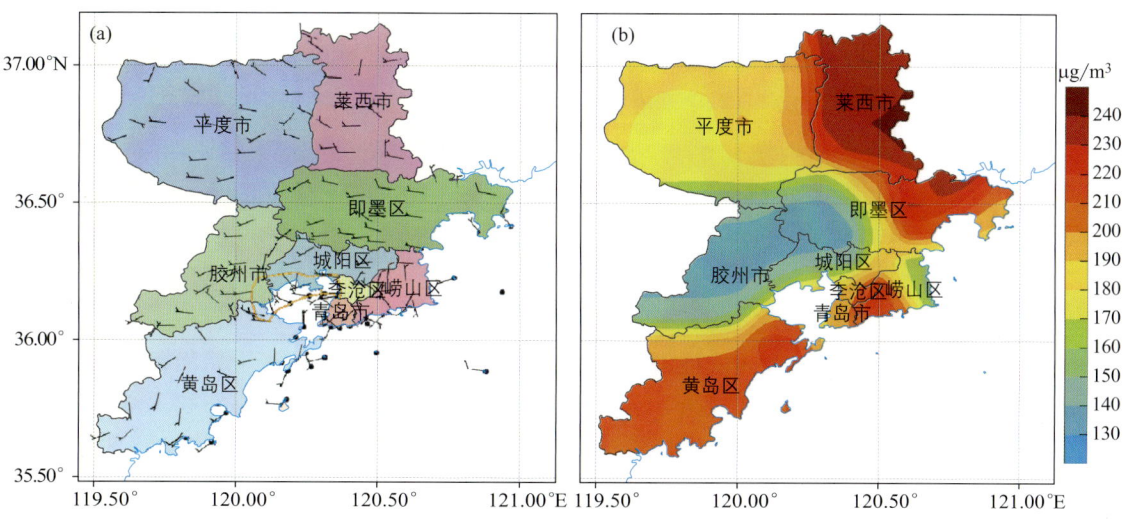

图 5.11　2014 年 1 月 15 日 12：00 青岛市地面风场及 15 日 $PM_{2.5}$ 质量浓度平均值分布

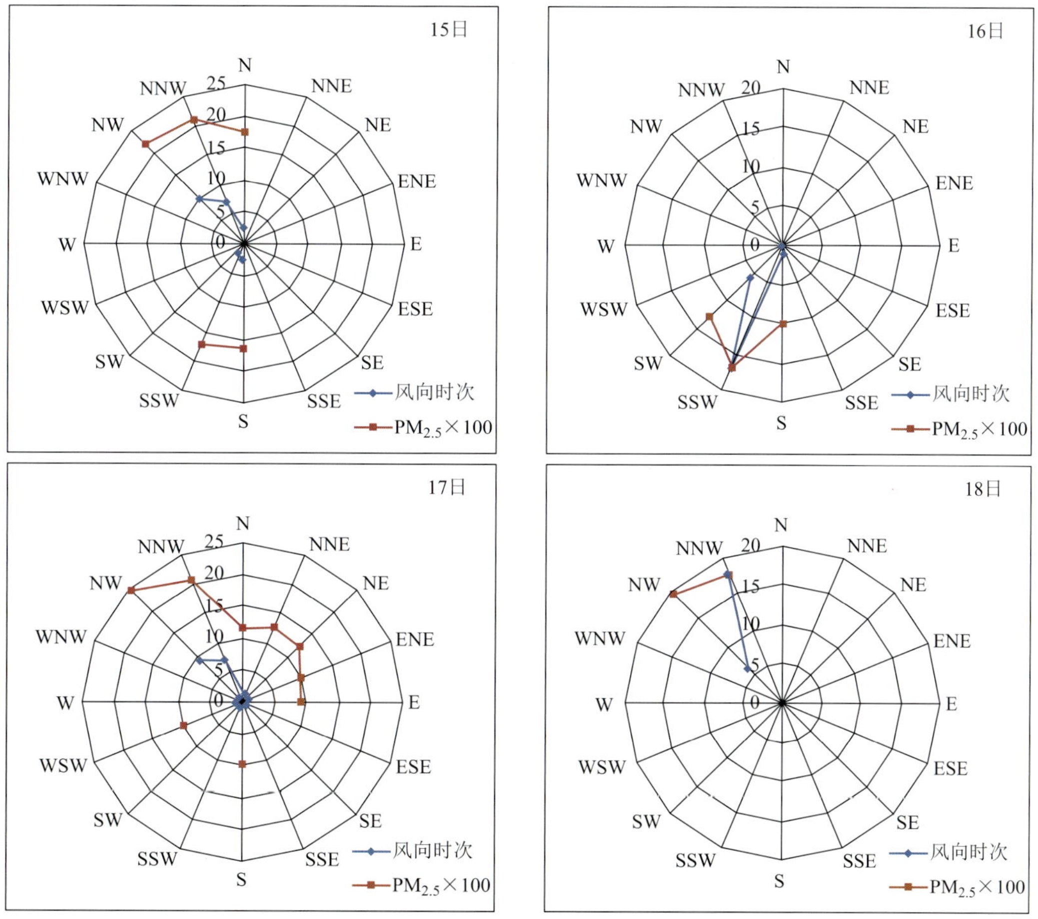

图 5.12　2014 年 1 月 15—18 日环境监测站市北南 $PM_{2.5}$ 质量浓度变化和风向玫瑰图

5.2.1.3 海陆风和空气质量的关系

海陆风是青岛夏季明显的局地环流特征。据统计，青岛夏季近岸白天海风环流出现概率为41%，海风起风时间为10—13时，维持时间6~9 h；夜间陆风出现频率较海风小，陆风出现时间03—05时，维持时间2~4 h。在海风和陆风的更替过程中，沿着海岸线易出现偏北风和偏南风的辐合带。青岛三面环海，随着海风向内陆推进，易形成向城市中心辐合的局地流场，都不易于污染物的扩散。

海陆风对空气污染的影响，一种是循环作用，如果污染源处在局地环流之中，污染物就可能循环积累达到较高的浓度，直接排入上层反向气流的污染物，有一部分也会随环流重新带回地面，提高了下层上风方向的污染物浓度。另一种是往返作用，在夜间随陆风吹到海面上的污染物，在白天又随海风吹回来，或者进入海陆风局地环流中，使污染物不能充分地扩散稀释而造成严重的污染。另外，海风发展侵入陆地，下层海风的温度低，陆地上层气流的温度高，在冷暖空气的交界面上，形成一层倾斜的逆温顶盖，阻碍了烟气向上扩散，造成封闭型和漫烟型污染。资料统计分析表明，青岛空气污染主要集中在冬、春季，夏季污染物浓度最低，而海陆风又是青岛夏季典型的局地环流特征，因此海陆风对青岛夏季的环境质量不会造成太大的影响。分析2008年9月28日—10月1日是一次海陆风转换的过程，各环境监测站逐小时的PM_{10}浓度数据及其临近自动气象站逐小时地面气象要素的对比分析说明，随陆风吹到海面上的污染物，又随海风吹回来，导致污染物在某地往复输送而使污染物浓度增大。

5.2.1.4 大气层结和空气质量的关系

通过污染前24 h内和污染时出现逆温层结的逐月分布情况（图5.13）分析可知：污染日前24 h内有79.4%出现逆温现象；在污染当日，有78.0%伴随逆温现象。污染天气过程通常存在着温度随高度增大或变化很小的逆温层结，有时只表现为近中性层结。这也说明有污染天气出现时边界层不一定有逆温层存在。稳定的逆温层是连续多天出现霾污染天气的充分不必要条件。

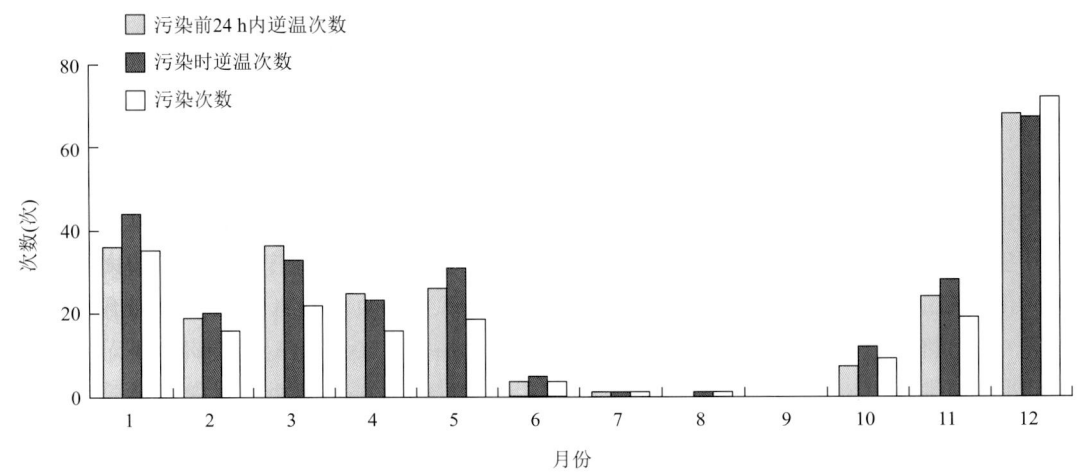

图5.13 污染前24 h内和污染时出现逆温层结的逐月分布（2006—2012年）

2006—2012 年青岛出现中度及以上污染过程共 8 次，污染前 24 h 内的逆温层平均强度 0.535 ℃/100 m，最大 2.5 ℃/100 m，20 时的逆温强度与污染日 API 的相关系数为 0.510；污染时的逆温层平均强度 0.134 ℃/100 m，最大 0.370 ℃/100 m，08 时接地逆温强度与污染日 API 相关系数 0.988，说明当空气污染较重的时候，逆温强度越强，污染就越重（图 5.14）。

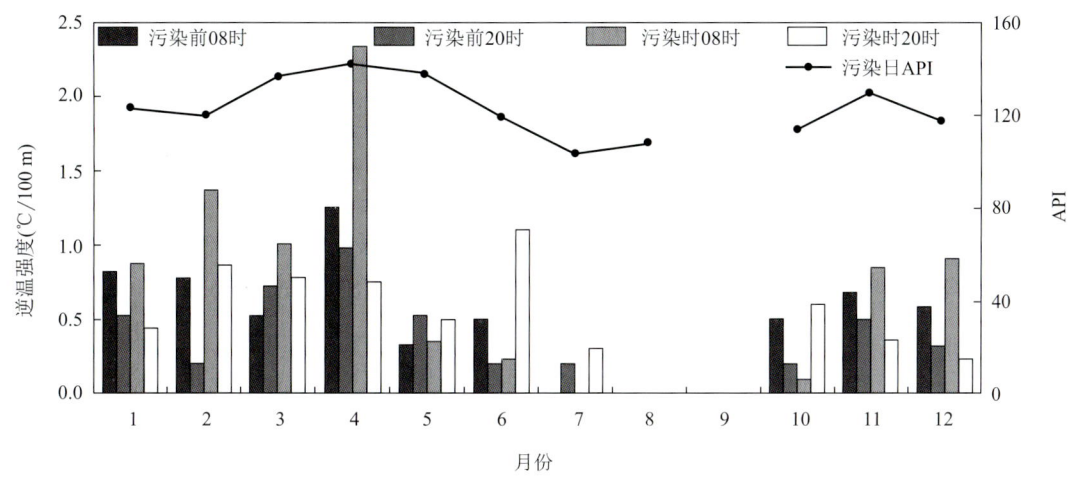

图 5.14 污染前 24 h 内和污染时的 08 时和 20 时逆温强度的逐月变化

5.2.1.5 青岛地区局地污染气象条件概念模型

图 5.15 为青岛地区局地污染气象条件概念模型，如图所示：在青岛环湾地区，越过崂山、大泽山、大珠山的下山气流易引起下沉逆温层结，从而影响大气的扩散能力，并且下沉气流本身也不利于污染物向上层扩散；东南沿海的海陆风环流易使得大气污染物在海陆风环流内循环而不易扩散；胶州湾区域及沿海海雾的发生不利于污染物的扩散，并且海雾本身常

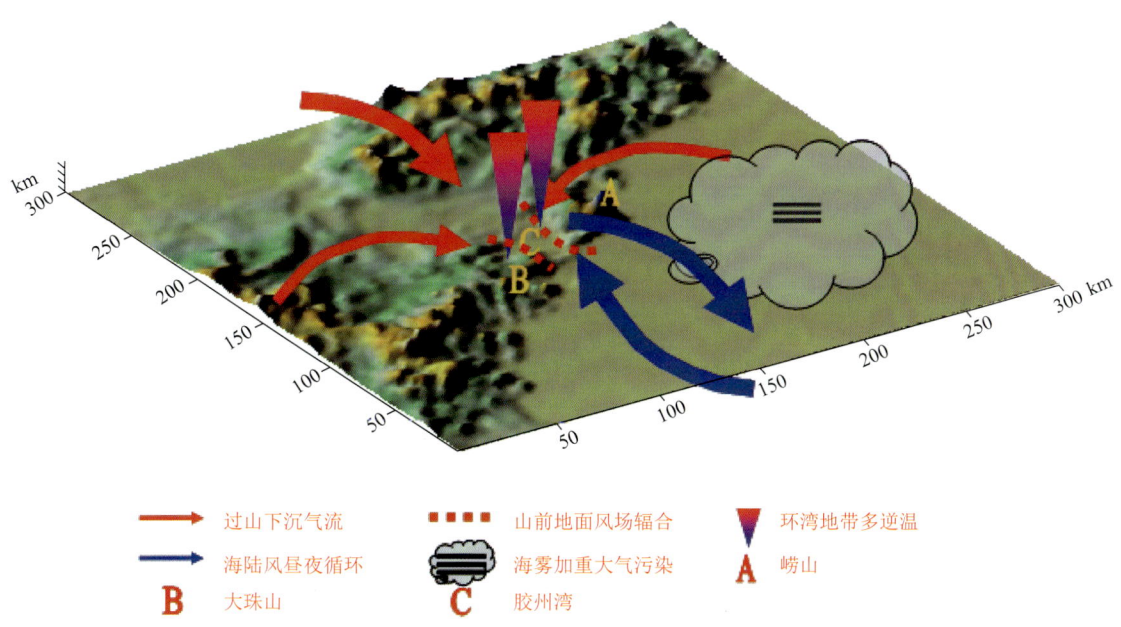

图 5.15 局地污染气象条件概念模型

常与逆温层结相伴随；崂山西侧以及黄岛以北地面风场容易形成线性辐合，也不利于污染物的扩散。当然城市大气环境的质量还取决于其他诸多因素（城市工业布局、污染物的综合作用），但在特定的污染源存在的情况下，上述的局地气候特征将不利于污染物的扩散。因此在城市工业布局上应该考虑青岛环湾气候特征的影响，在工业生产运行和管理上加强对污染源的控制与监管。

5.2.2 济南市雾和霾天气预报预警技术

利用 2000—2013 年 NCEP FNL08 时（北京时）全球分析资料中的海平面气压进行天气形势分类。NCEP FNL 资料空间精度是 1°×1°，所选分析区域 100°～130°E，25°～50°N，共 806 个格点。除了上述资料外，还采用 2000—2013 年济南地面和探空气象观测资料。利用地面气象观测资料分析不同环流情形下的局地气象特征，利用探空资料分析大气温度层结与雾、霾的关系。

天气形势是出现雾、霾和影响城市大气环境的重要因子之一，研究表明对天气形势分类是预报雾、霾天气和研究气象因素对大气污染物浓度影响的有效统计方法（何建军 等，2016；张恺 等，2005）。天气形势可以通过两种方法鉴别：气团和环流形势。气团分类是通过局地气象因子（气压、气温、相对湿度、风速、云量等）进行分类，环流形势分类是通过海平面气压、位势高度或风场格点资料进行分类（何建军 等，2016；刘丹 等，2011）。基于 NCEP 海平面气压资料采用 T-mode 主成分分析结合 K 平均聚类法对天气进行分型（何建军 等，2016），具体分两步实现天气形势分类：

（1）通过主成分分析，得到客观表达海平面气压的主成分。2000—2013 年共 5114 d，将每个时刻 806 个格点海平面气压作为一行，组成 5114×806 的矩阵，将数据标准化，通过 T-mode 主成分分析，得到客观表达 806 个格点海平面气压的主成分，按照累积方差贡献达到 85% 的原则，选取 3 个主成分。

（2）利用 K 平均聚类法确定天气类型。聚类分析前要确定聚类数，这里根据准则函数确定聚类数（刘丹 等，2011），将天气形势分为 9 类。确定聚类数后，利用 K 平均聚类法进行聚类，确定天气类型。

5.2.2.1 天气形势与雾、霾关系

9 类天气形势对应的平均海平面气压分布及在不同季节出现的频率如图 5.16、图 5.17 所示。由图 5.16 可以看出，春季、秋季是季节转换较为频繁的时期，各种天气形势均有所出现，而夏季和冬季的天气形势更为具体。夏季主要有 WT6、WT8，冬季主要有 WT2、WT7、WT9。

图 5.18 显示了不同天气形势对应的风向频率和风速。由于济南测站位于泰山山脉北侧，海拔 170.3 m，受地形条件和测站周围局地环境影响，常年盛行东南风，在分析天气形势控制的主导风向时需结合济南周边东南西北方位平原地区的潍坊、兖州、莘县、陵县四个测站相互佐证。表 5.3 为每种天气类型对应的济南地面气象要素平均值，为排除地形条件和局地环境对分析产生的影响，增加潍坊地面气象要素平均值，见表 5.4。

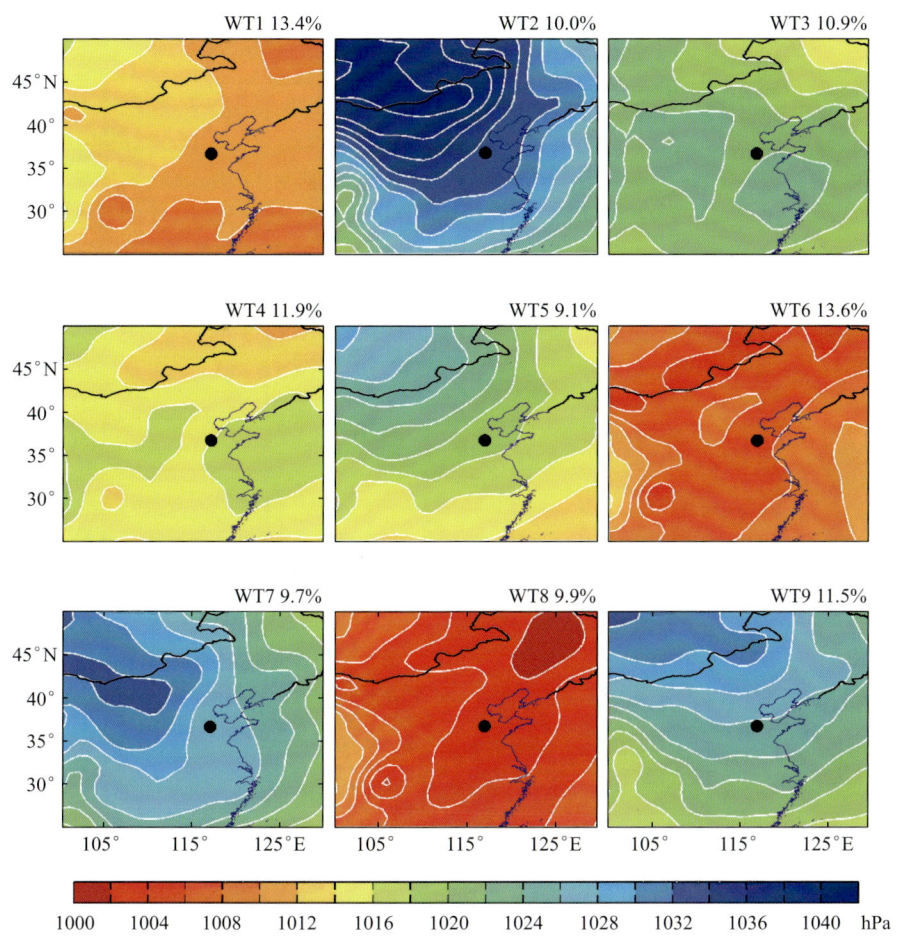

图 5.16 2000—2013 年济南 9 种天气形势对应的平均海平面气压和发生频率（黑点代表济南）

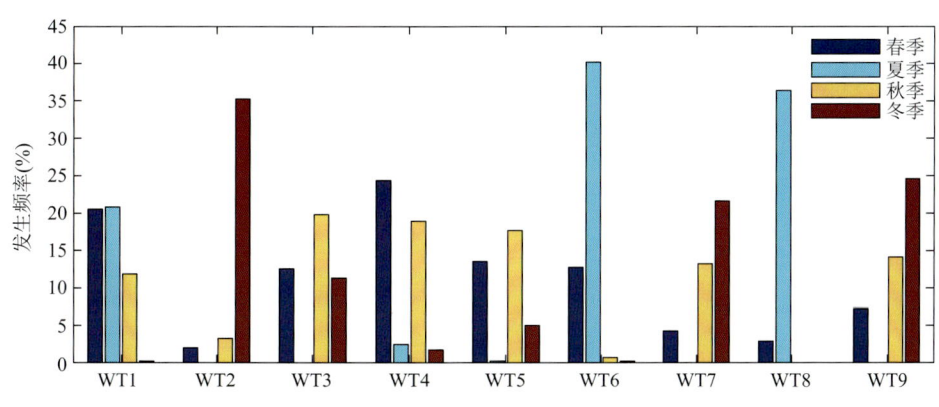

图 5.17 2000—2013 年不同天气形势发生频率的季节变化

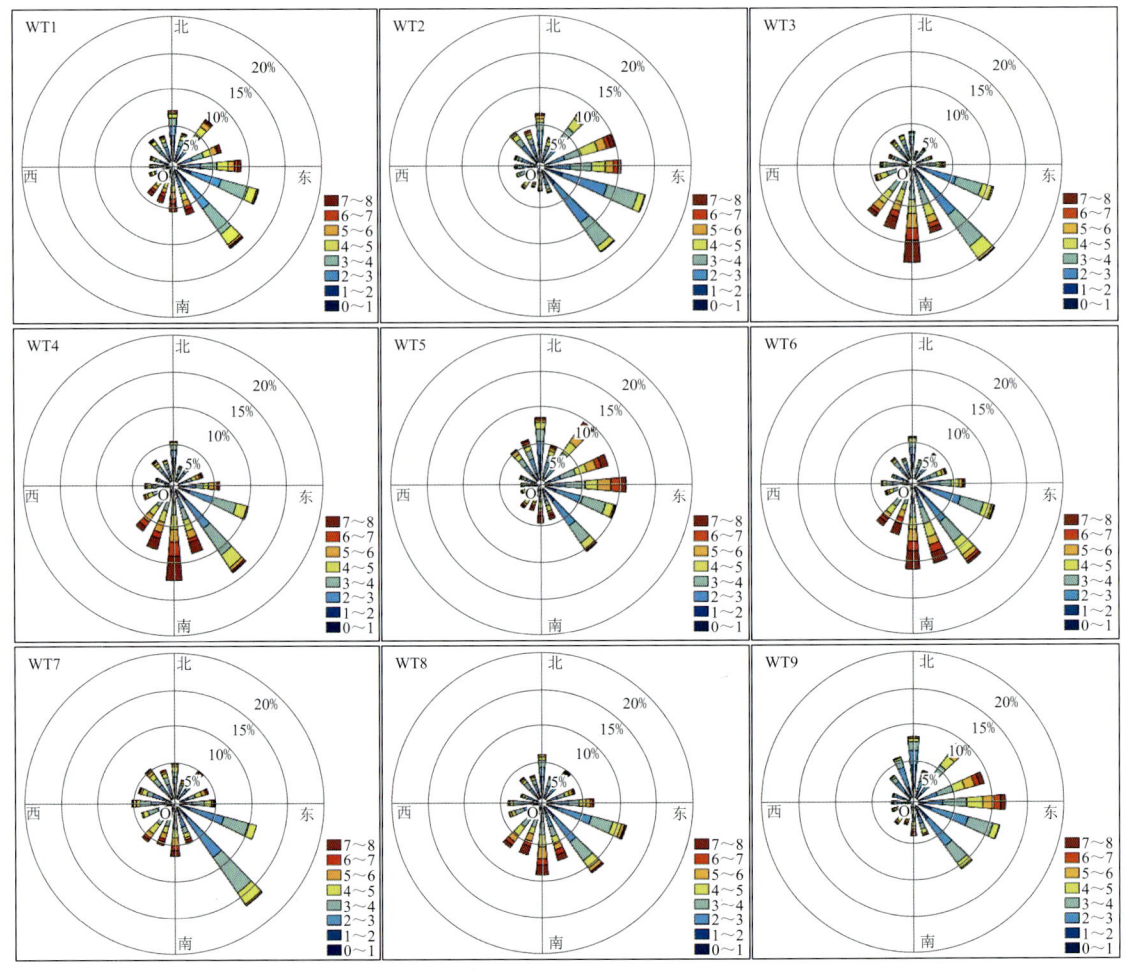

图 5.18　济南不同天气形势的风玫瑰图

表 5.3　每种天气类型对应的济南地面气象要素平均值

环流类型	气压(hPa)	气温(℃)	风速(m/s)	相对湿度(%)
WT1	1010.1	22.4	3.1	62.3
WT2	1033.5	−1.3	2.7	51.0
WT3	1020.4	11.6	3.3	44.9
WT4	1014.7	18.7	3.4	50.9
WT5	1018.1	13.3	3.2	57.5
WT6	1005.9	25.7	3.2	62.8
WT7	1027.0	4.1	3.0	47.5
WT8	1001.6	27.2	3.1	63.8
WT9	1025.2	5.2	2.8	61.4

表 5.4 每种天气类型对应的潍坊地面气象要素平均值

环流类型	气压(hPa)	气温(℃)	风速(m/s)	相对湿度(%)
WT1	1010.4	21.1	2.7	69.8
WT2	1033.1	−2.2	2.8	60.8
WT3	1020.9	9.2	2.6	57.6
WT4	1015.4	16.5	2.8	61.9
WT5	1018.1	12.0	2.8	66.0
WT6	1006.8	24.1	2.8	71.5
WT7	1026.6	2.4	2.8	58.4
WT8	1002.1	25.8	2.6	72.2
WT9	1025.5	4.0	2.5	68.8

为更加清楚地阐述不同天气形势下发生雾和霾的概率，按四个季节分析天气形势与雾、霾发生的关系（图 5.19）。不同天气形势对应的气象要素和雾、霾特征如下：WT1，中国东部地区气压梯度小，风场受局地下垫面影响明显，温度较高，相对湿度相对较大，主要发生在春季和夏季，发生雾频率较低，如果发生在冬季，这种天气多为静稳天气，出现霾的频率高达 33.3%，但这种形势冬季发生概率极低，其余三个季节发生霾的频率差异不大，基本维持在 6% 上下；WT2，中国东部受强冷空气南下影响，气压梯度大，风速较大（参考济南周边城市，济南受特殊地形影响，观测的风速较小），受此影响济南温度低，相对湿度较小，主导风为东到东北风，主要发生在冬季，该天气形势下大气扩散条件较好，出现雾、霾的频率较低；WT3，高压控制中国东部地区，济南位于变性高压后部，风速较小（参考济南周边城市，济南受特殊地形影响，风速较大），相对湿度小，盛行偏南风，出现南大风的概率加大，主要发生在秋季，出现雾的频率低，该天气形势下秋季和冬季出现霾的频率较大，基本在 12% 左右；WT4，济南位于东北低压底部，海上弱高压后部，温度较高，风速大，相对湿度小，风向为偏南风，大气扩散条件较好，雾的发生频率较低，春季时霾出现频率较高，可能与该种天气形势易导致弱的局地扬尘有关，其他季节霾的发生频率相对较低；WT5，中国东部受弱冷空气影响，温度中等，风速较大，相对湿度中等，风向偏北风，主要发生在春季和秋季，受弱冷空气影响时大气扩散能力相对有限，容易出现霾天气；WT6，济南位于鞍形场内，温度高，风速较大，相对湿度大，主导风为东南风，主要发生在夏季，出现霾的频率较高，该天气形势出现在冬季的概率极低，但当冬季出现此种天气形势时，高达 50.0% 的概率会出现雾；WT7，西北路冷空气影响中国大部分地区，冷高压中心位于内蒙古，温度低，风速大，相对湿度小，主导风向西北风（参考济南周边城市，济南受特殊地形影响，风速较小），主要发生在冬季，发生雾频率较低，发生霾频率较低；WT8，济南位于低压内，高温高湿，风速较小，风向偏南风，主要发生在夏季，出现雾频率不高，夏季出现霾频率 9.2%；WT9，为中等强度北路冷空气南下，冷高压中心已经抵近济南，大气扩散条件减弱，温度低，相对湿度小，风速小，风向东到东北风，主要发生在冬季，发生雾和霾的频率较高，分别为 13.1% 和 15.4%。

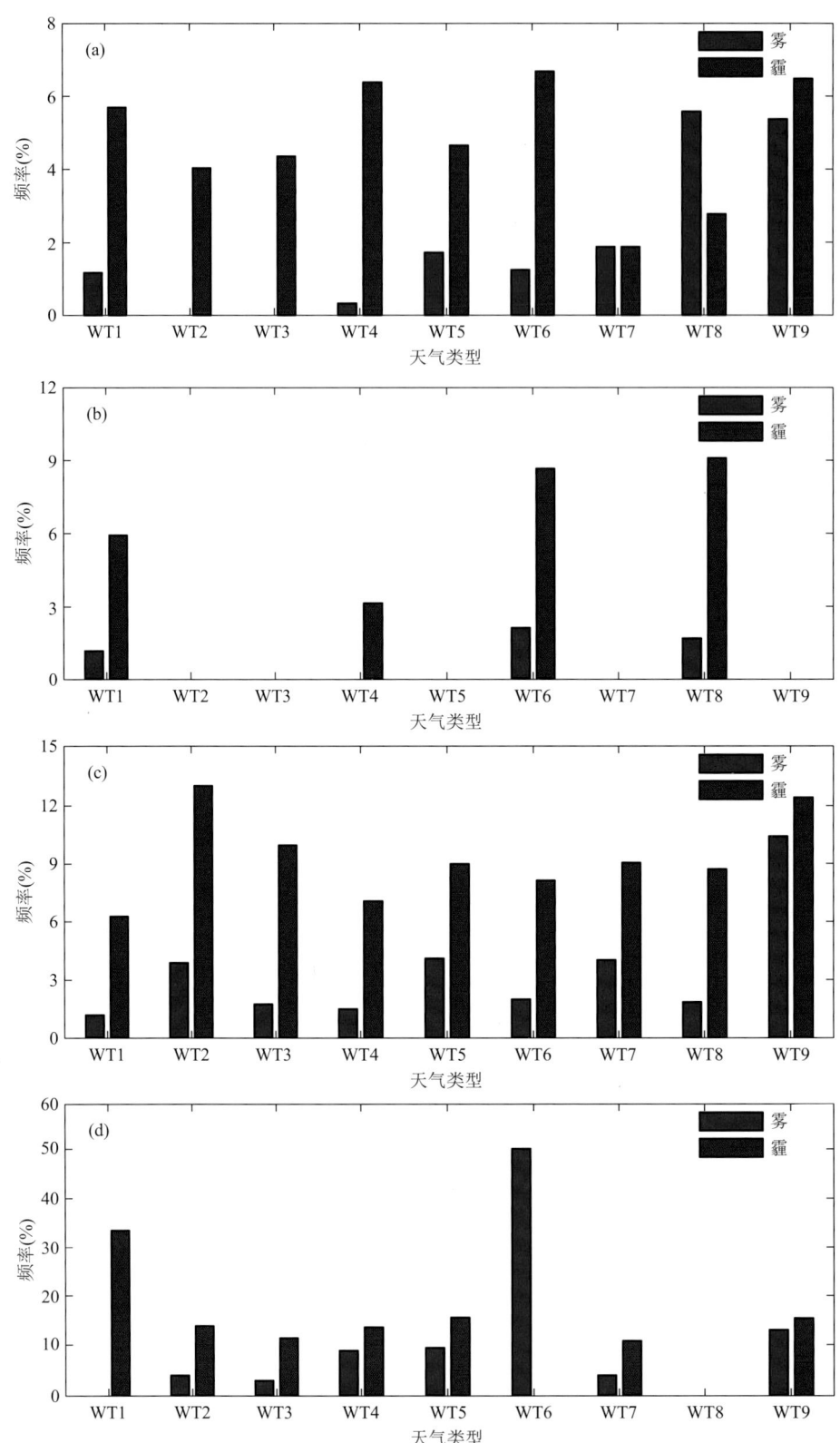

图 5.19 2000—2013 年不同季节雾、霾对应天气类型发生频率
(a) 春季,(b) 夏季,(c) 秋季,(d) 冬季

针对出现雾的天气形势，WT6 和 WT9 在冬季发生时出现雾概率较高，分别为 50.0% 和 13.1%，而冬季出现的 WT4 和 WT5、秋季出现 WT9 发生雾的概率也在 9% 左右。春季出现的 WT2 和 WT3、夏季出现的 WT4 和 WT5、秋季出现的 WT6 和 WT8 以及冬季出现的 WT1 均不会发生雾。针对出现霾的天气形势，发现霾现象的天气形势更为复杂。除 WT6、WT8 外，其余 7 种天气形势冬季出现时发生霾的概率普遍高于该天气形势在其他三个季节，且概率均在 10% 以上，WT3 秋季发生霾频率略高于冬季。在相同天气形势下冬季出现霾的频率高，主要是冬季燃煤取暖等大量污染物排放为霾现象出现提供了丰富的物质来源。WT1、WT5、WT9 在冬季发生时出现霾概率较高，分别为 33.3%、15.6%、15.4%，秋季 WT3 出现时发生霾频率最高，约 12.6%。而在四个季节分别出现的天气形势中不会发生霾的只有夏季的 WT5 和冬季的 WT6。

由于济南下垫面特征非常复杂，与周边平坦地形的城市相比，局地气象特征更加显著，导致雾、霾与天气形势的关联度低于其他地区（如廊坊地区）（何建军 等，2016）。尽管如此，天气形势仍是预测济南雾、霾天气的重要因素。

综上所述，可以得到如下结论。

（1）2000—2013 年间济南雾日数以 0.4 d/a 的速度下降，呈现波动性减少趋势；前 11 a 济南霾日数呈现正常波动性变化，从 2011 年开始显著增加，尤其 2013 年出现霾日数跃增。

（2）济南雾日数均值为 12.4 d，冬季最多，秋季略低，夏季次之，春季最少，秋末冬初（10 月至翌年 1 月）出现雾日在全年所占比例高达 68.4%，是雾现象最易发生的季节；济南霾日数均值为 34.0 d，最多也出现于冬季，秋季和夏季略低，春季最少，10 月至翌年 2 月的 5 个月累计霾日在全年所占比例仅为 56.5%。雾现象发生的季节性要强于霾现象。

（3）采用 T-mode 主成分分析结合 K 平均聚类法将济南地区天气形势分为 9 类，其中夏季主要有 WT6、WT8，冬季主要有 WT2、WT7、WT9。同时发现，WT2、WT3、WT7、WT9 四种天气形势在夏季不会出现，WT8 在冬季不会出现。

（4）WT6 和 WT9 在冬季发生时出现雾概率较高，春季出现的 WT2 和 WT3、夏季出现的 WT4 和 WT5、秋季出现的 WT6 和 WT8 以及冬季出现的 WT1 均不会发生雾；霾现象的天气形势更为复杂，除 WT6、WT8 外，其余 7 种天气形势冬季出现时发生霾的概率普遍高于其他三个季节。冬季 WT1、WT5、WT9 出现霾概率较高，秋季 WT3 出现时发生霾频率最高；夏季的 WT5 和冬季的 WT6 时不会发生霾。

5.3
青岛沿海海雾及能见度精细化预报技术

海雾的预报方法主要有天气学方法、数值预报方法以及统计预报方法。天气学方法即基于天气形势利用天气学原理做出的天气预报方法，是目前沿海海雾预报的主要方法之一。统计预报方法在我国沿海地区海雾的业务预报中也取得了一定成效，常见的建模方法有逐步回归、模糊和神经网络、SVM、分类与回归树（CART）等，可实现未来是否有雾的判别。分类与回归树方法是近年来普遍采用的一种数据分类方法（Breiman et al.，1984），在医疗判断、气象预测等方面得到了很好的应用（Breiman et al.，1984；Lewis，2004；黄健 等，2011）。本节第一部分介绍基于CART方法建立的青岛沿海海雾预报模型，为海雾预报提供新方法。

另外，随着数值预报技术的快速发展，通过在数值模式后处理模块中增加雾的诊断算法，我国初步建立了黄渤海、华东沿海海雾数值预报系统，为沿海地区海雾预报业务提供了技术支撑（黄彬 等，2009；徐同 等，2016）。数值预报方法可以实现海雾及大气低能见度的精细化预报，弥补了天气学以及统计学方法预报海雾的不足。海雾及能见度预报的准确性一方面取决于模式对与海雾形成的相关气象要素的预报准确性，另一方面取决于基于气象要素的能见度算法。Bang 等（2008）以及林艳等（2010，2013）的研究表明，不同环境条件下，利用数值模式做雾及能见度的预报，需要对能见度算法的适用性做进一步检验。本节第二部分对几种能见度算法进行评估并结合本地海雾能见度对算法进行修订。

5.3.1 青岛沿海海雾决策树预报模型

（1）资料与方法

利用2006—2013年每年4—8月每天02、08、14、20时54857站地面人工观测资料和2014—2015年能见度仪观测资料挑选海雾记录，并以"0、1"二元变量表示无雾和有雾。由于沿海地区的雾可能混杂了辐射雾等其他不同性质的雾，考虑到青岛沿海海雾多出现在偏南风情况下，因此删除了在上述大雾记录中地面风向为偏北风记录。经上述预处理后，54857分类记录数3462组，其中海雾记录291组。使用FNL再分析资料作为分析青岛沿海海雾与海洋气象条件关系的预报变量。资料空间分辨率为$0.5°×0.5°$，时间分辨率为逐6 h。预报参考点的位置选在与54857站正南方海上一点（图5.20），资料为周围四点平均。在预报变量的选择上，考虑到海雾发生条件，选取了海上低层大气风温湿要素以及海面温度、近

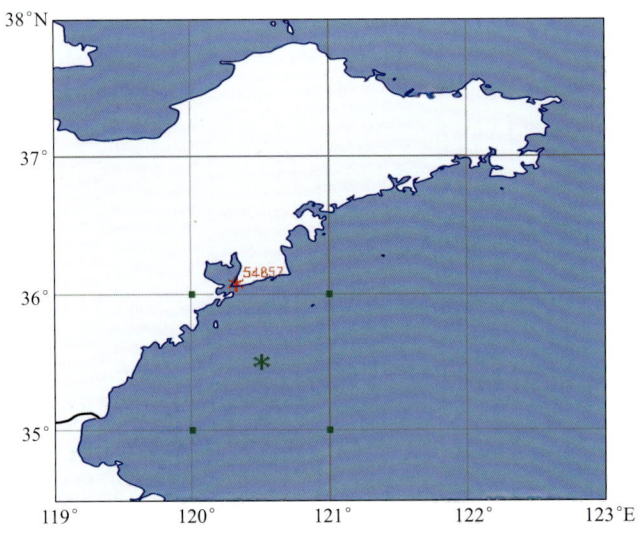

图5.20 地面观测站（红色*）与预报参考点（绿色*）
地理位置，其中文中预报参考点上变量为其周围
四点（绿色方点）上变量平均

海面层气温与海温差作为预报变量,共计 52 个,包括海面温度、2 m 气温、海气温差、2 m 相对湿度、行星边界层厚度(PBL)、2 m 比湿、10 m 风向风速和 U、V 分量,1000 hPa 到 850 hPa 各层相对湿度、云水、气温、U、V、风向、风速(表 5.5)。以实测海雾记录作为分类分析的目标变量,1 为有雾,0 为无雾,上述 GFS 资料中要素为预报变量。在分类记录构成上,海洋气象要素时间与海雾记录同时,因此将数值预报产品直接代进预报模型,即可预报未来是否有雾。

  CART 方法是对数据进行分类,分类结果表现为结构简洁的二叉树(图 5.21),可以揭示数据中的结构化信息。决策树由节点和连线组成,每个节点会分成 2 个子节点,在树形结构末端的节点为终节点。CART 算法核心是根据目标变量(即有雾/无雾变量)从众多的预报变量中选择一个当前的最佳分支变量,从当前分支变量的众多取值中找到一个当前的最佳分割阈值,将数据分为两部分,重复这个过程,直到数据不可再分或人为指定结束。对于数值型预报变量,将记录的值从小到大排序,计算每个值作为临界点产生的子节点的 Gini 系数(Breiman et al.,1984),最小的 Gini 系数即是最佳的划分点。通过比较每个预报变量的最小 Gini 指数值,确定最后的分类及阈值,使在该阈值下的分裂能最大化的将节点上的样本分类。Gini 指数表示一个随机选中的样本在子集中被分错的可能性,即为这个样本被选中的概率乘以它被分错的概率。

表 5.5 用于 CART 方法的预报变量

序号	预报变量名	海洋气象要素	序号	预报变量名	海洋气象要素
1	TMPSFC	海面温度	27	TMP900	900 hPa 气温
2	TMP2M	2 m 温度	28	TMP850	850 hPa 气温
3	TMPSFC−TMP2M	海面温度与 2 m 气温差	29	U1000	1000 hPa U
4	RH2M	2 m 相对湿度	30	U975	975 hPa U
5	PBL	行星边界层厚度	31	U950	950 hPa U
6	SPFH2M	2 m 比湿	32	U925	925 hPa U
7	U10M	10 m U	33	U900	900 hPa U
8	V10M	10 m V	34	U850	850 hPa U
9	WD10M	10 m 风向	35	V1000	1000 hPa V
10	WS10M	10 m 风速	36	V975	975 hPa V
11	RH1000	1000 hPa 相对湿度	37	V950	950 hPa V
12	RH975	975 hPa 相对湿度	38	V925	925 hPa V
13	RH950	950 hPa 相对湿度	39	V900	900 hPa V
14	RH925	925 hPa 相对湿度	40	V850	850 hPa V
15	RH900	900 hPa 相对湿度	41	Wd1000	1000 hPa 风向
16	RH850	850 hPa 相对湿度	42	Ws1000	1000 hPa 风速
17	CW1000	1000 hPa 云水	43	WD975	975 hPa 风向
18	CW975	975 hPa 云水	44	WS975	975 hPa 风速
19	CW950	950 hPa 云水	45	WD950	950 hPa 风向
20	CW925	925 hPa 云水	46	WS950	950 hPa 风速

续表

序号	预报变量名	海洋气象要素	序号	预报变量名	海洋气象要素
21	CW900	900 hPa 云水	47	WD925	925 hPa 风向
22	CW850	850 hPa 云水	48	WS925	925 hPa 风速
23	TMP1000	1000 hPa 气温	49	WD900	900 hPa 风向
24	TMP975	975 hPa 气温	50	WS900	900 hPa 风速
25	TMP950	950 hPa 气温	51	WD850	850 hPa 风向
26	TMP925	925 hPa 气温	52	WS850	850 hPa 风速

（2）海雾预报决策树的建立

以 54857 站海雾记录作为目标变量，以预报参考点上 52 个海洋气象要素作为预报变量，采用 CART 方法进行分类分析，误分率最小的分类树含有 9 个终节点，如图 5.21 所示。图中最上端为节点 1（根节点），红色框为终节点。每个节点框内信息依次为节点名称、类名称、分类变量及阈值、当前节点下 0/1 类别记录数及所占比例以及总记录数，其中某节点类名称取决于 0/1 类记录百分比。节点 1 类名称为 0（表示无雾类），包含全部样本共 3462 个记录，其中无雾记录数为 3171，占当前节点样本数的 91.6%，有雾样本记录数为 291，占 8.4%。分类变量为 2 m 相对湿度，分裂阈值为 88.5%，依据节点 1 的判别条件（左侧为是，右侧为否）分裂出节点 2 和节点 6。其中节点 2 表示当 2 m 相对湿度小于等于 88.5% 时，包含样本 2437 个记录，其中无雾记录数为 2343，占当前节点样本数的 96.1%，有雾样本记录数为 94，占 3.9%，节点 2 类名称也为 0；节点 6 表示当 2 m 相对湿度大于 88.5% 时，包含样本 1025 个记录，其中无雾记录数为 828，占当前节点样本数的 80.8%，有雾样本记录数为 197，占 19.2%，类名称为 1（表示有雾类）。以此类推，终节点类别为 0 的均可作为无雾判别，类别为 1 的则可作为有雾判别。

该决策树预报模型中，终节点 2、终节点 7 以及终节点 9 为预报有雾分支。终节点 2 分支是当 2 m 相对湿度大于 77.5% 但小于等于 88.5% 时，海面温度低于 22.52 ℃，900 hPa 相对湿度小于等于 46.5%，若 850 hPa 风向小于 225.5°，则判断有雾。终节点 7 分支是当 2 m 相对湿度大于 88.5% 时，海面温度低于 23.67 ℃，若 1000 hPa U 风速大于 −6.21 m/s，则判断有雾。终节点 9 分支同样是在 2 m 相对湿度大于 88.5% 条件下，但海面温度高于 23.67 ℃ 时，若 850 hPa 风向大于 205.5° 则判断有雾。

如上所述，与青岛沿海海雾相关性较大的预报变量有 2 m 相对湿度、海面温度、900 hPa 相对湿度、850 hPa 风向、1000 hPa U。高层节点上的判别变量和阈值比低层节点上的判别变量和阈值更有价值。可见，2 m 相对湿度以及海面温度在青岛沿海海雾预报中最为关键，强调了水汽以及海温在海雾形成中的重要性。

（3）修订决策树预报模型

为检验该模型的预报准确性，本研究利用 2014 年 4—8 月 153 d 资料进行了检验。预报模型基于图 5.21 预报参考点上 GFS 每日 20 时起报预报结果，时间间隔逐 6 h，预报时效 72 h。每日 20 时—次日 20 时 5 个时次，一个时次判别有雾则预报当日有雾。2014 年 4—8 月，54857 站能见度仪监测雾日 35 d，预报员主观预报以及决策树客观预报结果如表 5.6 所示。其中，主观预报有雾正确 19 d，漏报 16 d，空报 12 d，预报无雾正确 81 d，预报准确率

第 5 章　山东省环境气象预报技术研究

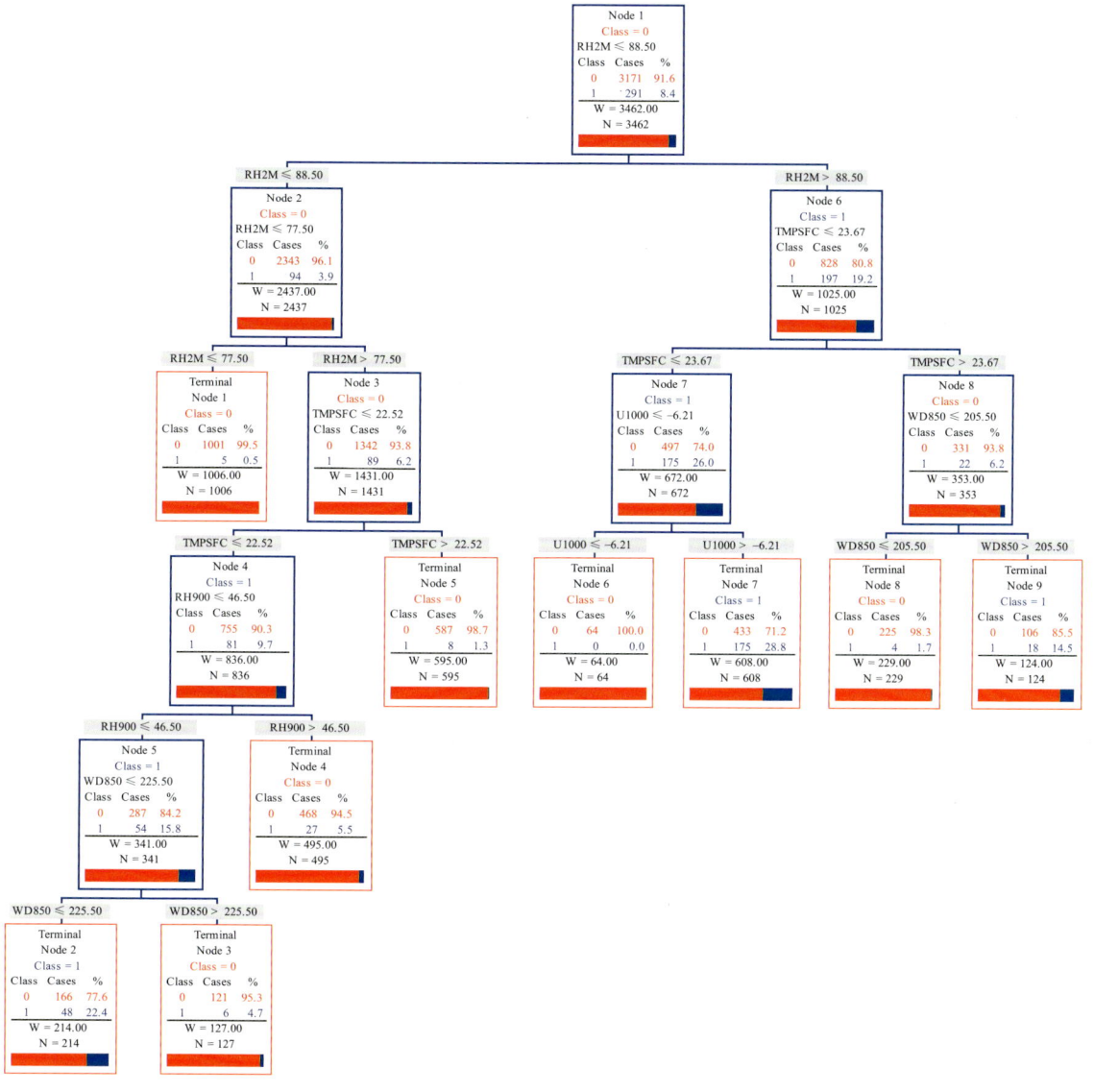

图 5.21　青岛沿海海雾决策树模型

（Node 表示节点，Terminal Node 表示终节点，Class 表示分类（取值为 1 或 0，分别代表有雾和无雾），Cases 表示记录数目，N 为该节点包含的总记录数，%代表该节点内不同分类记录占总记录数的百分比，变量名缩写参见表 5.5）

为 78%，TS 评分为 0.4；决策树预报 TS 评分 0.43，预报准确率为 70%。两者 TS 评分相当，决策树预报略好于主观预报，但由于决策树空报较多，漏报较主观预报明显偏少，为解决决策树空报问题，通过对空报记录气象要素的分析对该预报模型的部分判别流程和阈值进行调整，以减少模型的空报率。首先确定空报时次以及预报有雾正确时次的终节点，对同一终节点的记录进行汇总；根据该终节点的判别流程，分析其中判别变量空报时次以及预报有雾正确时次的取值分布，以不影响无雾预报准确率、少增加漏报率为前提，对该判别变量的阈值进行调整，达到减少模型空报率的目的。另外，结合空报时次、预报有雾正确时次气象要素取值以及海雾形成气象条件（如海雾形成时风速不能太大、风向分布等），在部分终节点的判别流程中增加了相应的判别流程。

表 5.6 2014 年 4—8 月海雾预报结果对比

	预报员主观预报	决策树预报	修订后决策树预报
预报有雾正确日数(d)	19	30	29
漏报日数(d)	16	5	6
空报日数(d)	12	34	17
预报无雾正确日数(d)	81	63	80
TS 评分	0.40	0.43	0.55
预报准确率(%)	78	70	82

修订后的决策树预报模型流程图如图 5.22 所示。基于 GFS 数据，利用修订后模型对 2015 年 5 月进行海雾预报，24 h、48 h、72 h 海雾预报准确率分别为 70%、69% 和 76%，基本可以满足海雾日常业务预报的需求。

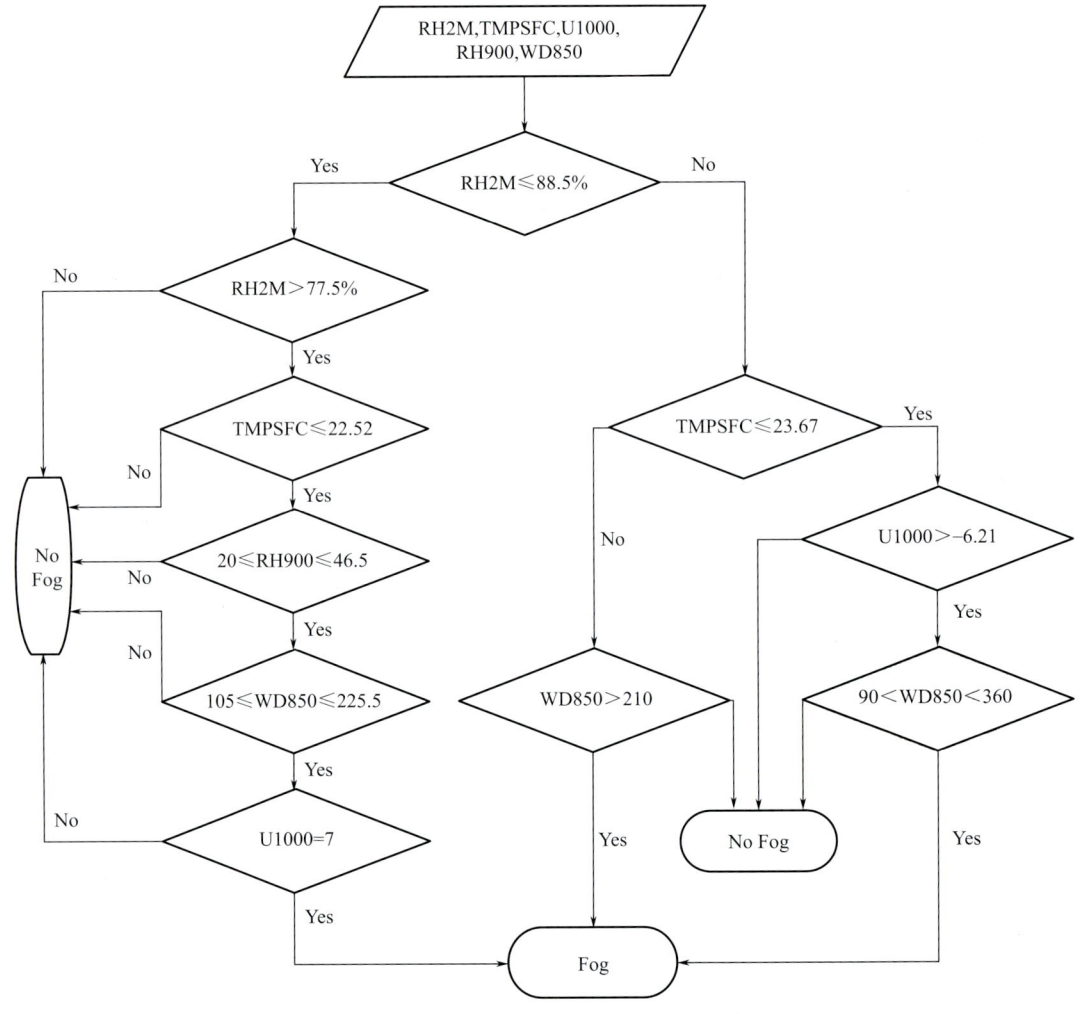

图 5.22 修订后的青岛沿海决策树预报流程

(Fog 预报有雾， No Fog 预报无雾，其他变量名含义参见表 5.5)

5.3.2 能见度算法比较及修订

（1）数据及能见度算法简介

所用数据包括 2014—2016 年高空、地面常规观测资料以及沿海站青岛站、岸基站太平角站和海岛站潮连岛站三个自动气象站（图 5.23）逐小时观测资料。其中，青岛站海拔高度 76 m，相对海洋距离 2 km 以内；太平角站为岸基站，海拔高度 25 m，相对海洋距离 50 m 以内；潮连岛站为海岛站，海拔高度 52 m，距离青岛站 50 km 左右。这三个站能见度情况基本可以代表青岛近海海域及沿海地区的海雾情况。基于天气形势以及能见度小于 1 km、风向为偏南风、有雾出现时为无强降雨等条件初步挑选了 25 个海雾个例。

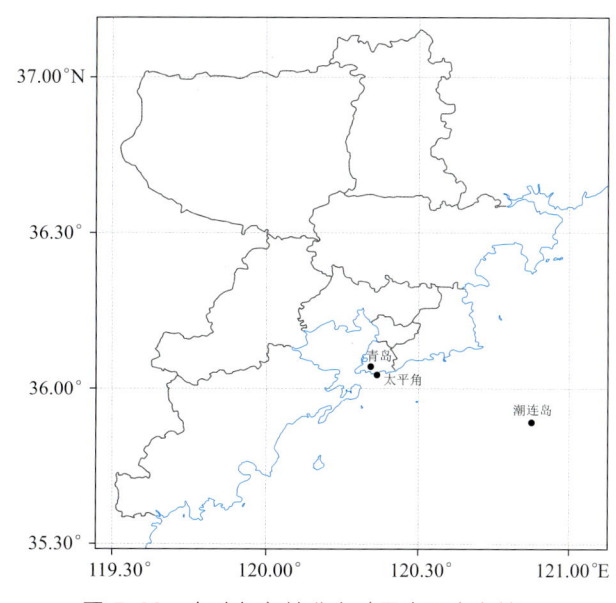

图 5.23　自动气象站分布（黑点即青岛站、太平角站、潮连岛站所在位置）

所用模式为 WRF（V3.3），模式覆盖区域 110°～140°E，25°～45°N，水平分辨率为 9 km，模式初始场为 GFS 资料，模式结果逐时输出，其他参数设置见表 5.7。另外，模式采用了 ADAS（ARPS Data Assimilation System）即中尺度预报模式 ARPS 的数据同化系统，这是一个能同化常规、非常规资料的中尺度分析系统，最初由俄克拉何马州立大学开发，2009 年上海台风所引进到华东区域数值预报模式系统 SMB-WARMS。ADAS 采用了 Bratseth 连续迭代方法、微物理调整系统和复杂云分析系统，对地面观测、探空资料、雷达资料等进行同化和三维云分析。ADAS 同化的观测数据包括模式范围内探空观测和地面气象站观测（包括常规天气观测 SYNOP，船舶观测 SHIP，机场地面报 METAR，浮标 BUOY 等），为模式提供初始场，空间分辨率为 9 km。

表 5.7　WRF 模式参数设置

参数	参数设置
微物理过程	WSM6 类冰雹方案
长波辐射方案	RRTM 方案
短波辐射方案	Dudhia 方案
近地面层方案	Monin-Obukhov 方案
陆面过程方案	Noah 陆面过程方案
边界层方案	YSU 方案
积云参数化方案	未采用积云参数化方案

选用的 3 种能见度算法如下。

1）Stoelinga 和 Warner（SW99）算法

SW99 算法（Stoelinga et al.，1999）基于液态水含量，液态水含量包括云水（cw）、云冰（ci）、雨水（rw）、雪水（sn）混合，综合考虑了多种水凝性物质对消光系数的影响，即：

$$\text{vis(km)} = \frac{-\ln(0.02)}{144.7\text{cw}^{0.88} + 1.1\text{rw}^{0.75} + 163.9\text{ci}^{1.00} + 10.4\text{sn}^{0.78}} \quad (5.1)$$

该算法当计算的能见度 VB 数值大于 20 km 时，设定能见度为 20 km。利用模式输出的最低层液态水含量计算的能见度。

2）Forecast Systems Laboratory（FSL）算法

FSL 算法由美国 NOAA 预报系统实验室研发，基于相对湿度（RH）和温度露点差（Doran et al.，1999），即：

$$\text{vis(mile)} = 6000 \times \frac{t - t_d}{\text{RH}^{1.75}} \quad (5.2)$$

其中，1 mile=1.609344 km。该算法当相对湿度为 100% 时，能见度为 0 km。

3）CVIS（Combined Visibility）算法

CVIS 算法是基于 SW99 算法和 FSL 算法的混合算法，同时计算两种能见度，取能见度较小的（Bang et al.，2008），即：

$$\text{vis(km)} = \min(\text{SW99}, \text{FSL}) \quad (5.3)$$

（2）海雾预报准确率分析

为了解基于 WRF 模式的各种算法对青岛近海海雾的预报准确性，对所选 17 个个例均进行了有雾、无雾的检验，即对某一站点的某一海雾个例各算法计算的能见度小于 1 km 即预报该站有雾正确，否则为漏报。图 5.24a、b 分别为青岛站和潮连岛站 17 个海雾个例雾持续时间与不同算法预报的雾持续时间对比，持续时间为 0 表明该算法预报无雾。

所选 17 个海雾个例中，对于青岛站而言（图 5.24a），FSL 算法、SW99 算法、CVIS 算法漏报次数分别为 1 次、2 次、0 次。CVIS 算法预报准确率为 100%，FSL 算法为 94%，SW99 算法为 88%。对于太平角站（图略），三种算法漏报个例与青岛站相同。对于潮连岛站（图 5.24b）而言，FSL 算法漏报次数增加到 6 次，而 SW99 算法、CVIS 算法无漏报，这样 FSL 算法预报准确率降为 65%，SW99 算法和 CVIS 算法预报准确率为 100%。雾有无预报准确率较高，是因为没有考虑非海雾日时模式及算法的空报个例情况。CVIS 算法由于综合考虑了 SW99 算法和 FSL 算法，对三个站均无漏报，预报准确率为 100%；对于沿海站青岛站、太平角站而言，FSL 算法略优于 SW99 算法；对于海岛站潮连岛站而言，SW99 算法则明显优于 FSL 算法。

（3）能见度均方根误差和偏差检验

为了解基于 WRF 模式不同算法的能见度预报误差情况，本研究分别计算了三个站每个海雾个例有雾时段的能见度 RMSE（单位：km）和能见度预报偏差（单位：km），如表 5.8 所示。误差反映了模式及初始场导致的误差以及能见度算法本身的误差。

17 个个例有雾时段三站平均 RMSE 结果表明，SW99 算法 RMSE 最大为 12.7 km，FSL 算法和 CVIS 算法 RMSE 较小，分别为 1.8 km、1.7 km。不同算法对不同站能见度预报的误差也存在差异，其中 SW99 算法差异最大，潮连岛站 RMSE 较青岛站和太平角站要偏小，这与 SW99 算法对海岛站上雾预报准确率高于沿海站是一致的。

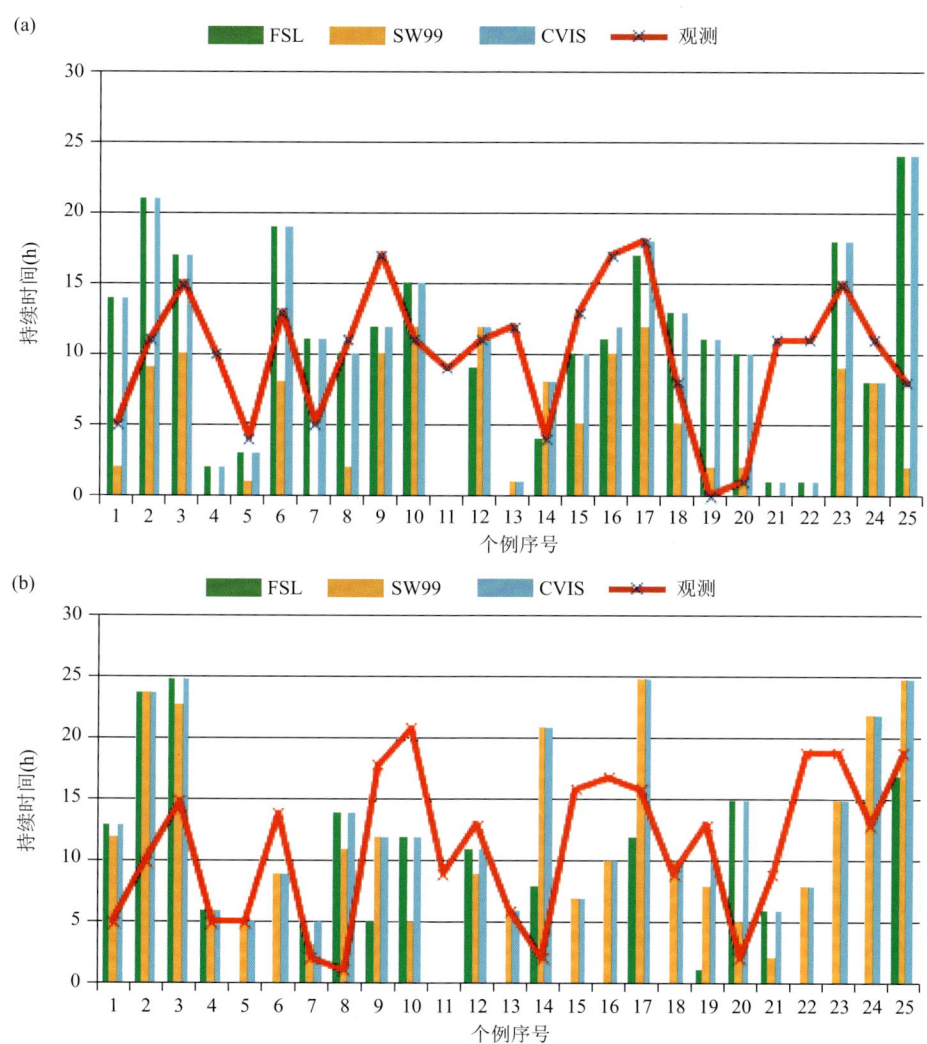

图 5.24 青岛（a）、潮连岛（b）雾实际持续时间与不同算法预报的持续时间对比

表 5.8 三个站 17 个个例平均的 RMSE 和偏差

方法	站点	RMSE(km)	三站平均RMSE(km)	偏差(km)	三站平均偏差(km)
SW99	54857	13.7		10.5	
	太平角	15.0	12.7	12.3	9.6
	潮连岛	9.3		6.0	
FSL	54857	1.4		0.7	
	太平角	1.8	1.8	0.9	0.9
	潮连岛	2.2		1.2	
CVIS	54857	1.5		0.5	
	太平角	1.8	1.7	0.8	0.5
	潮连岛	1.8		0.3	

由平均偏差来看，上述 3 种算法是高估能见度的，尤其是 SW99 算法，能见度预报偏差最大，FSL 算法和 CVIS 算法最小。SW99 算法有雾时段三站平均偏差为 9.6 km，主要是由于这种算法计算的能见度突变特征较明显，另外这种算法预报的沿海站、岸基站雾持续时间较实况明显偏短。

(4) FSL 算法修订

由上述三站能见度预报均方根误差以及预报准确率统计结果来看，FSL 算法是优于 SW99 算法和 RUC 算法的，尤其对沿海站青岛站而言。基于此，通过调整算法中的系数对 FSL 算法进行了修订。

FSL 算法，即公式（5.2）中 1 mile＝1.609344 km，换算成以 km 为单位并以两个系数 a 和 b 代替原算法中常数，即

$$\text{vis}(\text{km}) = a \times 1609 \times \frac{t - t_d}{\text{RH}^b} \tag{5.4}$$

在原算法中 $a=6$、$b=1.75$。通过循环 a 和 b，使单站 25 个个例能见度均方根误差平均值最小确定算法中系数 a 和 b。

结果表明，当三个站 25 个个例能见度均方根误差平均分别达到最小时系数 a 相同，系数 b 稍有差异（表 5.9）。平均而言，修订后算法计算的能见度均方根误差较原始算法计算的能见度均方根误差有不同程度的减小，而且低能见度时能见度数值与实况更接近。可见，修订后算法是切实可行的，较原算法更适宜青岛沿海海雾能见度的计算。

表 5.9 三站 FSL 算法修订后系数

地点	系数 a	系数 b
青岛	1.0	1.67
太平角	1.0	1.74
潮连岛	1.0	1.61

5.4 LSTM 网络及迁移学习在能见度预报中的应用及评估

大气能见度又称大气水平能见度，不仅是一种天气现象，其衍生灾害对人们的生产、生活等有重大的影响。随着社会经济的发展，现代交通运输业受低能见度影响严重，尤其是公路、航空和航海航运等，低能见度严重影响交通安全（邓拓 等，2019；任兆鹏 等，2019；徐志鹏 等，2018；赵熙 等，2017；Güldner，2013；Zhen et al.，2018）。而且霾、雾等低能见度天气导致的流行性呼吸道疾病危害人们健康（Zhen et al.，2018）。大气能见度与气溶胶之间的非线性关系，对空气质量有很好的表征（艾瑞瑞，2018；白永清 等，2016；边海 等，2012；龚识懿 等，2012；黄元龙 等，2013；苏维瀚 等，1986；马志强 等，2012；宋宇 等，2003；于超 等，2019），能见度的高低反映了空气质量的好坏，对工农业生产以及节能减排提供有效的决策指导。为此，建立一个客观精准的能见度预报模型是解决此问题

的关键。

目前对能见度预测推断，主要有基于相似预报理论的天气图分析法（李兆阳 等，2020；张秀楼 等，2018）、基于动力学理论的数值预报法（王媛媛 等，2020；夏凡 等，2018）和基于数理统计理论的统计预报法，统计预报方法包括线性、非线性的统计回归和机器学习等方法。天气图分析方法计算简单，但存在精度低的问题；而数值预报方法需要气象预报模型资料及污染物排放物驱动，存在计算代价高、资料获取难等短板，从而造成可移植性差。近年来对于基于数理统计方法的线性、非线性和机器学习方法在气象领域广泛应用，对大气能见度的预测方面气象学者们也进行了深入的研究。比如广义线性和非线性回归模型（李海蓉 等，2018），多元线性回归（张剑 等，2011），浅层 BP 神经网络（白永清 等，2016；胡海川 等，2018；李沛 等，2012；马学款 等，2007；谢超 等，2019；周开鹏 等，2019），径向基 RBF（梁之彦 等，2014），支持向量机 SVM（吴波 等，2017；郑朝霞 等，2016），XGboost（王勇，2019），LightGBM（王志宇，2019）。通过对比分析发现，机器学习明显优于传统的回归模型。

近年，深度机器学习在各行业领域应用广泛，并且取得明显的发展。对于能见度的预测，例如应用基于递归神经网络的长短期递归神经网络 LSTM（李昕蓓 等，2019）对使用过去 12 h 逐 5 min 能见度对福州未来 1、3、6 h 进行预测，并与 BP 神经网络进行对比，发现预测精度明显优于 BP 网络；邓拓等（2019）使用 LSTM 对北京机场未来 1 h 能见度预报进行预测，并通过微调调优方案，对比随机森林、MLP 等深度模型，发现在 800 m 以下低能见度 LSTM 绝对误差提升 45% 以上。朱国梁（2018）使用多层深度感知机 MLP 对乌鲁木齐机场进行逐三小时能见度预测，并取得平均绝对误差 706 m 的优秀预测精度。对于深度学习 LSTM 在能见度预测中的应用，存在对于输入因子时间滞后窗分析及选择的缺失，但有学者在 $PM_{2.5}$ 的预测中关注到此问题，对时间窗滞后不同进行了对比试验，指出合理的时间滞后窗对预测的精度有很大的影响（Li et al.，2017；Ma et al.，2019；Mehrkanoon，2019）。尽管前述的机器学习与深度学习表现了优异的预测精度，但如需获得如此优异的结果，必须提供大量监督学习所需的学习样本，本身数据量少，就会导致预测精度差。为解决此类问题，迁移学习应运而生。从相关领域中迁移标注数据或者知识结构、完成或改进目标领域或任务的学习效果。郑宗生等（2020）针对传统卫星云图特征提取方法复杂且深度卷积神经网络（Deep Convolutional Neural Network，DCNN）模型开发困难的问题，使用在大规模 ImageNet 源数据集上训练出 3 种源模型（VGG16、InceptionV3 和 ResNet50），构建了适应于迁移学习的台风迁移预报模型 T-typCNNs，比利用浅层卷积神经网络训练出的精度高 18%，相比于直接用源模型训练最多提高近 10%。孙伟帅（2021）基于迁移学习方法，改进 Xception 模型有效解决了训练样本不足、准确率低的问题，在提高天气图像识别方面取得了较好的效果，实现了对阴天、雾天、雨天、沙尘天、雪天、晴天 6 类天气的识别，总识别准确率达到 94.39%。Ma 等（2019）应用迁移学习的 LSTM，通过小时模型对日、周尺度的 $PM_{2.5}$ 进行了预测，发现在较大的时间分辨率下，迁移学习可以有效降低 LSTM 对 $PM_{2.5}$ 的预测误差，在每日分辨率下，RMSE 降低 36%，在每周分辨率下，RMSE 降低 42%。

为了克服样本少、准确率低的问题，填补在能见度方面的研究空白，提出了一种使用扩展多输入长短期记忆 LSTMEM 递归神经网络和迁移学习技术相结合的模型框架，以提高不同站点、样本数稀疏情况下的能见度预测精度。扩展多输入长短期记忆递归神经网络 LST-MEM，能够有效地提取气象因子和空气污染物因子时间尺度相关信息，提高能见度长期相关性学习精度。另外，迁移学习能够帮助模型从样本少的站点进行样本学习和知识储备，提高其预测性能。本研究通过能见度与气象、空气污染物要素之间的相关性确定训练所需输入因子，输入因子的时间序列自相关，确定长短期记忆递归神经网络 LSTM 输入因子的时间滞后窗。通过微调超参对比预测精度确定 LSTMEM 最优参数。将 LSTMEM 模型与不同机器学习、深度学习模型比较预测性能。通过泛化学习，评价迁移学习在样本少站点预测性能提高方面的可行性。为了验证 LSTMEM 与迁移学习技术相结合的模型框架性能，对大气能见度在山东济南、淄博两个站点进行实证研究。实验结果表明，该方法可有效提高大气能见度预测精度。

5.4.1 资料与方法

5.4.1.1 资料

不同学者研究指出，天气现象中雾和霾是造成低能见度的主要原因（白永清 等，2016；王淑英 等，2002；张德山 等，2002；张利 等，2011；张小玲 等，2002），再者是降水。雾存在的条件是风速小、湿度大，这样的气象条件不利于气溶胶颗粒的扩散，易导致能见度降低（张德山 等，2002），并且水汽和雾滴本身可以影响光的散射和吸收，对能见度降低也有贡献（张利 等，2011），水汽是雾形成的主要要素，相对湿度与能见度成幂指数（王淑英 等，2002）非线性关系。霾的影响主要为气溶胶颗粒物对大气消光系数的影响，颗粒物浓度与能见度呈一定的相关关系，白永清等（2016）指出 $PM_{2.5}$ 与相对湿度共同影响和制约能见度的变化，湿情景下粒子吸湿增长导致能见度降低，而干情景下，粒子浓度降低则能见度转好，因此能见度与气溶胶颗粒物呈非线性关系（于超 等，2019；周开鹏 等，2019），并且粒子直径小于 1 μm 的有机碳与二次无机盐粒子对能见度影响较大（于超 等，2019）。

因此，选取 2015 年 1 月—2019 年 5 月，逐小时大气能见度、海平面气压、2 m 气温、露点温度、相对湿度、1 h 降水量、10 m 风向及风速、地面温度以及空气污染物六要素（SO_2、NO_2、CO、O_3、PM_{10}、$PM_{2.5}$）浓度。通过对以上要素与大气能见度进行 Pearson、Kendall、Spearman 相关分析，发现相对湿度（RH）、10 m 风速（WS）以及空气污染物六要素（SO_2、NO_2、CO、O_3、PM_{10}、$PM_{2.5}$）浓度与能见度相关度明显（图 5.25），尤其 RH 与 PM_{10}、$PM_{2.5}$。因此，使用的预测因子变量主要包括气象要素大气能见度（VIS）、相对湿度（RH）、10 m 风速（WS）以及空气污染物六要素（SO_2、NO_2、CO、O_3、PM_{10}、$PM_{2.5}$）浓度。本研究中大气能见度单位为百米，在建模过程中将大于 25 km 的能见度赋值为 25 km。

$$X_{\text{std}} = \frac{X - \text{mean}(X)}{\sigma(X)} \tag{5.5}$$

$$X_{\text{norm}} = \frac{X - \min(X)}{\max(X) - \min(X)} \tag{5.6}$$

所用数据考虑到各要素之间量纲的不同，在数据预处理阶段进行了特征工程。第一步，9要素变量缺测值剔除。第二步，特征缩放。一般的处理方法分为中心标准化（标准化：Z-SCORE/Standardization）将各自变量特征值缩放到均值为0、标准差为1的正态分布（公式（5.5）），离差标准化（归一化：Max-Min标准化）将各自变量特征值缩放到[0，1]，每个特征最小值被转化为0，最大值转化为1（公式（5.6））。大多数文献中使用归一化处理，归一化后特征值更加接近平均值状态，特征值中的异常值不能很好地表现，因此选用中心标准化进行特征值处理。正则化也是一种正态化处理的方式，选取中心标准化处理。

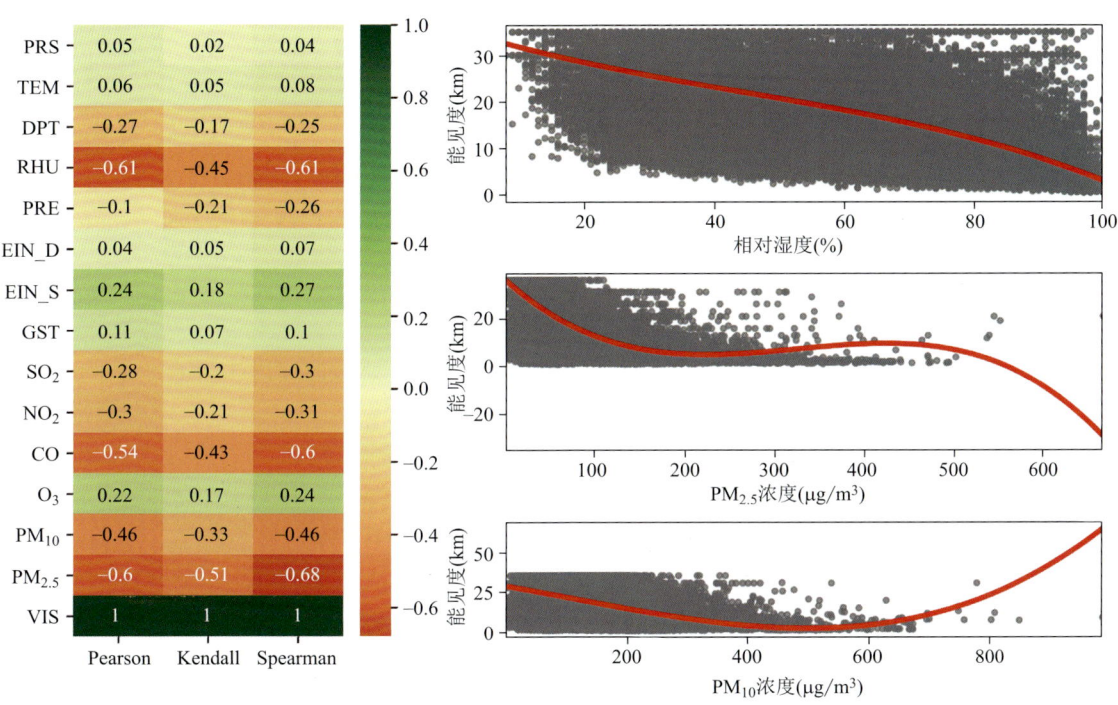

图 5.25　济南站各要素之间相关分析以及 RH、PM$_{2.5}$、PM$_{10}$ 与 VIS 散点相关图

5.4.1.2　时间自相关分析

首先使用站点各要素之间的相关分析，确定了训练输入因子。接下来，使用时间序列自相关方程，分析各要素时间序列上的相关性，来确定时间滞后窗，构建长短期记忆递归神经网络 LSTM 输入因子。公式（5.7）为时间序列自相关系数方程，其中 Cov 为变量 t 时刻与 $(t+r)$ 时刻协方差，ρ 为自相关系数，σ 为对应标准差。

$$\rho_\gamma = \frac{\mathrm{Cov}(y(t),y(t+r))}{\sigma_{y(t)} \times \sigma_{y(t+r)}} \tag{5.7}$$

通过公式（5.7）计算得到各要素自相关系数相对时滞变化（图 5.26），可以看出 9 个要素存在明显的时间滞后自相关性，且随着时间的推移，自相关系数明显下降，验证了较早的事件对当前状态影响较小。除了 PM$_{2.5}$ 无明显波峰波谷之外，其他 8 个要素都明显存在时间滞后相关波动，并且在滞后时间窗口 42 h 都囊括了每个时间滞后相关一个波峰与波谷，且都大于 0.3 的相关度，仅有 10 m 风速小于 0.2。由此可判断在时间滞后窗 42 h 内，9 个要素的高时间相关，能携带大量有效信息。

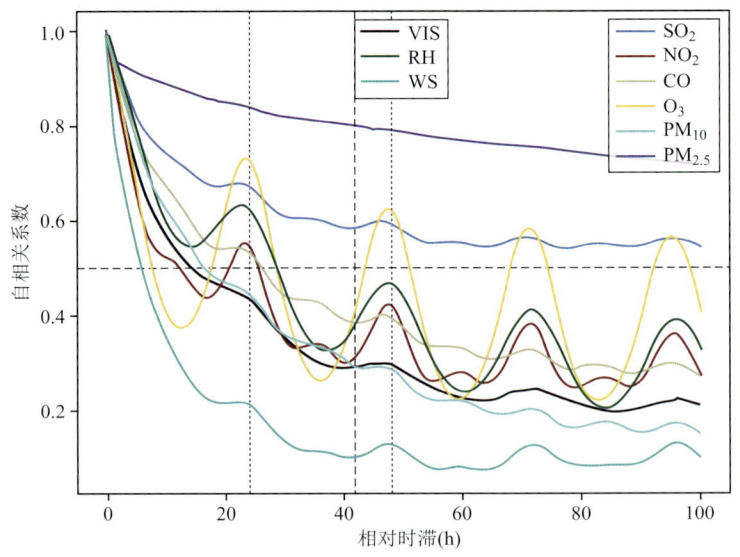

图 5.26 各要素自相关系数相对时滞变化

5.4.2 研究框架

图 5.27 给出了所提出的方法论框架。它由三部分组成：(1) 数据采集与输入预处理，(2) 建模及模型应用，(3) 预测及结果分析。

第一部分对原始数据进行预处理，通过变量之间的相关性，确定输入因子，继而通过自相关确定时间滞后窗，再进行滑动滞后试验，然后确定最优滞后时间窗口为 42 h，最终构建下一步的时间序列样本。

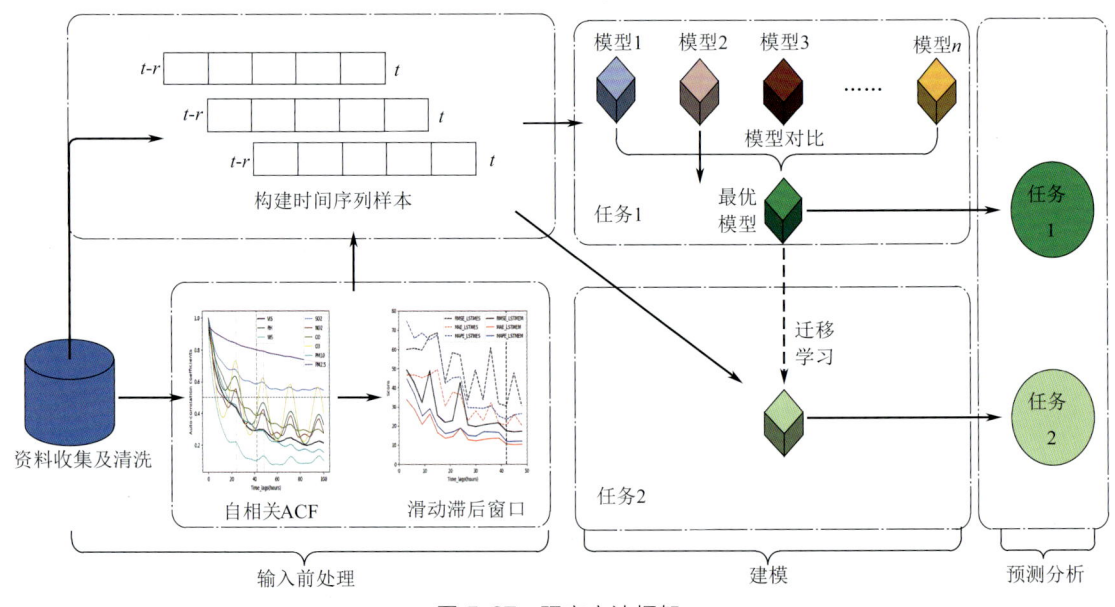

图 5.27 研究方法框架

第二部分是方法论框架的重要组成部分。在这一部分中，通过测试 LSTMES 与 LST-

MEM，确定多输入 LSTMEM 优于单输入 LSTMES 模型。其次，通过微调模型，确定 LSTMEM 模型的最优参数。第三，LSTMEM 模型与不同的常规机器学习、深度学习模型比较预测性能。第四，使用最优模型 LSTMEM 对济南站进行建模，并对大气能见度进行预测。第五，使用济南站 LSTMEM 模型对淄博站进行迁移学习，并开展泛化试验，确定迁移学习的性能稳定性。

第三部分对模型框架进行评价。

5.4.3 参数设置及模型架构

5.4.3.1 长短期记忆扩展单输入 LSTMES 与多输入 LSTMEM 模型

使用的机器学习模型有线性回归 LinearReg、K 邻近 KNN、随机森林 RF、LightGBM、XGBoost、支持向量机 SVR，深度学习模型有多层感知机 MLP 和基于长短期记忆递归神经网络 LSTM。以上模型的结构及其算法不再赘述，在近期一些研究文献（Li et al.，2017；Ma et al.，2019；Mehrkanoon，2019）中对 LSTM 皆有详细的原理介绍。

下面主要介绍基于长短期记忆 LSTM 扩展单输入 LSTMES（图 5.28）以及多输入 LSTMEM（图 5.29）模型结构。图 5.28 中 LSTMES 结构为主输入仅为大气能见度在时间序列上的输入，而辅助输入为 8 个气象要素与空气污染物六要素的预测起报点前一个时刻的要素值，输出为 24 h 大气能见度要素值，模型为 LSTM。图 5.29 中 LSTMEM 结构主输入为大气能见度（VIS）、相对湿度（RH）、10 m 风速（WS）以及空气污染物六要素（SO_2、NO_2、CO、O_3、PM_{10}、$PM_{2.5}$）浓度有效时滞时间序列，模型与输出与 LSTMES 相同。

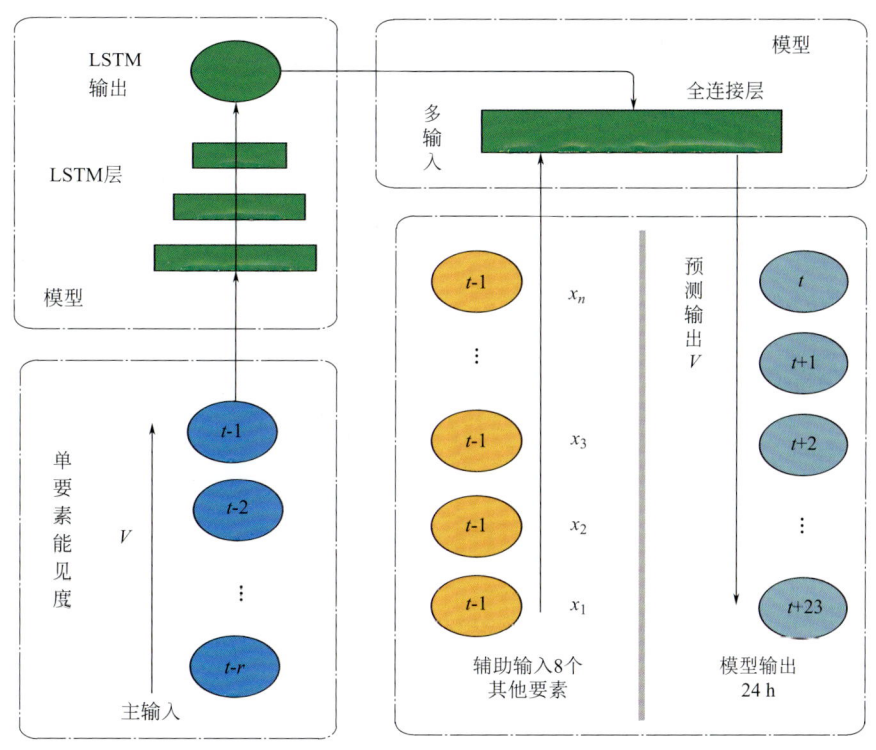

图 5.28 长短期记忆扩展单输入 LSTMES 结构图

5.4.3.2 参数设置

在构建 LSTMEM 预测架构（图 5.29）之前，应预先确定 LSTM 时滞窗，保证 LSTM 模型有足够的记忆输入；其次设置所有超参数，包括 LSTM 层数，每个 LSTM 层中的节点数，完全连接的层数，每个完全连接的节点数层，学习率。在保持其他参数不变的情况下研究了每个参数的效果，并使用具有 10 折交叉验证的随机搜索方法来找到最佳超参数。

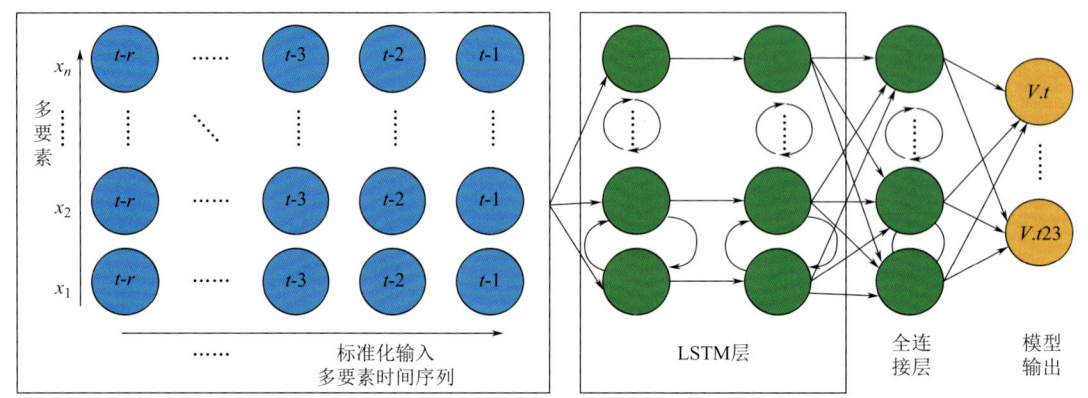

图 5.29 长短期记忆扩展多输入 LSTMEM 结构图

首先，是不同时滞的影响。预测性能（图 5.30）表明，在时滞 r 等于 42 的情况下，LSTMES 与 LSTMEM 模型达到了最佳性能，如均方根误差（RMSE）、平均绝对误差（MAE）和平均绝对百分比误差（MAPE）所示。根据研究，较小的时滞不能保证 LSTM 模型具有足够的长期记忆输入，导致无法充分利用模型进行长期记忆建模；较大的时滞会增加扰动输入，从而增加模型的复杂性和学习难度及预测误差。结合图 5.26 所有输入要素的时间序列自相关时间窗，确定时滞窗为 42 h。

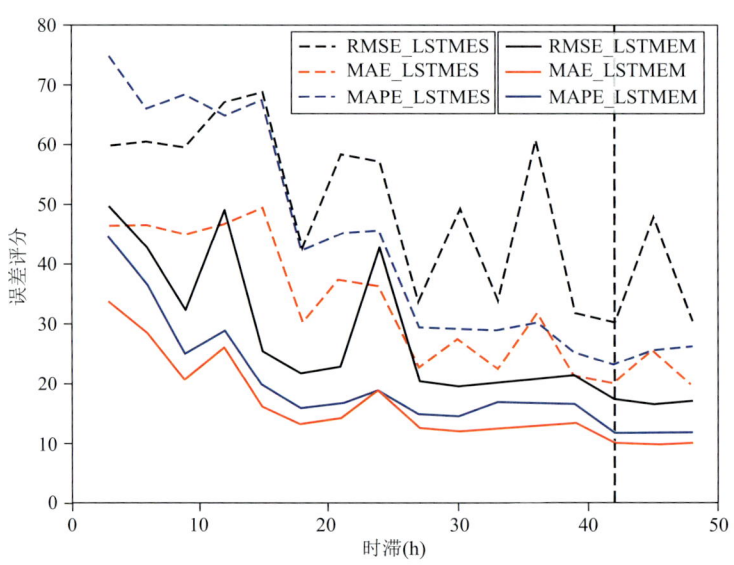

图 5.30 LSTM 模型不同时滞窗误差曲线图

其次，是每个神经元层中节点数以及迭代次数的影响，根据上述结果将时滞固定为

42 h。使用 LSTMEM 模型建模运行，结果（表 5.10）表明，随着神经元节点数量的增加，预测性能会有所提高，迭代次数的增加也会有所增加，与 Ma 等的研究结论一致（Li et al., 2017；Ma et al., 2019）。对 LSTM 层数，设置了 2 层、3 层、4 层试验，对批量输入大小也进行了对比试验（表 5.11），结果表明，LSTM 层数在 3 层、BatchSize 为 32 时最优。因此，在连续试验中将节点数设置为 200，迭代次数设置为 150，LSTM 层数设置为 3 层、BatchSize 为 32，以优化预测精度和计算代价。

表 5.10 LSTMEM 模型节点、迭代数设定误差对比表

节点数	RMSE	MAE	MAPE	迭代数
128	10.35	6.22	7.36	150
168	12.32	7.33	8.47	100
200	9.44	5.71	6.78	100
200	5.22	3.32	4.42	150

表 5.11 LSTMEM 模型 LSTM 层数、BatchSize 设定误差对比表

LSTM 层数	RMSE	MAE	MAPE	BatchSize
2	20.25	12.65	14.62	64
4	39.70	13.33	11.30	64
3	13.01	7.74	8.64	64
3	5.22	3.32	4.42	32

5.4.3.3 迁移学习

迁移学习根据学习的类型可以分为样本迁移、特征迁移、模型迁移和关系迁移。迁移学习利用两个不同但相关的数据集、任务、模型或者之间的相似性，将一个任务中学到的知识进行迁移到新的任务中。当样本数量有限或者建模过程复杂和计算成本高时，将使用迁移学习。Ye 等（2018）使用迁移学习，将大量的过去长时间序列样本应用到迁移学习中，使用过去样本的知识进行长期记忆迁移到未来新样本的预测中，既使用了样本迁移，还使用了模型迁移、关系迁移。Ma 等（2019）使用迁移学习将高时间分辨率的小时模型迁移到日、周时间尺度的 $PM_{2.5}$ 预测中，并取得很高的预测精度，研究中使用了模型迁移。Ham 等（2019）使用气候模式 CMIP5 模型输出来训练 CNN 网络，然后使用再分析资料进行迁移学习后的第二步训练最终确定为最后模型，经迁移学习后的 CNN 模型的 ENSO 预测，Nino3.4 指数的全季相关技巧远高于目前最先进的动态预报系统。Dar 等（2020）使用迁移学习技术在医疗影响中使用自然图像 ImageNet 及模型对 MR 和 MRI 图像进行迁移学习建模，发现与使用大量 MR 或 MRI 建模后的准确率类似，解决了医疗影像中样本欠采样问题。

由于淄博站建模样本欠采样，将使用模型迁移及关系迁移，利用济南站模型，对淄博站进行重新建模预测，整体迁移框架如图 5.31。任务 1 为济南站模型的构建，任务 2 为淄博站模型的构建。首先获得最优的济南站模型，然后将济南模型迁移，对每个迁移模型微调并运行 30 次，验证其稳定泛化性，从而最终得到最优的任务 2 淄博站模型。

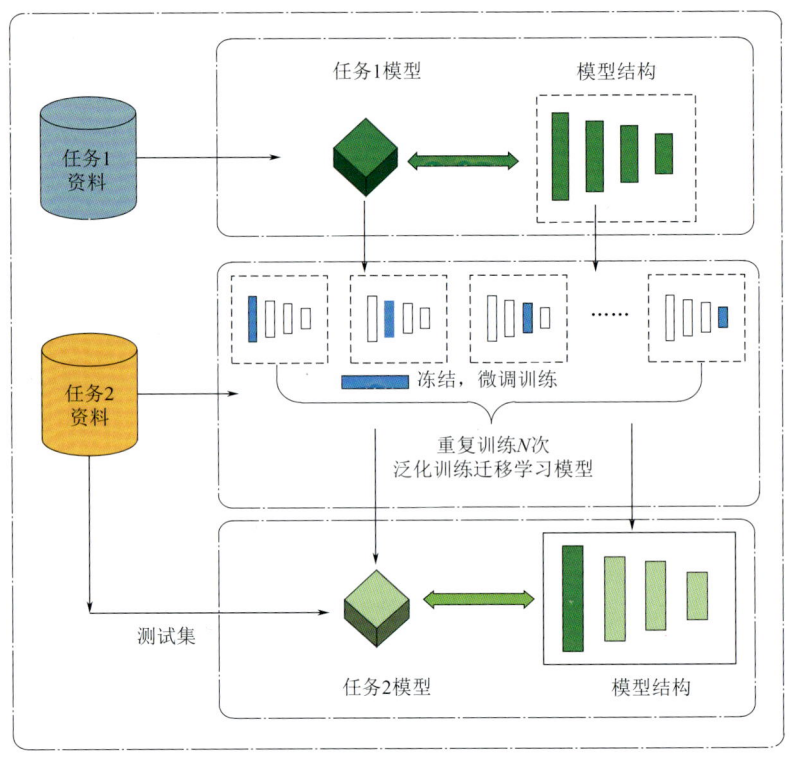

图 5.31 迁移学习结构图

5.4.3.4 模型评估方法

为了评价模型的性能，使用了四个指标。它们分别是均方根误差（RMSE）、平均绝对误差（MAE）、平均绝对百分比误差（MAPE）和平均偏差（BIAS）。这四个评价指标的计算如公式（5.8）—（5.11）所示。

$$\mathrm{RMSE} = \sqrt{\frac{1}{n}\sum_{i=1}^{n}(y_i^{\mathrm{obs}} - y_i^{\mathrm{predict}})^2} \tag{5.8}$$

$$\mathrm{MAE} = \frac{1}{n}\sum_{i=1}^{n}|y_i^{\mathrm{obs}} - y_i^{\mathrm{predict}}| \tag{5.9}$$

$$\mathrm{MAPE} = \frac{1}{n}\sum_{i=1}^{n}\frac{|y_i^{\mathrm{obs}} - y_i^{\mathrm{predict}}|}{y_i^{\mathrm{predict}}} \tag{5.10}$$

$$\mathrm{BIAS} = \frac{1}{n}\sum_{i=1}^{n}(y_i^{\mathrm{obs}} - y_i^{\mathrm{predict}}) \tag{5.11}$$

其中，n 表示样本数，y_i^{obs} 表示第 i 个样本的观测值，y_i^{predict} 表示第 i 个样本的预测值。前三个指标的值越低，意味着模型的预测精度越高，性能越好。

5.4.4 模型应用和结果分析

5.4.4.1 济南站模型分析

本章主要选择 LSTMEM 模型作为主要的建模方案。为了证明 LSTMEM 是最优的方法模型，将其预测性能与其他机器学习模型：线性回归 LinearReg、K 邻近 KNN、随机森林 RF、LightGBM、XGBoost、支持向量机 SVM，深度学习模型多层感知机 MLP，以及 LSTM 扩展单输入 LSTMES 模型进行对比。对比模型在第一部分中都进行了介绍，很多学者应用对比模型对大气能见度建模，并取得较好的预测精度。

济南站构建样本数为 34321 个，取 90% 共 30888 个样本作为训练样本，10% 共 3433 个样本作为测试样本。表 5.12 列出了这些模型的 RMSE、MAE 和 MAPE 得分。算法的参数都经过了微调和选优。表 5.12 表明，LSTMEM 具有明显的优势，测试集中该模型 MAE 达到 332 m，RMSE 达到 522 m，比平均绝对误差 700 多米精度还要高（朱国梁，2018）。性能其次为 K 临近和深度 MLP 以及 LSTMES 模型，但三者性能相对于 LSTMEM 相差一个数量级。三个评价指标都表明 LSTMEM 模型是最优的预测模型，因此，下一步迁移学习，将使用此模型进行淄博站模型构建。

表 5.12 不同算法模型预测性能对比表

模型	测试集			训练集		
	RMSE(100 m)	MAE(100 m)	MAPE(%)	RMSE(100 m)	MAE(100 m)	MAPE(%)
LSTMEM	5.22	3.32	4.42	4.16	2.73	3.64
MLP	27.53	19.14	21.60	22.05	14.98	16.64
KNN	27.95	17.17	19.61	19.95	11.46	12.79
LSTMES	30.24	20.10	23.28	27.62	18.41	21.58
RF	46.10	34.78	50.33	17.56	13.05	19.48
LinearReg	60.19	46.55	68.60	59.57	46.05	69.19
LightGBM	61.47	53.45	90.54	59.73	52.06	90.41
SVR	62.88	43.65	59.62	62.78	43.27	59.96
XGBoost	84.39	70.66	46.16	73.64	64.12	36.83

表 5.12 还给出了各模型在训练集上的性能，训练集的性能明显优于测试集，这是因为训练集的结果通常是过度拟合的，不能用来表示模型的性能，因此接下来将皆基于测试集进行性能评估。

图 5.32 与图 5.33 分别为 LSTMEM 模型在测试集上预测与实况的散点图、逐 24 h 预测偏差与均方根误差。散点图表明，该模型的预测精度高，散点图拟合系数为 1，并且预测与实况样本密集的分布在拟合线两侧。误差分布图表明，预测 01—23 时均方根误差都在 500 m 左右，而预测两端 00 时与 23 时均方根误差较大，为 700～800 m，偏差都在 100 m 以内。图 5.32 与图 5.33 都表明了 LSTMEM 模型在济南大气能见度预测方面出色的性能。

5.4.4.2 迁移学习淄博站模型分析

淄博站在资料收集中，将任何一个要素、任何一个时刻缺失数据剔除，导致样本欠采样。构建样本数为 8164 个，取 80% 共 6531 个样本作为训练样本，20% 共 1633 个样本作为测试样本。

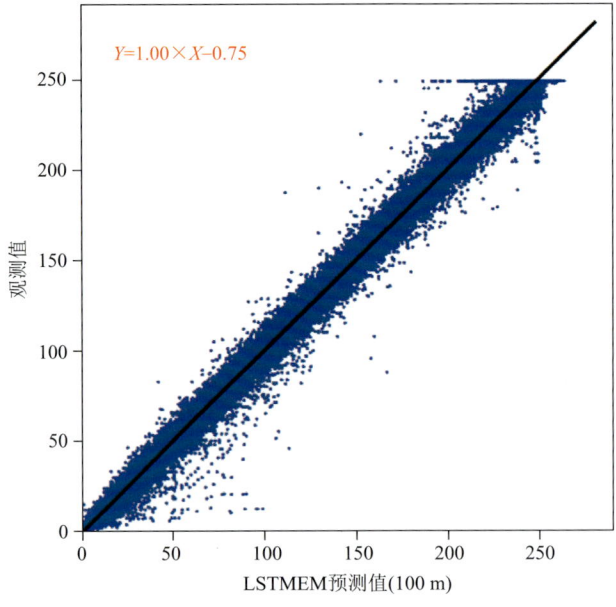

图5.32 测试集预测与实况散点图

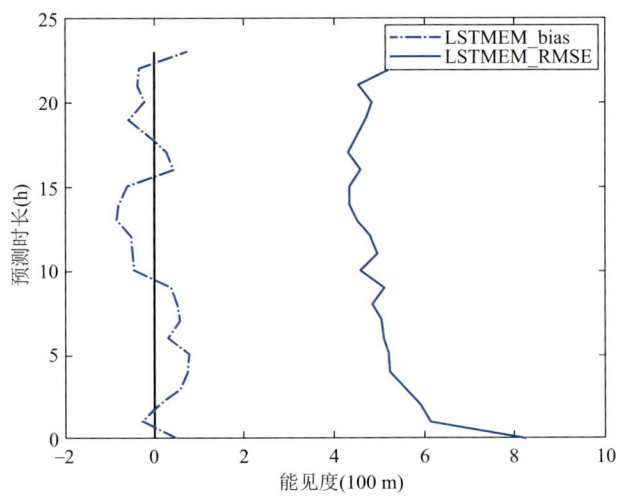

图5.33 测试集模型预测偏差及RMSE

第一步,使用LSTMEM模型对淄博站数据进行建模,构建淄博站本身的基模型(StandaLone),验证基模型预测性能。

第二步,使用济南站大气能见度最优模型进行迁移学习,对3层LSTM层($f=0,1,2$)和1层全连接层($f=3$)分别进行冻结并微调迁移学习(TL)实验,验证迁移学习模型的预测性能。以上两步操作,考虑到模型的稳定泛化性,进行了迭代30次模型泛化运行实验,检测最优迁移模型的泛化性。

通过上述基模型、迁移模型构建以及泛化实验,得出表5.13和图5.34的结果。表5.13中MEAN为30次泛化实验的平均值;STD为30次实验的标准差,表明模型的离散程度,验证模型的泛化性。表5.13表明,在迁移学习中模型底层第一和第二层冻结后,微调迁移模型进行训练得出的结果都比原始基模型性能优越，尤其冻结第一层 LSTM 层：RMSE 由基模型的 5.16 km 提升到 3.03 km，提升 41.33%；MAE 由基模的 3.57 km 提升到 1.91 km，提升 46.49%；MAPE 由基模的 68.02% 下降到 36.61%，提升 46.17%。表 5.13 中的标准差表明，基模及迁移模型离散度低，模型稳定。

表 5.13 基模型与不同迁移算法模型预测性能对比表

	RMSE(100 m)		MAE(100 m)		MAPE(%)	
	MEAN	STD	MEAN	STD	MEAN	STD
StandaLone	51.67	0.00	35.77	0.00	68.02	0.00
TL $f=0$	30.31	0.59	19.14	0.41	36.61	1.13
TL $f=1$	38.42	0.34	25.52	0.28	47.47	0.84
TL $f=2$	56.91	0.72	41.67	0.61	79.93	3.77
TL $f=3$	71.73	0.00	59.00	0.01	135.06	0.17

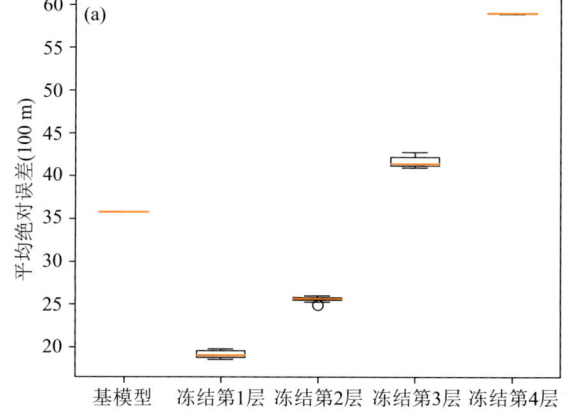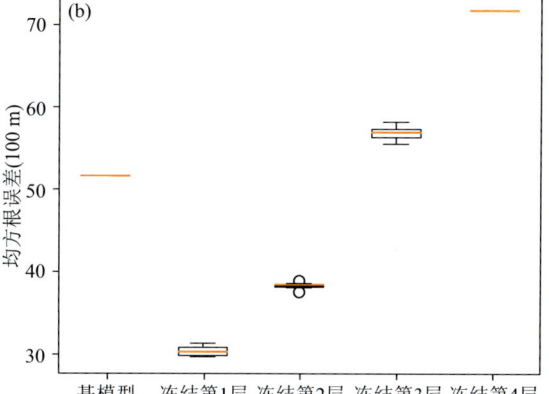

图 5.34 迁移学习与基模型泛化训练性能箱线对比图
（a）MAE，(b) RMSE

图 5.34 为 RMSE 和 MAE 泛化实验箱线图，表明迁移学习中，模型底层冻结第一层 LSTM 层预测性能为最优，并且模型稳定，泛化性好。

第三步，使用上述实验验证后冻结济南站模型第一层 LSTM 层建模并预测淄博站测试集资料，与基模型进行对比，验证模型性能（图 5.35、图 5.36）。测试集预测基模型的拟合系数为 0.87，而迁移模型的拟合系数为 0.96 近乎为 1，提升 10.34%；并且迁移模型的数据分布离散度明显比基模型小，更贴近拟合线（图 5.35）。逐 24 h 的偏差和均方根误差，更为明显地显示出，迁移模型的均方根误差更接近于 0 线，有 2 km 的提升；并且迁移模型从起报时刻到终报时刻，RMSE 线稳定维持在 3 km 左右，而基模型随着预报时长的增加有明显的误差加大趋势，表明基模型随着预报时长的加大模型稳定性变差，而迁移模型更优（图 5.36）。偏差 BIAS 迁移模型在起报时刻至 5 h 有 3 km 左右的偏差，而基模型 2～12 h 有 5 km 左右的偏差，也验证了迁移模型的性能比基模型优秀。

综上所述，提出了一个基于长短期记忆递归神经网络模型的扩展多输入模型和迁移学习

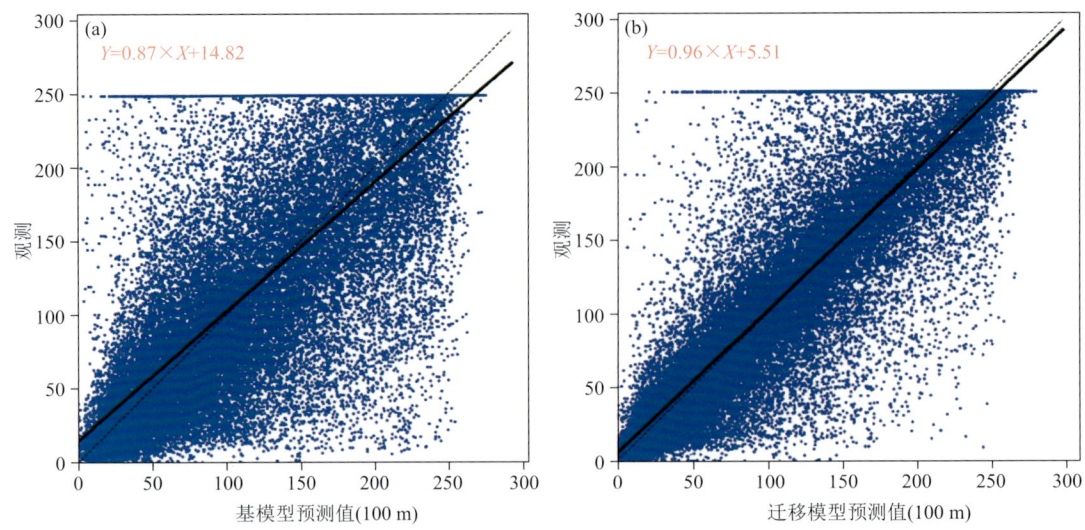

图 5.35 基模型与迁移冻结第一层模型预测实况散点图
（a）基模型，（b）迁移模型

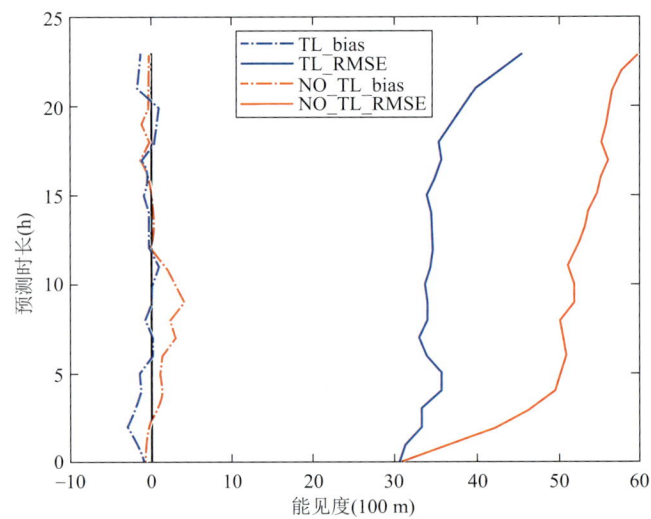

图 5.36 基模型与迁移冻结第一层模型预测逐时误差图（红线：基模型；蓝线：迁移模型）

在提高大气能见度预测精度方面的方法框架。通过科学的时间序列自相关和时滞窗预测实验确定时滞窗，构建 LSTM 输入样本。比较了不同 LSTM 层数、节点数、批处理数、迭代次数对模型性能的影响，通过交叉验证最终确定最优超参。比较了 LSTMEM 与 LSTMES、其他深度学习和普通机器学习模型的预报性能，最终确定 LSTMEM 性能的最优。对济南站点大气能见度进行了预测。通过迁移学习构建淄博站预测模型；经泛化实验对比对淄博站大气能见度基模型、迁移模型预测性能。最终验证了 LSTMEM 以及迁移学习框架的科学性和可行性。

本研究的主要贡献是将深度学习和迁移学习技术结合应用于大气能见度预测的目前为数不多的开创性研究之一。特别是对迁移学习的泛化实验，可以验证迁移模型的稳定泛化性。

经迁移后的模型可有效解决欠采样的问题，大大提升预测精度。结果表明：

（1）通过对自变量时间序列自相关分析和时滞窗口实验，可确定最优的时滞窗口，从而确保足够长时间记忆输入到模型中。

（2）LSTM 扩展多输入模型明显优于单输入模型：LSTMEM 均方根误差 522 m，平均绝对误差 332 m，而 LSTMES 均方根误差 3.024 km，平均绝对误差 2.01 km；LSTMEM 均方根误差提升了 82.73%，平均绝对误差提升了 83.48%。这表明多要素长时间记忆比单要素长时间记忆携带信息多，利于模型预测性能。

（3）LSTMEM 模型明显优于其他深度学习模型及常规机器学习模型。

（4）LSTMEM 模型在济南站点的大气能见度预测中表现优异。预测 01—23 时均方根误差都在 500 m 左右，偏差在 100 m 以内，并且误差廓线表明模型稳定，离散度小；与实况的拟合系数为 1，离散度小，样本密集分布在拟合曲线附近。

（5）迁移学习模型冻结第一层 LSTM 层，对淄博站的预测性能达到最优。RMSE 由基模型的 5.16 km 提升到 3.03 km，提升了 41.33%；MAE 由基模的 3.57 km 提升到 1.91 km，提升了 46.49%；MAPE 由基模的 68.02% 下降到 36.61%，提升了 46.17%。标准差表明，基模及迁移模型离散度低，模型稳定。基模型的拟合系数为 0.87，而迁移模型的拟合系数为 0.96，近乎为 1，提升了 10.34%；并且迁移模型的数据分布离散度明显比基模型小，更贴近拟合线。逐 24 h 的偏差和均方根误差，迁移模型的均方根误差更接近于 0 线，有 2 km 的提升；并且迁移模型从起报时刻到终报时刻，RMSE 线稳定维持在 3 km 左右，而基模型明显地随着预报时长的增加有明显的误差加大趋势，表明基模型随着预报时长的加大模型稳定性变差，而迁移模型更优，验证了迁移模型的性能比基模型优秀。

5.5 延伸期大气污染潜势预报

大气污染潜势是指大气具有对污染物扩散和稀释的潜在能力，它是由气象条件所决定的。延伸期大气污染潜势预报是指对延伸期时段（11～30 d）导致不同污染的气象条件进行预报。

5.5.1 国内外研究进展

近年来，随着国民经济快速发展，燃煤和机动车的排放逐渐加大，随着污染物排放的上升，空气污染日趋严重。不利的气象条件是导致大气重污染的重要原因，越来越多的研究定量评估气象条件对大气污染的清除作用，同时也关注污染气象条件的预报。徐大海等（1989）从时间平衡的箱模式出发，着重讨论了环境容量中的通风项及湿沉积项，绘制了我国大陆冬半年及全年的日平均通风量分布图，指出低通风量以四川盆地为中心，西北地区为高通风量区。纽约高浓度 $PM_{2.5}$ 经常出现在高温、高湿且风速较小的西南风气象环境下

(Arthur et al.，2004)。吴兑等（2008）分析珠江三角洲近地层风及其对严重霾天气过程和清洁对照过程的影响，发现区域霾天气过程与区域内静小风过程，即出现气流停滞区有密切联系，清洁对照过程与强平流输送有关。廖碧婷等（2012）研究广东省广州、东莞和增城10—12月的霾天气变化特征，广州和东莞的能见度等级百分比分布形态类似，轻微霾天气所占频率较大，其中10月占的比例最高。提出垂直交换系数试图对污染物的垂直输送能力进行评估，进而尝试对霾天气进行预报。结果发现当垂直交换系数小于15000 h，城市容易出现霾天气，反之则说明该地的空气质量较为良好。朱蓉等（2018）定义了大气自净能力指数，将大气自身运动对大气中污染物的扩散、稀释和湿清除能力定义为大气自净能力，其可用于对未来大气污染潜势的预测。基于气象站观测资料的全国大气自净能力指数分析计算表明，全国大气自净能力最差的地区分布在四川盆地和新疆塔里木盆地，大气自净能力最强的地区分布在青藏高原、蒙古高原、云贵高原，以及东北平原和三江平原、山东半岛和海南岛。大气污染潜势预测系统的回报结果表明，在大多数情况下可以提前15 d预报出大气重污染过程；月尺度的大气重污染过程预报效果更大程度上取决于月动力延伸气候预测模式（DERF2.0）的预报准确率。

5.5.2 延伸期—月尺度大气污染潜势气候预测系统

为进一步提高大气污染短期气候预测业务能力，国家气候中心研发建成了延伸期—月尺度大气污染潜势气候预测系统，并于2018年7月1日起正式投入准业务化运行，其预测产品通过国家气象业务实时发布。

延伸期—月尺度大气污染潜势预测系统采用国家气候中心DERF2.0的预测结果作为初始场，驱动中尺度模式WRF进行降尺度预报，给出未来40 d逐小时的大气风速、混合层高度等相关大气边界层气象要素场的预报结果，再根据大气自净能力指数预报方程计算大气自净能力系数。WRF模式采用双重嵌套，外层网格距45 km，内层网格距15 km，内层网格覆盖全国。该系统每天运行一次，每5 d进行一次集合平均，得到未来40 d的集合预报结果。

5.5.3 山东省延伸期大气污染潜势预测方法

山东省气候中心同样基于动力降尺度研发了延伸期大气污染潜势预测方法。采用美国国家环境预报中心（NCEP）的CFSv2预报产品作为初始场，驱动中尺度模式WRF进行动力降尺度试验，利用WRF输出的10 m风速、200 m风速和混合层高度等变量，根据国标大气自净能力等级的计算方法，得到未来11～40 d大气自净能力系数预报。

5.5.3.1 CFSv2预报产品

NCEP的气候预测系统（CFS）提供最新的多时间尺度的预报资料（Saha et al.，2006）。第一代从2004年8月开始业务运行，第二代（CFSv2）在2011年3月开始进行业务实时预测，并且提供1982—2010年的回报试验。第二代产品与第一代相比，在大气环流、海温、降水、气温等方面的预测技巧均有不同程度的提升（Saha et al.，2014）。为了与WRF相匹配，采用CFSv2逐6 h实时预报产品作为初始场，其水平分辨率接近$0.5°×0.5°$。

5.5.3.2 动力降尺度试验

采用的 WRF 模式版本为 V3.8，初始场和侧边界条件由 CFSv2 预报产品提供，每 6 h 输入模式一次。采用 Lambert 投影，水平分辨率为 30 km，经向和纬向均为 85 个格点，中心点位于（36°N，119°E），模拟区域见图 5.37。垂直方向为 38 层，模式顶层气压为 50 hPa。积分时长为 40 d，输出时间间隔为 1 h。试验采用的物理过程参数见表 5.14。

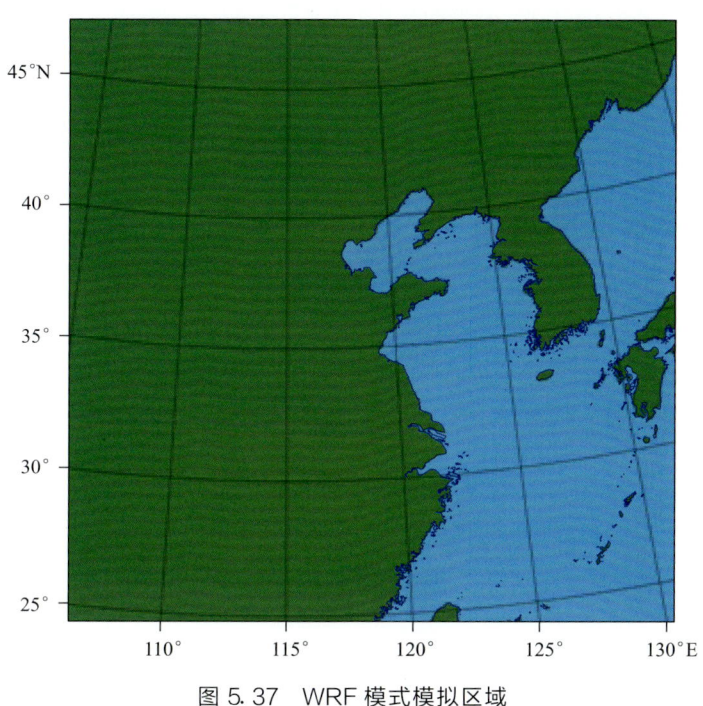

图 5.37　WRF 模式模拟区域

表 5.14　WRF 模式的物理过程参数

类别	名称
微物理过程方案	WSM3 类简单冰方案
长波辐射方案	rrtm 方案
短波辐射方案	Dudhia 方案
近地面层方案	Monin-Obukhov 方案
陆面过程方案	Noah 陆面过程方案
边界层方案	YSU 方案
积云对流参数化方案	浅对流 Kain-Fritsch 方案

5.5.3.3 大气自净能力预报

在山东省气候中心的高性能集群服务器上，部署基于 CFSv2/WRF 嵌套的延伸期大气污染潜势预测方法，定时下载 CFSv2 实时预报产品，定时运行 WRF 模式。每天运行一次，利用大气自净能力系数预报方程，得到未来 11～40 d 的大气自净能力系数预报，详细流程见图 5.38。

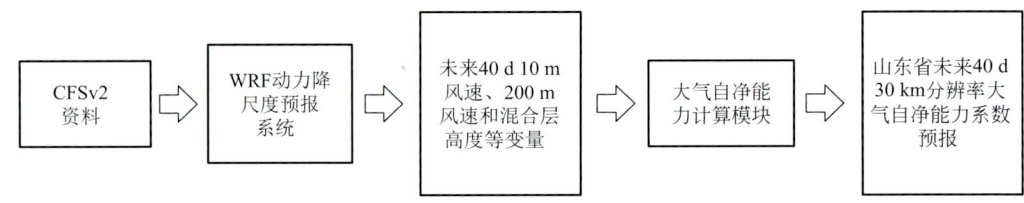

图 5.38 延伸期大气污染潜势预测方法流程图

5.6 空气质量短期气候预测技术

空气质量短期气候预测越来越受到政府和公众的关注，尤其是针对污染较为严重的冬季，准确把握整体污染趋势，对于政府在减排方面做出科学决策具有十分重要的意义。同时对于准确掌握气象条件，科学评价大气环境治理效果也具有重要参考作用。由于影响大气污染的物理化学过程及其不同尺度耦合具有高度复杂性，空气质量预报一直是一个挑战。空气质量预报既与天气预报紧密相关，又由于污染物排放及其不确定性等影响因素的存在，与天气预报存在重要的差异（Carmichael et al.，2008）。国内外研究人员在空气质量短期预报方面开展了大量工作，但是对长期预报的研究相对较少，主要集中在影响因子分析和人工智能预测方法应用方面。吴振玲等（2005）使用短期气候趋势预报原理与短期空气质量预报相结合的方法，根据 1—7 月的气候特征（背景）、天气形势以及各种相关气象要素统计分析，对冬季采暖期空气质量进行综合预报，对 2003 年度（2003 年 11 月—2004 年 3 月）冬季采暖期空气质量进行了试预测。

冬季是山东省大气污染最严重的季节，发生区域性重污染的日数最多，约占全年 6 成，首要污染物以细颗粒物为主，排在首位的是 $PM_{2.5}$。除冬季取暖增加污染物排放外，冬季不利的气象条件也是造成污染加剧的重要因素。吴炜等（2020）用 2014—2018 年山东 144 个国控点空气质量逐时资料，欧洲中心 ERA5 再分析资料，以及 NCEP 的 CFSv2 模式提供的季节尺度预测资料（Saha et al.，2006；2014），分析了近年来冬季大气污染气象条件变化，对 2018 年 12 月—2019 年 2 月冬季山东省空气质量进行了预测。

影响季节空气质量的因素主要分为两大类：一是气象条件，二是排放强度。在研究中，首先使用实况污染观测和再分析资料，在统计分析的基础上建立了大气环流因子和 $PM_{2.5}$ 的对应关系，提出了 AQI 气象条件值的概念，得出了 2014—2018 年 4 个冬季的 AQI 气象条件值，并依据 CFSv2 资料对 2018—2019 年冬季的 AQI 气象条件值进行了预测。

2014—2017 年冬季，大气污染气象条件值（参照全省平均 AQI）分别为 132、141、144、117（图 5.39），其中，2017—2018 年冬季大气扩散条件相对较好。而预计 2018—2019 年冬季气象条件值将达 178，为近 5 a 最高。气象条件总体偏差，不利于污染物的扩散，易形成重污染。此外，考虑实际排放强度的变化，必须对气象条件值进行修正，才能得出准确的预测结论。以当年夏季污染物浓度作为参考，估算污染排放因子的影响。

第 5 章 山东省环境气象预报技术研究

图 5.39 2014—2018 年山东冬季大气污染气象条件和 AQI 变化及预测

最终预测指出，近年来随着大气环境治理力度不断加大，全省冬季空气质量已经明显好转，空气质量逐年改善。2016—2018 年冬季 AQI 实况观测值已经明显低于气象条件值，反映出在相同的气象条件下，空气污染的程度已经明显降低，尤其是 2017—2018 年冬季空气质量改善最为明显（AQI 气象条件值为 117，实际观测 AQI 值为 102）。2018 年以来，山东省空气质量进一步改善。但尽管如此，由于冬季气象条件较差，山东省大气污染程度可能有所反弹，初步预测 2018—2019 年冬季全省平均 AQI 为 122，较 2017—2018 年冬季（AQI 为 102）偏高。

实际观测表明，2018—2019 年冬季山东省 AQI 实际观测平均值为 119，误差仅为 3，预测准确。以上工作表明，上述研究建立的新的空气质量短期气候预测方法具有较高的准确率，不但能够准确预报污染变化趋势，AQI 值预测也较为准确。该方法具有较高的业务价值，已经在山东省气象台决策气象服务中应用。

5.7 气象条件对大气自净能力的影响评估

随着社会经济的发展和城市化进程加快，人类活动导致的污染物排放量日益增加，使得大气浑浊度高，能见度低，大气污染范围和程度越来越严重。空气质量受自然和人为因素共同作用，当外界污染物排放量比较稳定时，空气污染的程度和变化特征主要取决于气象因素（吴蓉 等，2017；吴兑 等，2005）。在不同气象条件下，同一污染物排放所造成的大气污染物浓度可相差几十倍至上百倍，这是由于大气对污染物的稀释扩散能力随着气象条件的不同而发生巨大变化（蒋维楣 等，1993）。逆温、低压、高湿、弱风、稳定大气层结、低混合层厚度和弱降水等气象条件容易造成污染物的堆积（张人禾 等，2014；刘厚凤 等，2015），是产生重污染天气的主要气象要素条件。王晓云等（2001）研究表明，在静稳气象条件下，污染物浓度常出现高值，贴地逆温层极不利于污染物扩散。较低的边界层高度限制污染物的垂直扩散，大气自净能力指数（简称 ASI）的减小使污染加剧。杨欣等（2014）研究了北京市 2013 年 1 月 10—16 日强污染过程，连续静稳的天气形势和区域污染是其主要原因，而高湿天气则加剧了污染状况。于庚康等（2015）发现雾、霾期间低层都存在不同程度的逆温现象，混合层高度与空气污染指数（API）呈反相关关系，混合层高度越低，API 就越高，污染就越严重，能见度就越差。吴兑等（2008）发现珠江三角洲霾天气过程和区域内静小风过程密切相关，清洁对照过程和强平流输送有关。戴竹君等（2016）对江苏秋冬季重度霾的环流背景、边界层特征、热力条件、动力条件及气流轨迹进行了分析，探讨重度霾的形成机制，发现重度霾发生时主要是贴地逆温，风速在 4.0 m/s 以下。

　　大气自净能力指数是在给定的空间和时间范围内，大气污染物平均浓度不超过大气质量标准的条件下，可以向该空间内排放的污染物的总量（徐大海 等，1989）。大气自净能力指数估算方法包括 A-P 值法、大气扩散模型法、线性规划法等，大气扩散模型法包括美国的 AERMOD（王海超 等，2010）、CALPUFF（任重 等，2011）和英国的 ADMS（徐鹤 等，2010）等，其输入参数多、计算量大，模拟需要详细的污染源数据和气象数据，GB/T 34299—2017《大气自净能力等级》（2017）给出了 ASPC-A 值的计算方法，A 值法是基于箱模式计算出一段时间内大气运动能清除的大气污染物总量，其计算简单，实用性强。郁珍艳等（2017）、许启慧等（2017）、吴蓉等（2017）采用 A 值法分别对浙江省、河北省、安徽省的 ASPC 时空变化特征进行了分析，得到一些有意义的结论。

　　山东开展大气污染和气象条件关系的研究不多见，山东各地区下垫面特征差异明显，沿海和内陆气候背景不同，各地大气环境质量和变化差异较大，同时由于城市化和经济的快速发展，大气环境问题日益突出。山东霾日数呈增加趋势，21 世纪以来增加明显，霾的分布受城市工业和污染排放影响较大，典型的雾、霾过程发生时，山东上空以平直的纬向环流为主，多短波槽活动，冷空气较弱，山东受偏西或者西南气流影响，大范围霾出现前空气湿度相对较低（张莉 等，2015）。郭丽娜等（2014）应用青岛站 2006—2012 年探空资料，研究发现青岛 08 时接地逆温强度与污染日 API 指数相关系数达 0.99。马艳等（2015）应用青岛 2006—2012 年雾日数与污染物浓度监测资料，发现雾天气常伴随着不同程度的空气污染。在仅考虑大气通风和湿沉降等因素时，大气自净能力指数仅涉及气象参数和地域面积，与排放源的配置参数无关，完全是自然属性量（吴蓉 等，2017）。采用 GB/T 34299—2017《大气自净能力等级》（2017）国家标准中的 A 值法，利用山东 22 个基本（准）站地面小时气象观测数据，对山东大气自净能力指数的时空变化特征进行研究，探讨大气自净能力指数的气候变化特征，对深入理解气候变化背景下大气环境有效改善具有积极的意义，亦可为山东空气质量影响评价业务提供技术支持。

5.7.1　大气自净能力指数及其计算方法

5.7.1.1　大气自净能力指数的定义

　　大气自身的运动对大气中的污染物有清除作用，如冷空气过境造成的大风具有扩散和稀释作用；降水对大气污染物有湿清除作用。类似于水的净化能力，将大气自身运动对大气中的污染物的扩散、稀释和湿清除能力定义为大气自净能力。由于大气自净能力与大气污染源排放没有关系，一方面可用于定量化气象条件不好对空气污染的贡献，评估大气污染防治措施的实施效果；另一方面可用于对未来大气污染潜势的预测，为提早实施大气污染防控措施提供依据（朱蓉 等，2018）。

城市大气污染数值预报系统（CAPPS）（徐大海 等，2000；朱蓉 等，2001；张恺 等，2005）通过有限体积法求解大气平流扩散方程，得到的平均浓度预报方程为：

$$\frac{\partial \overline{C}}{\partial t} = \frac{Q}{\tau} - \frac{1}{\tau} \oiint_s C(\boldsymbol{V} + \boldsymbol{V}_t + \boldsymbol{v}_d + \boldsymbol{v}_w) \times \mathrm{d}s + I \quad (5.12)$$

式中：$\overline{C}$ 为大气中的污染物浓度，Q 为大气污染物在空气体积 τ 内的排放量，$\boldsymbol{V}$ 为风矢量，$\boldsymbol{V}_t$ 为湍流风速矢量，$\boldsymbol{v}_d$ 为干沉降速度，$\boldsymbol{v}_w$ 为湿沉降速度，s 为底面积，I 为化学转化作用造成的污染物生成或消失量。化学转化在空气污染过程中的作用比较复杂，它对一些污染物有清除作用，但同时又可能促使另一些污染物生成，需要开展深入研究。本研究重点考虑平流扩散和湿沉降对污染物的清除，暂时不考虑化学转化作用。因此，不考虑化学转化作用的大气对污染物的清除能力可表示为：

$$V_c = \frac{1}{C} \oiint_s C(\boldsymbol{V} + \boldsymbol{V}_t + \boldsymbol{v}_d + \boldsymbol{v}_w) \times \mathrm{d}s \quad (5.13)$$

式中：大气对污染物的清除能力 V_c 包括平流扩散、湍流扩散、干沉降和湿沉降。假设城市是一个底面积为 S 的箱体，其水平尺度即为 $2\sqrt{\dfrac{S}{\pi}}$，高度为混合层高度 H，大气污染物的扩散发生在混合层高度以内，坐标轴 x 与风向保持一致，则大气污染物的平衡浓度为：

$$\overline{C} = \frac{Q}{V_c} \quad (5.14)$$

干沉降与大气湍流状况、污染物化学性质和下垫面特性有关，由于常规气象观测中还没有湍流特性测量，本研究为了根据历史气象观测数据分析大气对污染物清除作用的长年变化，因此暂时不考虑大气湍流扩散和干沉降作用。根据箱模式原理，式（5.13）可转变为：

$$V_c = \left(\frac{\sqrt{\pi}}{2} V_E + v_w \sqrt{S}\right)\sqrt{S} \quad (5.15)$$

式中：V_E 为大气通风量，定义为：

$$V_E = \int_0^H u(z)\mathrm{d}z \quad (5.16)$$

式中：$u(z)$ 为大气边界层内的风速，它随距离地面的高度而变化，是高度的函数。式（5.15）中湿沉降速度 v_w 表达为雨洗常数 W_r 与降水率 R 的乘积，即 $v_w = W_r R$，S 为底面积。假设典型污染物的空气质量控制浓度为 C_s，则由式（5.14）和（5.15）可得到箱体内典型污染物最大允许排放总量为：

$$Q = \left(\frac{\sqrt{\pi}}{2} V_E + W_r R \sqrt{S}\right) \times C_s \times \sqrt{S} \quad (5.17)$$

式中：雨洗常数 W_r 取 6×10^5；R 为降水率，即单位时间内的降水量（Mcmahon et al.，1979）。在 C_s 为 $PM_{2.5}$ 达标浓度 0.075 mg/m^3 的约束条件下，定义单位时间、单位面积上大气平流扩散和降水所能清除的最大污染物总量为大气自净能力指数 ASI，即

$$\mathrm{ASI} = \frac{Q}{S} = \left(\frac{\sqrt{\pi}}{2} V_E + W_r R \sqrt{S}\right) \times \frac{C_s}{\sqrt{S}} \quad (5.18)$$

因此，大气自净能力指数与大气污染排放量和空气质量都没有任何关系，仅仅表示大气自身运动对大气污染物的通风扩散和降水清除能力。大气自净能力指数值越大，表示大气对污染物的清除能力较强，大气自净能力强；反之，表示大气自净能力弱。

5.7.1.2 计算方法

基于地面气象观测的大气自净能力指数计算方法采用地面气象站观测资料计算大气自净能力指数的优势在于，可以对近几十年大气自净能力指数的气候和气候变化特征进行分析。由式（5.18）和式（5.16）可知，大气通风量 V_E 是计算大气自净能力指数的关键，而计算大气通风量首先需要计算混合层高度。根据 GB/T 13201—91《制定地方大气污染物排放标准的技术方法》（1991），在已知云量和地面风速的前提下，通过计算太阳高度角，再查算出 Pasquill 大气稳定度等级，最终可计算出混合层高度和大气通风量。由于气象站在夜间的云量观测资料十分有限，因此，可以只计算每日 14 时的大气自净能力指数。其与一天中大气对污染物的最大清除能力接近，分析每日 14 时大气自净能力的长年变化，同样可以得到大气自净能力的长年代变化特征。根据式（5.18）表征全天大气对污染物总体清除能力的大气自净能力指数的计算公式为：

$$\text{ASI} = 8.64 \times 10^{-2} \times \left[\frac{\sqrt{\pi}}{2} V_E + \sum_{i=1}^{n} (0.17 \times R \times \sqrt{S} \times 10^3) \right] \times \frac{C_s}{\sqrt{S}} \quad (5.19)$$

式中：ASI 为大气自净能力指数，单位为 $t/(d \cdot km^2)$；n 为一天中降水的小时数；R 为每小时降水量，单位为 mm/h；面积 S 统一取值 100 km^2。

在计算大气自净能力指数过程中需得到大气稳定度和大气混合层厚度等中间变量，两者均是影响大气污染物扩散的重要参数。大气越稳定越不利于污染物的扩散，大气混合层厚度越大，越有利于污染物垂直方向的扩散和稀释。大气稳定度有里查森数、莫林-奥布霍夫长度、温差法、风速比法等计算方法（陈泮勤，1983），研究采用 Pasquill 法（GB/T 34299—2017，《大气自净能力等级》2017）中的稳定度分类法，该方法将大气稳定度分为强不稳定、不稳定、弱不稳定、中性、较稳定和稳定 6 类。大气混合层厚度确定方法包括环境影响评价导则法、罗氏法、干绝热法等，采用仅使用地面常规气象观测资料的 GB/T 34299—2017《大气自净能力等级》（2017）中推荐的方法计算大气混合层厚度，其使用的气象资料包括总低云量、平均风速及计算的太阳高度角等。

朱蓉等（2018）通过统计分析 2013—2017 年京津冀地区发生大气重污染期间的大气自净能力指数，总结出大气自净能力指数低于 1.4 $t/(d \cdot km^2)$ 时，容易出现 AQI 达到 200 的空气质量重污染等级。由此定义 14 时大气自净能力指数低于 1.4 $t/(d \cdot km^2)$ 的当天为一个低自净能力日。低自净能力日表明大气混合层高度低、混合层内整体水平风速小且无降水，大气扩散条件很差，容易引起空气质量重度污染。

5.7.1.3 气候倾向率

采用气候趋势（董旭光 等，2018）分析大气自净能力指数的空间分布特征，气候趋势为正值表示要素序列为上升趋势，负值表示下降趋势，并进行显著性检验。

假设数据系列 x_i 可用一元线性回归的数学模拟拟合 $(x = a + bt)$，其气候趋势系数为 r_{xt}，其定义为 n 个时刻（年）的要素序列与自然数列 1，2，3，…，n 的相关系数：

$$r_{xt} = \frac{\sum_{i=1}^{n}(x_i - \overline{x})(i - \overline{t})}{\sqrt{\sum_{i=1}^{n}(x_i - \overline{x})^2 \sum_{i=1}^{n}(i - \overline{t})^2}} \tag{5.20}$$

其中，r 为年数，x_i 是第 i 年要素值，$\overline{x}$ 为其样本均值，$\overline{t} = (n+1)/2$。显然，气候倾向率（气候趋势 10 a 的变化量）为正（负）时表示该要素在所计算的 n 年内有线性增加（减少）的趋势。$r_{xt} \dfrac{\sqrt{n-2}}{\sqrt{1-r_{xt}^2}}$ 符合自由度 $n-2$ 的 t 分布，从而检验这种气候趋势是否有意义，是否是一种随机振动。

5.7.1.4 突变检验方法

在实际序列趋势分析中，Mann-Kendall 检验法（尹云鹤 等，2009）是世界气象组织推荐并已广泛使用的非参数检验方法。Mann-Kendall 非参数突变检验正序列曲线超过临界值信度线的前提下，若正序列和反序列两个统计量序列仅有一个明显的交叉点，且位于信度线之间，则表明该交叉点为突变点，且统计上显著；若交叉点位于信度线之外，或者是存在多个明显的交叉点，则不确定是否为突变点，可结合滑动 t 检验（MT）方法综合判断该点是否为突变点。MT 方法主要用来检验两随机样本平均值的显著性差异，如果两段子序列的均值差异超过了一定的显著性水平，可以认为均值发生了质变，有突变发生，用 6~10 a 的不同子序列对 ASPC 的时间序列进行 MT 突变检验。采用两种方法综合判断突变是否真实发生。

5.7.2 资料

选取山东省气象信息中心经过气象数据质量控制后的逐日小时观测资料计算大气自净能力指数，2014 年以来，仅基本（准）站保留总低云量的记录，因此最终确定利用山东 22 个（除泰山站）基本（准）站 1961—2018 年的平均风速、总云量、低云量、降水量等 14 时的观测资料计算各站的大气自净能力指数。选取的气象台站空间分布见图 5.40，山东省基本（准）站空间分布均匀，各站大气自净能力指数计算结果能够较好地反映大气自净能力空间分布情况。

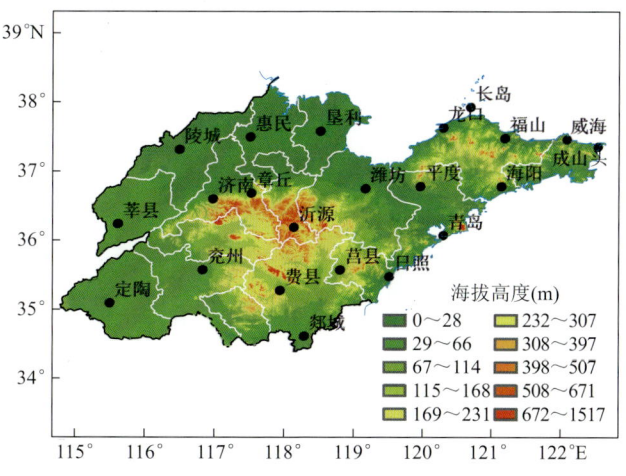

图 5.40 山东行政区划及使用的气象站点地理位置分布

5.7.3 大气自净能力指数的气候特征

5.7.3.1 时间变化

（1）历年变化

1961—2018 年山东平均大气自净能力指数呈显著减小变化趋势（图 5.41），气候倾向率为 -0.32 t/(d·km²·10a)，通过了 0.01 显著性水平检验（$P<0.01$）。由各年代均值看，山东大气自净能力指数具有明显的年代际减小趋势，20 世纪 60、70 年代各年大气自净能力指数普遍大于平均值，20 世纪 80、90 年代则接近平均值，2000 年以来小于平均值且减小趋势相对最明显。全省各站平均大气自净能力指数仅 1961—1964 年及 1971 年大于 8.0 t/(d·km²)，其中以 1962 年最大，为 8.5 t/(d·km²)，2008 年以来逐年大气自净能力指数普遍小于 6.5 t/(d·km²)，其中 2014 年最小，为 5.5 t/(d·km²)。

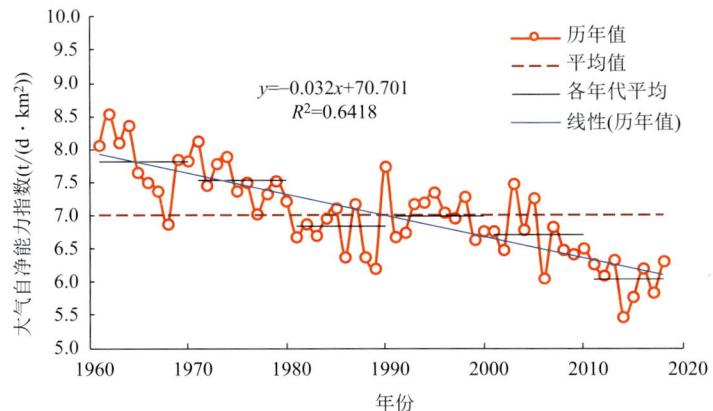

图 5.41　1961—2018 年山东平均大气自净能力指数历年变化（单位：t/(d·km²)）

（2）月变化

1961—2018 年山东平均大气自净能力指数的年内逐月变化明显（图 5.42）。夏季各月大气自净能力指数相对较大，均大于 7.9 t/(d·km²)，其中 7 月最大，为 10.7 t/(d·km²)。冬季各月大气自净能力指数相对较小，均小于 5.5 t/(d·km²)，其中 1 月最小，为 4.9 t/(d·

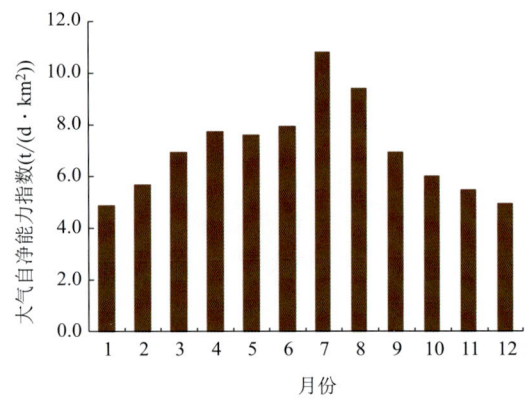

图 5.42　1961—2018 年山东平均大气自净能力指数逐月变化

km²)。山东春季大风天气较多,夏季对流性天气较多,湍流较强,是大气自净能力指数年内相对较高的时段,秋、冬季太阳辐射较弱,湍流活动较弱,大气稳定度高,是大气自净能力指数年内相对较低的时段。

1961—2018年山东历年各月平均大气自净能力指数表现出明显的年际和年内变化(图5.43),也是夏季各月大,冬季各月小,历年各月大气自净能力指数总体上呈现随时间明显减小的变化趋势。20世纪60、70年代夏季各月大气自净能力指数一般大于7.5 t/(d·km²),冬季各月则小于7.0 t/(d·km²),之后逐渐减小,到2000年以来,春季各月多小于7.0 t/(d·km²),冬季各月则小于6.5 t/(d·km²)。

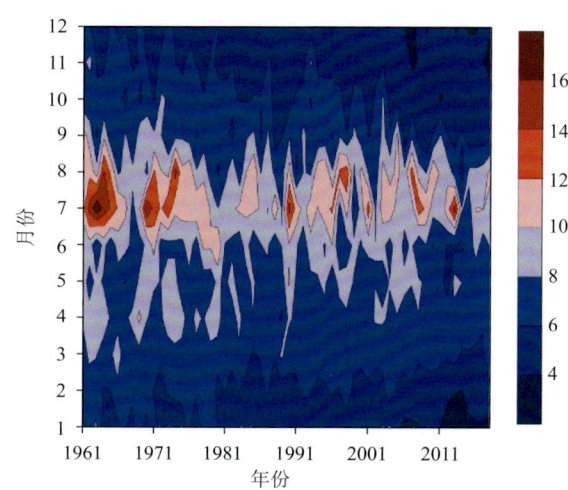

图5.43 1961—2017年山东历年各月平均大气自净能力指数变化(单位:t/(d·km²))

5.7.3.2 空间分布

1961—2018年山东年和四季平均大气自净能力指数的空间分布类似(图5.44),但数值略有不同。山东中西部地区大气自净能力指数普遍小于7.5 t/(d·km²),山东半岛地区相对较大,其中成山头、青岛、长岛、威海、海阳等地区大气自净能力指数大于8.2 t/(d·km²)(图5.44a)。春季(图5.44b)各地大气自净能力指数相对较大,山东半岛地区最大,大于8.0 t/(d·km²),山东中西部地区最小,小于7.0 t/(d·km²)。夏季大气自净能力指数普遍大于其他季节(图5.44c),山东半岛东部地区最大,大于10.0 t/(d·km²),秋季(图5.44d)和冬季(图5.44e)各地大气自净能力指数相对较小。

5.7.3.3 气候倾向率

山东各地大气自净能力指数呈一致的减小趋势(图5.45),各地气候倾向率在−5.101~−0.882 t/(d·km²·10 a),除福山和威海减小趋势没有通过0.05显著性水平检验外,其他各地减小趋势均极显著,均通过0.01显著性水平检验。鲁中和半岛东南减小趋势相对较小,小于−0.323 t/(d·km²·10 a),鲁东南、鲁北部分地区减小趋势最显著,大于−0.473 t/(d·km²·10 a)。

1961—2018年山东省历年平均全年低自净能力日数空间分布差异明显(图5.46),各地低自净能力日数在15.1~75.0 d,山东半岛中东部地区低自净能力日数最少,一般少于30.8 d,山东中西部地区低自净能力日数相对较多,一般多于49.1 d,其中兖州地区最多,

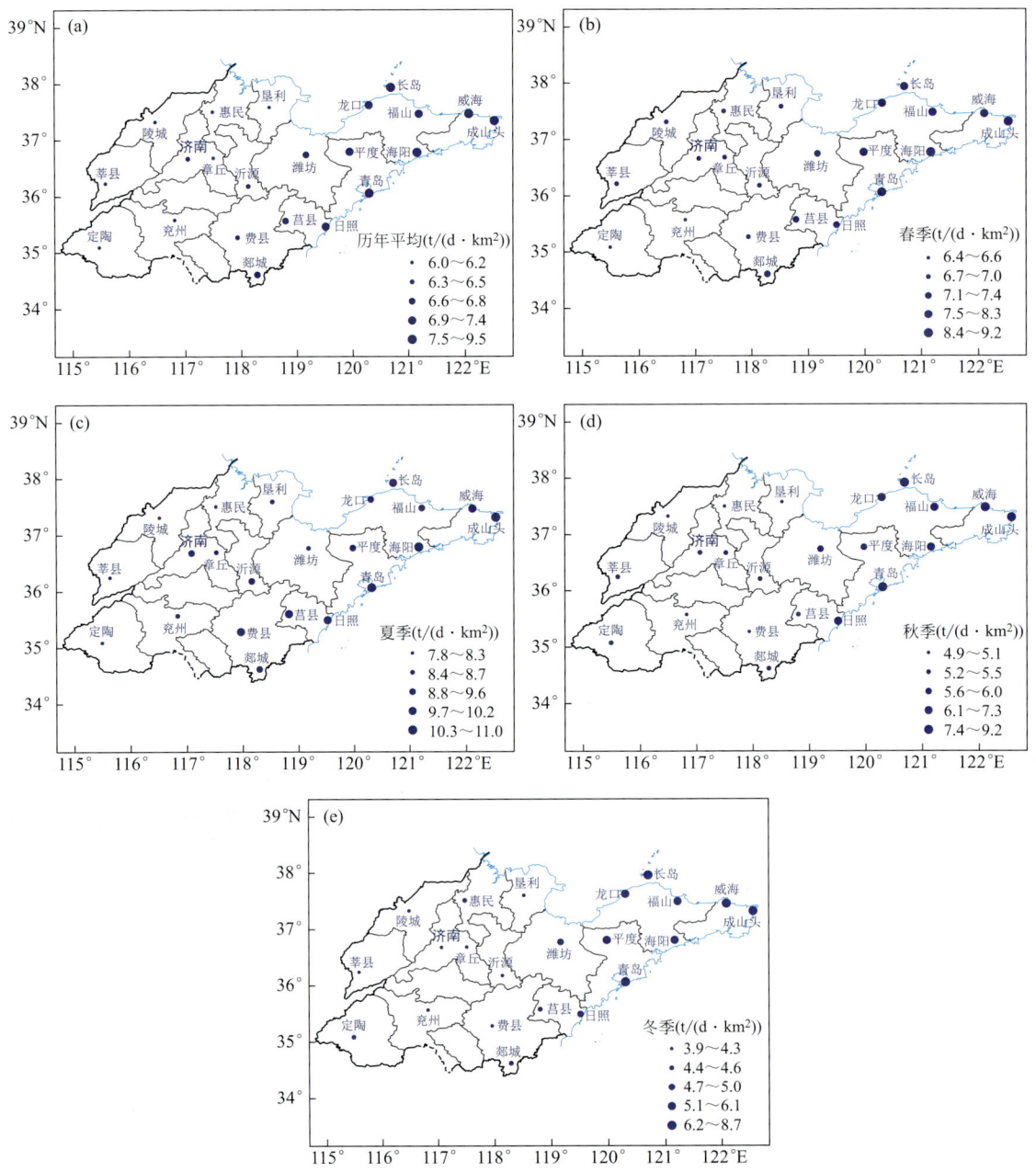

图 5.44 1961—2018 年山东历年（a）以及春季（b）、夏季（c）、秋季（d）和冬季（e）平均大气自净能力指数空间分布（单位：t/(d·km²)）

为 75.0 d。

5.7.3.4 突变

采用 Mann-Kendall（简称 MK）法对山东各站年平均大气自净能力指数序列进行突变检验（图 5.47a、c、e、g、i），图中红色实线是最大风速的顺序统计曲线（UF），蓝色实线是逆序统计曲线（UB），并给定显著性水平 0.05，临界线为 ±1.96（图中虚直线）。从图中

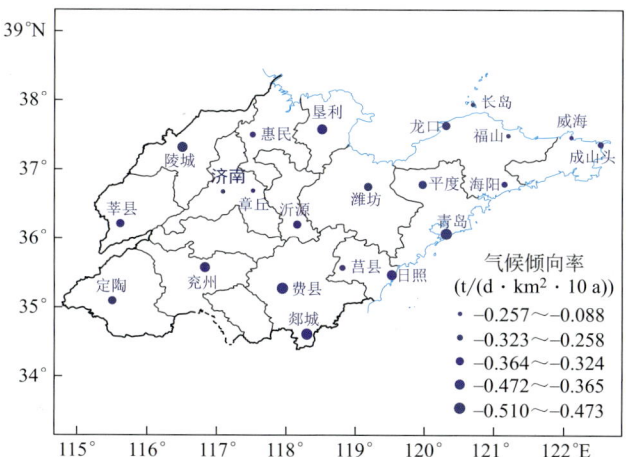

图 5.45 1961—2018 年山东平均大气自净能力指数的气候倾向率空间分布
（单位：t/(d·km²·10 a)）

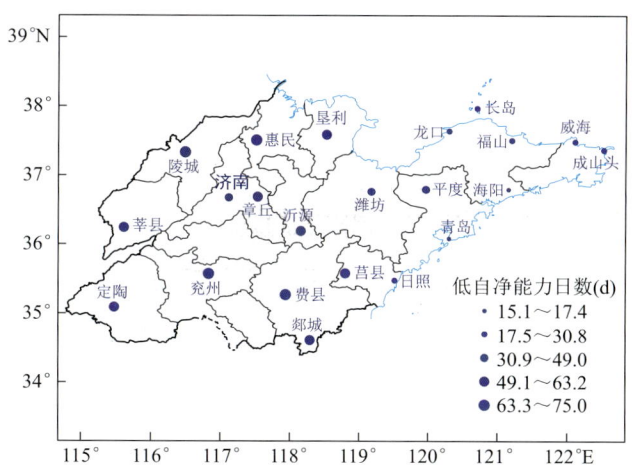

图 5.46 1961—2018 年山东平均低自净能力日数的空间分布（单位：t）

可知，年和四季大气自净能力指数呈逐年波动减小变化趋势，UF 线和 UB 线相交于两条临近线以外，不能确定交点是否为突变年，因此结合 MT 检验结果分析年和四季大气自净能力指数的突变年份。表 5.15 给出了 MK 检验 UF 和 UB 的交点年份和 6~10 a MT 检验超过显著性水平的峰值年份。MK 检验的 UF 线和 UB 线相交年份和 MT 检验超过显著性水平的峰值年份不一致，因此分别比较年和四季大气自净能力指数的 MK 检验的相交年份和 MT 检验的峰值年份前后两段多年平均值的差值，取差值大的年份定为突变年（图 5.47b、d、f、h、j）。比如对年大气自净能力指数序列，MK 检验的交点年为 1982 年，其前后大气自净能力指数平均值的差值为 0.954 t/(d·km²)，MT 检验 6~10 a 峰值年份多为 1979 年、1980 年，前后时段差值分别为 0.998 t/(d·km²)、1.010 t/(d·km²)，因此综合确定年大气自净能力指数突变年为 1980 年，同理得到春季突变年为 2010 年、夏季为 1979 年、秋季为 1975 年、冬季为 1980 年。

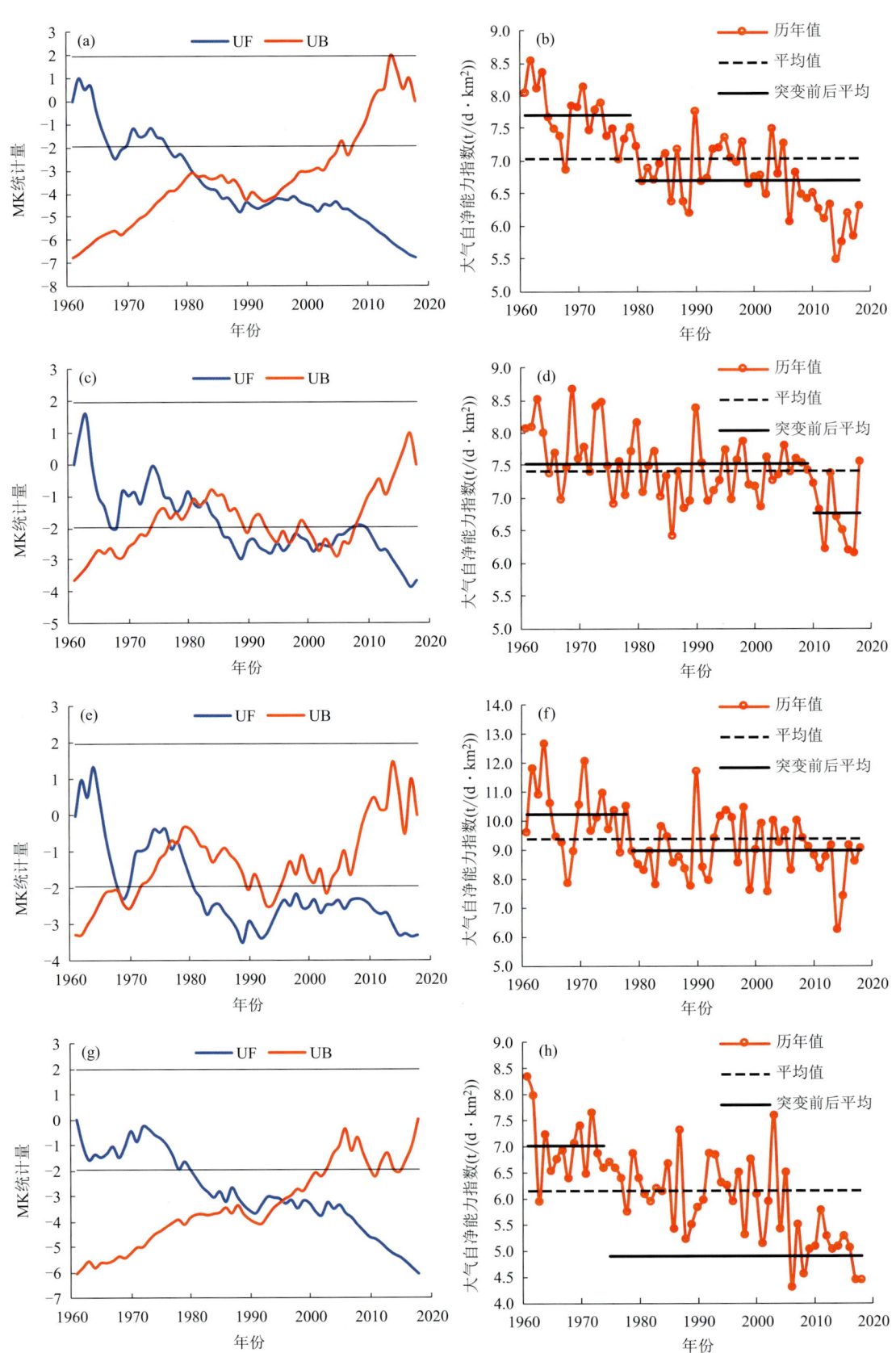

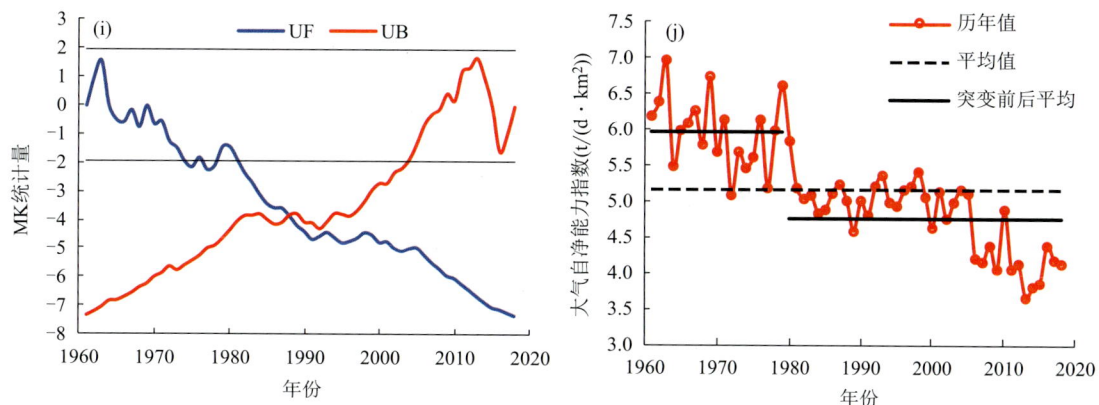

图 5.47　1961—2018 年年（a）、春季（c）、夏季（e）、秋季（g）、冬季（i）MK 突变检验及年（b）、春季（d）、夏季（f）、秋季（h）、冬季（j）平均大气自净能力指数历年变化（单位：t/(d·km²)）

表 5.15　MK 检验的 UF 线和 UB 线相交年份和 MT 检验超过显著水平的峰值年份

检验时段	不同子序列长度 MT 检验超过显著水平的峰值年份					MK 检验 UF 和 UB 相交年份
	6 a	7 a	8 a	9 a	10 a	
全年	1980	1979	1976	1980	1979	1982
春季	2010	2010	2009	2008	2007	1981
夏季	1978	1978	1978	1978	1979	1979
秋季	—	1975	1976	1975	1976	1996
冬季	1980	1980	1980	1981	1980	1988

5.7.4　大气自净能力指数减小的可能原因

山东各地历年平均风速和平均大气自净能力指数之间的相关系数达到 0.814（图 5.48），表明平均大气自净能力指数与平均风速的变化趋势较一致，由大气自净能力指数公式可看

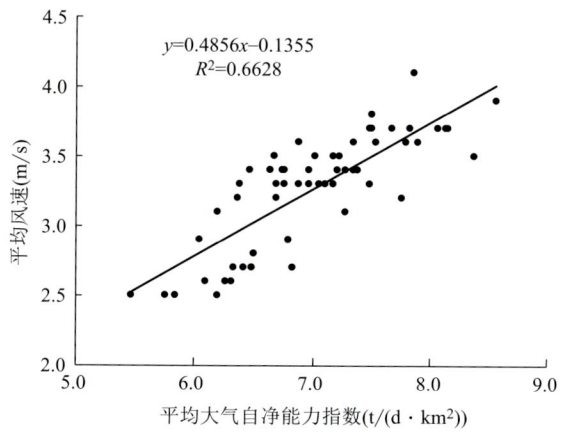

图 5.48　1961—2018 年山东平均风速（单位：m/s）和平均大气自净能力指数（单位：t/(d·km²)）相关

出，通风量是影响大气自净能力指数大小的关键因素，而通风量主要是由风速大小影响（GB/T 34299—2017，2017）。福山和威海历年平均风速呈减小变化趋势，但减小趋势没有通过0.05显著性水平检验（图略），平均风速变化较小可能是两地大气自净能力指数变化较小的主要原因之一。

造成近地面风速减小的原因主要有大气环流变化和人类活动改变地面粗糙度。在东亚，大尺度环流主要由东亚季风系统代表，包括东亚夏季季风和东亚冬季季风。Ding等（2014），Zhu等（2012）研究指出，过去50多年，东亚冬季风和东亚夏季风均有减弱变化趋势，Xu等（2006）指出，1969—2000年东亚季风的减弱造成中国近地面风速减小，其中中国东南部近地面风速是受东亚季风影响最显著的地区。Jiang等（2010）对中国174个城市站和180个乡村站的风速对比结果看，城市的风速比乡村更低，城市的近地面风速减小趋势更明显。Li等（2011）也发现城市的近地面风速减小最明显，其次是中小城市，乡村站减小趋势最弱。

山东各地基本（准）站在1961—2017年均有不同次数的迁站、测风仪器变更、测风高度变化。成山头站在1964年以前为定时观测，且测风高度略高，是1961—1964年平均风速较高的主要因素，1965年以后为逐时观测，且未迁站，观测环境没有较大变化，历年平均风速变化趋势较小，但2014年以来平均风速明显偏低（图5.49），可综合认为大气环流（包括东亚冬、夏季风）的减弱是造成成山头2014年以来平均风速明显偏小的关键因素之一。长岛站在20世纪70、80年代平均风速变化较小，之后逐年减小（图5.49），主要原因是测站周围树木高大浓密影响了测风结果，近几年也是平均风速最低时段。济南和章丘在迁站前历年平均风速呈波动变化，但变化趋势较小，迁站后达到风速高值，之后呈逐年减小的变化趋势，近年来达到风速最低值（图5.49），测站观测环境恶化和大气环流减弱是造成该区域风速持续减小的关键因素。

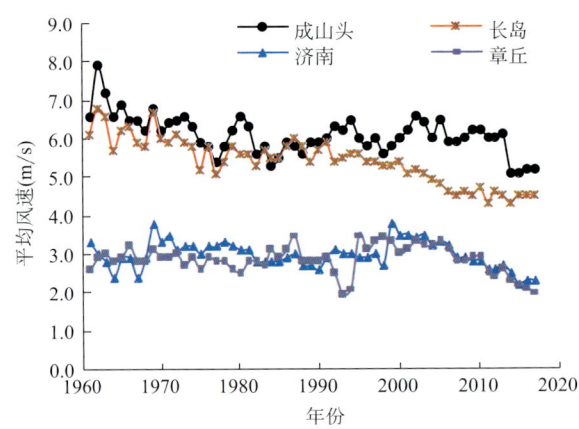

图5.49 1961—2018年成山头、长岛、济南、章丘站历年平均风速（单位：m/s）变化特征

气象要素观测环境的改变以及大气环流减弱导致地面观测风速的减小是造成山东各地大气自净能力指数呈减小变化趋势的主要原因，而各气象站迁站、观测环境变化差异可能是导致不同地区大气自净能力指数变化趋势不一致的关键因素。

综上所述，可得如下结论：

（1）1961—2018年山东平均大气自净能力指数气候倾向率为$-0.32\ t/(d \cdot km^2 \cdot 10\ a)$，

减小趋势极显著（$P<0.01$），20 世纪 60、70 年代各年均值大于平均值，20 世纪 80、90 年代则接近平均值，2000 年以来各年均值小于平均值且减小趋势相对最明显。年平均和历年夏季各月大气自净能力指数相对较大，其中 7 月最大；冬季各月相对较小，其中 1 月最小。

（2）1961—2018 年山东年和四季平均大气自净能力指数的空间分布类似，半岛地区较大，山东中西部等内陆地区相对较小，各季节中夏季较大，春季次之，秋、冬季较小。山东各地大气自净能力指数呈一致的减小趋势，除福山和威海减小趋势不显著外（$P>0.05$），其他各地减小趋势均极显著（$P<0.01$）。

（3）1961—2018 年山东年和四季平均大气自净能力指数均存在突变，其中全年、冬季大气自净能力指数突变年为 1980 年，春季为 2010 年，夏季为 1979 年，秋季为 1975 年。

近年来，人类活动、城市化进程等产生的大气污染物排放增加是造成山东环境空气质量日益恶化的原因之一，而从 ASPC 的年际和年代际分析来看，即使近年来人为排放污染物不增加，由于气象要素变化导致的山东 ASPC 持续下降等对空气污染持续加重也应该有不可忽视的贡献（张莉 等，2015）。由于大气环流变化和人类活动日益频繁导致的近地面风速的减小（任国玉 等，2005；Guo et al.，2015）使得近地层大气输送扩散能力减弱，有可能导致局地大气污染物累积致使空气污染加重。由于环境空气质量受自然和人为两方面因素影响，在经济活动比较密集的地区，受复杂的局地外源排放和频繁的人类活动影响，即使大气自净能力较好，空气质量也有可能受到影响，因此需要根据不同区域特点，合理利用环境资源做好城市规划布局（吴蓉 等，2017）。

5.8 本章小结

本章介绍了山东省气象部门在环境气象预报技术方面开展的研究工作和取得的成果。在环境气象客观预报领域，山东省气象局着重开展了人工智能技术在城市大气环境预报中的应用研究，取得了丰富的成果，得到了较高的预报准确率。建立了山东省延伸期大气污染潜势预测方法，延伸期—月尺度大气污染潜势气候预测系统。山东建立了空气质量短期气候预测技术，准确预测了 2018—2019 年冬季全省污染形势和 $PM_{2.5}$、AQI 平均值，并开展了决策服务。系统性地开展了空气污染气象条件研究，气象条件对大气自净能力的影响评估，分析了大气自净能力指数及其变化特征。以济南和青岛大城市为重点，开展了雾和霾天气预报预警技术，以及能见度算法研究。

第6章 山东省环境气象部门合作与服务

6.1 气象与生态环境部门业务合作

6.1.1 山东环境气象合作共享机制

党的十八大以来,党中央、国务院高度重视生态文明建设,先后作出了一系列重大决策部署,推动生态文明建设取得了重大进展和积极成效。做好新时代生态环境保护工作尤其是打赢蓝天保卫战,迫切需要环境、气象部门密切合作、协同配合。

2013年至今,山东省气象局自创立环境气象业务伊始即高度重视同山东省生态环境厅(原山东省环境保护厅)的沟通与合作。近年来,在良好的合作基础上,进一步加强优势互补、资源共享,不断深化和推动部门间交流和联动。在以下几个方面取得了显著成效。

(1)合作共建,资料共享。目前双方已初步实现气象观测、环境监测资料实时共享,统一了环境空气质量监测和气象观测的质量保证体系,并将进一步完善资源共享机制,升级现有共享数据库,增设县级站、激光雷达、超级站等数据,保证数据的及时性、完整性和一致性。

(2)保障会商,联合预报。山东省气象局与山东省生态环境厅建立了较为完善的会商制度,除每日开展48 h空气质量会商并联合发布预报外,自2018年起增设一周空气质量滚动预报联合会商机制,对未来7 d的天气形势和空气扩散条件开展研判,取得了较好的成效。

(3)预警联动,应急响应。山东省气象局依据现有的大气重污染预警监测实施方案,积极完善区域空气污染和突发性污染事件的预警响应机制,根据《山东省人民政府办公厅关于印发山东省重污染天气应急预案的通知》,出台了山东省气象局重污染天气应急响应专项实施方案。

① 完善重污染天气监测预警工作机制。一是完善预警工作的组织,进一步明确气象、环保两部门的职责分工,明确组织协调机制;二是完善预警制作及发布流程,明确和细化省、市、县三级预报制作及发布流程;三是规范预警产品的制作(省、市),包括预警等级的划分、预警信息的内容、预警制作的流程、预警等级调整与解除和预警的发布(省、市、县);四是建立预警签发制度,明确重污染天气预警信息签发规定、重污染天气预警信息签发工作流程。

② 优化空气质量预报合作工作机制。进一步明确预报等级的划分、预报内容、预报制

作的流程,包括省、市级预报产品制作;明确预报的发布,发布主体、发布时间、频次以及发布渠道等。

③ 健全气象环保联合工作机制。一是完善组织协调机制,完善空气质量监测预报预警协调组制度,在已经成立的城市环境空气质量监测预报预警协调组、工作组基础上,强化组织协调,定期召开会议,推进合作交流;二是完善信息共享机制,丰富信息共享的内容、改进共享方式;三是完善技术合作机制,丰富技术合作的内容、改进合作方式;四是完善联合会商机制,包括会商的组织、会商的时间、会商的内容等。

进一步明确了应急期间组织机构及各部门职责、业务规范、保障流程等,切实履行气象部门重污染天气应急工作职责。

(4) 科研合作,技术攻关。山东省气象局与山东省生态环境厅积极开展大气污染相关的科研合作和联合攻关,积极争取山东省科技厅科研课题,并合作开展山东省气象局自有科研项目研究。就重污染发展机理、污染物预报技巧及新资料应用等方面开展联合攻关。除此之外,两部门间也积极组织业务人员交流学习,针对部门间技术合作开展座谈。

过去几年,两部门围绕部门间环境监测预警、信息共享、科研合作等各方面都取得了一定的成效,在未来三年的环境气象发展规划中,将继续深入贯彻落实党中央关于生态文明建设的战略部署,进一步提高站位,积极作为;要完善合作机制,深化拓展合作领域,充分发挥气象基础性支撑保障作用,不断提升生态监测预报预警能力和科学决策支撑能力,为山东省生态文明建设和大气污染治理作出新的更大贡献。

6.1.2 环境气象数据共享与应用

6.1.2.1 数据共享形式

在环境气象发展过程中,山东省气象局高度重视与山东省生态环境厅间合作,积极推动部门间建立数据共享机制,在全国气象部门中率先建立数据专线,实现了国家环境空气质量监测网城市环境空气自动监测站(简称国控站)和山东省城市环境空气质量自动监测站(简称省控站)大气污染物浓度监测数据的实时传输。

目前双方建立专线网络连接和数据共享平台,已实现气象观测、环境监测资料实时共享,分别将共享数据上传至共享平台,统一了环境空气质量监测和气象观测的质量保证体系。

6.1.2.2 资料共享内容

根据2016年12月签订的《山东省环境信息与监控中心和山东省气象台关于信息共享的协议》,省环境信息与监控中心除国控站和省控站之外,向省气象台提供全省190个县级空气站历史和实时监测数据;CMAQ、CAMx、WRF-Chem、NAQPMS 4种数值模式数据;多元回归、神经网络2个统计模式的预报数据以及超级站观测数据。

省气象台向省环境信息与监控中心无偿提供GRAPES_GFS全球模式、GRAPES_MESO区域模式数据;省内地面气象站、高空气象站基本气象要素历史和实时观测资料;环境周报、每日空气污染气象条件报告等影响评估产品。

通过不断交流协作,数据共享机制也进一步得到完善,未来也将升级现有共享数据库,保证数据的及时性、完整性和一致性。

6.1.2.3 数据应用情况

在数据实时共享的基础上,山东省气象台建设和优化了山东省环境气象业务平台,为山东省—市—县环境气象业务开展提供了技术支撑和平台支持,全面提升了环境预报业务建设,提高大气污染、雾、霾天气及空气污染扩散条件预报水平能力。

同时,两部门间积极开展大气污染机理研究和课题合作,利用气象和空气质量监测数据开展重污染气象条件分析,提高了不同污染物预报技巧和预报水平。

6.1.3 重污染天气应急机制

6.1.3.1 背景

《山东省重污染天气应急预案》是为适应经济社会科学发展、重污染天气频繁出现和生态文明建设不断加强的新形势新任务新要求而逐步建立和不断完善的。2013年11月,山东首次制定了《山东省重污染天气应急预案》,称之为2013版;2016年2月,进行了第一次修订,称之为2016版;2017年12月,又进行了第二次修订,称之为2017版。

新修订的《山东省重污染天气应急预案》是贯彻落实十九大精神,加强生态文明建设的重要行动;是保护人民群众身体健康,满足人民日益增长的优美生态环境需要的重要保障;是持续实施大气污染防治行动、打赢蓝天保卫战的重要举措。

6.1.3.2 机构及职责

2017年版的《山东省重污染天气应急预案》对14个省部门和17个设区市31个成员单位职责进行了明确,有利于形成合力共同推进重污染天气应急工作落实。成立省重污染天气应急工作小组,组长由分管环保工作的副省长担任,副组长由省政府分管环保工作的副秘书长、省环保厅厅长担任,成员由省委宣传部、省发展改革委、省经济和信息化委、省教育厅、省公安厅、省财政厅、省住房城乡建设厅、省交通运输厅、省卫生计生委、省环保厅、省新闻出版广电局、省气象局、国网山东省电力公司、省通信管理局、各市政府负责同志组成。省应急工作小组下设办公室、预报预警组、专家咨询组、督导考核组。预报预警组由省环保厅、省气象局组成,负责根据空气质量和气象观测数据以及各市上报的预警信息,对全省大气环境质量进行监测预报,确定重污染天气的预警信息,并及时报省应急工作小组办公室。专家咨询组由省环保厅、省气象局聘请相关专家组成,负责重污染天气发生时提供技术支持和对策建议。督导考核组由各成员单位相关负责人组成,负责对各地政府及成员单位重污染天气应急准备、监测、预警、响应等职责落实情况进行监督考核,及时反馈有关情况并对履职不到位的提出问责处理意见。

2018年2月,根据《山东省人民政府办公厅关于印发山东省重污染天气应急预案的通知》(鲁政办字〔2017〕198号)要求和重污染天气应急工作需要,经山东省气象局2018年第3次局长办公会议审定通过,省气象局编制印发《山东省气象局重污染天气应急响应专项实施方案》(鲁气办发〔2018〕21号),明确了重污染天气应急响应职责和任务。

(1)主要任务:负责全省空气污染气象条件等级预报;联合省生态环境厅组织开展全省城市空气质量预报和重污染天气监测预警工作。组织各市气象部门开展重污染天气预警、预报工作。完成省应急工作小组交办的其他事项。

（2）组织机构：山东省气象局重大气象灾害预警防御应急领导小组统一领导和指挥重污染天气应急响应工作，山东省气象局重大气象灾害预警防御应急领导小组办公室具体负责应急响应期间的综合协调工作，领导小组办公室成员单位按照职责分工做好应急响应工作。省局应急管理办公室值班室承担24 h应急值守、信息接收、转达和登记处理。省气象台按要求及时参加全国天气会商，组织省市天气会商，密切关注全省空气污染气象条件状况，制作空气污染气象条件分析报告；负责与省环境信息与监控中心会商，加强重污染天气监测研判，联合发布全省空气质量预报，随时开展加密会商；积极响应省环境信息与监控中心的联防联动，联合开展会商、预报预警和区域重污染天气预报预警工作；按要求开展24 h应急值守；开展重污染天气应急过程总结。省气象局信息中心负责应急通讯和信息网络运行的维护和保障，确保信息网络系统正常运行及信息传输畅通；按要求开展应急值守。省气象局大探中心负责监控气象探测设备运行状态，及时排除故障，保障气象探测设备的正常运行；承担移动气象台及探测设备、装备的维护、管理工作，确保应急状态下设备的正常运行；按要求开展应急值守。省气象局机关服务中心负责落实公务用车应急任务，并做好应急期间的其他后勤保障工作。成立由省气象台环境气象预报专家组成的专家组，负责为重污染天气应急气象服务提供技术指导，并向领导小组及其办公室提供决策建议和咨询服务；按要求参加省重污染天气应急工作专家咨询组的有关工作，负责重污染天气发生时提供技术支持和对策建议。

（3）重污染天气应急响应：重污染天气预警分级标准统一采用空气质量指数（AQI）指标，AQI日均值按连续24 h（可以跨自然日）均值计算，分蓝、黄、橙、红色四个预警等级（蓝色预警：预测AQI日均值>200，且未达到高级别预警条件；黄色预警：预测AQI日均值>200将持续2 d（48 h）及以上，且未达到高级别预警条件；橙色预警：预测AQI日均值>200将持续3 d（72 h）及以上，且预测AQI日均值>300，且未达到高级别预警条件；红色预警：预测AQI日均值>200将持续4 d（96 h）及以上，且预测AQI日均值>300将持续2 d（48 h）及以上；或预测AQI日均值达到500）。当接到省级蓝色预警或Ⅳ级应急通知时，启动Ⅳ级响应。当接到省级黄色预警或Ⅲ级应急通知时，启动Ⅲ级响应。当接到省级橙色预警或Ⅱ级应急通知时，启动Ⅱ级响应。当接到省级红色预警或Ⅰ级应急通知时，启动Ⅰ级响应。接到省级重污染天气预警信息或应急响应通知后，省局及时启动应急响应。领导小组办公室向领导小组提出启动应急响应的具体建议，起草山东省气象局重污染天气应急响应令，根据响应级别，报请局领导签发。应急响应命令包括应急响应的启动、变更和解除（含级别、范围及其他应急事项）。原则上，Ⅳ级、Ⅲ级和Ⅱ级应急响应命令由副局长签发或授权签发，Ⅰ级应急响应命令由局长签发或授权签发。根据省重污染天气应急工作小组办公室发布的预警通知和重污染天气发展形势及时调整应急响应级别。应急响应的变更程序与启动程序相同。应急响应终止。接到省重污染天气预警解除信息后，领导小组办公室向领导小组提出终止应急响应建议，由省气象局领导签署应急响应解除命令。

6.1.3.3 监测预报预警机制

（1）监测预报。全省生态环境、气象部门分别负责环境空气质量监测和气象状况观测，利用山东大气污染大数据平台，做好数据收集处理、研判等工作，并及时报送有关信息，为预报、会商、预警提供决策依据；根据环境空气质量和气象条件变化特征，结合大气污染源排放情况，对未来3 d城市环境空气质量进行预报，对未来7 d环境空气质量变化趋势进行预测。

（2）会商。全省生态环境、气象部门通过多种方式进一步完善重污染天气预报会商机制，预测未来可能出现的重污染天气。在重污染天气应急响应期间，开展加密会商频次，必要时组织专家开展集体会商。当预测可能出现 3 d 及以上重污染天气时，按空气质量预报结果上限确定预警级别。

（3）省级预警。经预测或根据各市报送的预警信息，当 3 个及以上连片设区市将出现红色预警重污染天气时，省生态环境、气象部门将及时组织会商，必要时与有关市开展区域会商或组织专家开展集体会商，将会商结果报省应急工作小组办公室确认，由省应急工作小组办公室向所在市应急指挥部发送发布预警信息，同时报告省政府，并报生态环境部备案。省气象局积极响应省生态环境厅的联防联动，加强空气污染气象条件监测、分析；省气象台积极响应省环境信息与监控中心开展区域重污染天气预报预警工作。

6.2 环境气象决策服务业务建设

6.2.1 环境气象决策服务概述

党的十九大报告将"坚持人与自然和谐共生"作为新时代坚持和发展中国特色社会主义的基本方略。习近平总书记强调，坚决打赢蓝天保卫战是重中之重，要以空气质量明显改善为刚性要求。党中央、国务院印发《关于全面加强生态环境保护坚决打好污染防治攻坚战的意见》，成为 2020 年前我国打赢蓝天保卫战的战略详图，是气象部门新时代发展环境气象业务服务的行动指南。2017 年，中国气象局印发《关于加强生态文明建设气象保障服务工作的意见》，对强化大气环境治理气象预报服务提出新的要求。

大气污染防治对环境气象服务提出新需求。2017 年，全省 $PM_{2.5}$、PM_{10} 年均浓度分别是国家环境空气质量二级标准的 1.63 倍、1.51 倍，同时，臭氧浓度持续升高，2017 年 17 个市除威海外臭氧浓度全部超过国家二级标准，空气质量优良率提高面临挑战。省委省政府印发大气污染防治规划三期行动计划，明确提出要加强预报预警能力建设，省级空气质量预报实现以城市为单位的 7 d 预报能力，开展空气质量中长期趋势预测工作；同时，省政府提出加强政策跟踪评估、开展污染物来源解析、减排措施效果评估研究等一系列评估计划对环境气象服务提出了新需求，迫切需要气象部门主动融入，在应对重污染天气科学决策建议和评估分析等方面提供更加精准的服务。

6.2.2 环境评估业务建设

针对政府及社会需求，结合环境气象未来发展方向，山东省气象台先后赴河北省环境气象中心、中国气象局环境气象中心、北京市气象局环境预报中心三个单位进行调研，分别了解了各单位在环境气象影响评估工作开展方式、运行资源、模式应用、产品服务、系统搭建以及商务情况等方面的建设内容及经验总结，通过向上级部门以及先进省份的学习，了解了目前环境气象影响评估工作的开展方式，学习了先进的影响技术及业务平台系统。

通过对各省评估技术及评估材料的深入学习，结合山东本省实际情况，自 2018 年 11 月起，以省气象台牵头开展了大气污染气象条件分析评估工作。产品分为年度和月度评估报告。月报告内容主要分为三部分内容。第一部分对当月空气质量概况和气象条件进行分析。其主要包含 $PM_{2.5}$ 浓度和风、温、湿、降水等气象要素同期对比。第二部分为减排效果评估和污染来源分析。其中减排效果评估利用环境气象指数（EMI）表征排放源不变情况下，气象条件变化导致的 $PM_{2.5}$ 质量浓度变化幅度，以此科学评估全省及各地市相较历史同期排放变化率；污染来源分析模块借助中国气象局环境气象中心 CAMx 模式标记山东周围区域及省份污染物进行源追踪，对污染物来源进行分析。第三部分为空气污染气象条件预测，尝试根据气候预测气象条件评估未来大气污染状况。年度报告内容更加丰富多样。

6.2.3　山东省 2018 年环境评估报告

2019 年 3 月，山东省气象局编制印发山东省环境气象评估报告（2018 年），并报省政府。这是山东省气象局正式发布的第一期年度环境气象全省评估报告。报告分析了全年全省空气质量概况，指出 2018 年，颗粒物质量浓度持续降低。臭氧质量浓度升高，成为春、夏季首要污染物。全年降水偏多，气温偏高，相对湿度偏低，平均静稳指数为近 3 a 最低值，综合气象条件不利于污染物在山东滞留或累积。$PM_{2.5}$ 年均质量浓度较 2017 年下降 12.2%，其中，因气象条件的作用降低约 2.8%，因人为减排的作用下降约 9.4%。秋冬季（10—12 月）全省 $PM_{2.5}$ 来源以本地排放为主，外源输送以京津冀地区占比最高，主要影响鲁西北和鲁中地区，东部地区受外源输送影响较小，通道城市颗粒物来源区域差异明显。

总体而言，2018 年山东省空气质量持续改善，大气污染防治效果显著，但仍需加大本地污染源治理和区域联防联控力度。

（1）空气质量分析

① 全省优良天数持续增加

2018 年，全省优良天数 223 d，相比过去 5 a 平均（183 d）增加了 40 d，增加比例为 21.9%，比 2017 年（215 d）增加 8 d，增加比例为 3.7%。轻度以上污染天数为 142 d，比过去 5 a 平均（177 d）减少了 35 d，减少比例为 19.8%，比 2017 年（150 d）减少 8 d，减少比例为 5.3%。2013 年以来，全省优良天数逐年增加的趋势明显（图 6.1）。

② 颗粒物质量浓度持续降低

2018 年，山东 $PM_{2.5}$ 年均质量浓度为 50 $\mu g/m^3$，较过去 5 a 平均（75.6 $\mu g/m^3$）下降了 25.6 $\mu g/m^3$，下降幅度 33.9%。PM_{10} 年均质量浓度为 100 $\mu g/m^3$，较过去 5 a 平均（132.2 $\mu g/m^3$）下降了 24.4%。但 4 月 PM_{10}、11 月 $PM_{2.5}$ 和 PM_{10} 存在阶段性反弹，与出现在 2018 年春、秋季的沙尘天气有关。2013 年以来，全省 $PM_{2.5}$、PM_{10} 平均质量浓度逐年递减（图 6.2）。

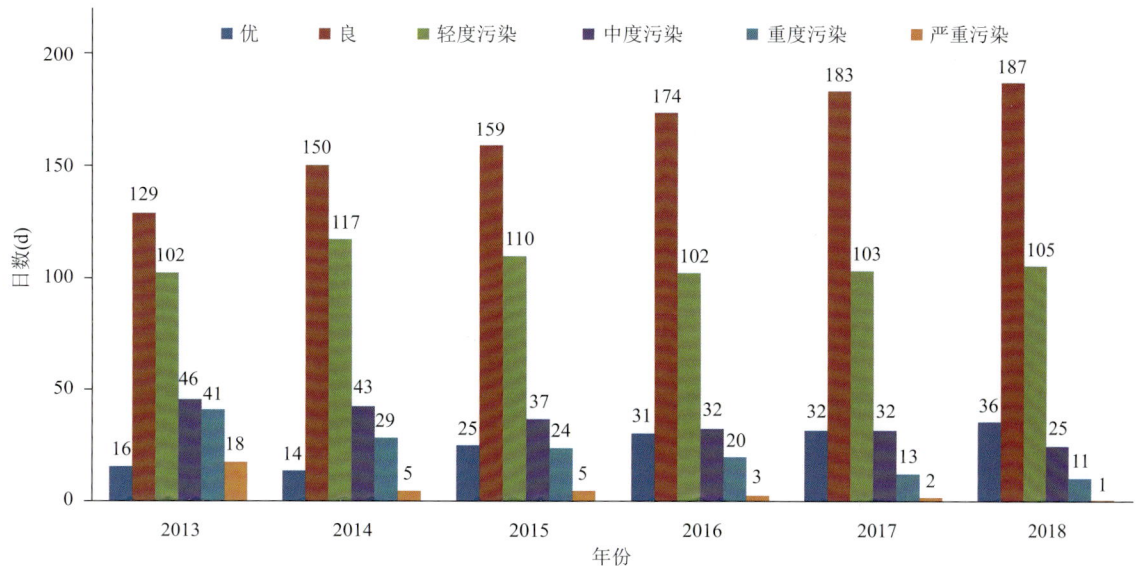

图 6.1　2013—2018 年山东省空气质量各等级天数

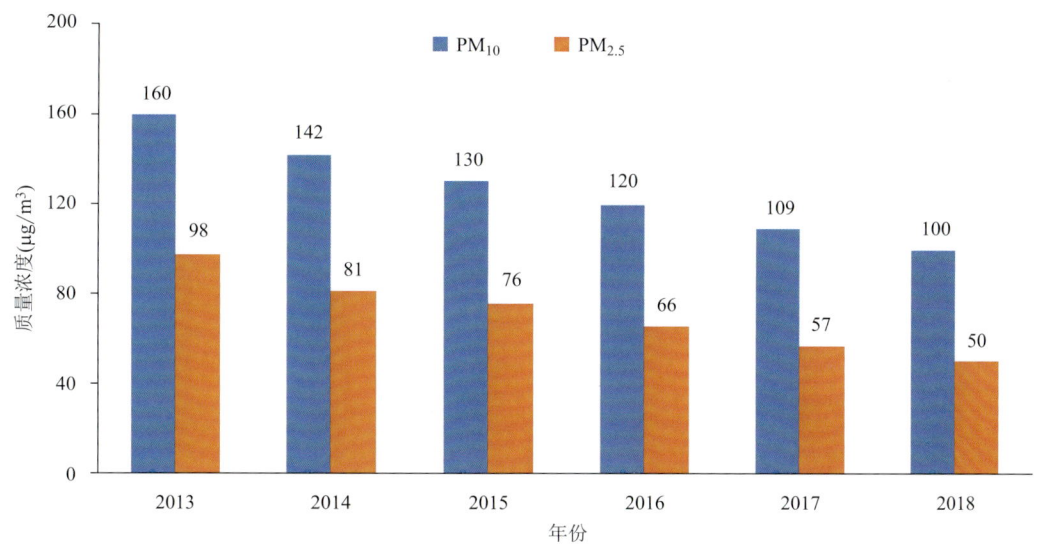

图 6.2　2013—2018 年山东省颗粒物平均质量浓度

③ 臭氧质量浓度呈现上升趋势

2018 年山东臭氧年均质量浓度为 77 μg/m³，较过去 5 a 平均（66.2 μg/m³）上升了 10.8 μg/m³，上升幅度 16.3%。臭氧最大 8 h 滑动均值为 115 μg/m³，较过去 5 a 平均（99.8 μg/m³）上升了 15.2%（图 6.3）。臭氧浓度呈现逐年上升趋势，成为全省春、夏季首要污染物。

（2）综合气象条件分析

① 全年气象要素条件不利于污染物累积

2018 年降水偏多，气温偏高，相对湿度偏低，偏东风向频率偏高。全省平均降水量为 790.1 mm，较常年（645.1 mm）偏多 145 mm（图 6.4），尤其在 11、12 月污染季降水较常

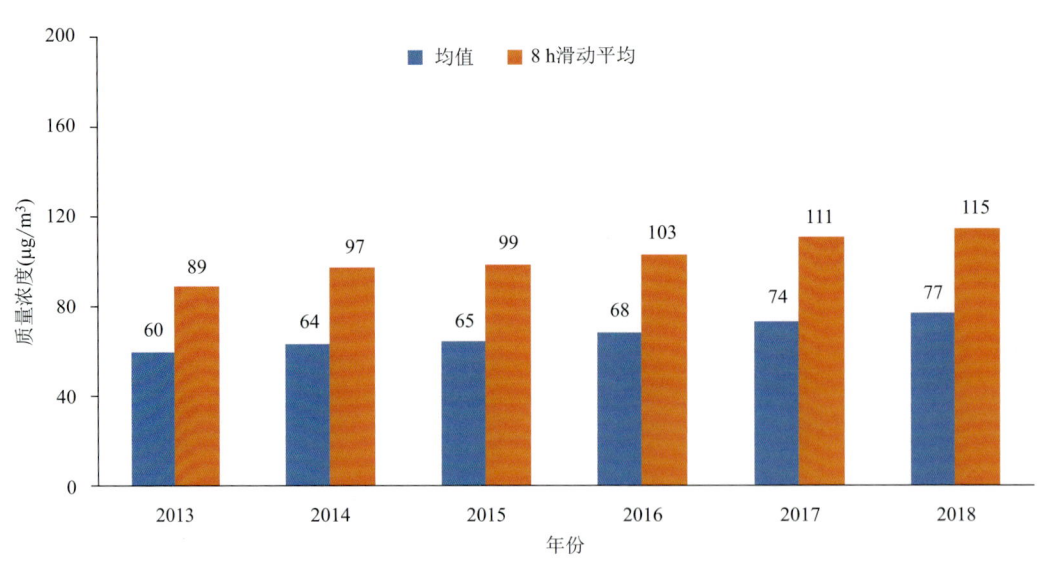

图 6.3　2013—2018 年臭氧质量浓度

年偏多 14.9% 和 102.2%，降水对污染物的湿清除作用显著。平均气温为 14.2 ℃，较常年（13.3 ℃）偏高 0.9 ℃，比上年偏低 0.3 ℃（图 6.5），冷空气活动次数较上年偏多，不利污染物长时间累积。相对湿度为 64.4%，较常年（67.0%）偏低 2.6%（图 6.6），也不利于污染物的吸湿增长。全省年平均风速为 2.4 m/s（图 6.7），接近常年（2.6 m/s），高于 2017 年，东北风、东风频率分别为 14%、17%，均高于近 5 a 平均值，说明来自黄海渤海海面的清洁大气占比高，污染物外源输送比例小。全年气象要素条件对污染物浓度的降低有正贡献。

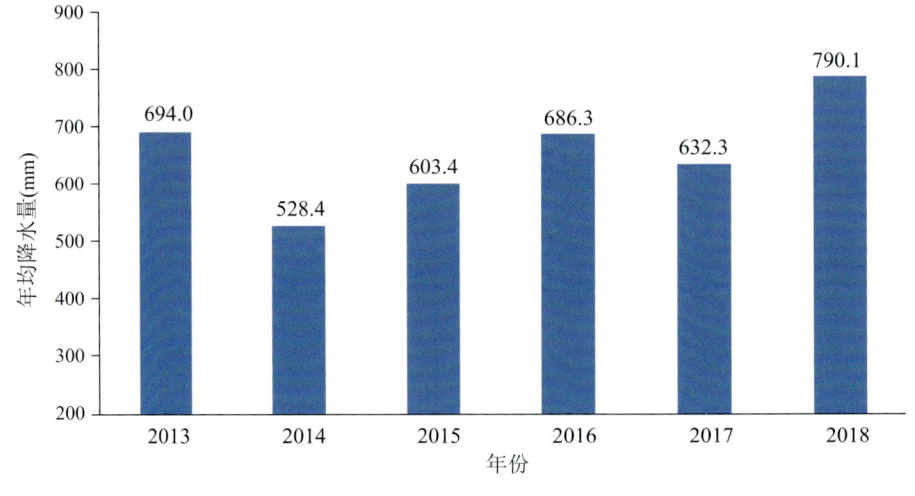

图 6.4　2013—2018 年山东省年均降水量

② 静稳天气减少，大气自净能力优于 2017 年

静稳指数是表征大气静稳程度的无量纲指数。数值越大，大气稳定度越强，越不利于污染物的扩散。2018 年山东省平均静稳指数为 6.55，为近 3 a 最低值，说明全省平均大气稳定度较 2017、2016 年偏低，利于污染物扩散（图 6.8）。

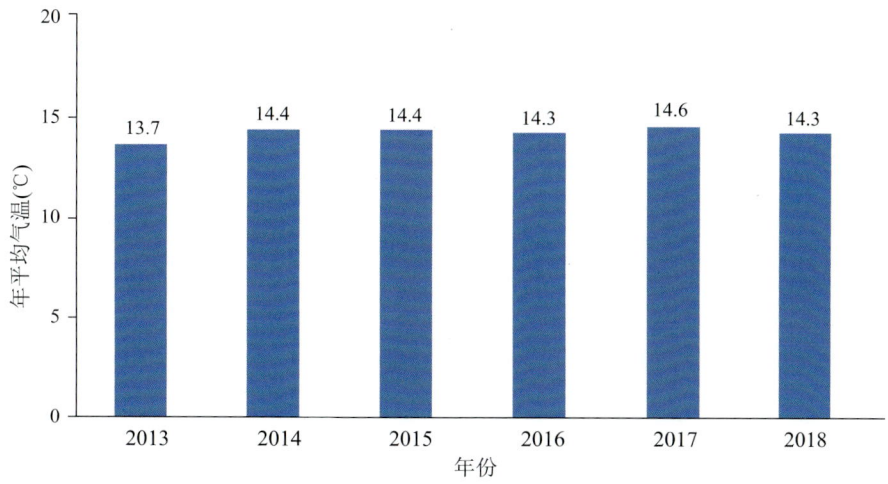

图 6.5 2013—2018 年山东省年平均气温

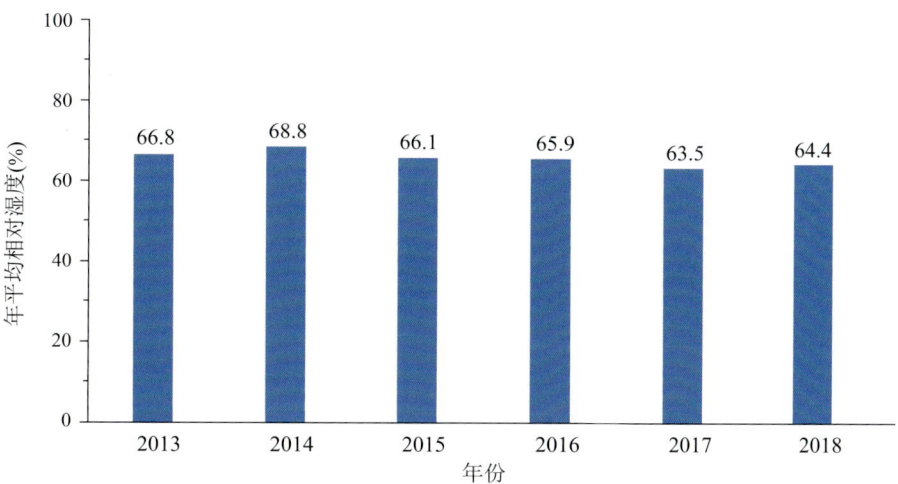

图 6.6 2013—2018 年山东省年平均相对湿度

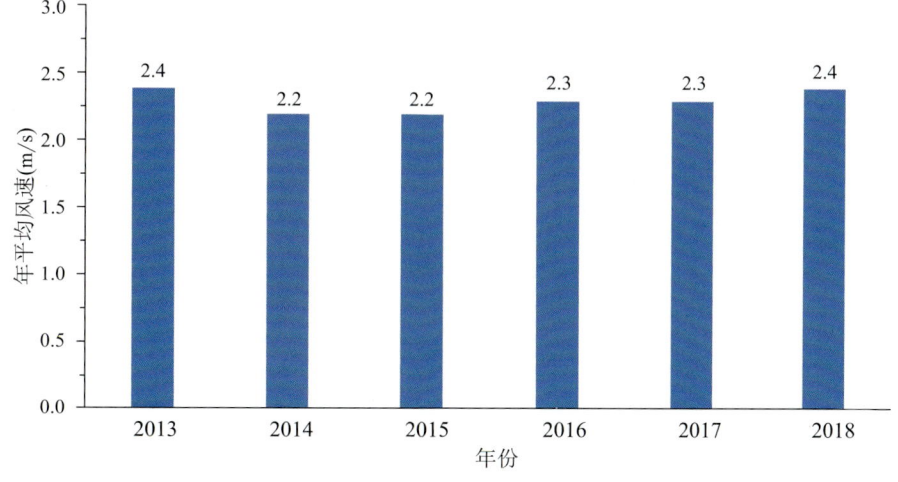

图 6.7 2013—2018 年山东省年平均风速

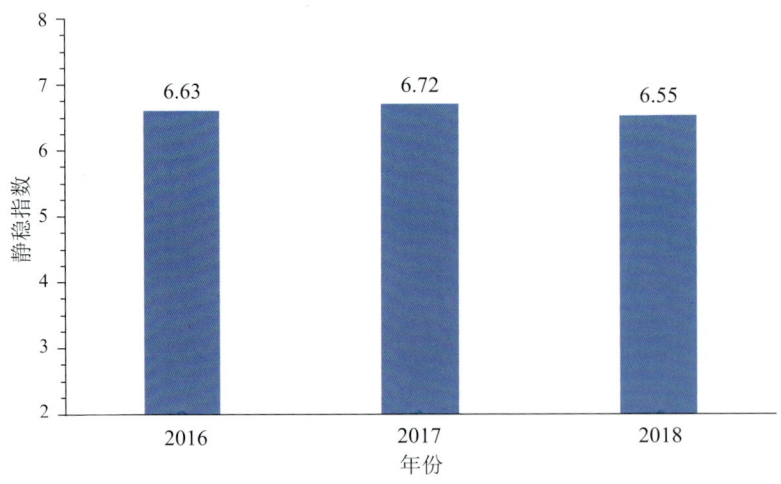

图 6.8 2016—2018 年山东省年平均静稳指数变化

大气自净能力是指大气通风稀释及湿清除过程对大气污染物的清除能力，用大气自净指数的大小表示大气自净能力的强弱。全省平均大气自净指数自 1961 年以来呈下降趋势。2018 年，全省年平均大气自净指数为 6.3 t/(d·km^2)，比常年（6.8 t/(d·km^2)）偏少 0.5 t/(d·km^2)，比上年增加 0.4 t/(d·km^2)（图 6.9），即大气自净能力优于 2017 年。

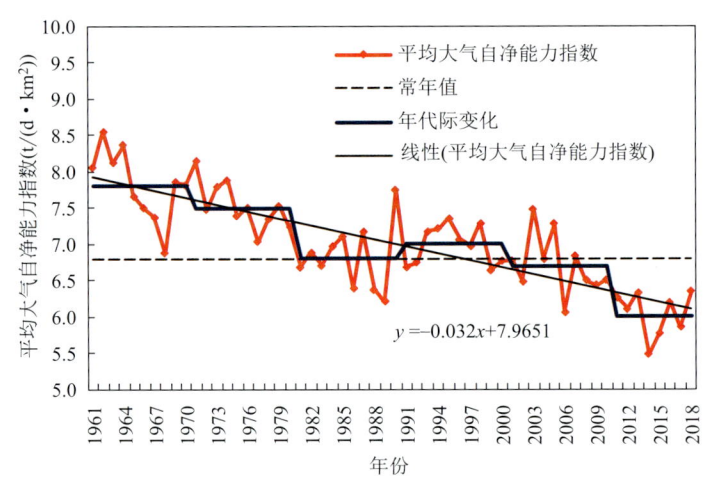

图 6.9 1961—2018 年大气自净能力变化

（3）人为减排与气象条件贡献评估

环境气象指数（EMI）表征排放条件不变情况下，气象条件变化所导致的 $PM_{2.5}$ 质量浓度变化幅度，可以定量评估气象条件和人为减排对 $PM_{2.5}$ 质量浓度变化的贡献。

① 人为减排和气象条件的共同作用对降低 $PM_{2.5}$ 贡献明显

2018 年，在气象条件和人为减排的共同作用下，$PM_{2.5}$ 年均质量浓度较 2017 年下降了 12.2%（7.0 μg/m^3）（表 6.1）。其中，气象条件导致 $PM_{2.5}$ 年均质量浓度较 2017 年降低 2.8%（约 1.596 μg/m^3），人为减排导致 $PM_{2.5}$ 年均质量浓度较 2017 年下降 9.4%（约 5.358 μg/m^3）。

第6章 山东省环境气象部门合作与服务

表 6.1 山东省 2017、2018 年气象条件和排放条件变率对 $PM_{2.5}$ 变化率的影响

参数	浓度值变率 计算结果(%)	物理意义
气象条件因素贡献率	−2.8	2018 年,气象条件导致 $PM_{2.5}$ 年均浓度较 2017 年下降约 2.8%
减排因素贡献率	−9.4	2018 年,人为减排导致 $PM_{2.5}$ 年均浓度较 2017 年下降约 9.4%
综合变率	−12.2	在气象条件和人为减排的共同作用下,2018 年的 $PM_{2.5}$ 年均浓度较 2017 年下降了 12.2%

受气象条件和人为减排因素共同影响,全省各地市 $PM_{2.5}$ 质量浓度均较 2017 年有所下降。人为减排措施得力、效果明显,其中菏泽、聊城、德州为减排效果最明显的三个地市,人为减排贡献率分别为 20.4%、17.9% 和 14.5%。尤其是菏泽,在气象条件不利的情况下,$PM_{2.5}$ 质量浓度依然下降幅度较大,人为减排贡献显著(表 6.2)。

表 6.2 山东省各市 2017、2018 年气象条件和排放条件变率对 $PM_{2.5}$ 变化率的影响

城市	气象条件贡献率(%)	人为减排贡献率(%)	综合变率(%)
济南	−4.9	−8.4	−13.3
青岛	−3.8	−6.7	−10.5
淄博	−5.9	−6.6	−12.5
枣庄	−0.2	−10.2	−10.4
东营	−7.1	−6.7	−13.8
烟台	−5.1	−12.0	−17.1
潍坊	−4.3	−7.4	−11.7
济宁	−0.3	−6.7	−7.0
泰安	−2.8	−4.3	−7.1
威海	−7.7	0.6	−7.1
日照	−0.7	−11.5	−12.2
临沂	0.3	−8.5	−8.2
德州	−1.9	−14.5	−16.4
聊城	−1.5	−17.9	−16.4
滨州	−6.6	−8.8	−15.4
菏泽	3.7	−20.4	−16.7

② $PM_{2.5}$ 质量浓度下降幅度逐年减小

$PM_{2.5}$ 质量浓度逐年下降,2016 年降幅达到高峰,之后逐年减小,从 2016 年的 10 μg/m³ 减少到 7 μg/m³(图 6.10)。

在减排措施持续推进和气象条件整体有利的背景之下,$PM_{2.5}$ 质量浓度降幅出现回落,

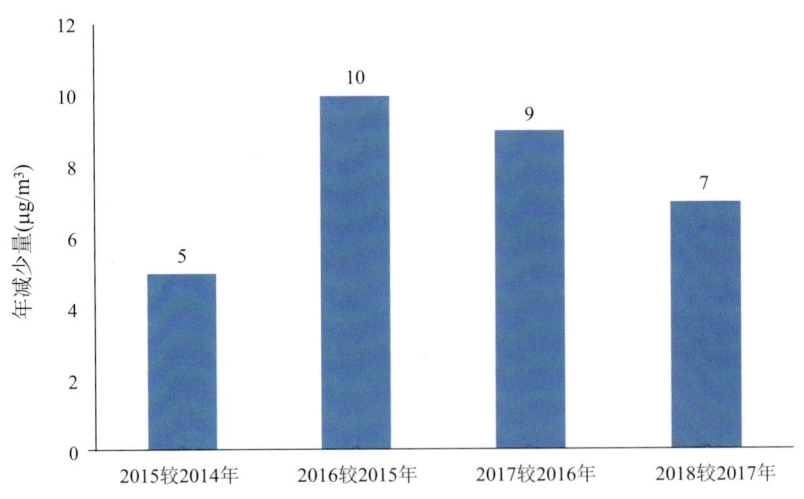

图 6.10 2014—2018 年山东省 PM$_{2.5}$ 质量浓度逐年降幅变化

表明，随着大气污染治理的不断深入，PM$_{2.5}$ 质量浓度的降低难度将越来越大。

(4) 污染物来源分析

通过 CMAx 模式，利用颗粒物来源解析技术，对 2018 年全省以及 7 个通道城市主要污染时段的 PM$_{2.5}$ 来源进行了定量评估。

①山东 PM$_{2.5}$ 本地排放占比高，外源输送占比存在区域差异

由全省秋冬季 PM$_{2.5}$ 排放的平均水平以及周边各区域的输送水平（图 6.11）来看，鲁西北的西部地区本地排放占比为 55%～75%，京津冀地区输送占比为 25%～45%，是山东省外源输送最大的区域，越靠近河北省，外源输入占比越大。

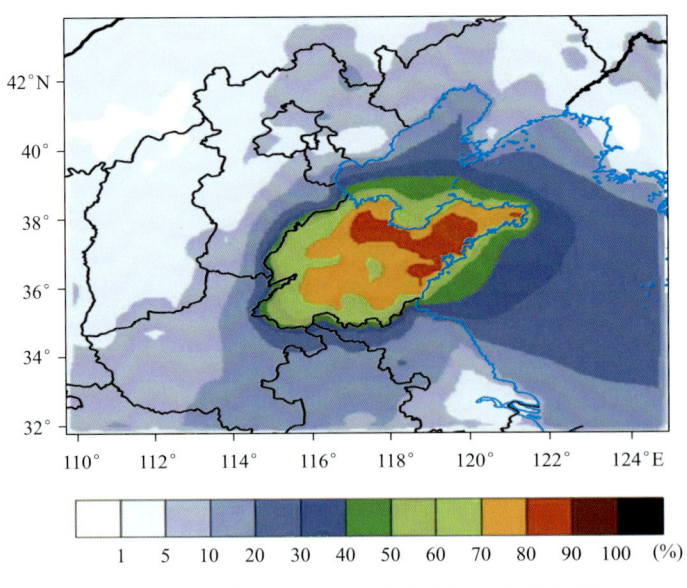

图 6.11 2018 年 10—12 月山东省 PM$_{2.5}$ 排放贡献率

鲁南地区本地排放占比为 45%～75%，外源输送主要来自河南、安徽、江苏三省，输送占比一般在 5%～40%；鲁西北东部和半岛地区主要以本地污染排放为主，本地排放占比

为 70%～90%，受外源传输影响较小。

② 通道城市以本地排放为主，外源输送区域差异明显

山东省通道城市分别位于鲁西北（德州、聊城、滨州）、鲁中（济南、淄博）以及鲁西南（菏泽、济宁），$PM_{2.5}$ 来源主要有以下三方面特点（图6.12）。

一是本地排放占比在30%以上。除济宁外，其他6个城市本地排放占比最高，济南37.12%、淄博37.57%、德州36.77%、聊城32.96%、滨州44.76%、菏泽37.52%。济宁由于本地产业结构以及地形原因，外源输送占比很高，如江苏占比37.34%、安徽11.58%，山东其他地市占比20.08%，本地排放占比仅为12.11%。

二是外省输送地区差异明显。来自京津冀地区的污染物主要影响德州市，占比为32.09%，与本地排放占比相当；其次是影响聊城、济南和菏泽三市，占比分别为19.3%、13.51%和13.17%。来自河南的污染物主要影响菏泽和聊城两市，占比分别为16.2%和

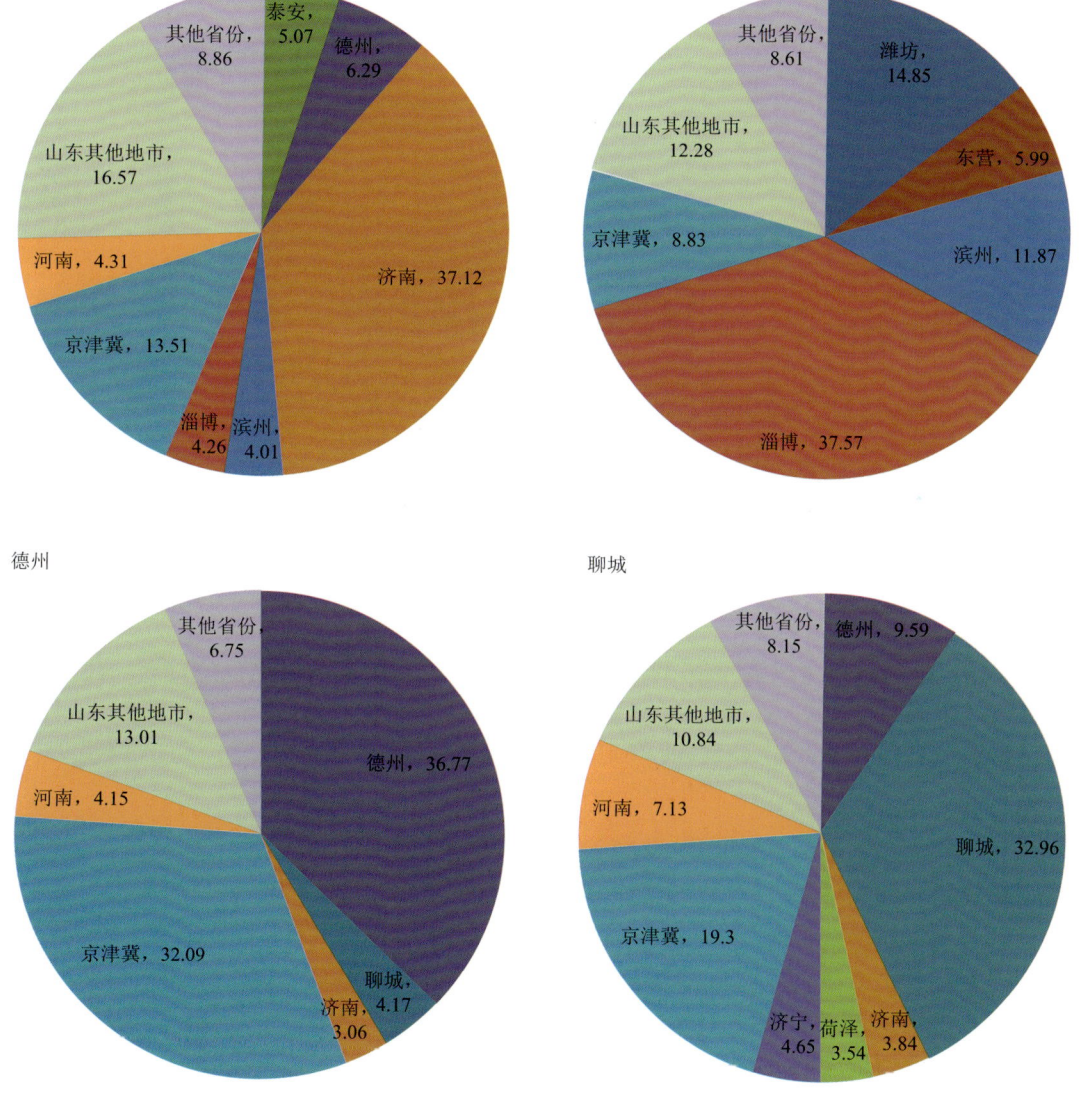

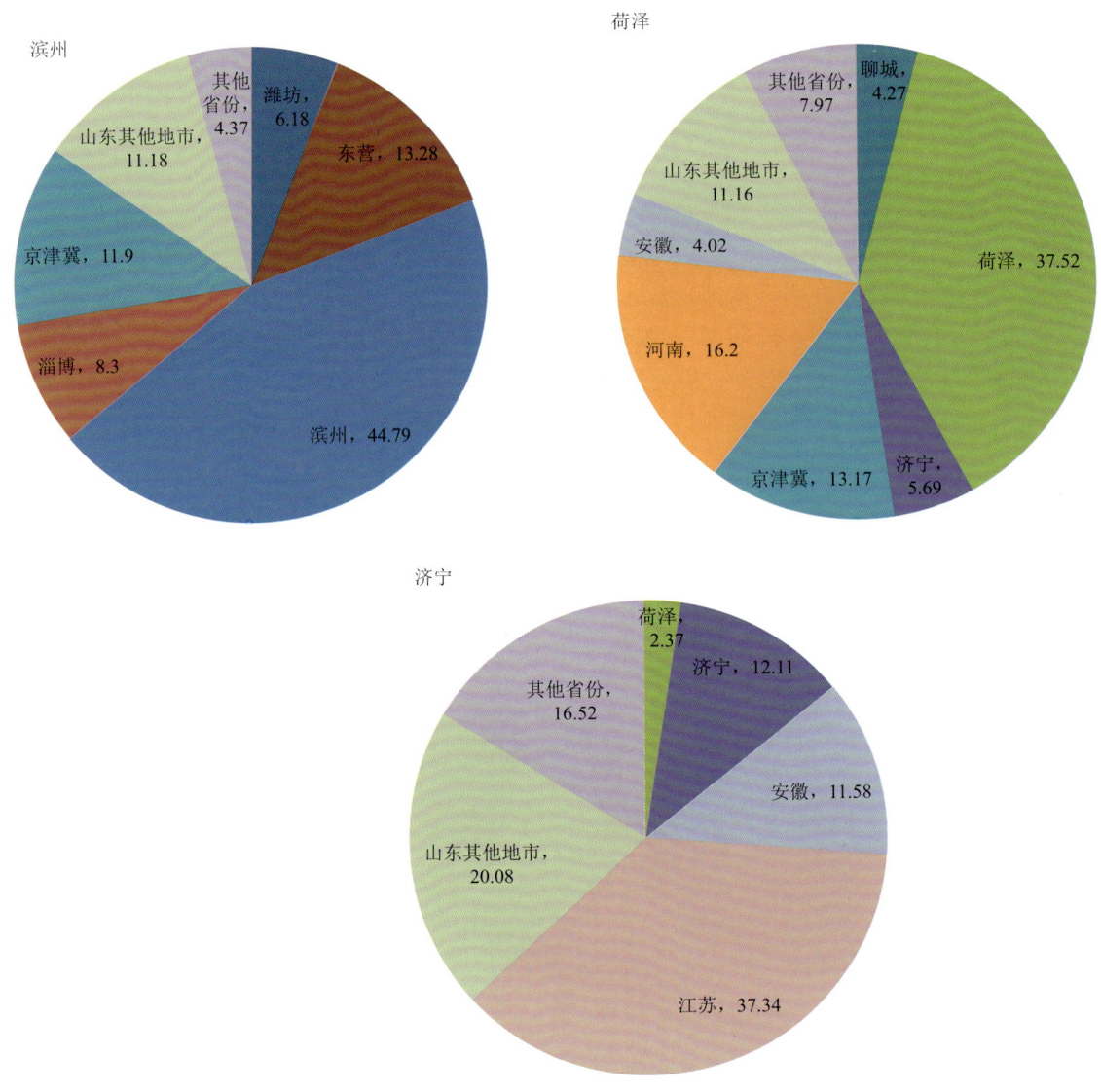

图 6.12　2018 年山东省污染传输通道城市 $PM_{2.5}$ 来源分析（%）

7.13%。来自江苏省和安徽省的外源输送主要影响济宁，分别占比 37.34% 和 11.58%。滨州和淄博两市的本地排放占比高，受外源影响比较复杂，来自本省周边其他城市的输送和来自周边外省份的输送占比相当。

（5）结论与建议

受气象条件及减排措施共同影响，2018 年全省优良天数增加，污染日数减少。颗粒物质量浓度持续降低，$PM_{2.5}$ 年均浓度较 2017 年下降了 12.2%，大气污染防治效果显著。

臭氧质量浓度持续升高，成为山东春、夏季主要污染物。应进一步加强对臭氧的生成机理和特征的分析，为臭氧污染治理提供科学依据。

全省 2013—2018 年 $PM_{2.5}$ 质量浓度逐年下降，降幅从 2016 年开始减小，2019 年 $PM_{2.5}$ 质量浓度仍有降幅继续减小，甚至反弹的可能，建议合理制定 2019 年 $PM_{2.5}$ 质量浓度预期目标。

根据山东省颗粒物来源的区域差异性，结合气象条件对于颗粒物质量浓度降低的贡献变化，建议分区域制定减排措施，合理调配产业及能源布局，促进社会经济发展。

加强污染源解析技术研究，针对不同区域来源、不同行业来源、不同污染物种类来源分析，为科学减排、精准治污、提高区域联防联动提供有价值的参考建议。

6.2.4 山东省月环境评估报告示例

（1）2018年11月空气质量概况及气象条件分析

① 空气质量概况

近年来，随着山东大气环境治理力度不断加大，空气质量逐年好转。根据山东省生态环境厅提供的全省空气质量监测站最新数据，2018年11月山东全省平均$PM_{2.5}$质量浓度77 μg/m³，较2017年同期上升了37.5%，较过去4 a同期平均值（79.75 μg/m³）下降了2.75 μg/m³，下降幅度为3.4%（图6.13）。

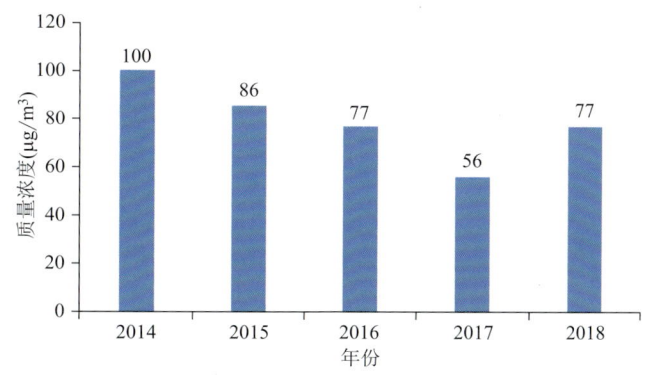

图6.13　2014—2018年11月山东$PM_{2.5}$月均质量浓度（单位：μg/m³）

② 气象条件分析

2018年11月山东气象条件总体不利于空气质量改善。一是冷空气整体偏弱，不利于污染物稀释扩散：11月全省平均气温8.5 ℃，较去年同期偏高0.9 ℃，冷空气整体较弱；二是湿度偏大，利于雾、霾形成：11月全省平均相对湿度为73.6%，较去年同期偏高20.2%，空气湿度大，易发生污染物的吸湿增长，有利于雾、霾生成；三是风速偏弱，空气污染扩散条件差：11月全省平均风速为1.8 m/s，较去年同期偏小0.6 m/s，大气扩散条件明显偏差；四是供暖季开始后，降水较少，湿清除作用不明显：11月全省平均降水量为21.6 mm，较去年同期偏多，但降水主要集中在11月上旬，供暖后，降水明显减弱，降水的湿清除作用不明显。

（2）减排效果评估和污染来源分析

① 减排效果评估

环境气象指数（EMI）表征了排放源不变情况下，气象条件变化所导致的$PM_{2.5}$质量浓度变化幅度。计算结果显示：2018年11月山东全省平均EMI指数为4.74，较2017年同期（3.31）偏高42.3%，而实际观测全省平均$PM_{2.5}$质量浓度仅升高了37.5%。由此可见，11月$PM_{2.5}$质量浓度有所上升主要是天气因素导致的，除去气象条件影响外，减排措施使得

11月$PM_{2.5}$质量浓度较2017年同期平均降低了3.9%,体现了2018年山东大气污染治理取得一定的成效。

同理对各地市减排情况进行了评估(图6.14)。其中,排放较上年同期增加的城市有:威海增加14.7%,泰安增加13.8%,滨州增加12.3%,淄博增加9.1%,济南增加7.8%,德州增加6.2%;排放较上年同期下降的有:枣庄降低21.4%,菏泽降低18.0%,济宁降低16.7%,临沂降低16.6%,日照降低12.1%,聊城降低8.1%;其他5地市青岛、东营、烟台、潍坊、莱芜排放无明显变化。

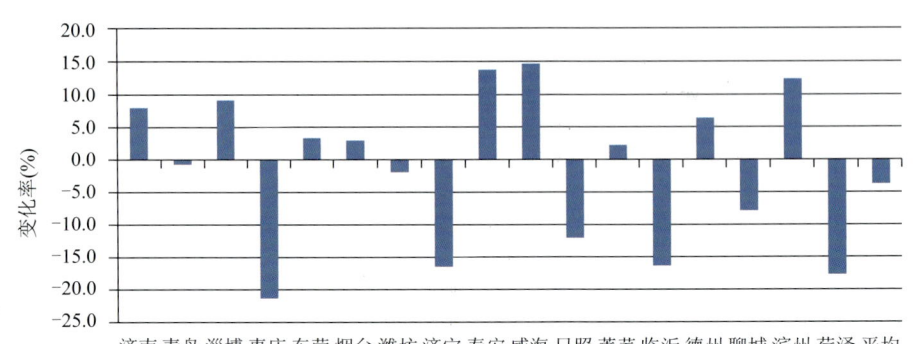

图6.14 山东各地市2018年11月与上年同期排放的变化率
(%;负值表示排放降低,正值表示排放增加)

② 污染来源分析

2018年11月,山东西部和南部地区$PM_{2.5}$的本地排放贡献率在50%～70%,受外来传输影响比重大。其中,鲁西北和鲁中的北部受京津冀地区的排放影响在20%～50%,鲁南地区受河南、安徽和江苏的影响一般在10%～30%;半岛地区本地贡献在80%左右,受外来传输影响在10%左右。

以济南为例,济南11月$PM_{2.5}$来源中,如图6.15所示,本地贡献占比35%,受周边地市影响占比36%,受周边省或地区影响占比28%,其中受京津冀地区的影响约为11%,受河南省影响约为6%。在23—29日华北污染较重时段,京津冀地区对济南城市的影响最高时达到41%。

(3) 2018年冬季空气污染气象条件预测

冬季(12月—次年2月)是山东大气污染最严重的季节。发生区域性重污染的日数最多,约占全年6成。除取暖增加污染物排放外,冬季不利的气象条件也是造成污染加剧的重要因素。

根据最新气象资料,预计山东2018年冬季气象条件总体偏差,不利于污染物的扩散。2018年冬季的大气污染气象条件值(参照全省平均AQI)将达178,明显高于2014—2017年(分别为132、141、144、117,如图6.16所示)。气象条件总体偏差,不利于污染物的扩散,易形成重污染。

近年来,AQI实况观测值低于气象条件值的现象越来越明显,体现了山东的大气污染治理已取得显著成效,尤其是2017—2018年冬季空气质量改善最为明显(气象条件值为117,实际观测值为102)。但尽管如此,由于2018年冬季气象条件偏差,山东空气质量总体状况可能出现反复。初步预测2018年冬季全省平均AQI为122,较2017年冬季(102)

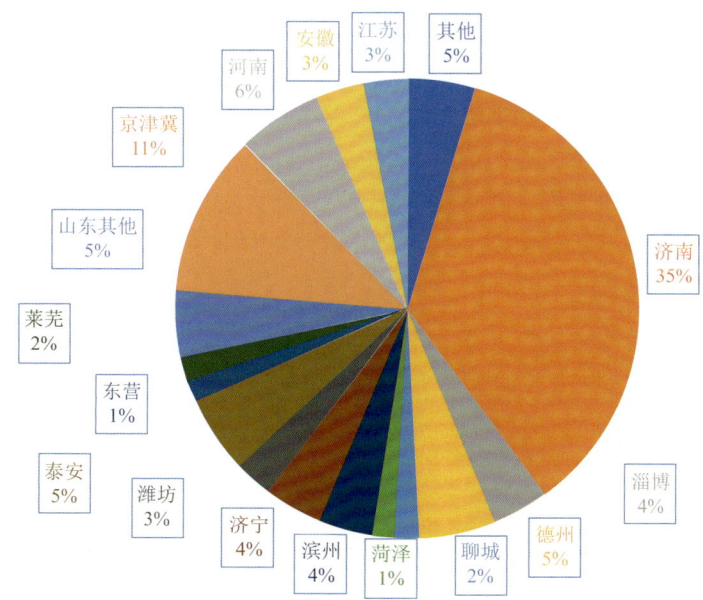

图 6.15 2018 年 11 月不同地区或省份对济南市 $PM_{2.5}$ 的贡献率

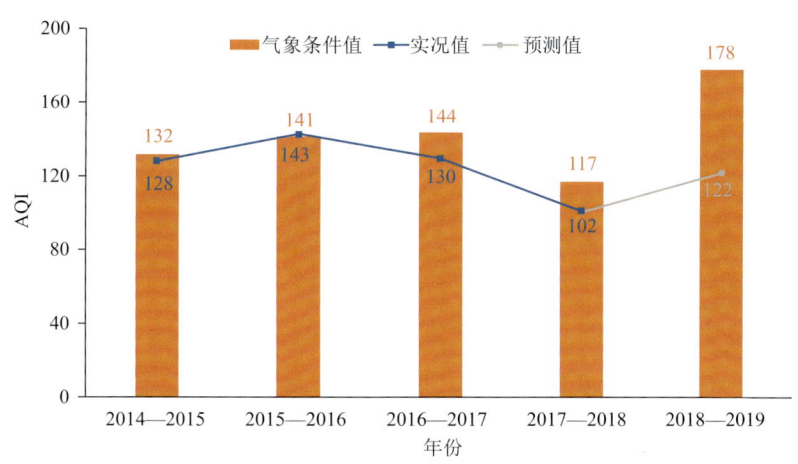

图 6.16 2014—2018 冬季大气污染气象条件和 AQI 变化及预测

偏高。

由于气候预测还存在一定的不确定性,气象部门将严密监视气象条件变化,做好滚动跟进预测。

6.2.5 山东环境气象评估技术建设

6.2.5.1 CAMx 中源示踪技术

源示踪技术可以较好对特定区域的污染物来源进行量化。CAMx 模型提供的臭氧源识别技术(OSAT)和颗粒物源识别技术(PSAT)就是基于示踪方法针对与臭氧和颗粒物及其前体物的源示踪技术。选用 CAMx 提供的源示踪技术对东亚地区的典型污染物进行源—受体关系分析。

颗粒物源识别技术（Particulate Source Apportionment Technology，简称 PSAT）以示踪的方式获取有关颗粒物（或排放）和消耗的信息，并统计不同地区、不同种类的污染源排放以及初始条件和边界条件对颗粒物生成的贡献量。PSAT 可以结合二次颗粒物的化学变化过程和源识别技术，对二次颗粒物进行源贡献分析。PSAT 计算方法与 OSAT 计算方法类似。

在模拟时间步长 Δt 下，若反应为 $A \to B$，示踪物的计算方法如下。

$$A = \sum a_i, \quad B = \sum b_i$$

$$a_i(t+\Delta t) = a_i(t) + \Delta A \frac{w_i a_i}{\sum w_i a_i} \tag{6.1}$$

$$b_i(t+\Delta t) = b(t) + \Delta B \frac{w_i a_i}{\sum w_i a_i} \tag{6.2}$$

在一些气溶胶反应中存在化学反应平衡：$A \leftrightarrow B$，示踪反应也达到平衡：

$$a_i(t+\Delta t) = [a_i(t) + b_i(t)] \frac{A}{A+B} \tag{6.3}$$

$$b_i(t+\Delta t) = [a_i(t) + b_i(t)] \frac{B}{A+B} \tag{6.4}$$

式中：w_i 为权重系数。

对于颗粒物中物质示踪物的沉降和平路扩散的处理方法与 OSAT 对于臭氧示踪物的处理方法相同。

PSAT 可以进行示踪的颗粒物成分包括：SO_2、硫酸盐、硝酸盐、铵盐、二次有机气溶胶、汞（包括 Hg^0、Hg^2、颗粒物态 Hg）、一次气溶胶（EC、一次有机气溶胶、沙尘细粒子、沙尘粗粒子和其他一次排放的粗细粒子）。PSAT 技术已经在很多研究结果中得到应用。PSAT 可以很好地计算硫酸盐、硝酸盐和铵盐的前体物 SO_2、NO_x 和 NH_3 的源分担率。

6.2.5.2 环境气象指数（EMI）原理及计算方案（QX/T 479-2019）

关于示踪气溶胶的连续性方程为：

$$\begin{aligned}
&\frac{\partial C}{\partial t} + u\frac{\partial C}{\partial x} + v\frac{\partial C}{\partial y} + w\frac{\partial C}{\partial z} \\
&= \frac{\partial}{\partial x}\left(K_x \frac{\partial C}{\partial x}\right) + \frac{\partial}{\partial y}\left(K_y \frac{\partial C}{\partial y}\right) + \frac{\partial}{\partial z}\left(K_z \frac{\partial C}{\partial z}\right) + s + r + \text{Dep}
\end{aligned} \tag{6.5}$$

式中，s 为示踪物源的排放率，r 表示化学反应的二次生成率，Dep 为沉降率，s、r、Dep 单位均为 $\mu g/(m^3 \cdot s)$。

EMI 定义为气象条件变化所导致的细颗粒物（$PM_{2.5}$）浓度变化的指标。使用示踪方式计算 EMI，这里 EMI 定义为地面至 1500 m 高度（参考行星边界层高度，污染物主要集中在这一层次内）气柱内示踪物平均浓度与参考浓度的比值（无量纲）。

$$\text{EMI} = \frac{C}{C_0} \tag{6.6}$$

式中，C 为气柱（地面至 1500 m 高空）内示踪物平均浓度；C_0 是根据环境空气质量指数技术规定（HJ 633—2012）中 $PM_{2.5}$ 浓度优等级的上限值（35 $\mu g/m^3$）。

假设气象因素对实际浓度的贡献是线性的，排放量与实际浓度的贡献也是线性的，而且气象因素和排放因素是变量可分离的。不同时段相互比较时，EMI 的差异就是排放不变条件下气象条件所导致的边界层气溶胶平均浓度变化率。设"时段 1"和"时段 0"的排放量分别为 S_1、S_0，实测浓度分别为 O_1、O_0，气象指数分别为 EMI_1、EMI_0。那么有基本关系：

$$O_1/O_0 = (S_1/S_0) \times (EMI_1/EMI_0) \tag{6.7}$$

该式物理意义为某两个时段污染物浓度比率，等于排放量比率与环境气象指数比率的乘积。在排放不变时，污染事件形成或者消散主要是由气象条件来决定的；在气象条件相同时，污染物浓度水平取决于排放率的大小，因此可以利用 EMI 指数来评估排放浓度水平变化。

6.3 重大活动环境气象预报服务保障

党的十九大把加大生态环境保护力度、推动生态文明建设摆在更重要的位置。气象部门加强天气气候监测预报预警，强化气候和气候变化论证，为生态文明建设提供坚实的保障服务。

2017 年 11 月 30 日，环境保护部党组书记、部长李干杰，党组成员、副部长赵英民一行到中国气象局调研并座谈，双方围绕深入贯彻落实党中央国务院关于生态文明建设的重要战略部署、深化部门合作达成共识。双方优化完善合作机制，深化拓展合作领域，共同为生态文明建设尤其是打赢大气污染综合治理攻坚战提供有力支撑。会议明确，两部门将成立一把手牵头的工作领导小组，签署合作协议，切实推动合作落到实处、取得实效。各级环保与气象部门要深化生态综合监测领域合作，共建监测网络，共享监测数据，实现优势互补；加强大气污染防治领域合作，提高大气污染气象条件预报的预见期、准确率和精细化程度，合作开展不同气象条件对大气污染影响分析；推进信息发布领域合作，完善重污染天气预警信息发布机制，规范优化信息发布工作；强化生态保护红线领域合作，充分发挥气象在红线管控阶段的监测预警和评估作用；推动科研领域合作，聚焦涉及大气环境治理、生态修复、应对气候变化等重点领域的交叉共性技术问题联合开展研究。

中国气象局与生态环境部（原环境保护部）自 2001 年开展合作以来，在监测数据共享、重污染天气联合会商及空气质量预报、重大活动环境气象服务保障和应急工作等方面成效显著。

2018 年 6 月 9—10 日，举世瞩目的上合组织峰会在青岛成功举办。青岛峰会是上合组织扩员后首次召开的峰会，也是党的十九大以来我国举办的规模最大、级别最高、成果最多的主场外交活动，有 22 个国家和国际组织领导人出席峰会活动，安保交通、文艺演出、焰火燃放等活动均与气象条件密切相关，对气象与环境服务保障工作提出了极高要求。2019 年 4 月 22—24 日，青岛庆祝中国人民解放军海军成立 70 周年活动顺利召开。期间，22 日下午庆祝人民海军成立 70 周年中外海军联合军乐展示在青岛五四广场举行，23 日在青岛近海海域举行多国海军活动海上阅兵活动。针对气象与环境服务保障工作，气象局与环境部门各级领导从中央到地方高度重视，周密部署、精心组织，加强需求调研分析，与峰会筹委会主动对接，充分利用气象与环境现代化成果，扎实推进服务团队、业务系统等建设和实战演练等各项工作，为青岛峰会、海军成立70周年海上阅兵的成功举办提供了高质量的气象与环境服务。

在两次重大服务保障中，青岛环境气象服务团队通过联合机制，实现优势互补，针对大气污染，精准地提供了大气污染气象条件以及不同气象条件对大气污染影响的产品。

6.3.1 组织机构

重大活动环境气象预报服务团队由气象部门和环境部门牵头组建，包括气象局、环保局各业务处室单位。具体负责重大活动期间环境气象监测、环境预报预警、气候预测、影响评估、环境气象服务及技术总结评估等工作。成员主要由上述单位及上级单位专家和技术骨干组成。

机构设置：环境气象预报服务部设部长、副部长若干名，下设四个专项组分别为环境气象监测组、环境气象预报组、突发应急组、服务组。人员根据需求组成。

岗位职责：承担重大活动期间环境气象监测与数据维护；承担制作重大活动期间中短期天气预报、青岛重点区域的精细化预报；负责制作空气污染扩散气象条件预报；根据需要制作发布相关决策服务材料；按要求参加天气会商。

6.3.2 运行机制

6.3.2.1 数据共享

充分发挥双方在科技创新、装备保障、业务数据等方面的优势资源，建立专线，实现气象、环境资料实时共享，为重大活动、突发应急事件提供高效、安全、丰富的资料支撑。

建立双方共享的环境气象资料监测、预报预警平台，加强信息网络安全保护，实现气象、环境资料的实时观测、预报、模式资料共享，预报产品由气象部门提出环境指导意见，环境部门参考预报结论。最终确定未来空气质量预报产品，双方联合发布。

6.3.2.2 联合会商

活动期间天气会商分为常规会商、专题会商和应急会商。

常规会商：气象、环保两部门通过专线建立视频、音频通信，每天常规会商为1次，针对环境天气变化对会议、活动、交通运行等影响给出空气扩散与环境预报意见。会商以气象为主，气象部门主要分析几天大气扩散条件对污染物传输的影响，以环境部门预报结论为准，最后两部门联合发布空气质量预报。

专题会商：根据不同专题任务，在常规会商中加入专题会商主题，并根据需要，请求中央台支持。

应急会商：

（1）应急服务会商

活动期间，服务组现场服务人员根据天气情况和服务需求，采取电话或视频会商，会商由预报服务部首席主持，参加人员为值班部长、天气预报组、短临预警组、气象服务组及模式资料组等值班人员。

（2）突发事件应急气象服务会商

当出现危化品泄漏、恐怖袭击、火灾等突发事件时，由预报服务部首席主持，针对气象要素、未来天气演变对事件的影响开展会商，并立即启动应急服务流程。参加人员为部长、值班部长、天气预报组、短临预警组、气象服务组及模式资料组等值班人员以及其他相关单位人员。

6.3.2.3 应急响应机制

建立由气象、环境联合的"预测准确、联动有序、响应迅速、保障有力"的重污染天气应急响应工作机制。

政府启动重污染天气应急响应后，气象部门应根据以下措施的要求开展相关工作。启动重污染天气联合会商机制，全力做好重污染天气的监测预警。

气象台领导到岗值守，适时调度值班；加强气象要素监测和天气形势预测，为重污染天气应急处置及时提供气象信息和决策服务材料。根据天气情况，加强与市环保局沟通，适时开展针对重污染天气发生发展的大气扩散条件的会商，及时研判、报告预警信息。根据要求抽调预报专家加入市重污染天气应急工作专家组，负责为重污染天气预测预警、分析和应急处置等提供技术支持和对策建议。

利用广播、电视、网络、手机短信、声讯电话、微博等多种手段发布重污染天气预警信息。气象影视节目中增加重污染天气信息内容；适时增加广播、电视的直播连线频次，必要时协调广电部门进行插播或滚动播出。

做好大监站、区域站以及酸雨、大气成分观测仪器设备的维护和保障，确保监测设施正常运行。启动重污染天气Ⅰ级、Ⅱ级应急响应时，根据气象条件，适时组织实施人工增雨（雪）作业，以净化空气、保护生态环境。

环境部门预警等级要求：

（1）分级指标。重污染天气预警统一以空气质量指数（AQI）日均值为指标，按连续24 h（可以跨自然日）均值计算，以 AQI＞200 持续天数作为各级别预警启动的基本条件。

（2）分级标准。重污染天气预警由低到高分为黄色预警、橙色预警、红色预警三级。

黄色预警：预测 AQI 日均值＞200 将持续 2 d（48 h）及以上，且未达到高级别预警条件。

橙色预警：预测 AQI 日均值＞200 将持续 3 d（72 h）及以上，且未达到高级别预警条件。

红色预警：预测 AQI 日均值＞200 将持续 4 d（96 h）及以上，且预测 AQI 日均值＞300 将持续 2 d（48 h）及以上；或预测 AQI 日均值达到 500。

当预测 AQI 日均值＞200，又不满足上述预警条件时，发布健康防护提示性信息。

6.3.2.4 工作任务

气象、环境两个部门切实履行环境气象的相关职责，负责环境气象监测预测，为重污染天气应急处置提供数据信息，做好相关信息发布；气象部门适时组织实施人工影响天气作业以减轻重污染天气危害；双方开展重污染天气预测会商；为重污染天气预测、分析和应急处置提供技术支持和对策建议；做好重污染天气相关宣传工作。

重大活动一般提供产品如图 6.17 所示：

（1）提供无缝隙、精细化、滚动式网格预报产品。提供空间分辨率为 5 km×5 km、时间分辨率为 24 h、12 h、3 h；包括气象多要素和环境多要素产品。

（2）提供无缝隙、精细化、滚动式定点环境气象预报产品，包括重大活动期间关键区、关键点、关键路线以及关键时刻等专项产品。

（3）制作环境气象应急气象服务产品。

（4）组织相关天气会商，为重大活动相关部门提供气象决策建议。

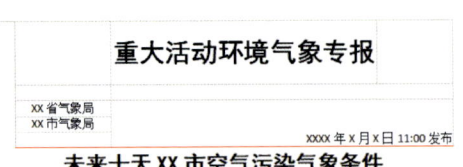

图 6.17　重大活动气象专报

6.3.3　技术支撑

（1）环境气象智能网格化预报技术

进一步加强重污染天气机理研究，提高大气污染模式解释应用能力，针对目标地区，利用 CAUCE、WRF-Chem 等大气污染模式预报产品和环境监测实况资料，通过模式建模和回归分析，建立环境气象预报模型，实现对环境气象预报预警，建立智能化、网格化环境气象预报业务体系。

基于前期研究成果，研发 1~7 d 的重污染潜势预报产品；建立环境气象格点实况场。

（2）客观预报技术

通过设立环境气象研发专项，聚焦重污染天气机理和客观预报等关键技术研发，对重污染天气生消机理取得新的认识，凝练了山东重污染天气预报模型及预报关键因子，研发了多个本地环境气象客观预报方法和空气质量客观预报产品，如山东大气静稳指数、空气污染气象条件等级和大雾落区客观预报等，在重大活动保障中也发挥了重要的作用。

6.3.4 总结与评估

成立预报质量检验评估小组，制定评估方案，全面开展预报质量评估工作。检验重大活动环境气象保障服务的能力与水平，客观评定重大活动气象保障服务取得的成效与不足，分析提出今后在重大活动环境气象保障服务方面的发展重点或努力方向。

环境气象预报产品质量检验内容包括：青岛 3 d 逐 12 h 环境气象预报、重点区域 24 h 内逐 3 h 环境气象预报。

重大活动结束一周内，完成重大活动整体服务情况工作总结，并按相关规程报中国气象局和自然资源部；重大活动结束两个月内，完成对重大活动环境气象服务中的加密观测数据传输质量、预报服务产品传输质量、预报服务质量、主要科技攻关成果、关键业务服务技术开发以及业务服务平台建设等的专题技术总结。对服务准备及实施期间形成的全部文件、方案、系统、图片、服务材料等进行全面梳理存档，并按相关规程上报气象与环境上级有关主管部门及科研业务建设技术支持单位。

6.4 本章小结

本章介绍了山东省气象局在环境气象领域开展部门合作和气象服务的情况。山东省气象局自 2013 年建立环境气象业务以来，与山东省生态环境厅（原山东省环境保护厅）开展了密切合作，在资料共享、联合会商预报、预警联动响应、科研技术攻关等方面的合作取得了显著成效。自 2018 年 11 月起，山东省气象台开展了大气污染气象条件分析评估工作，为决策部门提供了年度和月度评估报告，对空气质量、气象条件、人为减排与气象条件贡献、污染物来源等进行分析，并提出冬季污染预测结论以及决策建议等。在重大活动保障中，环境气象服务也发挥了重要的作用。

第7章 山东省环境气象业务及平台建设

山东省位于黄河下游，东临渤海、黄海，西北与河北省接壤，西南与河南省交界，南与安徽、江苏省毗邻。特殊的地理位置，使山东省成为沿黄河经济带与环渤海经济区的交汇点、华北地区和华东地区的结合部。山东是经济大省、海洋大省、农业大省，在全国经济格局中占有重要地位。同时也是人口大省和能源消耗大省，拥有9579万人口，总量居全国第二位；全省煤炭消耗占全国的10%左右，为全国耗能第一大省。随着省委省政府全面实施"经济文化强省"和"生态文明省"建设，以及山东"蓝黄"规划和"一圈一带"规划的实施，经济社会将得到快速发展，山东特殊的省情迫切需要大力发展环境气象服务业务，提升服务和预警能力。

当前经济的快速发展和城市化、工业化进程的加快，使得山东面临资源环境约束趋紧、生态环境恶化、主要污染物排放总量仍然较大、机构性污染问题突出、节能减排形势严峻等问题，若不尽早采取有力措施，社会经济发展将不可持续。山东于2012年下发《中共山东省委、山东省人民政府关于建设生态山东的决定》，到2020年，在全省初步形成以循环经济理念为指导的生态经济体系、可持续利用的资源保障体系、山川秀美的生态环境体系、与自然和谐的人居环境体系、支撑可持续发展的安全体系和体现现代文明的生态文化体系，全面增强经济社会的可持续发展能力，把山东基本建设成为经济繁荣、人民富裕、环境优美、社会文明的生态省。着手勾画一个可期待的生态文明、环境优美、社会和谐、共享发展的生态山东，并提出实现"蓝天白云，繁星闪烁"的环保目标。山东省经济社会可持续发展和"生态文明省"建设对全面推进环境气象业务提出了更高要求。

随着人民生活水平的提高，公众对生态环境、生活环境的质量越来越关注。而随着社会经济的发展，山东生态环境恶化问题日益严重，近几年春、冬季的雾、霾天气频繁发生，多地遭受严重的大气污染，对公众生产、生活和身体健康带来不利影响。如果能够提前准确预报预警重污染天气事件的发生，政府就能及时采取关停限行等行政强制政策，民众可适当采取污染防范措施。由此可见，公众健康、人民福祉对环境气象预报预警水平提出了更高的要求。

为指导我国现代环境气象业务的科学发展，中国气象局2013年印发了《环境气象业务发展指导意见》，明确了近期我国环境气象发展目标和主要任务。山东省人民政府2014年印发《关于加快推进气象现代化的意见》要求加强大气污染预报预警及服务工作。中国气象局和山东省委、省政府对山东环境气象事业发展和环境气象现代化建设提出了殷切期望。环境气象是现代气象业务体系的重要组成部分，是全面推进气象现代化的重点领域和重要标志。发展环境气象是拓展气象公共服务领域，完善公共服务体系，发挥气象现代化效益的重要途径和必然要求。

发展环境气象是实施大气污染防治的重要环节，经济结构的调整、工业发展模式的转变,需要一个过程。其中,产业结构的优化、合理科学的渐进式节能减排等都需要准确的污染源解析数据作支撑;节能减排的效益评估,需要以污染监测实况的对比分析和对雾、霾发展趋势的分析做依据;重点污染源的治理需要对污染物及气象条件进行科学分析。以上均对环境气象的科技支撑提出了更高的要求。《大气污染防治行动计划》中提出"建立重污染天气监测预警体系""按不同污染等级确定可行的气象干预应对措施",《大气污染防治法修订草案》中明确规定"国务院环境保护主管部门会同气象主管机构等有关部门和国家大气污染防治重点区域内有关省(自治区、直辖市)人民政府,建立重点区域重污染天气监测预警机制"将环境气象工作作为大气污染防治不可分割的重要工作环节。

7.1 山东环境气象发展

2013年以来,山东省气象局立足山东实际、突出山东特色,把加强环境气象服务纳入气象现代化"三三三一"十项重点工作(《山东省气象局更高水平现代化"三三三一"十项重点工作方案汇编(2018—2020)》),并持续推进,全省环境气象业务已经形成了一定规模。

全省共建大气成分站18个,分布在17个市和泰山站,观测要素为$PM_{2.5}/PM_{10}$质量浓度,其中,济南站观测要素含$PM_{1.0}$以及反应性气体(O_3、CO、SO_2、NO_x等)、惠民站观测要素含黑碳气溶胶质量浓度;全省已建沙尘暴站2个,观测要素为$PM_{1.0}/PM_{2.5}/PM_{10}$,实现了地级市气溶胶质量浓度观测全覆盖。通过与生态环境部门共享,2017年,实现了全国范围的空气质量监测数据、济南超级站和激光雷达数据的自动获取;2019年9月开始,实现了全省188个县级站空气质量监测数据的共享,为全省环境气象业务的发展奠定了坚实基础。

2015年初,山东省气象台正式成立环境预报科,环境气象业务转为专业化实体运行。科室配备5名气象专业硕士以上业务人员,集中开展科室建设、业务运行和关键技术研发。业务范围涵盖0~72 h空气污染气象条件等级预报、雾和霾天气等级及落区预报、大气静稳指数、城市空气质量指数预报等。业务布局实现了"一级(省级)制作、三级(省、市、县)应用"的集约化,不断加大省级对市—县级的支撑力度。另外,成立了重污染天气关键技术攻关小组,通过设立环境气象研发专项,聚焦重污染天气机理和客观预报等关键技术研发,先后完成"区域协同""省局重点""青年专项"等多个环境气象科研项目的攻关。对重污染天气生消机理取得了新的认识,建立了山东重污染天气个例库,凝练了山东重污染天气预报模型及预报关键因子。引进WRF-Chem大气环境模式,并对模式参数进行了本地化调整。研发了多个本地环境气象客观预报方法和空气质量客观预报产品,如山东大气静稳指数、空气污染气象条件等级和大雾落区客观预报等。同时,不断优化完善省级环境气象预报业务流程,升级山东环境气象一体化业务平台,建立省—市—县统一的环境气象业务产品制作技术流程和业务传输规范。2020年5月,结合实际业务需求,调整全省城市空气质量预报业务流程,由山东省气象台制作下发16市的城市空气质量预报,其中,济南和青岛的城市空气质量预报分别由济南市气象局和青岛市气象局进行订正,最终由山东省气象台负责统一上传 16 市的城市空气质量预报至中国气象局。

山东省气象局与山东省生态环境厅建立了长效合作机制，联合印发了《山东省重污染天气监测预警工作方案（试行）》和《山东省城市环境空气质量预报和重污染天气监测预警业务实施方案》，成立了山东重污染天气监测预报预警专家小组，联合开展重污染天气预警业务、召开重污染天气预报预警工作会，并印发会议纪要；通过建立专线，实现了部门间资源共享和实况监测数据的零延迟传输共享。省、市气象环保部门联合会商、联合发布城市空气质量预报，除每天开展一次常规的会商外，视情况开展加密会商，并签订《山东省环境信息与监控中心省气象台双方信息共享协议》，双方互派骨干技术人员赴对方单位交流学习。2019 年底，两部门联合拓展空气质量预报预警业务，将业务拓展至 1～7 d 逐日空气质量预报，要素包括 AQI 指数、等级、首要污染物；新增 10 d 山东省环境空气质量形势预报产品，开展中期重污染天气趋势预测分析。

7.2 山东环境气象业务建设

山东省气象台自 2001 年开始开展环境气象预报与服务业务，2013 年实现由基于 API 的空气质量预报业务向基于 AQI 的空气质量预报的技术升级，调整了业务分工。预报与服务内容包括空气污染气象条件等级预报、每日环境气象条件分析报告、雾和霾天气等级和落区预报、大气静稳指数以及城市空气质量指数预报等环境气象预报预警业务，与山东省生态环境厅联合开展重污染预警业务。近年来，在科技支撑能力不断提高的基础上，探索开展环境气象条件评估、环境气象格点化业务，逐步精细、丰富预报服务产品，提高预报准确率。

7.2.1 山东省空气污染气象条件等级预报业务

空气污染气象条件等级预报是从气象学角度出发，对影响未来空气质量变化的综合气象条件的预报，包括 $PM_{2.5}$ 的稀释、扩散、聚积和清除气象条件，PM_{10} 起沙、传输、沉降和清除气象条件，O_3 生成和去除气象条件。空气污染气象条件预报共有六个等级，具体描述如表 7.1 所示。

表 7.1　空气污染气象条件预报等级

等级	描述
好	非常有利于空气污染物稀释、扩散和清除
较好	较有利于空气污染物稀释、扩散和清除
一般	对空气污染物稀释、扩散和清除无明显影响
较差	不利于空气污染物稀释、扩散和清除
差	很不利于空气污染物稀释、扩散和清除
极差	极不利于空气污染物稀释、扩散和清除

7.2.1.1 产品制作和发布

（1）业务分工

各级气象部门实行统一的空气污染气象条件的预报和发布制度。

国家级：国家气象中心负责制作和发布全国区域空气污染气象条件主观落区预报及霾、雾预报（图 7.1）和各大中城市客观预报，必要时发布重污染天气预警，并下发指导产品。

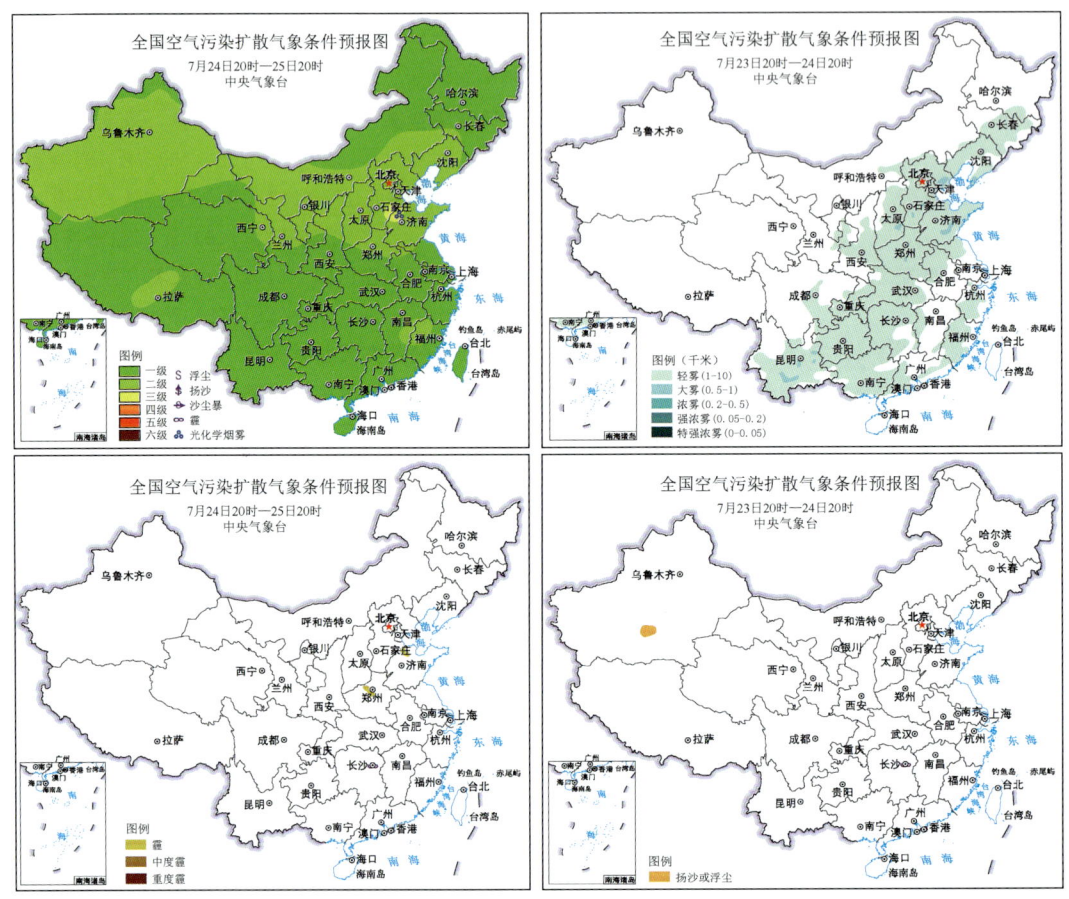

图 7.1 空气污染气象条件预报

省级：省级基于国家级指导预报产品进行订正，并制作本省空气污染气象条件落区预报和站点预报指导产品（表 7.2），服务产品直接发布及提供市县级开展服务，必要时发布重污染天气预警信号。

表 7.2 山东省级空气污染气象条件业务产品

产品名称	时间分辨率	空间分辨率	预报时效	产品频次	形式
空气污染气象条件落区预报（分6级）	24 h	全省落区	72 h	08、20 时	Micaps 格式数据、图形、文字
服务信息	—	—	—	不定时	图、表和文字

第 7 章 山东省环境气象业务及平台建设

(2) 产品制作

各级气象部门空气污染气象条件预报预警的制作发布时间及频次与暴雨、寒潮、霾等其他各类灾害性天气保持一致。

国家气象中心空气污染气象条件预报每天发布两次。时间节点分别为 06 时和 15 时 55 分，对应 08、20 时预报，好—极差预报编码分别对应 061、062、063、064、065、066；省级接收国家级指导产品，每天由省气象台发布两次，时间分别为 07 时、17 时，市县级依需应用服务，制作发布相应预报预警产品。

(3) 预报会商

在形成最终预报结论之前，预报员会同首席会商讨论空气污染气象条件级别和范围，确定并制作预报结果，制作和签发规则等同于其他灾害性天气。

(4) 产品发布

空气污染气象条件预报产品发布至各级气象部门、网站、决策部门（NOTES、传真、短信）、媒体等，发布规则等同于其他灾害性天气。

7.2.1.2 技术流程

空气污染气象条件预报的技术流程主要包括实况、环流形势预报、气象参数预报等产品的分析研判订正，如图 7.2 所示。首先，整理相关资料（实况、数值预报资料及释用产品等）。其次，进行实况分析，包括：空气质量及 $PM_{2.5}$、PM_{10}、气溶胶等大气成分的分析；雾、霾、降水、天空状况等天气实况的分析；环流形势及水汽、风、逆温、混合层高度、里查森数、稳定度等气象参数分析。再次，对环流形势预报分析，包括：冷空气活动、地面气压变化、低层环流及温度场变化、500 hPa 高度形势变化。然后，对气象参数的预报分析，主要是静稳天气条件和边界层条件分析，包括：低层水平风速、垂直速度、相对湿度等物理量；基于业务模式产品的混合层高度、稳定度、里查森数、通风系数、逆温等参数（参数物理意义及算法如表 7.3 所示）；专业数值预报系统输出的 $PM_{2.5}$、PM_{10}、能见度及计算的 AQI 客观产品等。最后，人工综合分析研判，进行空气污染气象条件预报。

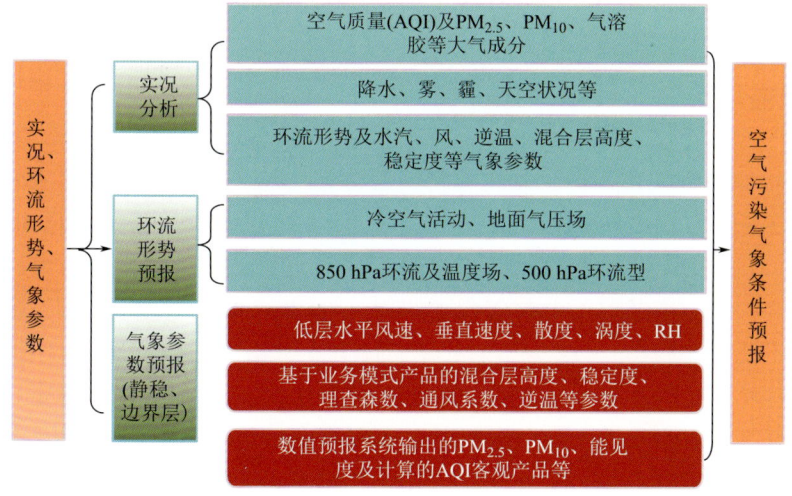

图 7.2 空气污染气象条件预报技术流程

表 7.3 主要气象参数

参数名称	物理意义	计算方法
混合层高度	大气边界层中性或不稳定时,由于动力或热力湍流的作用,边界层内上下层之间产生强烈的动量或热量交换。通常把出现这一现象的层称为混合层。混合层向上发展时,常受到位于边界层上边缘的逆温层底部的限制。与此同时,也限制了混合层内污染物的再向上扩散。中性和不稳定时的混合层高度和大气边界层高度是一致的。混合层高度越低越不利于污染物扩散。	$H = \frac{121}{6}(6-P)(T-T_d) + \frac{0.169P(\overline{u_z}+0.257)}{12f\ln(z/z_0)}$ 式中 T 为地面气温,T_d 为露点温度,单位为 K;$\overline{u_z}$ 为 z 高度处的平均风速,单位为 m/s;z_0 为地面粗糙度,单位为 m;f 为柯氏参数,单位为 1/s,$f = 2\omega\sin\varphi$,其中 ω 地转角速度,φ 为地理纬度;P 为帕斯圭尔稳定度级别(大气稳定度级别为 A 至 F 时,P 值依次为 1 至 6)。
通风系数	大气边界层高度(混合层高度)乘以大气边界层(混合层高度)内平均风速,反映大气边界层内通风情况的物理量,值越小越不利于污染物扩散。	$VI = H \times \overline{V}$ 式中 H 为混合层高度,$\overline{V}$ 为混合层高度内风速。
里查森数	将垂直动量锋生(即风速垂直切变加大)和垂直温度锋生(即大气层结趋于更加不稳定)结合起来考虑,可形成一个判定行星边界层稳定与否的一个重要参数,即里查森数,其值越大表示越不利于湍流运动发展,大气越稳定。	$Ri = \frac{\frac{g}{\theta}\frac{\partial\theta}{\partial z}}{\left(\frac{\partial u}{\partial z}\right)^2 + \left(\frac{\partial v}{\partial z}\right)^2} \approx \frac{g}{\theta} \times \frac{\Delta\theta_z \times \Delta z}{(\Delta u)_z^2 + (\Delta v)_z^2}$ 式中 g 为重力加速度;$\overline{\theta}$ 为两个高度上位温的平均值,单位为 K;$\Delta\theta_z$ 为这两个高度上的位温差;$(\Delta u)_z$、$(\Delta v)_z$ 为两个高度上风速分量差。
逆温层底高度(厚度)	大气逆温层顶与底之间的垂直距离。通常大气对流层内的气温是随高度呈递减速关系。但是在某些特殊条件下,高层气温反而高于低层气温,这种现象称为逆温。逆温层的物理特征是气体状态稳定,对气体上下对流过程有抑制作用,不利于大气污染物的扩散。逆温厚度越厚,维持时间越长,造成的污染危害越大。	$th = H_1 - H_2$ 式中 th 为逆温层厚度,H_1 为逆温层顶高度,H_2 为逆温层底高度。
逆温强度	逆温层内大气温度垂直递增率,越大表示逆温越强,越不利于逆温层内大气污染物扩散。	$ITI = \nabla T / th$ 式中 ∇T 为逆温层顶温度减去逆温层底温差。

7.2.2 山东省城市空气质量预报业务

2013 年,按照中国气象局应急减灾与公共服务司《关于开展空气质量预报工作的通知》要求,山东省自 9 月 5 日启动基于 AQI 开展空气质量预报业务工作。根据山东省环境保护厅(2018 年 10 月 27 日更名为山东省生态环境厅)与山东省气象局协商结果,10 月 29 日双方联合下发《山东省环境保护厅山东省气象局关于印发〈山东省重污染天气监测预警方案(试行)〉》(环发函〔2013〕612 号),11 月 7 日下发《山东省环境保护厅山东省气象局关于联合开展城市环境空气质量预报的通知》(环发函〔2013〕628 号),确定自 11 月 8 日空气质量预报省级业务由山东省气象台承担,各市根据自己情况确定业务承担主体以及和市环境保护局业务运行流程等。

7.2.2.1 城市空气质量预报等级

根据《环境空气质量指数(AQI)技术规定(试行)》(HJ 633—2012),城市环境空气质量预报等级分为六级。其中，AQI 在 0~50，空气质量指数级别为一级，指数类别为优；AQI 在 51~100，空气质量指数级别为二级，指数类别为良；AQI 在 101~150，空气质量指数级别为三级，指数类别为轻度污染；AQI 在 151~200，空气质量指数级别为四级，指数类别为中度污染；AQI 在 201~300，空气质量指数级别为五级，指数类别为重度污染；AQI＞301，空气质量指数级别为六级，指数类别为严重污染。

7.2.2.2　山东省城市空气质量预报工作流程

2013 年 11 月—2020 年 5 月，山东省城市空气质量预报工作采用"一级制作（省级制作）、三级应用（省、市、县）"的指导思想，具体流程如下：

第一，省级指导产品制作。山东省生态环境厅生态环境监测中心与山东省气象台 15 时前分别制作 17 市城市环境空气质量预报指导产品，并各自向各市环境监测站（监控中心）和气象台下发。

第二，预报会商。各市环境监测站（监控中心）和气象台根据指导预报产品进行会商，确定预报结果并分别于 15:30 前上报省生态环境监测中心。15:40 前，省生态环境监测中心和省气象台通过电话进行天气会商研判，联合制作全省城市空气质量预报产品。

第三，预报发布。省、市环境监测站（监控中心）和气象台通过网络、电视、报纸、广播等新闻媒体，联合向社会发布城市环境空气质量预报信息。

2020 年 5 月至今，山东省气象局为进一步优化全省环境气象基础业务布局，提供城市空气质量预报准确率，针对全省城市空气质量预报业务流程进行了调整：山东省气象台不再制作济南和青岛的城市空气质量预报，其他 14 市的城市空气质量预报仍由山东省气象台制作；济南和青岛的城市空气质量预报分别由济南市气象局和青岛市气象局承担，根据中国气象局考核要求，每天按时制作、传输。与山东省生态环境监测中心的联合会商及发布业务维持不变。

7.2.2.3　山东省城市环境空气质量预报内容

预报内容包括：未来 24 h（20 时—次日 20 时）、48 h、72 h 的空气质量指数、空气质量指数级别、空气质量指数类别、首要污染物以及出行建议。

2020 年 7 月新增城市空气质量气象条件等级预报产品并通过广播电台对外发布。

7.2.3　联合开展重污染天气预报预警业务

7.2.3.1　主要任务

山东省气象局负责全省空气污染气象条件等级预报，联合省生态环保厅组织开展全省城市空气质量预报和重污染天气监测预警工作。组织开展重污染天气应急响应处置，指导各市气象部门开展重污染天气预警、预报工作，并完成省应急工作小组交办的其他事项。

7.2.3.2　组织机构

山东省气象局成立重污染天气应急领导小组（以下简称应急领导小组），下设办公室以及相关直属单位、各市气象局应急机构。

（1）应急领导小组

领导小组由省气象局局长担任组长，分管环境气象业务副局长担任副组长，小组成员包括局办公室、应急与减灾处、观测与网络处、科技与预报处、气象台、气象信息中心和大气探测技术保障中心主要负责人。领导小组主要职责包括：承担贯彻中国气象局和省委、省政府有关重污染天气应急工作指示精神，落实省重污染天气应急工作小组决定事项；承担全省气象部门重污染天气应急领导工作；指挥、组织全省各级气象部门的气象灾害应急处置和应急服务工作；负责应急处置重大事项的决策；负责指挥、组织、协调全省重污染预测预警、应急响应等工作。

（2）应急工作办公室

应急工作办公室由省局办公室主要负责人担任主任，相关职能处室分管领导担任副主任。主要职责包括：组织应急会商和综合研判；根据应急领导小组命令，统一组织、协调各单位重污染天气应急响应工作，负责协调应急处置所需的人、财、物等资源调配；起草并传达应急响应命令，同时向上级报告应急响应的启动、变更、解除等情况；收集和汇总各单位相关应急情况并向领导小组、中国气象局报告，督促各单位的应急响应工作；应急响应期间，组织、协调其他重大突发事件的处置；组织、协调、检查、督促各应急响应单位的工作；完成应急领导小组交办的其他事项。

（3）相关直属单位

办公室主要职责：负责协调落实中国气象局和省委、省政府有关重污染天气应急工作指示精神；统一负责对内对外宣传报道；负责组织新闻发布和协调现场报道工作；负责组织应急科普宣传；完成应急领导小组交办的其他任务。

应急与减灾处主要职责：组织修订重污染天气应急响应专项实施方案；组织开展重污染天气气象服务工作；组织与省生态环境厅开展工作对接，建立沟通协调机制；完成应急领导小组交办的其他事项。

观测与网络处主要职责：负责组织各类气象观测资料采集、传输和处理的管理；根据要求，负责组织开展气象监测应急加密观测及资料传输的管理；负责组织开展气象装备的运行、监控、维修和调配；完成应急领导小组交办的其他事项。

科技与预报处主要职责：负责组织重污染天气应急气象预报、预警任务的落实；组织协调应急响应期间加密天气预报或预测会商，组织重污染天气联防；完成应急领导小组交办的其他事项。

7.2.3.3 重污染天气监测预报常规业务

（1）开展常规空气污染气象条件监测预报业务。省气象台每天参加全国天气会商，组织省市天气会商，密切关注全省空气污染气象条件状况，制作空气污染气象条件分析报告。

（2）与省生态环境厅相关部门开展常规空气质量预报会商。省气象台每天与省环境信息与监控中心开展常规会商，加强重污染天气监测研判，联合发布全省空气质量预报，根据环保部门需求，随时开展加密会商。

（3）与省生态环境厅相关部门开展区域重污染天气预报预警会商。省气象台与省环境信息与监控中心联合开展区域重污染天气预报预警工作。经预测或根据各市报送的预警信息，当3个及以上连片设区市将出现红色预警重污染天气时，及时与环保部门会商，必要时与有关市开展区域会商或组织专家开展集体会商。

7.2.3.4 重污染天气应急响应及处置措施

（1）预警分级

重污染天气预警分级标准统一采用空气质量指数（AQI）指标，AQI 日均值按连续 24 h（可以跨自然日）均值计算。

蓝色预警：预测 AQI 日均值＞200，且未达到高级别预警条件；

黄色预警：预测 AQI 日均值＞200 将持续 2 d（48 h）及以上，且未达到高级别预警条件；

橙色预警：预测 AQI 日均值＞200 将持续 3 d（72 h）及以上，且预测 AQI 日均值＞300，且未达到高级别预警条件；

红色预警：预测 AQI 日均值＞200 将持续 4 d（96 h）及以上，且预测 AQI 日均值＞300 将持续 2 d（48 h）及以上；或预测 AQI 日均值达到 500。

（2）应急响应分级

对应预警等级，实行 4 级响应。

① 当接到蓝色预警时，启动Ⅳ级响应。

② 当接到黄色预警时，启动Ⅲ级响应。

③ 当接到橙色预警时，启动Ⅱ级响应。

④ 当接到红色预警时，启动Ⅰ级响应。

（3）应急响应启动

接到省级重污染天气预警信息或应急响应通知后，省局及时启动应急响应。领导小组办公室向领导小组提出启动应急响应的具体建议，起草山东省气象局重污染天气应急响应令，根据响应级别，报请局领导签发。应急响应命令包括应急响应的启动、变更和解除（含级别、范围及其他应急事项）。原则上，Ⅳ级、Ⅲ级和Ⅱ级应急响应命令由副局长签发或授权签发，Ⅰ级应急响应命令由局长签发或授权签发。

（4）分级应急响应措施

① Ⅳ级应急响应措施。Ⅳ级应急响应时：

（a）加密会商。气象台开展部门内空气污染气象条件监测分析和会商联防，首席预报员主持会商并确定会商结论，及时向市气象局发布指导产品。同时，确保与省环境信息与监控中心会商、联防畅通，随时响应开展加密会商，并将会商结论随时报送领导小组办公室。

（b）应急值守。气象台实行有关岗位 24 h 值班和主要负责人带班制度。省局应急办值班室实行 24 h 应急值守。局领导带班，其他进入应急响应状态的单位应急岗位主要责任人带班。领导小组成员手机保持 24 h 畅通。

（c）相关保障。气象信息中心、大气探测技术保障中心根据职责做好相关保障工作。

② Ⅲ级应急响应措施。Ⅲ级应急响应时：

（a）加密会商。气象台开展部门内空气污染气象条件监测分析和会商联防，首席预报员做预报指导和技术把关，及时向市气象局发布指导产品。同时，确保与省环境信息与监控中心会商、联防畅通，随时响应开展加密会商，并将会商结论随时报送领导小组办公室。

（b）应急值守。气象台值班人员实行 24 h 值班和值班台长带班制度，相关人员在岗待命，保持手机开通。省局应急办值班室实行 24 h 应急值守。其他进入应急响应状态的单位实行负责人带班制度。

(c) 相关保障。气象信息中心、大气探测技术保障中心根据职责做好相关保障工作。

③ Ⅱ级应急响应措施。Ⅱ级应急响应时：

(a) 加密会商。气象台开展部门内空气污染气象条件监测分析和会商联防，首席预报员确定会商结论，及时向市气象局发布指导产品。同时，确保与省环境信息与监控中心会商、联防畅通，随时响应开展加密会商，并将会商结论随时报送领导小组办公室。

(b) 应急值守。气象台值班人员实行 24 h 值班和主要负责人带班制度。省局应急办值班室实行 24 h 应急值守。领导小组成员轮流带班，其他进入应急响应状态的单位明确应急岗位责任人。领导小组成员手机保持 24 h 畅通。

(c) 相关保障。气象信息中心、大气探测技术保障中心、机关服务中心根据职责做好相关保障工作。

④ Ⅰ级应急响应措施。Ⅰ级应急响应时：

(a) 加密会商。气象台开展部门内空气污染气象条件监测分析和会商联防，首席预报员主持会商并确定会商结论，及时向市气象局发布指导产品。同时，确保与省环境信息与监控中心会商、联防畅通，随时响应开展加密会商，并将会商结论随时报送领导小组办公室。

(b) 应急值守。气象台实行有关岗位 24 h 值班和主要负责人带班制度。省局应急办值班室实行 24 h 应急值守。局领导带班，其他进入应急响应状态的单位应急岗位主要责任人带班。领导小组成员手机保持 24 h 畅通。

(c) 相关保障。气象信息中心、大气探测技术保障中心、机关服务中心根据职责做好相关保障工作。

7.2.3.5 总结报送

应急响应终止后，应急响应机构自动解除应急状态，恢复正常业务运行和管理状态。

应急响应终止后，省气象台在应急响应终止后 1 个工作日内，将应急服务总结报告报送领导小组办公室，由领导小组办公室汇总形成重污染天气应急响应工作总结报送领导小组，领导小组同意后于应急响应终止后 2 个工作日内报送省重污染天气应急工作小组办公室。

7.3 山东环境气象预报预警平台建设

7.3.1 关键技术及实现

随着环境气象业务的开展，原有的气象业务平台无法满足环境气象的监测预报需求，2014 年 11 月起，山东省气象台组织业务人员集中攻关，开发了山东省环境气象业务平台，该平台于 2015 年初正式启用，并在使用过程中随着业务内容的发展不断改进完善。

该平台采用 B/S 架构，数据分类别存入 SQLserver 数据库，为后续的显示、分析、统计提供支撑。平台开发采用 PHP 编程语言，进行入库、访问、分析及统计，以其 GD 库、JPGRAPH 组件等进行绘图及显示，开发采用了当时主流的 GIS 技术。主要实现功能为污染监测数据和气象要素数据的导入、统计、地图查看、地图放大、地图缩小、地点查询等。数据导入支持文本文件、MICAPS 文件等标准数据文件。

7.3.2 主要功能

平台共有八个功能模块，主要功能包括监测报警、天气分析、预报分析、客观预报、专业模式、产品制作与服务、检验评估、业务手册等。依托主要功能模块实现污染天气（雾、霾）实况监测、预警监控、历史数据统计、预报分析、预报产品制作等功能（图 7.3），省、市、县三级实时共享互联，实现了资源专业化、方法客观化、业务集约化、操作便捷化，成为山东环境气象业务支撑平台。

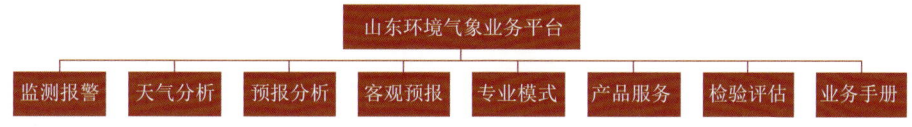

图 7.3 山东环境气象业务主要功能模块

（1）监测报警模块

监测报警模块主要包括全省 AQI 监测、综合报警和历史数据统计三大功能。通过该模块可实时监控全省空气质量实况，通过能见度、污染物浓度综合判识雾、霾等级预警，历史资料统计查询，以及卫星监测等功能。

全省 AQI 监测功能。空气质量观测数据分为六大要素，空气质量等级根据六要素中相对浓度最大，对空气污染贡献最大的要素的分指数（IAQI）等级作为空气质量综合指数（AQI）等级，该要素为首要污染物。该平台采用"扇形嵌套饼状图"包含了六种污染物各所处的污染等级、首要污染物种类及空气质量综合指数值大小和空气污染综合等级。实现以简洁的图形将复杂的空气质量状况清晰明了地展示（图 7.4）。可实时查看逐时 IAQI 等级分布、AQI 滑动平均分布，另外为了方便预报员统计查询，该模块还提供了气象与环境要素叠加、$PM_{2.5}$ 多站序列图、首要污染物变化、AQI 等级变化以及数据列表查询、统计、下载功能。

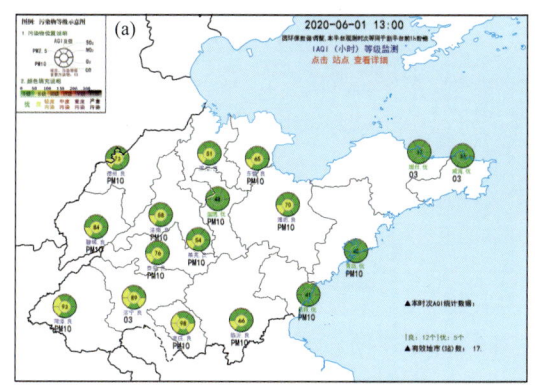
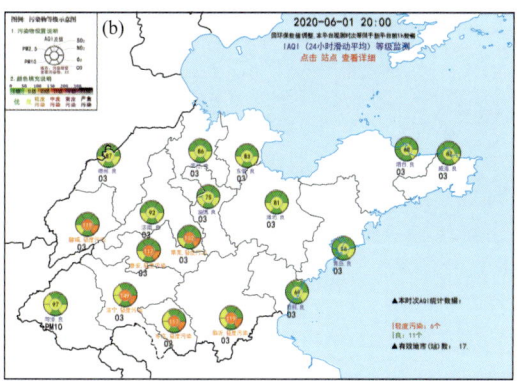

图 7.4 AQI 小时（a）及 24 h 滑动平均监测（b）

综合报警功能。该模块（图7.5、图7.6）可基于GIS的空气质量监测及气象能见度监测实现自动报警，也可依据最新雾霾定义及判识标准，综合考虑相对湿度、能见度和$PM_{2.5}$质量浓度，自动判识并显示雾霾标示。

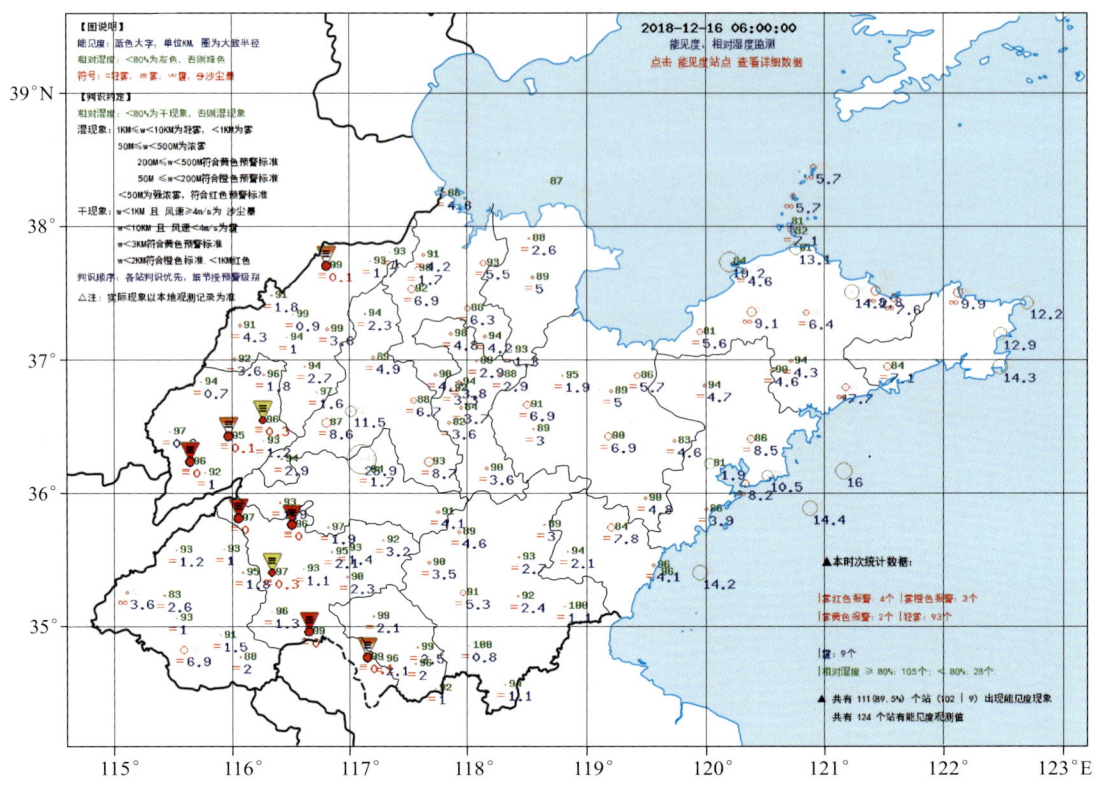

图7.5 雾霾综合识别和监测产品

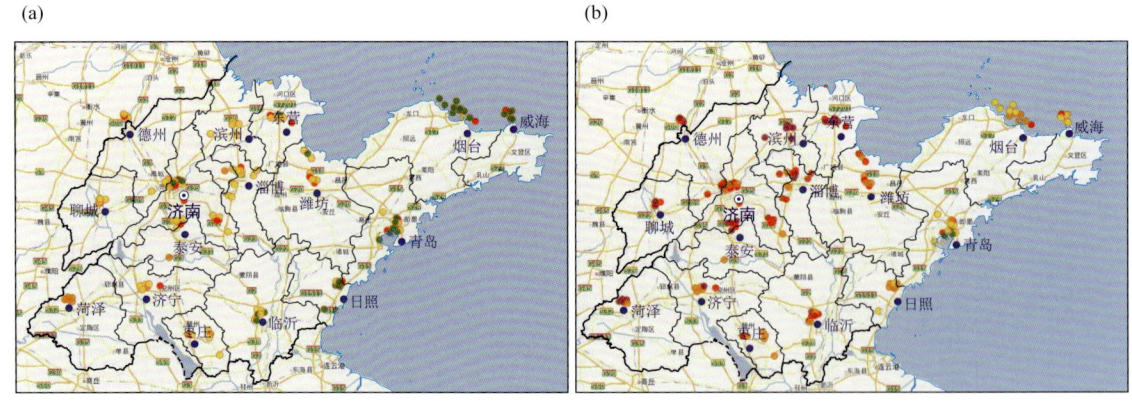

图7.6 2018年11月22日06时和26日08时雾霾自动识别与预警

历史数据查询功能。该功能可实现日、周、月数据库查询，调阅查询便捷，自带基本的判断统计功能，同时，还初步建立了重污染天气过程个例库，可以为环境周报、环境气象月报、环境气象其他决策服务材料、环境气象研究工作等提供直接的数据支撑（图7.7、图7.8）。

第7章 山东省环境气象业务及平台建设

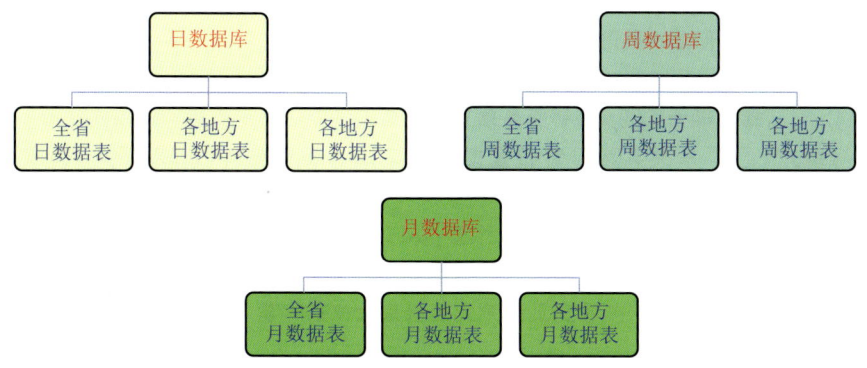

图 7.7 综合数据库及可进行的分析

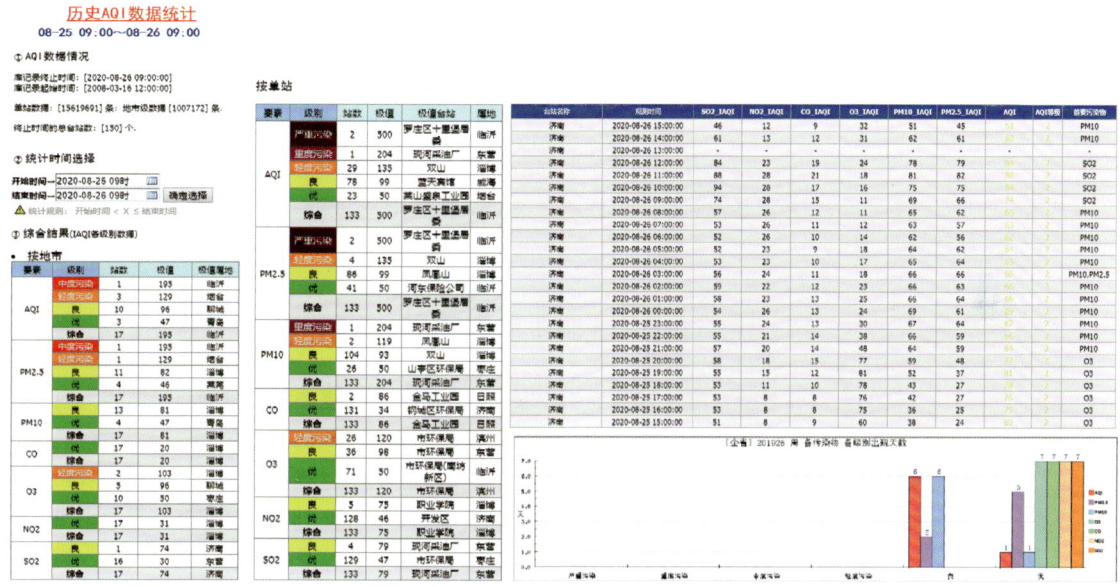

图 7.8 空气质量综合统计与分析产品

(2) 天气分析模块

该模块作为天气模式产品补充，选择与环境气象预报相关性较强的实况信息进行显示，分为空气污染水平扩散条件和大气湿度条件；包含地面平均风场、极大风场及露点温度差、相对湿度等要素（图 7.9）。

(3) 预报分析模块

该模块主要基于天气数值预报的要素进行气象条件分析，除常规气象要素（图 7.10）外，重点显示逆温、里查森数、混合层高度等综合要素图（图 7.11），另外提供综合湿度、垂直速度和风场的剖面图，为预报员提供水平（图 7.12）及垂直扩散条件（图 7.13）分析依据。

(4) 客观预报

与降水相比，数值模式对雾、霾这类灾害性天气预报能力更为有限，甚至缺乏具有直接参考意义的预报产品。实际工作中主要依靠预报员的主观经验，预报难度较大。因此开发环

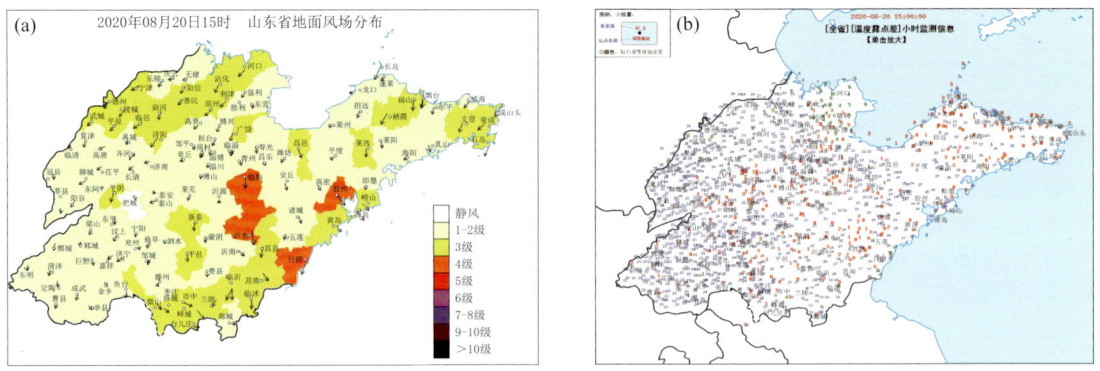

图 7.9 气象条件分析部分产品（a）风速，（b）湿度

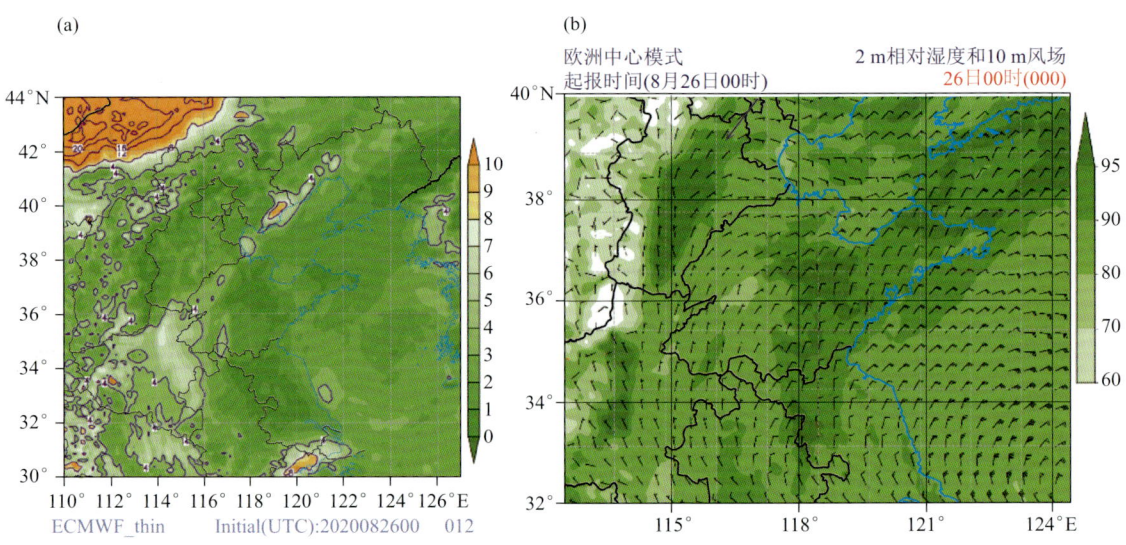

图 7.10 湿度产品（a） 2 m 温度露点差（填色，单位：℃），
（b） 2 m 相对湿度（填色，%）

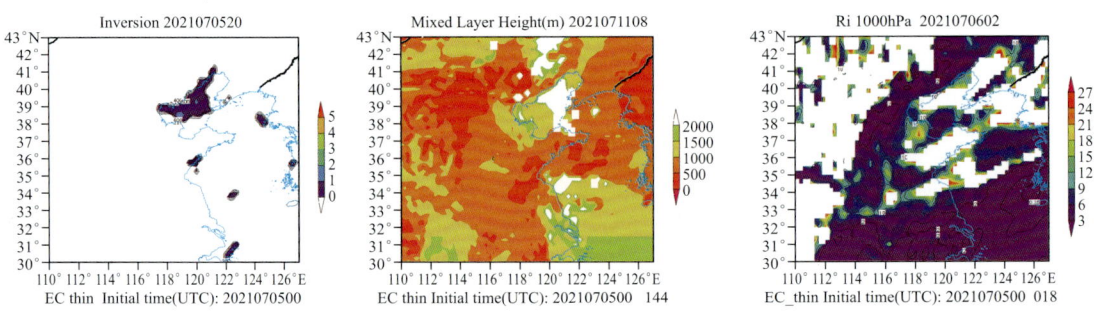

图 7.11 垂直扩散条件分析产品（a）逆温层（填色，℃），
（b）混合层高度（填色，单位：m），（c）RI 数

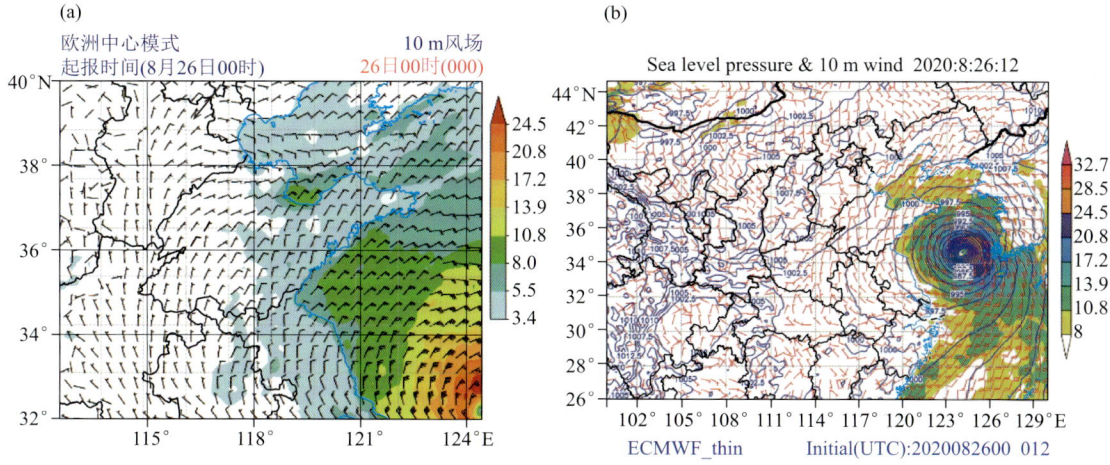

图 7.12 水平扩散条件分析产品（a） 10 m 风（填色，单位：m/s），
（b）海平面气压场（填色，单位：hPa）

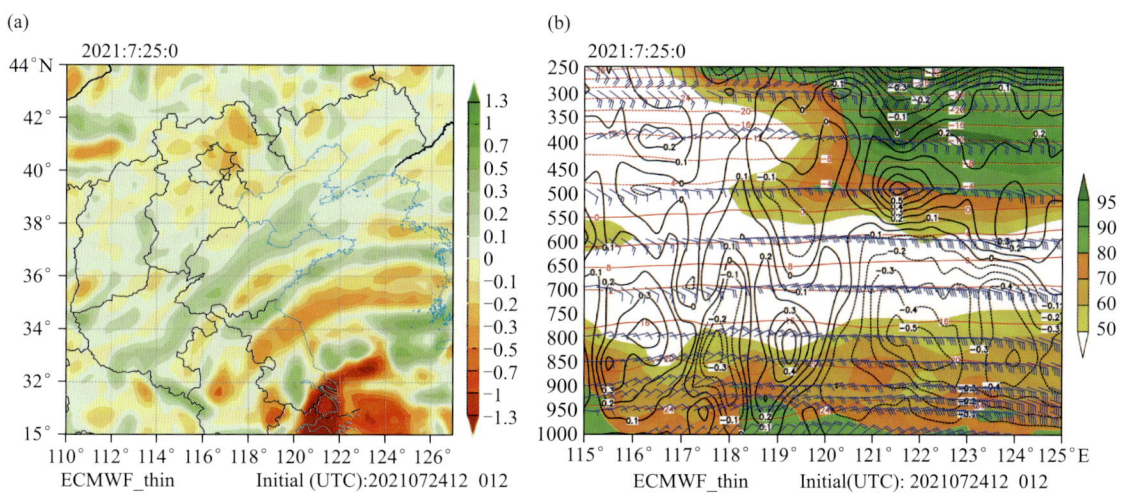

图 7.13 垂直扩散条件产品（a） 850 hPa 的垂直速度（填色，单位：Pa/s），
（b） EC 预报风和相对湿度（填色，%）的垂直剖面

境气象客观预报方法，建立预报模型对提高环境气象预报准确率具有重要意义。该模块涵盖基于卡尔曼滤波方法的 AQI 预报（图 7.14）、空气污染气象条件等级预报、空气质量预报和大雾预报（图 7.15）等客观预报方法，为预报员提供参考。

（5）专业模式模块

该模块包括中国气象局 CUACE、华东区域中心 WRF-Chem 及北大矮马模式等专业化学模式产品，提供污染物浓度变化、AQI 等趋势变化。另外，利用 WRF-Chem 模式数据绘制了大气污染物浓度变化曲线、大气污染容量、边界层厚度等产品，供业务预报参考（图 7.16）。

（6）产品服务模块

该模块提供业务所需产品制作服务，主要包括生成每日污染气象条件分析报告、制作全省 16 市污染物 AQI 预报、大城市 AQI 预报以及提供环境气象周报及评估报告等产品调阅

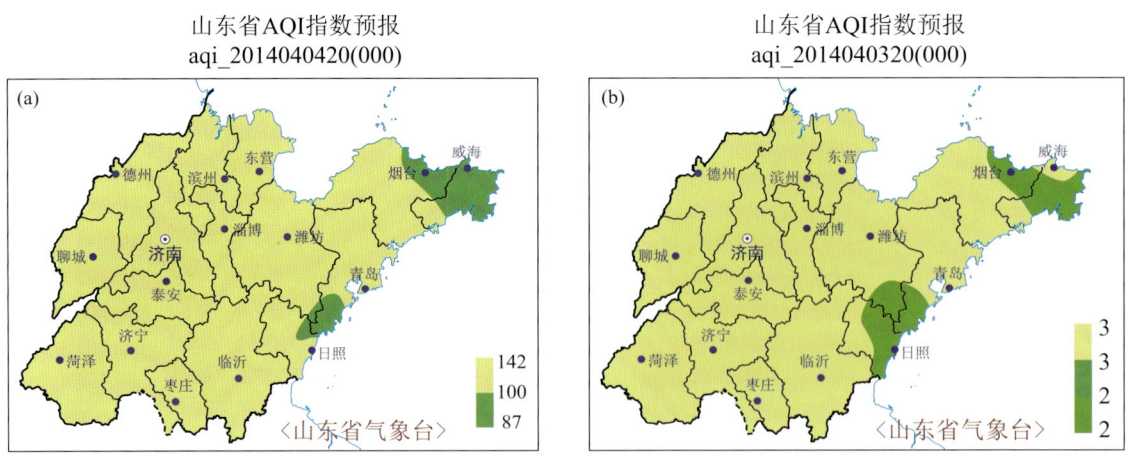

图 7.14　基于卡尔曼滤波方法的 AQI 预报

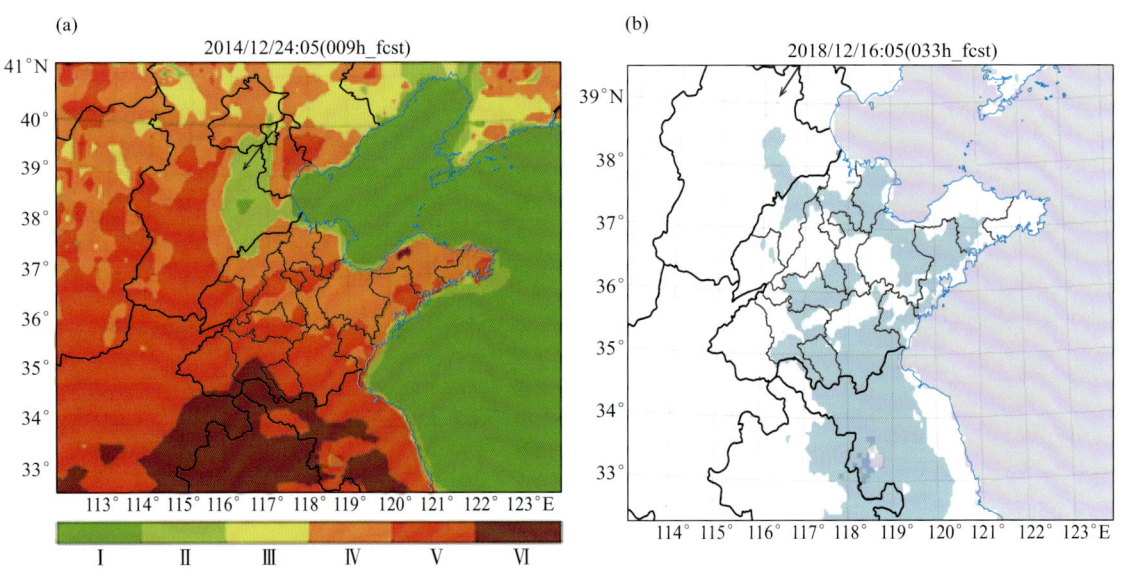

图 7.15　气象条件等级客观预报产品（a）和大雾客观预报产品（b）

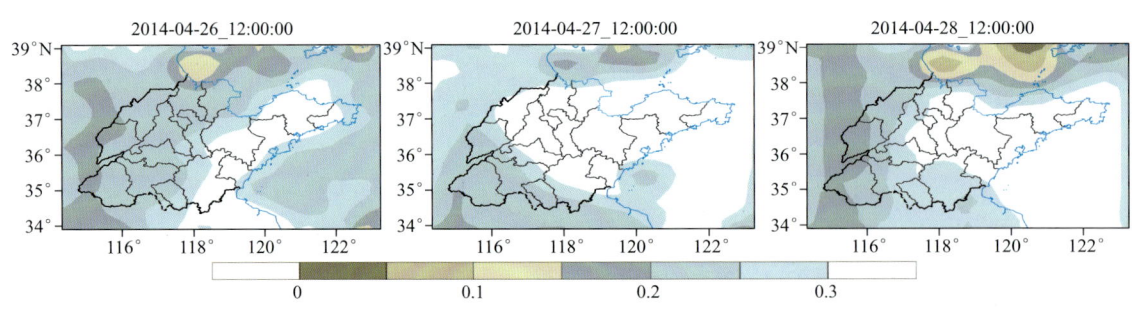

图 7.16　大气污染物容量产品

查询等功能，该模块以智能化、便捷化为主旨，方便预报员制作完成业务工作。

污染天气预报分析报告内容包含当日空气质量实况、未来天气形势、要素特征和模式预报，通过对实况及未来天气形势进行分析，结合模式预报综合研判，确定未来24 h空气污染气象条件预报和落区图绘制（图7.17）。

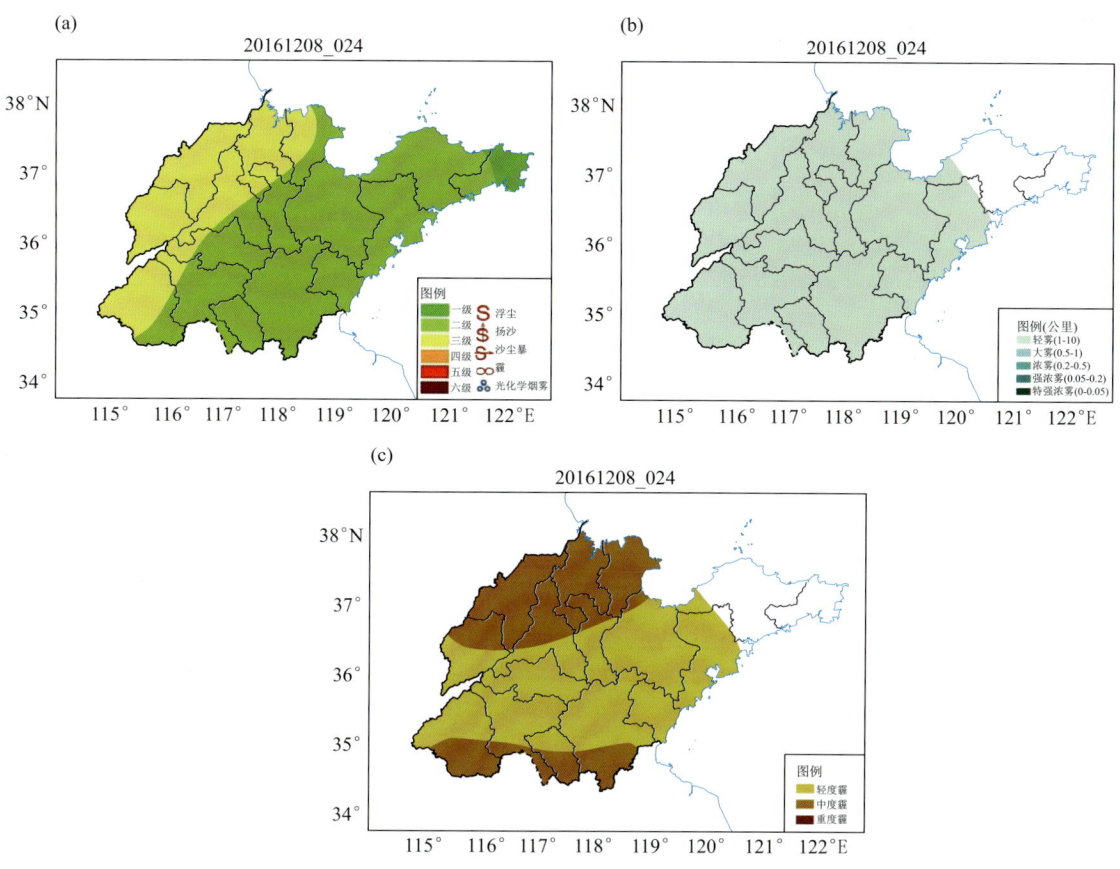

图7.17 污染气象条件等级预报（a）雾24 h落区预报（b），霾24 h落区预报（c）

城市空气质量制作功能可自动载入国家指导预报及各家模式预报（图7.18），预报员在此基础上进行6种污染物和首要污染物订正，保存生成全省16市污染物AQI预报和大城市AQI预报。

（7）检验评估模块

该模块提供了全省和各地市主观及客观预报检验实时及历史评分查询，包括日、月、年评分及任意时段评分查询功能（图7.19）。除此之外，可根据预报员号查询个人预报评分，通过评分对预报员预报成绩进行考评。

（8）业务手册模块

该模块主要提供环境气象相关业务规定、业务流程，以及预警信号标准、重污染预警应急联防流程等相关文件（图7.20）。

7.3.3 平台发展

山东环境气象业务平台在环境业务建立和发展阶段起到了重要的作用，从监测、预报分析、预报制作和检验等各个方面为环境业务的顺利开展提供了保障。近年来随着技术和业务

城市空气质量制作

载入国家指导预报　载入中央模式预报　载入北京模式预报　载入省级指导预报　载入地市订正预报　载入加权模式预报　修改权重　下载文本　下载省级预报　下载融合预报

时效 / 污染物 / 城市	2020-09-23 20:00:00 ~ 2020-09-24 20:00:00									
	PM_{10}	$PM_{2.5}$	CO	SO_2	NO_2	O_3	majorPollutants	majorPollutants2	AQI	AQI_lev
济南	52	44	18	10	39	89	O3		89	2
青岛	35	24	13	6	32	55	O3		55	2
滨州	52	49	21	14	40	75	O3		75	2
东营	44	40	21	11	37	67	O3		67	2
德州	43	44	20	7	31	81	O3		81	2
菏泽	57	45	17	7	28	93	O3		93	2
济宁	50	39	18	8	29	87	O3		87	2
临沂	47	31	19	8	32	74	O3		74	2
聊城	49	47	30	9	45	92	O3		92	2
莱芜	52	47	23	10	42	76	O3		76	2
日照	29	23	14	6	33	60	O3		60	2
泰安	52	44	19	10	37	83	O3		83	2
威海	28	22	12	5	16	52	O3		52	2
潍坊	40	34	18	8	36	58	O3		58	2
烟台	29	21	10	6	20	49	O3		49	1
枣庄	50	37	15	14	33	81	O3		81	2
淄博	54	49	22	13	45	78	O3		78	2

图 7.18　城市空气质量预报制作界面

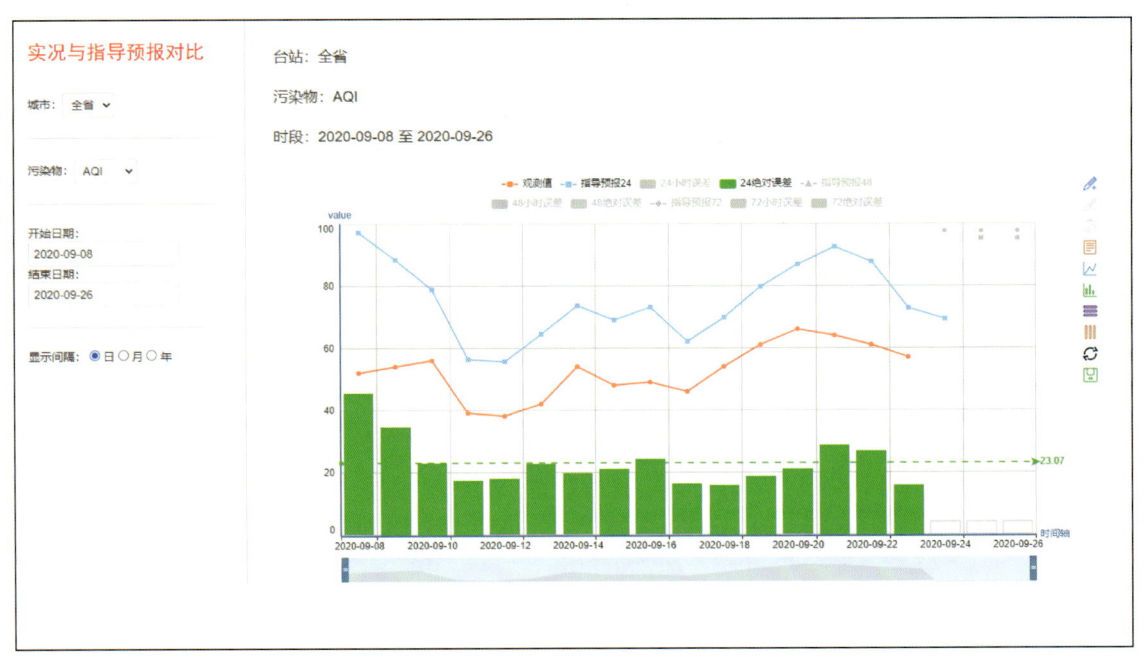

图 7.19　检验评估界面

的不断发展，对环境气象预报的精细化要求也越来越高。

针对环境气象业务的精细化发展需求，根据中国气象局部署，山东省气象台目前正在规

业务规定

- 01-《山东省重污染天气监测预警方案》.pdf
- 02-鲁环函【2013】612号.pdf
- 03-预报司关于暂缓重污染天气预警发布工作的通知.pdf
- 04-山东省城市环境空气质量工作会议纪要.pdf
- 05-关于城市环境空气质量监测预报预警工作有关问题的说明.pdf
- 06(1)-关于下发全国环境气象模式产品的通知.pdf
- 06(2)-环境气象模式产品下发说明2.pdf
- 07-山东省气象局2013年环境气象业务实施方案.pdf
- 08(1)-关于下发全国空气污染气象条件落区预报指导产品的通知.pdf
- 08(2)-全国空气污染气象条件落区预报指导产品说明.pdf
- 09-京津冀及周边地区重污染天气应急预案（试行）.pdf
- 10-华东区域气象中心关于共享发布华东区域空气质量预报产品（AQI）的通知.pdf

图 7.20　业务手册的部分内容

划打造智能化、精细化、网格化环境气象预报业务系统，形成上下一体的业务平台，支撑省、市、县三级业务服务。开展雾、霾、能见度智能网格预报业务，提高大气环境预报预警准确率和时空精细化水平，发布 1～7 d 时效逐 3 h 间隔雾、霾、能见度客观预报产品及网格预报产品，开展精细化空气污染气象条件预报。

另外，新的环境气象平台优化升级了综合监测、预报分析和预报检验等模块功能。其中，综合监测模块增加了 188 个县级站及全国重点城市站点显示，可实现 GIS 地图下环境要素与气象要素的叠加显示及等值线、色斑图等分析。预报分析模块重点针对 CUACE、WRF-Chem 及华北环境模式开展释用，打造专业性、综合性环境气象产品。预报检验模块在原有主客观检验基础上，增设数值模式检验功能，给出最优参考模式，全面助力提升环境气象预报准确率。

7.4 本章小结

本章介绍了山东省环境气象业务建设情况。2013 年以来，山东省气象局持续推进环境气象业务，2015 年初，山东省气象台正式成立环境预报科，业务范围涵盖 0～72 h 空气污染气象条件等级预报、雾和霾天气等级及落区预报、大气静稳指数和城市空气质量指数预报等。制定了各项业务规范、业务和技术流程，形成了"一级（省级）制作、三级（省、市、县）应用"的集约化业务布局。目前，山东省气象台正在规划开展雾、霾、能见度智能网格预报业务，进一步提高大气环境预报预警准确率和时空精细化水平。

在业务建设的同时，积极组织开展环境气象科研攻关，为业务提供了技术支撑。2014 年 11 月起，山东省气象台组织开发了山东省环境气象业务平台，建成八个功能模块，包括监测报警、天气分析、预报分析、客观预报、专业模式、产品制作与服务、检验评估、业务手册等。该平台在环境业务建立和发展中发挥了重要的作用。

参考文献

艾瑞瑞，2018. 气象条件与环境污染对$PM_{2.5}$浓度的影响[J]. 环境与发展，30（12）：57-59.

白慧，张苏平，丁作蔚，2010. 青岛近海夏季海雾年际变化的低空气象水文条件分析——关于水汽来源的讨论[J]. 中国海洋大学学报，40（12）：17-26.

白永清，祁海霞，刘琳，等，2016. 武汉大气能见度与$PM_{2.5}$浓度及相对湿度关系的非线性分析及能见度预报[J]. 气象学报，74（2）：189-199.

边海，韩素芹，张裕芬，等，2012. 天津市大气能见度与颗粒物污染的关系[J]. 中国环境科学，32（3）：406-410.

陈国华，周婉君，高伟，等，2016. 上海辐射雾雾滴谱特征及微物理特性分析[C]//中国气象学会. 第33届中国气象学会年会S22青年论坛论文集. 西安：中国气象学会：6-11.

陈良富，陈水森，钟流举，等，2015. 卫星数据和地面观测结合的珠三角地区颗粒物质量浓度统计估算方法[J]. 热带地理，35（1）：7-12.

陈泮勤，1983. 几种稳定度分类法的比较研究[J]. 环境科学学报，3（4）：357-364.

戴羊羊，李成范，周时强，等，2015. 基于遥感的上海地区雾霾监测研究[J]. 测绘工程，24（12）：29-32.

戴竹君，刘端阳，王宏斌，等，2016. 江苏秋冬季重度霾的分型研究[J]. 气象学报，74（1）：133-148.

邓拓，程爱杰，林海翔，2019. 基于LSTM神经网络的机场能见度预测[D]. 济南：山东大学.

邓伟妮，2008. 基于BP神经网络的现实PM_{10}污染预报及其MATLAB实现[D]. 西安：西安科技大学.

董超华，杨军，卢乃锰，等，2010. 风云三号A星（FY-3A）的主要性能与应用[J]. 地球信息科学学报，12（4）：458-465.

董旭光，邱粲，李娟，等，2018. 1981—2016年山东陆地观测最大风速变化特征[J]. 海洋气象学报，38（2）：87-95.

杜川利，唐晓，李星敏，等，2014. 城市边界层高度变化特征与颗粒物浓度影响分析[J]. 高原气象，33（5）：1383-1392.

付桂琴，张迎新，张庆红，等，2013. 河北低能见度事件特征分析[J]. 气象，39（8）：1042-1049.

高大伟，马浩，郁珍艳，等，2015. 基于连续MODIS真彩图的霾监测预警新方法——以浙江省一次严重霾污染过程为例[J]. 中国环境科学，35（10）：2939-2949.

高荣珍，李欣，任兆鹏，等，2016. 青岛沿海海雾决策树预报模型研究[J]. 海洋预报，33（4）：80-87.

葛巍，陈良富，司一丹，等，2016. 霾光谱特性分析与卫星遥感识别算法[J]. 光谱学与光谱分析，36（12）：3817-3824.

龚识懿，冯加良，2012. 上海地区大气相对湿度与PM_{10}浓度和大气能见度的相关性分析[J]. 环境科学研究，25（6）：628-632.

郭静原，2017. 风云三号D气象卫星成功发射[J]. 现代企业，386（11）：41-41.

郭俊建，韩永清，赵勇，2020. 山东区域性辐射雾时空分布及地面气象要素特征分析[J]. 海洋气象学报，40（2）：96-102.

郭丽娜，黄容，马艳，2014. 青岛逆温层特征及其对空气质量的影响分析[J]. 海岸工程，33（4）：14-25.

郭萍萍，杨建才，殷雪莲，等，2015. 甘肃省春季一次连续浮尘天气过程分析[J]. 干旱气象，33（2）：303-309.

郭英莲，王继竹，刘希文，2014．武汉地区连续两次严重雾霾天气成因分析［J］．高原气象，33（5）：1411-1420．

韩永清，孙兴池，李静，等，2017．雾霾天气个例气象条件对比分析［J］．气象科技，45（1）：171-177．

何建军，吴琳，毛洪钧，等，2016．气象条件对河北廊坊城市空气质量的影响［J］．环境科学研究，29（6）：791-799．

何月欣，张学磊，陈卫卫，等，2018．基于多卫星遥感的东北地区霾污染时空特征研究［J］．环境科学学报，38（2）：607-671．

侯淑梅，孙忠欣，李林清，1998．东营市雾天气分析［J］．河南气象（2）：13-14．

胡海川，张恒德，朱彬，等，2018．神经网络方法在环渤海能见度预报中的应用分析［J］．气象科学，38（6）：798-805．

胡瑞金，周发琇，1997．海雾过程中海洋气象条件影响数值研究［J］．青岛海洋大学学报，27（3）：282-290．

黄彬，陈涛，陈炯，等，2009．黄渤海海雾数值预报系统及检验方法研究［J］．气象科技，37（3）：271-275．

黄健，黄辉军，黄敏辉，等，2011．广东沿岸海雾决策树预报模型［J］．应用气象学报，22（1）：107-114．

黄建平，梅清银，靳永才，等，1998．沪宁地区辐射雾的微物理结构及其演变［J］．气象，24（5）：3-8．

黄元龙，杨新，2013．大气细颗粒物对大气能见度的影响［J］．科学通报，13（58）：1165-1170．

江敦双，张苏平，陆惟松，2008．青岛海雾的气候特征和预测研究［J］．海洋湖沼通报（3）：7-12．

姜大膀，王式功，郎咸梅，等，2001．兰州市区低空大气温度层结特征及其与空气污染的关系［J］．兰州大学学报（自然科学版），37（4）：133-139．

蒋维楣，曹文俊，蒋瑞宾，1993．空气污染气象学教程［M］．北京：气象出版社．

井传才，1980．青岛近海海雾的初步分析［J］．气象，6（5）：6-8．

康桂红，孙兴池，韩永清，等，2016．山东省大气污染时空分布特征分析［J］．山东气象，36（1）：13-17．

兰措，张永新，1998．冬季西宁市区上空阴霾的监测与分析［J］．气象，24（6）：27-29．

李二杰，刘晓慧，李洋，等，2015．一次重污染过程及其边界层气象特征量分析［J］．干旱气象，33（5）：856-860．

李海蓉，朱晓欣，曹春正，2018．基于广义高斯过程回归的北京市近五十年能见度分析［J］．统计与决策，34（20）：103-106．

李江波，沈桐立，侯瑞钦，等，2007．华北平原一次大雾天气过程的数值模拟［J］．南京气象学院学报，30（6）：819-827．

李沛，王式功，尚可政，等，2012．基于神经网络逐级分类建模的北京地区能见度预报［J］．兰州大学学报（自然科学版），48（3）：52-57．

李昕蓓，张苏平，衣立，等，2019．基于循环神经网络的单站能见度短临预报试验［J］．海洋气象学报，39（2）：76-83．

李星敏，董自鹏，陈闯，等，2014．陕西关中气溶胶对大气能见度的影响研究［J］．高原气象，33（5）：1289-1296．

李旭文，朱志春，王经顺，等，2011．遥感影像反演区域能见度及其与地面空气质量监测数据一致性研究［J］．环境监测管理与技术，23（1）：20-27．

李永果，马丽，李芳，等，2015．2001—2012年鲁南雾气候特征及形成机制［J］．气象科技，43（4）：709-714．

李正强，许华，张莹，等，2014．基于卫星数据的灰霾污染遥感监测方法及系统设计［J］．中国环境监测，

30(3):159-165.

李兆阳,奚晓霞,丁明科,等,2020. 华北冬季地面环流型对不同城市大气能见度的影响研究[J]. 环境科学与管理,45(1):43-48.

李子华,张利民,楼小凤,1993. 重庆市区冬季雾的宏微观结构及其物理成因. 南京气象学院学报,16(1):48-54.

李子华,杨军,石春娥,等,2008. 地区性浓雾物理[M]. 北京:气象出版社.

李子华,刘端阳,杨军,等,2011. 南京市冬季雾的物理化学特征[J]. 气象学报,69(4):706-718.

梁之彦,黎洁仪,2014. 基于神经网络的广州市能见度预报[J]. 气象研究与应用,35(1):17-20+49.

廖碧婷,吴兑,陈静,等,2012. 灰霾天气变化特征及垂直交换系数的预报应用[J]. 热带气象学报,28(3):417-424.

廖晓农,孙兆彬,唐宜西,等,2015. 高空偏北风背景下北京地区高污染形成的环境气象机制研究[J]. 环境科学,36(3):801-808.

林艳,杨军,鲍艳松,等,2010. 山西省冬季雾中能见度的数值模拟研究[J]. 南京信息工程大学学报(自然科学版),2(5):436-444.

林艳,王茂书,林龙官,2013. 四川省冬季雾的数值模拟及能见度参数化[J]. 南京信息工程大学学报(自然科学版),5(3):222-228.

刘丹,高世臣,2011. K-均值算法聚类数的确定[J]. 硅谷,6:38-39.

刘端阳,2011. 南京冬季雾宏微观物理结构的观测研究[D]. 南京:南京信息工程大学.

刘端阳,杨军,李子华,2008. 南京冬季三类雾的微物理特征比较[C]//中国气象学会人工影响天气委员会,中国气象科学研究院,中国气象局人工影响天气中心,吉林省人工影响天气办公室. 第十五届全国云降水与人工影响天气科学会议论文集(Ⅱ). 北京:气象出版社:644-647.

刘厚凤,杨欣,陈义珍,等,2015. 中国重霾过程污染气象研究进展[J]. 生态环境学报,24(11):1917-1922.

刘焕彬,冯俊杰,王恒明,2005. 济南低空逆温层特征分析[J]. 山东气象,25(1):27-28.

刘霖蔚,牛生杰,刘端阳,等,2012. 南京冬季浓雾的演变特征及爆发性增强研究[J]. 大气科学学报,35(1):103-112.

刘梅,严文莲,张备,等,2014. 2013年1月江苏雾霾天气持续和增强机制分析[J]. 气象,40(7):835-843.

刘瑞婷,韩志伟,李嘉伟,2014. 北京冬季雾霾事件的气象特征分析[J]. 气候与环境研究,19(2):164-172.

刘希,胡秀清,2008. 基于MTSAT卫星的我国东部沿海雾区的自动识别[J]. 台湾海峡,27(1):112-117.

刘小宁,张洪政,李庆祥,等,2005. 我国大雾的气候特征及变化初步解释[J]. 应用气象学报,16(2):220-230.

刘晓舟,2013. 南京冬季雾特征及湍流对雾过程的影响[D]. 南京:南京信息工程大学.

刘勇洪,2014. 基于NOAA/AVHRR卫星资料的北京地霾识别研究[J]. 气象,40(5):619-627.

刘增强,郑玉萍,李景林,等,2007. 乌鲁木齐市低空大气逆温特征分析[J]. 干旱区地理,30(3):351-356.

罗超,苏维瀚,张秋彭,等,1986. 北京地区大气能见度与大气污染的关系初探[J]. 大气科学,10(2):138-144.

吕博,贾斌,韩风军,等,2014. 山东中西部一次持续性大雾的形成及维持机制[J]. 干旱气象,32(5):830-836.

马国欣,薛永祺,李高丰. 2008. 珠江三角洲地区的灰霾监控与卫星遥感[J]. 科技导报,26(16):

72-76.

马学款, 蔡芗宁, 杨贵名, 等, 2007. 重庆市区雾的天气特征分析及预报方法研究 [J]. 气候与环境研究, 12 (6): 795-803.

马艳, 郭丽娜, 黄容, 2014. 青岛一次沙尘污染事件的气象条件特征 [J]. 干旱气象, 32 (5): 773-780.

马艳, 黄容, 陈尚, 等, 2015. 青岛市雾和城市空气质量的特征及其关系 [J]. 气象科技, 43 (5): 928-934.

马艳, 黄容, 时晓曚, 等, 2018. 青岛冬季持续 $PM_{2.5}$ 重污染天气的大气边界层特征 [J]. 环境科学研究, 31 (1): 18-28.

马志强, 赵秀娟, 孟伟, 等, 2012. 雾和霾对北京地区大气能见度影响对比分析 [J]. 环境科学研究, 25 (11): 1208-1214.

毛冬艳, 杨贵名, 2006. 华北平原雾发生的气象条件 [J]. 气象, 32 (1): 78-83.

毛节泰, 李成才, 张军华, 等, 2002. MODIS 卫星遥感北京地区气溶胶光学厚度及与地面光度计遥感的对比 [J]. 应用气象学报, 13 (3): 127-135.

牛志春, 姜晟, 李旭文, 等, 2014. 江苏省霾污染遥感监测业务化运行研究 [J]. 环境监控与预警, 6 (5): 15-18.

濮梅娟, 严文莲, 商兆堂, 等, 2008. 南京冬季雾爆发性增强的物理特征研究 [J]. 高原气象, 27 (5): 1111-1118.

覃登攀, 2008. 基于遗传算法和人工神经网络相结合的南宁市空气质量预报研究 [D]. 南宁: 广西大学.

曲平, 解以扬, 刘丽丽, 等, 2014. 1988—2010 年渤海湾海雾特征分析 [J]. 高原气象, 33 (1): 285-293.

任国玉, 郭军, 徐铭志, 等, 2005. 近 50 年中国地面气候变化基本特征 [J]. 气象学报, 63 (6): 942-956.

任兆鹏, 张苏平, 2011. 黄海夏季海雾的边界层结构特征及其与春季海雾的对比 [J]. 中国海洋大学学报 (自然科学版), 41 (5): 23-30+109.

任兆鹏, 高荣珍, 时晓曚, 等, 2019. 2018 年 6 月青岛近岸一次海雾导致能见度变化的成因分析 [J]. 海洋湖沼通报, 2019 (4): 81-90.

任阵海, 苏福庆, 陈朝晖, 等, 2008. 夏秋季节天气系统对边界层内大气中 PM_{10} 浓度分布和演变过程的影响 [J]. 大气科学, 32 (4): 741-751.

任重, 马海涛, 王丽, 等, 2011. CALPUFF 在大气预测及环境容量核算中的应用 [J]. 环境科学与技术, 34 (6): 201-205.

沈利娟, 李莉, 吕升, 等, 2016. 嘉兴市春节期间烟花爆竹燃放对大气污染物分布特征的影响 [J]. 环境科学学报, 36 (5): 1548-1557.

石春娥, 王喜全, 李元妮, 等, 2016. 1980—2013 年安徽霾天气变化趋势及可能成因 [J]. 大气科学, 40 (2): 357-370.

宋宇, 唐孝炎, 2003. 北京市能见度下降与颗粒物污染的关系 [J]. 环境科学学报, 23 (4): 468-471.

苏维瀚, 张秋彭, 沈济, 等, 1986. 北京地区大气能见度与大气污染的关系初探 [J]. 大气科学, 10 (2): 138-144.

孙娟, 束炯, 鲁小琴, 等, 2006. MODIS 遥感气溶胶光学厚度产品在地面能见距中的应用 [J]. 环境科学与管理, 31 (5): 97-101.

孙伟帅, 2021. 基于迁移学习的天气图像识别 [J]. 西华大学学报 (自然科学版), 40 (1): 22-26.

孙颖, 马艳, 高荣珍, 等, 2018. 山东一次持续性平流辐射雾过程特征及成因分析 [J]. 海洋气象学报, 38 (4): 128-135.

王彬华, 1983. 海雾 [M]. 北京: 海洋出版社.

王丛梅，杨永胜，李永占，等，2013. 2013年河北省中南部严重污染的气象条件及成因分析[J]. 环境科学研究，26（7）：695-702.

王海超，焦文玲，邹平华，2010. AERMOD大气扩散模型研究综述[J]. 环境科学与技术，33（11）：115-119.

王丽萍，陈少勇，董安祥，2005. 中国雾区的分布及其季节变化[J]. 地理学报，60（4）：689-697.

王淑英，孟燕军，2002. 北京高速公路大气能见度与气象条件的相关分析[J]. 气象科技，30（5）：306-310+320.

王晓云，潘莉卿，吕伟林，等，2001. 北京城区冬季空气污染物垂直分布与气象状况的观测分析[J]. 应用气象学报，12（3）：279-286.

王耀庭，李威，张小玲，等，2012. 北京城区夏季静稳天气条件下大气边界层与大气污染的关系[J]. 环境科学研究，25（10）：1092-1098.

王勇，2019. 基于多源数据和XGBoost算法的上海市能见度预测模型研究[D]. 上海：华东师范大学.

王媛媛，赵玮，邢楠，等，2020. 基于RMAPS-CHEM模式产品的北京地区能见度预报订正[J]. 气象，46（3）：403-411.

王跃，王莉莉，赵广娜，等，2014. 北京冬季$PM_{2.5}$重污染时段不同尺度环流形势及边界层结构分析[J]. 气候与环境研究，19（2）：173-184.

王占山，李云婷，陈添，等，2015. 2013年北京市$PM_{2.5}$的时空分布[J]. 地理学报，70（1）：110-120.

王志宇，2019. 基于LightGBM框架的上海市大气能见度预报订正研究[D]. 上海：华东师范大学.

王中挺，厉青，李莘莘，等，2012. 基于环境一号卫星的霾监测应用[J]. 光谱学与光谱分析，32（3）：775-780.

吴彬贵，马翠平，蔡子颖，等，2014. 辐射雾局地爆发性增强原因探讨[J]. 高原气象，33（5）：1393-1402.

吴波，胡邦辉，王学忠，等，2017. 基于近似支持向量机的能见度释用预报研究[J]. 热带气象学报，33（1）：104-110.

吴兑，2005. 关于霾与雾的区别和灰霾天气预警的讨论[J]. 气象，31（4）：3-7.

吴兑，2006. 再论都市雾与霾的区别[J]. 气象，32（4）：9-15.

吴兑，2012. 近十年中国灰霾天气研究综述[J]. 环境科学学报，32（2）：257-269.

吴兑，毕雪岩，邓雪娇，等，2006. 珠江三角洲大气灰霾导致能见度下降的研究[J]. 气象学报，64（4）：511-518.

吴兑，廖国莲，邓雪娇，等，2008. 珠江三角洲霾天气的近地层输送条件研究[J]. 应用气象学报，19（1）：1-9.

吴兑，吴晓京，李菲，等，2010. 1951—2005年中国大陆霾的时空变化[J]. 气象学报，68（5）：680-688.

吴兑，陈慧忠，吴蒙，等，2014. 三种霾日统计方法的比较分析——以环首都圈京津冀晋为例[J]. 中国环境科学，34（3）：545-554.

吴蓉，卢燕宇，王胜，等，2017. 1961—2010年安徽省大气环境容量系数变化特征分析[J]. 气候变化研究进展，13（6）：545-556.

吴炜，丛春华，郭俊建，等，2017. 中国气象局关键技术集成与应用项目"黄海、渤海海雾预报关键技术集成与应用"（CMAGJ2013Z02）技术报告[R]. 济南：山东省气象台.

吴炜，丛春华，郑怡，2020. 山东省重点研发计划"区域性空气重污染气象条件预警关键技术研究"（2016GSF117025）科技报告[R]. 济南：山东省气象台.

吴振玲，谢以扬，周惠，等，2005. 2003年冬季空气质量趋势预测方法[J]. 气象，31（10）：47-50.

夏凡，李昌义，2018. 基于3种能见度方案山东地区雾天气预报试验研究[J]. 气象与环境学报，34（3）：

48-57.

向嘉敏，祝善友，张桂欣，等，2019. 灰霾遥感监测研究进展［J］. 遥感技术与应用，34（1）：12-20.

谢超，马民涛，于肖肖，2015. 多种神经网络在华北西部区域城市空气质量预测中的应用［J］. 环境工程学报，145（12）：6605-6609.

谢超，马学款，张恒德，2019. 华南低能见度天气特征及客观预报研究［J］. 气象科学，39（4）：556-561.

徐大海，朱蓉，1989. 我国大陆通风量及雨洗能力分布的研究［J］. 中国环境科学，9（5）：367-374.

徐大海，朱蓉，2000. 大气平流扩散的箱格预报模型与污染势指数预报［J］. 应用气象学报，11（1）：2-12.

徐鹤，丁洁，冯晓飞，2010. 基于ADMS-Urban的城市区域大气环境容量测算与规划［J］. 南开大学学报（自然科学版），43（4）：67-72.

徐同，李佳，杨玉华，等，2016. SMS-WARMS V2.0模式预报效果检验［J］. 气象，42（10）：1176-1183.

徐志鹏，张苏平，衣立，等，2018. 青岛近岸能见度逐小时分级预报模型初探［J］. 海洋湖沼通报，(1)：9-17.

许启慧，范引琪，井元元，等，2017. 1972—2013年河北省大气环境容量的气候变化特征分析［J］. 高原气象，36（6）：1682-1692.

阎丽凤，杨成芳，2014. 山东省灾害性天气预报技术手册［M］. 北京：气象出版社.

严文莲，刘端阳，濮梅娟，等，2010. 南京地区雨雾的形成及其结构特征［J］. 气象，36（10）：29-36.

严文莲，朱承瑛，朱毓颖，等，2018. 江苏一次大范围的爆发性强浓雾过程研究［J］. 气象，44（7）：892-901.

杨峰，李文青，谢放尖，等，2016. 春节期间禁燃烟花爆竹对南京市空气质量影响［J］. 气象与环境学报，32（4）：48-54.

杨军，董超华，2011. 新一代风云极轨气象卫星业务产品及应用［M］. 北京：科学出版社.

杨欣，陈义珍，刘厚凤，等，2014. 北京2013年1月连续强霾过程的污染特征及成因分析［J］. 中国环境科学，34（2）：282-288.

姚秀萍，彭广，于玉斌，2009. 干侵入强度指数的表征及物理意义［J］. 高原气象，28（3）：507-515.

尹云鹤，吴绍洪，陈刚，2009. 1961-2006年我国气候变化趋势与突变的区域差异［J］. 自然资源学报，24（12）：2147-2157.

于超，张蕾，2019. 南京北郊大气能见度影响因子研究［J］. 三峡生态环境监测，4（1）：56-60.

于庚康，王博妮，陈鹏，等，2015. 2013年初江苏连续性雾－霾天气的特征分析［J］. 气象，41（5）：622-629.

于淑秋，林学椿，徐祥德，2002. 北京市区大气污染的时空特征［J］. 应用气象学报，13（s1）：92-99.

于玉斌，姚秀萍，2003. 干侵入的研究及其应用进展［J］. 气象学报，61（6）：769-778.

郁珍艳，李正泉，高大伟，等，2017. 浙江省空气质量与大气自净能力的特征分析［J］. 气象，43（3）：323-332.

张德山，魏建明，陈廷良，等，2002. 首都机场高速公路能见度预报方法［J］. 气象科技，30（6）：358-361.

张佃国，王洪，崔雅琴，等，2017. 山东济南地区2015年大气边界层逆温特征［J］. 干旱气象，35（1）：43-50.

张纪伟，张苏平，吴晓京，等，2009. 基于MODIS的黄海海雾研究—海雾特征量反演［J］. 中国海洋大学学报，39（s1）：311-318.

张剑，刘红年，唐丽娟，等，2011. 苏州城区能见度与颗粒物浓度和气象要素的相关分析［J］. 环境科学研究，24（9）：982-987.

张恺，徐大海，朱蓉，等，2005. CAPPS 多箱模式中光化学模式的嵌套与城市大气臭氧数值预报[J]. 应用气象学报，16（1）：1-12.

张莉，巩在武，顾伟宗，等，2015. 山东省雾霾变化特征及一次持续性雾霾过程的分析[J]. 中国海洋大学学报，45（11）：10-14.

张利，吴涧，张武，2011. 1955—2000 年中国能见度变化趋势分析[J]. 兰州大学学报（自然科学版），47（6）：46-55.

张人禾，李强，张若楠，2014. 2013 年 1 月中国东部持续性强雾霾天气产生的气象条件分析[J]. 中国科学：地球科学，44（1）：27-36.

张飒，冯建设，2005. 济青高速公路大雾天气气候特征及其影响[J]. 气象，31（2）：70-73.

张苏平，鲍献文，2008. 近十年中国海雾研究进展[J]. 中国海洋大学学报，38（3）：359-366.

张苏平，任兆鹏，2010. 下垫面热力作用对黄海春季海雾的影响——观测与数值试验[J]. 气象学报，68（4）：439-449.

张涛，郑永光，毛旭，等，2018. 2016 年 9 月 4 日下午"杭州 G20 峰会"期间短时阵雨天气成因与预报难点[J]. 气象，44（1）：42-52.

张文，潘竞虎，2016. 2013 年大范围雾霾期间京津冀 $PM_{2.5}$ 质量浓度遥感估算及时空变化的经验正交函数分析[J]. 兰州大学学报：自然科学版，52（3）：350-356.

张小玲，王淑英，2002. 北京地区 PM_{10} 污染的气象特征[J]. 应用气象学报，13（S1）：177-184.

张秀楼，郑忠涛，2018. 基于地面天气图分析的主导能见度的定性预报[J]. 空运商务（12）：53-55.

章国材，2016. 中国雾的业务预报和应用[J]. 气象科技进展，6（2）：42-48.

赵从兰，谭志华，崔玉东，等，1999. 济南地区大雾成因分析和预报[C]//山东省气象台技术文集. 济南：山东省气象台：36-39.

赵海江，周彦丽，刘建勇，等，2014. 张家口市低空逆温特征分析[J]. 干旱区资源与环境，28（5）：172-175.

赵建华，张强，王胜，等，2013. 西北干旱区夏季大气边界层逆温强度和高度的频率密度研究[J]. 高原气象，32（2）：378-385.

赵普生，徐晓辉，孟伟，等，2012. 京津冀区域霾天气特征[J]. 中国环境科学，32（1）：31-36.

赵熙，李京萌，童红梅，2017. 济南机场低能见度和低跑道视程对比分析[J]. 干旱气象，35（5）：847-856.

郑凯端，陈健，周杰，等，2018. 长三角地区一次严重雾霾事件的多源遥感监测研究[J]. 国土资源遥感，30（1）：224-232.

郑朝霞，周梅，季致建，等，2016. SVM 方法在霾识别和能见度预报中的应用[J]. 气象科技进展，6（6）：30-34.

郑宗生，胡晨雨，黄冬梅，等，2020. 基于迁移学习及气象卫星云图的台风等级分类研究[J]. 遥感技术与应用，35（1）：202-210.

中华人民共和国国家质量监督检验检疫总局，中国国家标准化管理委员会，2017. 大气自净能力等级：GB/T 34299-2017[S]. 北京：中国标准出版社.

周开鹏，尚可政，2019. 环渤海地区能见度特征及预报研究[D]. 兰州：兰州大学.

朱国栋，杜安妮，2017. 深度学习在机场能见度预测中的应用[C]//第 34 届中国气象学会年会. S20 气象数据：深度应用与标准化论文集：7.

朱国梁，2018. 基于 MLP 神经网络的机场能见度预测模型[J]. 科技创新与应用（18）：1-4.

朱乾根，林锦瑞，寿绍文，等，2007. 天气学原理和方法（第四版）[M]. 北京：气象出版社.

朱蓉，徐大海，孟燕君，等，2001. 城市空气污染数值预报系统 CAPPS 及其应用[J]. 应用气象学报，12

（3）：267-278.

朱蓉，张存杰，梅梅，2018. 大气自净能力指数的气候特征与应用研究［J］. 中国环境科学，38（10）：3601-3610.

ARTHUR T D，OWEN M D，2004. Temporal，spatial and meteorological variations in hourly $PM_{2.5}$ concentration extremes in New York City［J］. Atmospheric Environment，38（11）：1547-1558.

BANG C H，LEE J W，HONG S Y. 2008. Predictability experiments of fog and visibility in local airports over Korea using the WRF Model［J］. Journal of Korean Society for Atmospheric Environment，24（E2）：92-101.

BECK C，PHILIPP A，2010. Evaluation and comparison of circulation type classifications for the European domain［J］. Physics and Chemistry of the Earth，Parts A/B/C，35（9-12）：374-387.

BREIMAN L，FRIEDMAN J H，OSHEN R A，et al，1984. Classification and regression trees［M］. Belmont：Wadsworth.

CARMICHAEL G R，ADRIAN S，CHAI T，2008. Predicting air quality：Current status and future directions［J］. Air Pollution Modeling and Its Application，XIX：481-495.

CHRISTOPH Beck，ANDRES Philipp，2010. Evaluation and comparison of circulation type classifications for the European domain［J］. Physics and Chemistry of the Earth，Parts A/B/C，35（9-12）：374-387.

DAR S U H，ÖZBEY M，ÇATLI A B，et al，2020. A transfer-learning approach for accelerated MRI using deep neural networks［J］. Magnetic Resonance in Medicine，84（2）：663-685.

DING Y，LIU Y，LIANG S，et al，2014. Interdecadal variability of the East Asian winter monsoon and its possible links to global climate change［J］. J Meteor Res，28（5）：693-713.

ELLROD G P，1995. Advances in the detection and analysis of fog at night using GOES multispectral infrared imagery［J］. Weather and Forecasting，10：606-619.

GAO S H，LIN H，SHEN B，et al，2007. A heavy sea fog event over the Yellow Sea in March 2005：analysis and numerical modeling［J］. Advances in Atmospheric Sciences，24：65-81.

GAO S H，WU W，ZHU L L，et al，2009. Detection of nighttime sea fog/stratus over the Huang-hai Sea using MTSAT-1R IR data［J］. Acta Oceanologica Sinica，28（2）：23-35.

GRAVES A，SCHMIDHUBER J，2005. Framewise phoneme classification with bidirectional LSTM and other neural network architectures［J］. Neural Networks，18（5-6）：602-610.

GÜLDNER J，2013. A model-based approach to adjust microwave observations for operational applications：results of a campaign at Munich Airport in winter 2011/2012［J］. Atmospheric Measurement Techniques，6（10）：2879-2891.

GULTEPE I，TARDIF R，MICHAELIDES S C，et al，2007. Fog research：A review of past achievements and future perspectives［J］. Pure and Applied Geophysics，164（6/7）：1121-1159.

GUO H，XU M，HU Q，2015. Changes in near-surface wind speed in China：1969—2005［J］. Int J Climatol，31（3）：349-358.

HAM Y G，KIM J H，LUO J J，2019. Deep learning for multi-year ENSO forecasts［J］. Nature，573（7775）：568-572.

HOCHREITER S，SCHMIDHUBER J，1997. Long short-term memory［J］. Neural computation，9（8）：1735-1780.

HOFFMANN P，SCHLÜNZEN K H，2013. Weather pattern classification to represent the urban heat island in present and future climate［J］. J Appl Meteor Climatol，52（12）：2699-2714.

HUTH R，BECK C，PHILLIPP A，et al，2008. Classifications of atmospheric circulation patterns［M］. Annals of the New York Academy of Sciences，1146（1）：105-152.

JIANG Y, LUO Y, ZHAO Z C, et al, 2010. Projections of wind changes for 21st century in China by three regional climate models [J]. Chin Geogra Sci, 20 (3): 226-235.

JUST A C, WRIGHT R O, SCHWARTZ J, et al, 2015. Using high-resolution satellite aerosol optical depth to estimate daily PM2.5 geographical distribution in mexico city [J]. Environ Sci Technol, 49: 8576-8584.

KORAČIN D, DORMAN C E, LEWIS J M, et al, 2014. Marine fog: A review [J]. Atmos Res, 143: 142-175.

LEE T F, TURK F J, RICHARDSON K, 1997. Stratus and fog products using GOES-8-9 3.9-μm Data [J]. Weather and Forecasting, 12 (3): 664-677.

LEWIS D M, 2004. Forecasting advective sea fog with the use of classification and regression tree analyses for KUNSAN air base [D]. AFIT/GM/ENP/04-08, Graduate School of Engineering and Management, Air Force Institute of Technology, Air University.

LI X, PENG L, YAO X, et al, 2017. Long short-term memory neural network for air pollutant concentration predictions: Method development and evaluation [J]. Environmental Pollution, 231 (12): 997-1004.

LI Z, YAN Z, TU K, et al, 2011. Changes in wind speed and extremes in Beijing during 1960—2008 based on homogenized observations [J]. Adv Atmos Sci, 28 (2): 408-420.

LIU D Y, LU Z H, YAN W L, et al, 2017. Advances in fog microphysics research in China [J]. Asia-Pacific J Atmos Sci, 53 (1): 131-148.

LU W Z, WANG W J, WANG X K, et al, 2003. Using improved neural network model to analyze RSP, NO_X and NO_2 levels in urban air in Mong Kok, Hong Kong [J]. Environmental Monitoring and Assessment, 87 (3): 235-254.

MA J, CHENG J C P, LIN C, et al, 2019. Improving air quality prediction accuracy at larger temporal resolutions using deep learning and transfer learning techniques [J]. Atmospheric Environment, 214 (19): 116885.

MATTHIAS D, NICOLE P M van Lipzig, 2010. A new method to estimate air-quality levels using a synoptic-regression approach. Part II: Future O_3 concentrations [J]. Atmospheric Environment, 44 (10): 1356-1366.

MCMAHON T A, DENSION P J, 1979. Empirical atmospheric deposition parameters-A survey [J]. Atmospheric Environment, 13 (5): 571-585.

MEHRKANOON S, 2019. Deep shared representation learning for weather elements forecasting [J]. Knowledge-Based Systems, 179 (17): 120-128.

MEYER M B, JIUSTO J E, LALA G G, 1980. Measurements of visual range and radiation-fog (Haze) microphysics [J]. J Atmos Sci, 37 (3): 622-629.

MEYER M B, LALA G G, 1990. Climatological aspects of radiation fog occurrence at Albany, New York [J]. J Climate, 3 (5): 577-586.

MONIKA C, RADAN H, 2010. Circulation vs. climatic changes over the Czech Republic: A comprehensive study based on the COST733 database of atmospheric circulation classifications [J]. Physics and Chemistry of the Earth, Parts A/B/C, 35 (9-12): 422-428.

NIU S J, LIU D Y, ZHAO L J, et al, 2012. Summary of a 4-Year fog field study in northern Nanjing, Part 2: Fog microphysics [J]. Pure Appl Geophy, 169 (5/6): 1137-1155.

PEREZ P, TTIER A, REYES J, 2000. Prediction of $PM_{2.5}$ concentrations several hours in advance using neural networks in Santiago, Chile [J]. Atmospheric Environment, 34 (8): 1189-1196.

PEREZ P, TTIER A, 2001. Prediction of NO and NO_2 concentrations near a street with heavy traffic in Santiago, Chile [J]. Atmospheric Environment, 35 (10): 1783-1789.

RADAN H, 2010. Synoptic-climatological applicability of circulation classifications from the COST733 collection: First results [J]. Physics and Chemistry of the Earth, Parts A/B/C, 35 (9-12): 388-394.

RAY S, TURI R H, 2000. Determination of number of clusters in K-means clustering and application in colour image segmentation [C]. Calcutta: Proceedings of the 4th International Conference on Advances in Pattern Recognition and Digital Techniques.

RICHARD A F, STEVEN A A, LIU Y H, et al, 2008. Cloud detection with MODIS. Part I: Improvements in the MODIS cloud mask for collection 5 [J]. Journal of Atmospheric and Oceanic Technology, 25: 1057-1072.

ROACH W T, BROWN R, CAUGHEY S J, et al, 1976. The physics of radiation fog Ⅰ: A field study [J]. Quart J Roy Meteor Soc, 102 (432): 313-333.

SANG H S, SEA C O, BYUNG W J, et al, 2008. Prediction of ozone formation based on neural network [J]. Journal of Environmental Engineering, 126 (8): 688-696.

SAHA S, COAUTHOR S, 2006. The NCEP Climate Forecast System [J]. J Climate, 19 (15): 3483-3517.

SAHA S, COAUTHOR S, 2014. The NCEP Climate Forecast System Version 2 [J]. J Climate, 27 (6): 2185-2208.

SCHMITT C G, STUEFER M, HEYMSFIELD A J, et al, 2013. The microphysical properties of ice fog measured in urban environments of Interior Alaska [J]. J Geophys Res, 118 (11): 11136-11147.

SHANG H L, CHEN L F, LETU H Z, et al, 2017. Development of a daytime cloud and haze detection algorithm for Himawari-8 satellite measurements over central and eastern China [J]. J Geophys Res Atmos, 122, doi: 10. 1002/2016JD025659.

SIEGENTHALER R, BAUMGARTNER M F, 1995. Analyses of haze and mist situations over Swiss Lowlands during summer smog-periods with NOAA-AVHRR Data [C] //IEEE 1995 Geoscience and Remote sensing Symposium. Quantitative remote sensing for science and applications. Firenze: Institute of Electrical and Electronics Engineer, 3: 1842-1844.

SIFAKIS N I, SOULAKELLIS N A, 2000. Satellite image processing for haze and aerosol mapping (SIPHA): Code description and presentaion of results [C] //IEEE 2000 International Geosciences and Remote Sensing Symposium. Taking the pulse of the planet: The role of remote sensing in managing the environment. Honolulu: Institute of Electrical and Electronics Engineer, 1: 222-224.

STEVE A, RICHARD F, KATHLEEN S, et al, 1998. Discriminating clear-sky from cloud with MODIS [J]. Journal of Geophysical Research, 103 (D24): 32141-32157.

STOELINGA M T, WARNER T T, 1999. Nonhydrostatic, mesobeta-scale model simulations of cloud ceiling and visibility for an East Coast winter precipitation event [J]. J Appl Meteor, 38 (4): 385-404.

XU M, CHANG C P, FU C, et al, 2006. Steady decline of east Asian monsoon winds, 1969-2000: Evidence from direct ground measurements of wind speed [J]. Journal of Geophysical Research, 111 (D24): D24111.

YE R, DAI Q, 2018. A novel transfer learning framework for time series forecasting [J]. Knowledge-Based Systems, 156 (17): 74-99.

ZHA Y, GAO J, JIANG J J, et al, 2012. Normalized difference haze index: A new spectral index for monitoring urban air pollution [J]. Int JRemote Sens, 33 (1): 309-321.

ZHANG Q, LI H Y, 2011. A study of the relationship between air pollutants and inversion in the ABL over the city of Lanzhou [J]. Adv Atmos Sci, 28 (4): 879-886.

ZHANG S P, REN Z P, LIU J W, et al, 2008. Variations in the lower level of the PBL associated with the Yellow Sea Fog-New observations by L-band radar [J]. Journal of Ocean University of China, 7 (4): 353-361.

ZHEN Y L, BING J L, HENG D Z, et al, 2018. A method of visibility forecast based on hierarchical sparse representation [J]. Journal of Visual Communication and Image Representation. 58 (1): 160-165.

ZHOU L, XU X D, DING G A, et al, 2005. Diurnal variations of air pollution and atmospheric boundary layer structure in Beijing during winter 2000/2001 [J]. Advance in Atmospheric Sciences, 22 (1): 126-132.

ZHU J, LIAO H, LI J, 2012. Increases in aerosol concentrations over eastern China due to the decadal-scale weakening of the East Asian summer monsoon [J]. Geophys Res Lett, 39 (9): L09809.